Harald Knauss

Töne, Klänge, Vokale – Vom Wesen der inneren Lebensordnungen

Harald Knauss

Töne, Klänge, Vokale –
Vom Wesen der inneren
Lebensordnungen

Band 4

Heilkraft und Gesundheit durch rhythmische Übungen
für Atmung, Drüsensystem und Körperklang

Unimedica

Harald Knauss

Töne, Klänge, Vokale –
Vom Wesen der inneren
Lebensordnungen
Heilkraft und Gesundheit durch rhythmische Übungen
für Atmung, Drüsensystem und Körperklang

Band 4 der Schriftenreihe „Spirituelle Heilkunst"

978-3-941706-25-5

1. Auflage 2011

© 2011 Unimedica im Narayana Verlag GmbH

Blumenplatz 2, 79400 Kandern, Tel.: +49 7626 974970-0
E-Mail: info@narayana-verlag.de, Homepage: www.narayana-verlag.de

Satz: www.apanoua.de, Christian Korn

Inhalt

Inhalt

Im Gedenken an meine Lehrerin Annie Bazelier (1938-2011)

„Jede echte Erzeugung der Kunst ist unabhängig, mächtiger als der Künstler selbst und kehrt durch ihre Erscheinung zum Göttlichen zurück und hängt nur darin mit dem Menschen zusammen, dass sie Zeugnis gibt von der Vermittlung des Göttlichen in ihm."

Ludwig van Beethoven,
aus Knauss/Sonnenschmidt, Musik-Kinesiologie

„Die bewußte zweckvolle Aneignung der eigentlich seelischen Kräfte ist das höchste Geheimnis beim Schaffen des Werks ... Dann bitte ich die Macht, die mich schuf, inbrünstig um Kraft. ... Dieser vollkommene Glaube gibt den Schwingungen den Weg frei, die vom Dynamo, dem Zentrum meiner Seele, in mein Bewusstsein einströmen."

Giacomo Puccini, ebenda

„Ich glaube sogar, dass dem Menschen kein unmittelbarerer Zugang zum Erahnen des LOGOS und seines Wirkens gegeben ist als durch die Musik, die von seinem göttlich schöpferischen und ordnenden Wesen tönende Kunde gibt."

Bruno Walter, ebenda

„Einzig die krankhaft gestimmte Lebenskraft bringt die Krankheiten hervor."

Samuel Hahnemann, ebenda

„Was die Diätetik für den Körper ist, ist die Pflege der Töne und Klänge für die Seele."

Harald Knauss, ebenda

Ich danke all jenen Meistern, Denkern, Forschern, Autoren und Lehrern, die mir mit ihren Überlieferungen, Anweisungen und Übungen diesen Weg erschlossen und mich zu dieser Arbeit inspiriert haben. Zu nennen sind für diesen Band vor allem Dr. O.Z.A. Hanish, Hans Kayser, August Aeppli, Johann B. Kerning, Johanna F. Zinke, Agathe Lorenz-Poschmann, Rudolf Steiner, Emil Aurelius Bäuerle, Detlef Schultz, Dr. Franz Hartmann, Annie Besant, Prof. Herman Wirth u.v.a. Ich halte sie in ihrem pragmatischen, therapeutischen Ansatz für Pioniere auf dem Weg zurück zu einer ganzheitlichen, spirituellen Heilkunst. Was einige Aspekte ihrer persönlichen Weltsicht und Glaubenssysteme betrifft, kann ich ihnen nicht in allem zustimmen. Wie sollte es auch anders sein?! Jeder Pionier und Wegbereiter handelt entsprechend seinem eigenen Bewusstsein und aus dem epochalen kollektiven Zeitgeist heraus. So entstehen auch Glaubenssysteme und Ansichten, die sich später als Irrungen erweisen können. Das schmälert aber in keiner Weise ihre grundsätzliche Intention, Menschen auf ihrem Weg in Gesundheit, Heilkunst oder spirituelle Erfahrung nach bestem Wissen und Gewissen geleitet zu haben. Ich habe mir die Freiheit genommen, die Juwelen, die sich bisweilen in den epochalen Weltanschauungen finden, zu würdigen und frei von Wertungen herauszulesen.

Ich folge den ethischen Grundsätzen unserer Medial- und Heilerschulung, auf das positive Potenzial von Menschen zu schauen; daher werte oder etikettiere ich nicht. Das steht mir auch nicht zu. Ich greife auf das Positive zurück, was Autoren und Lehrer vor mir für die nach ihnen Kommenden formuliert ha-

ben, das meiner Auffassung nach einer ganzheitlichen Sicht entspricht und dem Wohle von uns allen dient. Das bedeutet aber auch stets, im positiven Sinne kritisch zu sein und durch eigene Erfahrung, eigenes Erleben zu prüfen.

Ein besonderer Dank geht weiterhin an die Menschen, die mich für viele der Übungen begeistert haben und mit mir ihre Erfahrung freigiebig geteilt haben. Besonders sind zu nennen Katharina Wiedenhöfer, Annie Bazelier und Gabriele Rackwitz.

Schließlich möchte ich auch jenen unbekannten Meistern Dank und Hochachtung aussprechen, die jene Quelle schufen, die aus dem mythischen Dunkel der altindischen vedischen Kultur heraus alle Kulturen in verschiedenen Graden inspirierte und befruchtete: den Pranayama-Yoga, einen der acht Yoga-Pfade. Er ist ein Meisterwerk menschlichen Geistes, in dem Lebensrhythmen bis ins Kleinste erschaut und auf einzigartige Weise über 2000 Jahre systematisiert und durch rhythmische Übungen auf der Basis des Atems überliefert wurden. Es gibt keinen Bereich des menschlichen Seins, in dem nicht die alten Inder rhythmische Prinzipien entdeckten und sie für eine spirituelle Bewusstseinsentwicklung nutzten. Dazu zählen auch die Zweige der Atemkunst, die sich mit der Beherrschung der Drüsenfunktionen und mit dem Gesamtklang des Körpers durch Vokale befassten und alle anderen Yoga-Pfade befruchteten. Das Wissen darum ist also alt und wir, die modernen Nachfahren, dürfen davon profitieren und es mit dem Bewusstsein unserer Zeit in die Praxis umsetzen.

Wir leben heute in einer Zeit, die für uns westliche Menschen an Materialien, Reizen, Einflüssen und globalen Informationen überreich ist. Die Welt, ja das Leben an sich ist unüberschaubar, unentwirrbar geworden und der Einzelne kann sich darin völlig verlieren. Das führt bei sehr vielen Menschen zu einem Gefühl der Überreizung, Zerrissenheit und Verwirrung, denn wer könnte alles auf seine Wirklichkeit hin überprüfen und einordnen!

Es fehlt uns an einer übergeordneten Instanz, einem Ziel und einer Achse, an denen wir unser eigenes Leben ausrichten können. Das Gefühl für eine Einheit des Lebens geht auf diese Weise immer mehr verloren und wir leiden unter einem schleichenden Prozess des Selbstverlustes. Das Virtuelle übernimmt einen immer größeren Teil in unserem ganzen Leben. Indem wir uns nicht mehr als wirklich spüren, fehlt nicht nur unserem Denken und Fühlen der Standpunkt, die Orientierung und Ausrichtung, sondern auch den Lebenseinheiten unseres Körpersystems. Viele Menschen spüren, dass ganz wesentliche Dinge in ihnen nicht mehr in der Ordnung sind und das Verhältnis zu jener Gesetzmäßigkeit gestört ist, die wir „harmonikale Lebensordnung" und Lebensrhythmen nennen.

Eine Vielzahl an Angeboten gibt es, dem Interesse und Bedürfnis von uns heutigen Menschen nach innerer Harmonie gerecht zu werden. Die meisten Angebote entspringen den asiatischen oder fernöstlichen Kulturen, da ihre spirituellen Traditionen seit mehreren tausend Jahren ungebrochen sind. Manche davon eignen sich aber nur bedingt oder gar nicht für uns westliche Menschen, da der kulturelle Entwicklungsweg und auch die Körperbeschaffenheit von unseren verschieden sind. Um östliche Wege sinnvoll zu nutzen und den westlichen Bedingungen anpassen zu können, bedarf es eines Verständnisses der philosophisch-kosmischen Weltsicht, die letztendlich zu den überaus effizienten Übungen und Wegen geführt hat. So stehen denn auch am Anfang dieser Buchreihe die grundlegenden Gedanken, welche die Basis aller nachfolgenden Übungen und Anleitungen bilden. Danach folgen dann in lockerer Folge die Bände, die im Einzelnen jenen großen Bereichen unseres Interesses gewidmet sind, wie u.a. der rhythmischen Atemkunst, Körperharmonisierung, Meditation, praktischen Drüsenstimulation und -pflege und der Ernährung im Jahreslauf.

Alle Anweisungen, Erklärungen und Übungen in dieser Buchreihe sind zunächst für jeden Interessierten gedacht. Sie bieten aber durch ihre ausführliche Darstellung ein solides Fundament für jeden Therapeuten, gleich welcher Richtung, um den Patienten sowohl die Grundprinzipien des Lebens näherzubringen als auch das eigenverantwortliche Üben anzuregen, um Denken, Fühlen und Handeln Schritt für Schritt zu ändern. Wie ich aus eigener Erfahrung in der Arbeit mit Patienten weiß, dominiert zu Hause im gewohnten Lebensumfeld ein Krankheitsbewusstsein, das durch alte Denk- und Verhaltensweise genährt wird. Wenn aber der Kranke erleben möchte, was die eigenen Lebenskräfte oder Selbstheilungskräfte zu verändern vermögen, braucht er Anregungen zur Selbst-Erfahrung. Durch Körper-Geist-Übungen kommt er wieder ins Fühlen und erlebt, dass er tatsächlich selbst an seinem Heilungsprozess mitwirken kann. Die Heilungsimpulse des Therapeuten, gleich welcher Art, fallen auf einen ganz anderen Nährboden, als wenn nur die Arznei verordnet wird und der Patient im Konsumdenken weiterhin verweilt. Das bedeutet aber auch für uns als Heiler und Therapeuten: Für alles Wachsen in die Höhe braucht es zunächst eine gute, solide Bodenverwurzelung. Jegliche echte spirituelle Qualität entwickelt sich nicht aus dem eigenen Verstandesdenken und Wollen heraus, sondern aus dem Umgang mit dem eigenen Sein auf allen Ebenen. Kurzum, der Baum des Lebens und der Spiritualität erwächst aus dem wirklichen Erleben, nicht aus der reinen Vorstellung. Daher finden wir in den echten spirituellen und esoterischen Traditionen stets konkrete Anweisungen zu Lebenshaltung, Ernährung und Körperpflege ebenso wie solche zur Atemlehre, Meditationskunst und Leben als Schwingung und Klang. „Werde zunächst der, der du bist" war die Forderung an jeden Schüler, bevor es ihn zu Höherem drängen durfte. Über den griechischen Einweihungsorten stand im gleichen Sinne der Satz „Mensch, erkenne dich selbst", und abgewandelt formulierte es einer meiner Lehrer, der Heiler Tom Johanson, so: „Zuerst heile den eigenen Geist, bevor du den anderer heilen möchtest".

„Die Lebensgesetze sind ganz selbständige und selbsttätige Naturfaktoren, welche das Primat haben vor allen anorganischen Gesetzen, so dass diese Letzteren sich jenen fügen müssen. Denn das Leben gebietet über allem; die gesamte Natur ist eine allgewaltige Partitur des Lebens und wir selbst sind mit unserer Person mit in die große Partitur verwoben und müssen versuchen, uns mit ihr in Einklang zu setzen."

J. v. Uexküll, aus Bäuerle,
Harmonie der Innenwelt

„Der fürsorgliche Erhalter von allem hat alles auf das Heil des Ganzen ein-gestellt, so dass jedes Werden stets nur das Ganze zum Ziele hat."

Platon, ebenda

„Wer bin ich,
 dass mir die Vielseitigkeit der Natur
als Chaos erscheint?
Ist sie doch nur Harmonie."

Friedrich v. Schiller, aus Kaphammel, Der goldene Schnitt

„Harmonie ist die Quelle aller Schöpfung,
die Ursache für ihr Bestehen
und das Verbindende
zwischen Gott und Mensch."

Hazrat Inayat Khan, ebenda

„Den Angelpunkt zu finden, der unser sittliches Wesen mit der allumfas-senden Ordnung, der zentralen Harmonie vereint, das ist in Wahrheit das höchste, menschliche Ziel."

Konfuzius, ebenda

„Indem wir zu allen Teilen in uns eine Beziehung aufbauen, weiten wir auch die Resonanz zum Außen. So können wir mehr in der Natur erken-nen, indem wir unsere Natur kennen. Wir sollen in Harmonie mit ihr und ihren Wesen wirken. Vertrauen braucht es, damit sie uns ihr Geheimnis offenbaren."

Harald Knauss
(aus einem Lehrskript)

Wir sprechen heute sehr selbstverständlich von ganzheitlichem Denken und von ganzheitlicher Medizin, dabei sagt dieses Wort „ganzheitlich" vieles oder auch gar nichts, da es in beliebigem Sinne, auch rein funktional, verwendet werden kann. Ganzheitlichkeit ohne ein erweitertes, spirituelles Bewusstsein ist aber meiner Ansicht nach nicht machbar. Jeder Versuch, das Ganzheitliche zu erfassen, geht nur über die Welt der inneren Bilder, denn es fehlen der Begrifflichkeit des Verstandes Möglichkeiten, etwas so Multidimensionales, Übergroßes, alle Gegensätze und Widersprüchlichkeiten Beinhaltendes festzumachen und zu beschreiben. Das Grundsymbol für dieses Ganze war von jeher der Kreis, der sich aus einem zentralen Punkt heraus weitet. Dieses Symbol finden wir als Zeichen der Sonne in der Astrologie. Der Kreis umschließt das Ganze und seine Kraft durchdringt alles. Gleichzeitig aber ist er auch Dualität, ist Schwingung und Bewegung. Er ist Innen und Außen, kann sich auf die Mitte hin konzentrieren oder ausströmen. Was im Kreis ist, ist das Feld für unsere potenzielle Erkenntnis, aber er selbst bleibt unfassbar, denn er kann als Ganzes nur im transzendenten, spirituellen Bereich liegen. Nichts Irdisches kann alles umfassen, da es eine Welt der Formen und damit der Abgrenzung und Abgetrenntheiten ist. Das Ganze können wir nicht benennen. Lao Tse vergleicht es mit der „Leere", Alice A. Bailey spricht vom „großen Nichts, das alles ist" und andere nennen es Geist, Gott oder einfach Leben.

So wie es eine irdische Realität für den in der Mitte, im Zentrum des Erdkreises stehenden Menschen gibt, der von diesem hinauf in das unendliche All blickt, so gibt es auch eine transzendente Realität für jenen, dessen Bewusstsein vom äußersten Ring des Kreises, also vom Weltall aus, zu seiner Mitte hin, also der irdischen Realität, zu blicken vermag. Der Verstand hat den geozentrischen Blickpunkt, von dem aus er das Leben erforscht. Er blickt von der Erde aus in das All, Teil für Teil analysierend. Die spirituellen Lehren sollen den Suchenden dagegen in den Stand setzen, einen kosmozentrischen Standpunkt zum irdischen Leben einzunehmen, einen Zustand der Synthese zu erlangen, so wie es die Eingeweihten zu allen Zeiten vermochten.

Beide Wege haben unterschiedliche Präferenzen und Mittel. Der eine Weg ist jener der Analyse und der Wissenschaften. Er arbeitet über den Verstand, das Denken und untersucht die Welt der Formen, indem er sich bemüht, diese zu sezieren, festzuhalten, zu vergleichen, zu bewerten, linear zu ordnen und nachzubilden. Mit seiner Hilfe kann eine Menge an Merkmalen, Funktionen, Beschaffenheiten usw. aus jedem Wesen und Ding herausgefiltert werden. Aber der Verstand bleibt in der äußeren Betrachtung, an der äußeren Grenze eines Wesens stehen, denn er kann nur die Ebene der konkreten Materie erforschen. Das lebendige, subtile Wesen selbst, das Seelische ist über ihn nicht zu erschließen. Unser Schul- und Ausbildungssystem fördert heute leider fast ausschließlich diesen Weg der Wahrnehmung und Kommunikation, den wir den intellektuellen nennen.

Der andere Weg ist jener der Synthese. Mit der Fähigkeit zur Synthese verbinden wir im Gegensatz zum Verstand oder Intellekt meist das Bewusstsein. Aber eigentlich handelt es sich um die Fähigkeit der Intuition. Die Intuition ist spontan und erfasst im Moment das Ganze, während der analysierende Verstand

9

Zeit braucht, das Einzelne betrachtet und die Teile sukzessive verbindet. Die Synthese kann zu Entscheidungen führen, die dem Verstand zunächst völlig abstrus erscheinen, da er keine logische Folge darin erblicken kann. Wir kennen das z. B. bei Lebensentscheidungen, die wir „aus dem Bauch" heraus getroffen haben und die dem eigenen Verstand und oft auch den Mitmenschen zunächst völlig abwegig erschienen waren, die sich aber im Nachhinein als absolut beglückend und richtig erwiesen haben. Intuition halten wir heute zumeist für etwas Ungreifbares. Aber sie kann, wie auch der Verstand, geschult werden, was ein Schwerpunkt esoterischer, spiritueller Schulung ist. Damit soll das Wesen direkt geschaut werden und nicht auf Umwegen über die Sinnesorgane. Dieser Weg der Synthese schult sich über Mittel wie Medialität, Meditation, Innenbewusstsein, Resonanz, Harmonie und Integration. Über das Prinzip der Resonanz, dessen Sitz von jeher im Herzen vermutet wird, können wir etwas über das Innere eines anderen Wesens erfahren, kommen wir in seine Ganzheit hinein. Dazu bedarf es nicht der analytischen Fähigkeiten des Verstandes, sondern der Fähigkeit der Einstimmung. Die Resonanz ist der Schlüssel zu Beziehung und zu Bedeutung. Das, was mit uns schwingen kann, bekommt eine Bedeutung für uns.

Die Unterschiedlichkeit beider Wege – also der der Analyse und jener der Synthese – lässt sich gut am Beispiel einer Liebesbeziehung aufzeigen. Die Analyse eines Menschen, eines Du, mag uns dessen ganze Vorteile, vielleicht auch einige seiner Schattenseiten näher bringen, aber kennen wir damit den Menschen wirklich ganz, auch auf seinen zukünftigen Entfaltungsweg hin? Und

würde solches Wissen, so wir es denn hätten, das fördern, was wir unter einer echten Liebesbeziehung verstehen? Aus dem faktischen Wissen über eine Person, das wir z. B. über eine gute Heiratsagentur erhalten, mag sich ein Zweckbündnis ergeben, denn zwei Menschen suchen etwas. Aber wird daraus unausweichlich und zwingend wirkliche Liebe? Sicher nicht, denn dafür braucht es etwas, das nicht allein von äußeren Faktoren abhängig ist, sondern von einem „gewissen Etwas", das wir nicht klar benennen können. Es geht bei Beziehung um Qualitäten wie Resonanz und Stimmigkeit. Je umfassender die positive Resonanz zwischen zwei Menschen ist, desto stärker trägt jene sie in allen Lebenslagen. So kann das Fundament einer echten Liebes- und Lebensbeziehung entstehen. Da mag es durchaus auch Defizite oder Disharmonien in der Beziehung geben, was unausweichlich ist, wenn es sich um zwei starke Persönlichkeiten handelt, aber die Kraft der Liebe, die Fähigkeit zur Harmonisierung und Einstimmung wird immer wieder in wesentlichen Punkten eine Balance, einen gemeinsamen Standpunkt ermöglichen. Wir können das Thema „Liebe" auch psychologisch und philosophisch betrachten, wir können Studien und Bücher dazu lesen, aber werden wir dadurch wirklich etwas von ihrem Wesen erfahren? „Liebe" können wir nur erleben, nur da wird sie real für uns und ein solcher Zustand lässt sich, wenn überhaupt, dann nur mit Hilfe künstlerischer Mittel darstellen.

Nicht ohne Grund ordnet die Astrologie dem Planetenwesen Venus sowohl die Liebe, den Lebensgenuss, die Schönheit als auch die Harmonie und die Künste zu. Die Venus steht für ein sinnliches Erfahren des Lebens, für das Leben aus dem Lebenspol heraus. Alles in der irdischen Welt beruht auf dem Gesetz der Polarität, und so hat die Venus in der Mythologie und Astrologie als Pendant den Mars. Die Kraft des Mars wirkt aus dem Denk- und Willenspol heraus. Mars und Venus stehen für die zwei polaren Kräfte der Evolution, nämlich für die Gerade (Mars) und die Krümmung oder den Kreis (Venus), also Spannung und Entspannung. Damit stehen sie stellvertretend auch für die elektrische (Mars) und magnetische Kraft (Venus), von der wir in Band 1 der Reihe gehört haben. Beide Kräfte sind in der Schöpfung angelegt und Aufgabe des Menschen ist es, diese zu verwandeln und auszugleichen. In der Alchemie spielt die Vereinigung der Gegensätze, ihre Wandlung und Transzendierung („das Hermaphroditische") eine wichtige Rolle. Die Vereinigung beider Göttergestalten oder Planetenkräfte erschafft die „harmonia", die Stimmigkeit.

Um zu einem richtigen Standpunkt in der Welt zu kommen, bedarf es der Selbsterkenntnis. Diese wird möglich über das Gesetz der Resonanz. Nur vom richtigen, d. h. authentischen, eigenen Standpunkt aus können wir ein proportionales Verhältnis zur Welt gewinnen. Dazu bedarf es einer engen Beziehung zwischen Lebens- und Denkpol in uns, damit der eigene Standort nicht aus einem überspannten Wollen oder einer illusionären Gelöstheit entsteht und unhaltbar wird für die Stürme des Lebens. Das setzt voraus, dass der Wahrnehmende zuvor in sich selbst stimmig sein muss, also in richtiger Resonanz zu sich stehen muss, gleich wie ein Musiker, der vor dem Spiel sein Instrument stimmt. Indem wir unsere eigene Resonanzfähigkeit üben, erfahren wir zum einen mehr über uns selbst und gleichzeitig weiten wir unser Selbst, so dass wir auch mit anderen schwingen, d. h. bildlich dem anderen ähnlich werden können.[1]

Ohne das wäre wirkliche Erkenntnis nicht möglich. Um uns selbst zu erfahren, um Erkenntnis zu sammeln, bedürfen wir des Austausches, der Kommunikation. Nur über das „Echo", das unsere suchende Frage in der Welt hervorruft, wird uns eine Wahrnehmung und Erfahrung zuteil. In diesem Sinne helfen die anderen in der Welt dort draußen, uns selbst zu finden, wie auch wir ihnen bei ihrer Suche nach sich selbst helfen können. Mit allem befruchten wir uns gegenseitig, besonders stark dann, wenn die Resonanz stimmig ist und die Energien dadurch verschmelzen. Allerdings darf sich das Selbst dabei nicht verlieren. Resonanz bewirkt Schwingung. Schwingung wiederum kann Ausstrahlung werden. Über Resonanz und Harmonie schulen wir letztendlich auch unsere Ausstrahlung und bekanntlich ziehen wir das im Leben an, was wir ausstrahlen, was in uns schwingt.

Die Musik ist eine große kosmische Lehrmeisterin dieses Weges hin zur Resonanz, Harmonie und Synthese. Hören verbindet geradezu das Analytische und Synthetische in uns. Wir können drei Töne zusammen erklingen lassen und werden einen Dreiklang und Akkord, eben eine Harmonie, hören. Aber jeder einzelne Ton innerhalb des Gefüges des Dreiklangs bleibt für sich unverrückbar bestehen und kann von unserem Ohr einzeln herausgehört werden. Also kann unser Ohr den Klang in seine Einzeltöne zerlegen, aber auch als Gesamtes hören. Auch das Orchester ist ein Sinnbild der Vielheit und gleichzeitigen Individualität des Lebens. In einem Orchester finden

---

1 „Resonanz, Einstimmen" s. unser Buch „Die moderne Medial- und Heilerschulung".

wir zwischen den einzelnen Mitgliedern alles an Emotionen. Da gibt es Begeisterung, Apathie, Bürokratie, Kampf, Intrige, Liebe usw. So ein Orchester hat ein Eigenleben, besteht aus vielen Einzelwesen, die im Dienste der Musik verschmelzen zu etwas Größerem. Hören wir die Musik des Orchesters, so verschwinden hinter diesem „Höheren" alle Einzelschwingungen der Musiker.

Musik hat stets mit dem Prinzip der Harmonie und Synthese zu tun. Und so steht am Beginn der großen Schöpfungsberichte der Welt meist der Klang und Laut: „Im Anfang war das Wort, und das Wort war bei Gott, und Gott war das Wort". So wird dieser Zustand im Evangelium des Johannes in der Bibel beschrieben. In der indischen Überlieferung finden wir die Vorstellung, dass der große Eine in Ruhe meditierte, seinen Willen konzentrierte, woraus der Atem wurde. Indem der Atem sich regte, bewegte sich das Leben, entstanden der Klang und daraus die Welten. Die alte chinesische Philosophie betont die Einheit, in der die Polarität verborgen liegt. Beginnen sich die Pole zu regen, gerinnen sie in eine Form. Jede Form als körperliche Gestalt ist innerhalb der Welt des Raumes und alles Räumliche hat einen Klang. Vielen Überlieferungen ist also die Verbindung von der göttlichen Einheit, der Vielheit und dem Klang gemeinsam. Indem das Göttliche den Ton erklingen ließ, differenzierte sich die Einheit zur Vielheit und entstand die kosmische, vielfältige Schöpfung. Klang kommt aus der inneren Einheit, differenziert sich im Außen. Daher steckt im Klang, in der Musik eben auch jene Möglichkeit der erneuten Rückführung der einzelnen Teile in eine Synthese. Der Physiker Chladni (1756 – 1827) war der erste moderne Wissenschaftler, der der ordnenden, strukturierenden Kraft des Klanges nachging. Er streute Sand auf eine Metallplatte und brachte diese mit einem Geigenbogen zum Klingen, woraufhin sich der Sand in geometrischen Strukturen anordnete. In heutiger Zeit setzten Forscher wie Jenny, Emoto oder Lauterwasser diese Arbeit fort, indem sie die Wirkung des Klangs auf Flüssigkeiten untersuchten.

Alles, was mit Klang zu tun hat, unterliegt klaren kosmischen Gesetzmäßigkeiten. Die Forschung der Harmonik gibt uns einen Eindruck davon. Indem wir also mit Klang arbeiten, kommen wir mit diesen Gesetzmäßigkeiten, die auch in uns angelegt sind, in Berührung. Arbeit mit Klang erfordert stets ein Einstimmen; Klingen, Singen, Lautieren sind eine Kunst der Einstimmung. Und wenn wir uns einstimmen, dann brauchen wir etwas, worauf wir uns einstimmen können. Es ist wie bei einem Chor. Der Chorleiter gibt den Ton an und die Sänger stimmen sich auf diesen ein. Und während des ganzen Singens herrscht ein stetes sich Abstimmen, Harmonisieren mit dem Ganzen. Das hat etwas mit „Sympathie" zu tun. Wer im Chor singt, der weiß, wie schwierig das oftmals ist, vor allem wenn Gegenbewegung und Disharmonien gleichzeitig in der Musik stattfinden. Aber auch die Stimmigkeit unter den Sängern selbst ist wichtig. Die menschliche Stimme reagiert sofort auf emotionale Disharmonie. Das hängt mit dem engen Verhältnis der Emotionen zu den Drüsen zusammen. Dieser Prozess der Ein- und Abstimmung lässt sich auch auf das Leben übertragen. Was aber im Chor bewusst erarbeitet und geübt ist, läuft im gewöhnlichen Leben meist recht unbewusst ab. Wir stimmen eben „irgendwie", daher auch mit mehr oder weniger Erfolg. Bewusstes Einstimmen und Harmonisieren aber sind eine Art spiritueller Lebenskunst und Lebensart.

Die indische Philosophie würdigte dieses wichtige Prinzip der Stimmung und Harmonie im Menschen. Wie in Band 1 dieser Reihe dargelegt, gibt es darin vier Ebenen, die den Menschen ausmachen:

1. Prana (Lebensenergie, Atem),
2. Sthula sharira (Körper),
3. Kama rupa (Gemütskräfte, Emotionen) und
4. Linga sharira, den Schwingungs- oder Resonanzkörper, der für die Stimmigkeit in uns zuständig ist.

Dieses System erfährt in der westlichen Medizin bisher kaum eine Berücksichtigung und ist doch entscheidend wichtig. Jedes Ich muss einen „Maßstab", eine Stimmung in sich tragen, auf die sich die Lebenskräfte einstimmen können. Sonst wäre es einem Individuum nicht möglich, äußere Nahrungsstoffe in passende innere, organische Bausteine umzuwandeln, Organfunktionen anzupassen, zu erkennen, was zu ihm passt oder auch nicht (Immunsystem) usw.

Der Körper und das Ich besitzen die Fähigkeit, das aus der Fülle des Ganzen anzuziehen und auszuwählen, was ihnen gemäß ist für ihr Sein und ihre Entwicklung – das heißt, nur solange der Intellekt die Kraft der Eigenstimmung nicht nachteilig beeinflusst. Wir müssen uns darüber klar sein, dass alles in uns in Schwingung und Rhythmus angelegt ist. Allein der Intellekt besitzt die Fähigkeit der Willkür und der Unabhängigkeit. Er kann sich gegen Naturgesetze stemmen, kann unrhythmisch, atonal, ohne Atem usw. sein. Die Schulung der Meditation zielt deshalb gerade darauf ab, den Intellekt in seine Schranken zu verweisen, damit das natürliche Prinzip in einem jeden Menschen sich entfalten kann. So sagte der berühmte Zen-Lehrer Graf Dürckheim:

> *„Seit dreißig Jahren bemühe ich mich, meinem Atem bewusst zuzuschauen, ohne ihn zu stören."*
>
> Karlfried Graf Dürckheim, Hara

Unser ganzes Dasein ist durchdrungen von steten Prozessen der Integration und Harmonisierung. Das fängt mit unserem Körper an, der sich in jedem Augenblick zur Welt stimmig machen und unendlich viele Prozesse abgleichen muss. Denken wir nur an die unbewusste, unermüdliche Arbeit unseres Gleichgewichtssinnes, der ja interessanterweise mit dem Ohr verbunden ist. Auch unsere Gefühle befinden sich in einem Prozess steter Abstimmung in uns selbst und mit unserem Lebensfeld. Ist etwas nicht stimmig in uns, herrscht eine Dis-Harmonie, so geraten wir und unsere Kräfte ins Ungleichgewicht, was ein Weg zu Konflikt und in die Krankheit sein kann. In der Krankheit ist ja ein Teil von uns abgespalten („dis-" = getrennt), da er sich nicht mehr stimmig zu unserem ganzen Ich verhält oder verhalten kann. Daher wird er „ausgestoßen" oder abgekapselt. Alles gesunde Üben von Körper, Atem und Drüsen, jede gesunde Ernährung alleine genügt nicht, wenn es uns an der Kraft der Harmonisierung fehlt, wenn wir keine Synthese unserer Kräfte erreichen können. Für mich ist daher die Harmonie die primäre und wichtigste Kunst, wenngleich zunächst für unseren Verstand auch die am wenigsten greifbare. Die schon rein physische Bedeutung von Atem und Drüsensystem ist offenbar, während die innere Harmonie nicht vordergründig auftritt. Aber sie hat mit unseren Seelenkräften zu tun, mit den Kräften, die unser System zusammenhalten. Allerdings eröffnet uns gerade die Atomphysik auch eine wissenschaftliche Annäherung an diese Kräfte, indem sie sagt, dass letztendlich alles seinem Grunde nach harmonikale Schwingung ist. Damit bestätigt sie die uralten Lehren der esoterischen Schulen, die besagen, dass alles aus dem göttlichen Ton entstanden sei und daher immerfort eine Verbindung zum Göttlichen habe, wenn auch auf Abstand (Proportion, Harmonik). Alles besitzt daher zwar seinen eigenen individuellen Ton, seine eigene Schwingung, aber gleichzeitig schwingt dahinter stets das Ganze, das Geistige mit, aus dem es geworden ist. Über Ton und Schwingung können wir die Natur eines jeden Wesens differenziert erkennen und gleichzeitig binden uns die harmonikalen Gesetze ein in das Ganze, so dass wir ein ganzheitliches Lebensgefühl erhalten. Die Übungen haben die Absicht, eben jene Harmoniekraft in uns zu entwickeln und uns in der Fähigkeit der Einstimmung zu schulen. Wenn wir uns und unser Instrument selbst zu stimmen vermögen, so können wir uns in jeder Lebenslage so stimmen, wie es für uns richtig ist. Wir bleiben dadurch beweglich und können somit auch leichter unser System wieder umstimmen, wenn es denn einmal aus der Stimmigkeit geraten sollte. Dazu müssen wir aber den „Stimmstock" in uns gefunden haben, die Grundschwingung, den Grundton, auf den unser System eingestellt ist. Nur dann können wir uns nicht mehr verlieren und haben jenen Weltenbaum, jene Weltachse in uns gefunden, die unverrückbar ist. Als

eine schwierige, aber ganz wesentliche Eigenschaft oder Kunst gilt in den östlichen Schulungen, unter allen Umständen bei sich selbst bleiben zu können, seine Integrität jederzeit erhalten zu können, ohne dabei zu erstarren oder sich auszugrenzen. Um dies zu erreichen, greifen wir dabei immer wieder auf die Musik und den Klang zurück, da dies ein bedeutender Weg ist, damit wir uns selbst und in unserer Wirkung erfahren können.

In diesem Band werden daher Ideen und Übungen vorgestellt, die uns helfen sollen, die Erweckung, Erkenntnis, Integration und Harmonisierung unserer Kräfte voranzutreiben. Indem wir unsere ureigene Schwingung immer mehr herausarbeiten, fällt alles von uns ab, was nicht zu uns gehört. Wir kommen auf diese Weise unserer eigenen inneren Lebensordnung und dem in uns angelegten individuellen Lebensgesetz auf die Spur. So können wir zwei Möglichkeiten zur Übertragung unserer Seelenschwingung auf den Körper und zur Harmonisierung beider Ebenen nutzen:

1. Ton, Klang, Musik;
2. Laut, Sprachklang.

Sind wir in uns stimmig und haben wir die Wesenskräfte der Harmonie erkannt, so erhalten wir einen Standort in dieser Welt, der uns Orientierung erlaubt. Auf solche Weise können wir dann auch stimmig und harmonisch werden mit allem, was uns von außen entgegenschwingt. Indem wir in unserer eigenen Lebensordnung stehen, können wir uns auch leichter auf die kosmische Ordnung einschwingen. Daraus erwächst das, was wir unter Heilsein oder Gesundheit verstehen. Und wir können ungehinderter das ausdrücken, der Welt mitteilen, was in uns schwingt und zum Erleben kommt.

Teil I
Grundlagen
und Philosophie

1. Einheit und Vielheit – Das Prinzip der Integration

„Von den Göttern ein Geschenk an das Geschlecht der Menschen: so schätze ich die Gabe, im Vielen das Eine zu erblicken."

Plato aus Fritsche, Iatrosophia

„Alles Ganze wird aus der inneren Stille geboren, denn in der äußeren Offenbarung sind nur einzelne Erscheinungen oder Teile."

Karlfried Graf Dürckheim, ebenda

„Die Integration ist daher ihrem Wesen nach zweifach: ein physisches Geschehen und eine Geisteshaltung. Progressiv wird das Bewusstsein des Menschen erweckt, so dass er die Beziehung des Teils zum Ganzen sowie die Wechselbeziehungen aller Teile innerhalb der großen Einheit erkennt."

Alice A. Bailey, Eine Abhandlung über die sieben Strahlen

„Das Ziel aller Entwicklung ist Integration."

Alice A. Bailey, ebenda

„Die Integration der Form als Folge der Tätigkeit der Seele kommt zustande durch die Anwendung von Ton, Licht und Schwingung."

Alice A. Bailey, ebenda

„Ich bin ein Eigenwesen und zugleich ein Glied einer großen Familie von Eigenwesen, in deren unendliche Wechselwirkung ich unauflöslich verflochten bin und bleibe."

Emil A. Bäuerle,
Harmonie und Innenwelt

„Das Wahre ist das Ganze; dieses besäße aber ohne das Einzelne nicht seine Einheit und Einheitlichkeit, wie wiederum das Einzelne ohne das Ganze nicht das wäre, was es ist."

Hegel, aus Bäuerle, ebenda

„Das Verhalten der Teile eines Systems wird vom Ganzen organisiert, die Ganzheit ist die primäre Realität."

Paris/Köhne,
Die vorletzten Geheimnisse

„Harmonie ist die Bindekraft des Lebens, die Gegensätze überbrückt und Gemeinsames vereint. Harmonische Bindungen einzugehen ist Sinn und Ziel der Menschheit wie der Musik."

Fritz Stege, Musik, Magie, Mystik

Das Prinzip der Dualität

Das Prinzip der Dualität, wie wir es z. B. in Gegensatzpaaren wie Dunkel – Licht, Ruhe – Bewegung, Stille – Klang, Ordnung – Auflösung vorfinden, spielt eine ganz wesentliche Rolle in der spirituellen Weltsicht. Alles geht zunächst aus einer unsichtbaren, in sich ruhenden Einheit hervor, bevor es sich ausdifferenziert und im Außen als verschiedenartige Erscheinungsformen hervortritt. Aus einer geistigen Einheit, einer ursprünglichen Verbundenheit heraus haben sich die unterschiedlichen Seelen und Wesenheiten ausdifferenziert, die wiederum mit Hilfe von Mutter Natur jene Formen und Hüllen gestalten, die ihnen als Vehikel auf der irdischen Ebene dienen. Dieser Schritt war nur möglich mit Hilfe eines Prinzips, das wir Polarität und Dualität nennen. Irgendwann aber geht jedes Einzelne wieder in diese ursprüngliche Einheit ein. Allerdings mit einer Veränderung: Es hat Bewusstwerdung stattgefunden. Dazu bedarf es der Entwicklung, der Bewegung. Diese beruht gleich dem Leben auf dem Austausch, der Spannung zwischen unterschiedlichen Polaritäten. Alles, was sich bewegt, schwingt und klingt, ist aus dem Zustand der Ruhe aufgeweckt worden und wird irgendwann wieder in den Zustand der Ruhe und Stille zurückgeführt werden, so den ewigen Kreislauf nachvollziehend. Aus den Polen Licht und Dunkel entstehen die Farben, die jederzeit in den einen oder anderen Pol wieder verschwinden können. Alles, was sich aus einer Ganzheit herausgetrennt hat und eigenständig geworden ist, wird irgendwann wieder zusammengefügt werden. So ist die äußere Erscheinungswelt der Formen und Körper letztlich eine Ausdifferenzierung einer transzendentalen oder göttlichen inneren Einheit, die immer da ist. Sie wird sichtbar und greifbar durch ihr Heraustreten aus der Ruhe der Einheit hinein in die Bewegung und Vielheit. Somit besteht Leben für die sinnliche Wahrnehmung in einem steten Auf und Ab, Ruhen und Wandern, einem Erscheinen und wieder Verschwinden, kurzum, in einem steten Wechsel.

Alles würde in sinnlose Einzelaktionen zerfallen, gäbe es nicht etwas hinter den Einzelwesen, was sie alle zusammenhält, so wie das Ich alle unsere unzähligen Zellen zusammenhält und lenkt. Würden unsere Körperzellen nach ihrem Gutdünken verfahren, wäre Chaos und Verfall die Folge. Zieht sich dieses innere, lenkende Prinzip aus seiner Form oder Hülle zurück, so beginnen deren Anteile auseinanderzustreben, wie im Falle einer schweren Erkrankung. Im Falle des Todes geschieht dies unumgänglich und die körperliche Hülle löst sich in ihre Einzelbestandteile oder besser gesagt, in ihre vielen Einzelwesen auf. Es gibt also die Form, das Fahrzeug, und jenes intelligente Prinzip, was sich diese Form erschaffen und angeeignet hat. Es belebt und erhält diese, bis seine Absicht verwirklicht und seine Entwicklungsphase abgeschlossen ist.

Würde im gleichen Sinne das, was das Weltall und die Wesen erschaffen hat, nicht auch weiterhin einen Bezug zu seiner Schöpfung pflegen, würde das Weltall ebenso auseinanderfallen wie der Körper nach dem Abscheiden der Seele. Daher weht der „Atem oder Geist Gottes" (der Äther) immerwährend durch die Schöpfung, da er alles belebt und erhält. Und auch im irdisch verkörperten Menschen ist Atem mit Leben gleichgesetzt. Es ist der dahinter wirkende Geist und seine Energie, die immer wieder nach Integration, Ganzheit und Harmonisierung streben. Dieses Prinzip des stets Seienden finden wir in der Natur als Selbsterhaltungskraft. Diese beruht auf einem Ausgleich der Polaritäten, vor allem jener der Auf- und Abbaukräfte, die wir bis ins Organische hinein finden. Dort, wo diese Pole auseinanderstreben, kann sich das Sein nicht halten. Es entsteht ein Zerfall, ein Auseinanderstreben der Kräfte oder deren Erstarrung. Gelingt es uns Menschen, eine Balance der polaren Kräfte zu erreichen, erfahren wir diese als Erlebnis der Vereinigung und Seligkeit, als tief empfundenes

Glücksgefühl, als Stimmigkeit oder Harmonie.

Das Göttliche ruht vor Beginn der Schöpfung in sich. Indem sein Wille nach Offenbarung erwacht, entstehen die Urpole Licht (Geist, Leichtigkeit) und Materie (Dunkel, Schwerkraft). Polaritäten sind stets gegensätzliche Welten und bedürfen der Überbrückung, damit ein förderliches Miteinander, Kommunikation und Beziehung stattfinden können. Aus der Spannung dieser Pole entstehen auf der kosmischen Ebene daher aus esoterischer Sicht die sieben göttlichen Grundkräfte („die sieben kosmischen Strahlen"), die stets als verbindende Brücke be-

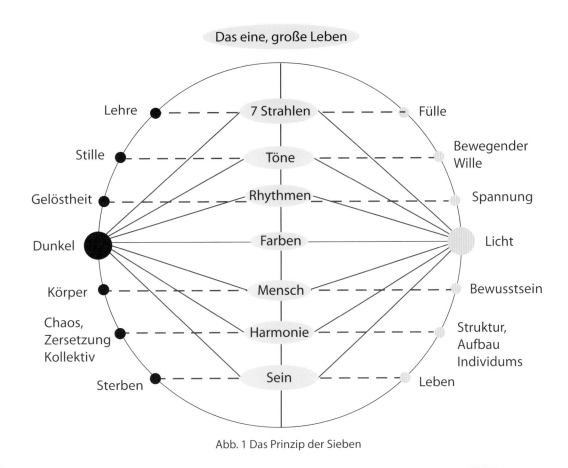

Abb. 1 Das Prinzip der Sieben

trachtet wurden. Der Regenbogen mit seinen Farben, der sich als Weg oder Brücke zwischen Himmel und Erde aufspannt, wird als Bild dafür verwendet. In der Astrologie finden wir diese Kräfte als die sieben Gestirne oder Planetenwesenheiten. In der offenbaren Welt wiederum zeigt sich dieses Prinzip der Sieben in vielfältiger Weise, z. B. als Strahlen, Qualitäten, Farben oder Töne.

Auch im menschlichen Körper bedarf es eines harmonischen Ineinanders der polaren Kräfte. Gäbe es bei den Muskeln oder in den Nervensystemen nur eine Polarität von straffer Gespanntheit oder völliger Gelöstheit, so würde dies zu einem nicht gerade förderlichen Tauziehen der Kräfte führen. Es bedarf des wechselseitigen Anregens wie auch Ausgleichens. Dies geschieht in der Natur aber stets fließend und nicht ruckartig. Aus dem fließenden Mit- und Füreinander entsteht jene Vitalität, die uns davor bewahrt, den Kräften der Entropie, also den Abbaukräften der Materie zu verfallen. Der Hang der Materie zur Entropie (Abbau) ist auf der Erde ungleich stärker als jener zu den aufbauenden Kräften.

Abbau	Aufbau
Ablauf, Niedergang	Anlauf, Aufstieg
Zerstreuung	Ansammlung
Zersetzung, Zerfall	Aufspeicherung, Akkumulation
Zerlegung, Auflösung, Vereinfachung	Zusammensetzung, Verbindung, Komplexe
Analyse	Synthese
Auseinander („Dis...")	Zusammen („Con...")
Chaos	Ordnung, Struktur

Anorganisches Geschehen	Organisches Geschehen
Katabolismus, Exspiration	Anabolismus, Inspiration
Chemie (= Scheidekunst)	Alchemie (= Zusammensetzungskunst)

Die Alchemie beschäftigte sich von jeher mit dieser Grundpolarität in Bezug zur Lebenskraft.

> *„Nach dem zweiten Hauptsatz der Wärmetheorie von Clausius strebt die Welt einem Maximum der Entropie zu. Die Dissipation der Energie würde danach schließlich zu einem allgemeinen Wärmetod (gemeint ist „Kältetod" – d. Verf.) führen. Bei -273 Grad hört alle Bewegung auf. Um diesen totalen Ablauf der Weltmaschine zu verhindern, um den absoluten Stillstand der ursprünglich von einer höheren Hand aufgezogenen Weltuhr unmöglich zu machen, bedient sich die Natur eines geheimnisvollen Mittels. Sie schafft Leben! Der Sinn des Lebens bestehet darin, der fortschreitenden Entropie ektropisch entgegenzuarbeiten."*

> Dr. Ferdinand Maack,
> Das Wesen der Alchemie,
> aus Moderne Alchemisten

Das Entscheidende bezüglich des Umgangs mit der Polarität ist, dass es stets eines harmonisch fließenden Ineinanders bedarf. Dieses Ineinander dürfen wir nicht allein räumlich oder zeitlich sehen, sondern vor allem vom Wesenhaften her. Der sinnvolle, harmonische Wandel zwischen den Polaritäten ist für unseren Organismus und uns selbst wichtig. Sich bekämpfende Gegensätze, sich ausschließende Widersprüche, starke Auseinandersetzungen sind auf Dauer keinem Organismus förderlich, sei dies ein Einzelmensch, eine Gruppe oder gar ein Volk. Der stimmige, gesunde Körper zeigt uns, wie die unterschiedlichsten Einzelteile oder Wesenheiten sich zu einem großen Ganzen vereinen können. Jeder Teil verwirklicht sich selbst und dient dabei doch dem Ganzen. Das geht natürlich nur, weil eine Leber weiß, dass sie eine Leber ist und was ihre Aufgabe im ganzen System ist. Sie strebt nicht danach, Niere oder Herz zu werden. Der Mensch als Wesen dagegen ist auf Entwicklung angelegt und hat dafür seinen freien Willen. Er kann danach streben, zu etwas anderem oder zu einem anderen zu werden. Trotzdem bleibt er dem Spiel der Kräfte und der Forderung nach stetem Ausgleichen der polaren Kräfte verpflichtet. Da kann er nicht heraus. Der Körper ist ein eingespieltes Team. Jede Bewegung der Muskeln z. B. erfordert ein sorgfältig ausgewogenes An- und Abschwellen des Tonus in den Antagonisten. Nur so wird ein sicheres Gleiten der Muskeln ermöglicht, das ohne Ruck und hastige Übertreibung auskommt. Vergleichen können wir dies mit dem Bild von zwei Menschen, die einen Wagen von Hand bewegen. Der eine zieht vorne, der andere schiebt hinten. Geht es bergab, muss der hintere abbremsen, damit der Wagen nicht zu schnell wird. Auf flachem Wege muss der Vordere mehr ziehen. Nur im ausgewogenen Zusammenspiel beider kommt der Wagen sicher ans Ziel. So arbeiten die Kräfte in uns, selbstverständlich und unbewusst, wenn wir sie denn lassen. Der Mensch aber muss erst die Gesetze, die in ihm angelegt sind, auffinden, damit er bewusst eine Harmonisierung bei

gleichzeitiger Entwicklung erreichen kann. Daher stand Selbsterkenntnis an erster Stelle in den alten Mysterienschulen.

Erkenntnisse der Noetik

Wie wir gehört haben, entsteht aus der Ganzheit heraus die Polarität, womit Bewegung und Entwicklung eintritt. Ein moderner Wissenschaftszweig, die Noetik (griech. Noetos = geistig wahrnehmbar), kommt zu ganz ähnlichen Einsichten. Sie versucht Erkenntnisse der Quantenphysik mit denen der Bewusstseinsforschung zusammenzubringen. Nach ihr gibt es eine Kraft auf der subatomaren Ebene der lebendigen Materie, die wie ein Netz das Universum durchzieht. Die Noetik benannte es als „Nullpunkt-Feld". Lange Zeit wurde diese Ebene von der Wissenschaft als Vakuum und Leere bezeichnet, während die Weisen aller Zeit sagten, dass in der Leere die ganze Fülle stecke. Heute weiß auch die Wissenschaft, dass das Vakuum voller Energie ist und unser Bewusstsein und Denken Zugang dazu hat. Das gesamte Universum basiert auf diesem Informationsaustausch auf der subatomaren Ebene. So ist der Mensch als Bewusstseinsform also auch eine Art Medium zwischen diesem „Nullpunkt-Feld" und der Materie. Alle geistigen und medialen Phänomene lassen sich so rational begründen. Die spirituellen „Techniken" zielten von jeher darauf ab, einen Einklang und eine Kommunikation zwischen diesen beiden Ebenen herzustellen, also jener Ebene der Einheit und Stille und jener der differenzierten, individuellen Formen in der Materie. Die Noetiker konstatieren, dass die Intention von Gedanken daher Materie verändern kann. Der ungarische Systemtheoretiker Ervin Laslo sagt:

„Unser Gehirn ist ein Mechanismus, mit dessen Hilfe wir Informationen aus dem Nullpunkt-Feld abrufen, dem letztendlichen Speichermedium des Universums. Unser Gedächtnis existiere nicht im Gehirn, sondern sei im Nullpunkt-Feld abgespeichert, in dem es keine Zeit gebe, keine Vergangenheit, keine Zukunft."

PM-Magazin, März 2010

Auch andere Forscher konstatieren, dass bewusstes Denken nicht in den Gehirnzellen stattfinde, sondern im elektromagnetischen Feld um den Kopf herum. Das bestätigt die Erkenntnisse der alten Weisen, die das ätherische Feld, das den Menschen umgibt und ihn durchdringt, als wesentlichen Schauplatz der Kräfte ansahen.

Aus der Spannung zweier Pole entsteht Spannung, die etwas in Bewegung setzt. Es kommt zu einem Strömen, zu Schwingung, zu einem rhythmischen Pulsieren. So treten beide Pole in fortwährende Resonanz. Ohne das wäre Kontakt und Beziehung nicht möglich. Schwingung, die stets rhythmisch ist, bedeutet auch Reaktion. Wenn wir die ruhende Saite eines Instrumentes mittels Druck in Bewegung versetzen, entsteht Schwingung. Diese ruft eine Resonanz und eine Reaktion hervor in ihrer ganzen Umgebung. Das geschieht nach einer inneren Gesetzmäßigkeit, die in der Lehre von der Harmonie niedergelegt ist. Schwingung ermöglicht also Wahrnehmung, Resonanz, Reaktion und damit auch Bewusstsein. Je „schwingungsfähiger" wir werden, desto weiter wird unser Bewusstsein. Aber es braucht die Kräfte der Harmonie, um alles in das Ganze integrieren zu können. Die Har-

monie ist eine Lehre von den Proportionsverhältnissen, die aus der Ausrichtung auf einen zentralen Punkt hin entstehen. Und da kommen wir zu einem wesentlichen Problem heutiger Zeit.

Die Bedeutung einer Mitte, eines Zentrums

Ein großes Plus und doch auch ein großes Problem in der heutigen Welt ist, dass uns enorm viele Informationen und Sinnesreize zur Verfügung stehen und wir zudem fast ausschließlich Spezialistentum ausbilden. Da wir der Welt der Erscheinungen kein lebendiges, kosmisches Zentrum als Quelle oder Urgrund mehr zu Grunde legen können, da selbst unsere feinsten Apparate „Gott" nicht entdecken konnten, finden wir auch in uns kein Zentrum und erkennen damit auch keine Zusammenhänge mehr. Die Harmoniegesetze erleben wir veräußerlicht, als ästhetische Parameter, noch in der Kunst, erfahren sie aber nicht mehr als Teil unserer selbst. Wenn wir Berichte über die Wirkung von Musik aus früher Zeit lesen, so finden wir dort Beschreibungen, dass Menschen durch Musik umgestimmt, bekehrt oder auch zu bestimmten Taten gebracht wurden und sogar das Wetter über Musik beeinflussbar gewesen sei. Wir halten das für bildhafte Übertreibungen einer kindlichen Zeit. Dabei sind wir uns nicht bewusst, wie stark die Harmoniekräfte in den Menschen wirken konnten, weil sie eben eine andere innere Ausrichtung, einen Bezugspunkt für ihre Kräfte hatten. Wir Heutigen dagegen erleben uns zunehmend als alleingelassen, isoliert und ohnmächtig, als Spielball der polaren Kräfte, derer sich das Schicksal und Karma scheinbar blind bedienen. Oder aber wir verfallen der Hybris, dass allein der persönliche Erfolg im Leben zählt und der Zweck die Mittel heiligt, die Technik das alles Entscheidende verkörpert. Wir haben jegliche Richtschnur und jegliches Maß verloren, da unser Verstand nur geradeaus messen kann. Schöpferische, also nicht linear verlaufende Prozesse, kann er nicht nachvollziehen. Entwicklungssprünge gibt es für ihn nicht, da er, als reiner „Nachbilder", keinen Zugang zum Schöpferischen hat. Daher existieren für ihn „Wunder" nicht, ja, sie dürfen gar nicht existieren.

Es ist der alles analysierende, abtrennende Verstand, der bewirkt, dass wir letztendlich als Einzelne einer unendlichen Zahl von Vielheiten gegenüberstehen, in einem unendlichen Meer von Reizen und Energien leben und nur uns selbst als Maßstab, als Achse dieser Welt besitzen. Die einzige feste Wirklichkeit, die wir besitzen, sind wir selbst. Jeder Einzelne ist die Achse der Welt. Jede Achse braucht einen schweren und einen leichten Punkt, zwischen welchen sie sich ausrichtet. Der schwere Punkt ist unser irdisches Ich mit seinem Körperschwerpunkt. Das Lichte, Leichte, auf das hin wir entworfen worden sind, liegt im Feinstofflichen, „Himmlischen". Diese beiden Punkte und die Achse, nach der wir gestimmt sind und nach der sich auch unsere Welt ausrichtet, gilt es also aufzufinden, was nur über Üben und Erleben möglich ist. Schon immer gab es dafür spirituelle Wege, vor allem in Asien. Dort soll Pythagoras einst seine Schulung erhalten haben und er begründete später dann die Lehre von der Harmonik. Johannes Kepler und später Hans Kayser griffen in neuerer Zeit die pythagoräische Lehre von der Harmonik wieder auf, die genau im gleichen Sinne die Problematik des modernen Menschen in folgenden Worten formuliert:

> „Wir Menschen stehen als erkennende Wesen vor einer dunklen Fülle von Erscheinungen, deren sinnvollen oder sinnlosen Ablauf wir auf irgend eine Weise zu ergründen suchen …
>
> … eben jenes wahrhaft Menschliche ordnet die verwirrende Fülle der Erscheinungen, sucht den Sinn oder Unsinn zu deuten, die Gesetzmäßigkeiten zu ergründen, schafft den Kosmos."

Hans Kayser,
Grundriss eines Systems
der harmonikalen Wertformen

Mit diesen Worten beginnt der große Harmoniker sein Buch über die harmonikalen Wertformen. Im gleichen Sinne sagte der Forscher von Uexkuell, dass die Natur nur Wunder schaffe, die Ordnungen mache der Mensch. Im Laufe seines Werkes arbeitet Kayser immer differenzierter heraus, dass es zwar der Mensch ist, der die Ordnungen und Gesetze formuliert, dass sie aber inaktiv und unbewusst natürlich in der Natur stets schon vorhanden sind, wie die Formen der Kristalle und Pflanzen eindrücklich zeigen. Erst im Menschen werden sie sozusagen wach und durch ihn offenbar. Das sei auch das absolut Einzigartige am Menschen, dass er ein Offenbarer sei. Jene verborgenen Normen in der Natur geben nach Kayser dem Menschen die eigentliche Weisung.

> „… dass immer wir Menschen es sind, durch die Gott spricht, nur in uns kommt der Geist zum Bewusstsein,

klingt die Seele, tönt der Kosmos. Die ungeheure Verantwortung bleibt sowieso dieselbe und die Frage, wie und warum wir zu Vermittlern des Göttlichen werden, vereinfacht sich weder durch eine Immanenz noch Transzendenz der Instanzen."

„Wer das Maß bestimmt, darf nicht maßlos sein; wer maßlos ist, fällt den dunklen chthonischen Gewalten anheim und verwirkt die menschliche Sendung."

Hans Kayser, ebenda

Kayser kam zu dem Schluss, dass es ewige Wahrheiten gibt und für diese im Menschen ein Organismus, eine Art „Schwingungs- und Resonanzsystem" vorhanden sei. Er schreibt:

„Es ist eine der bittersten Notwendigkeiten, dass wir die Pilatusfrage: Was ist Wahrheit? (und damit alle höchsten Prinzipien) nicht nur in den Bereich des Geistes oder nur in den Bereich der Natur, der Materie stellen, sondern dass wir in unserem derzeitigen Menschheitszustand wenigstens ein Kontrollorgan in uns selbst, in unserem menschlichen psychophysischen Organismus entdecken, welches nicht die Natur nur am „Geist", d. h. an den Denkgesetzen misst, oder das Geistige nur an der Natur, sondern welches zwischen diesen beiden Bereichen steht, ja womöglich in seiner Funktion potentiell vereinigt. Ich sage „potentiell"; denn es ist klar, dass ein solches Organ, eine solche Kontrollstelle in unserem Organismus niemals Natur und Geist selbst

sein, sondern wie ein feinempfindliches Instrument nur die Normen und Strukturen des Geistigen und Natürlichen anzeigen kann."

Hans Kayser, ebenda

Wie ich in Band 1 ausgeführt habe, hatte das indische Denken schon lange einen solchen Schwingungskörper im Menschen ausgemacht und ihn als „Linga sharira", als Astralkörper bezeichnet. Er ist der Vermittler zwischen der seelischen Ebene und jener der natürlichen Kräfte und Energien, die wir ätherisch und physisch nennen. Der Astralkörper gleicht einem Musikinstrument, das auf Schwingungen reagiert. Ich möchte das Mitschwingen an einem Beispiel deutlich machen. Schlagen wir bei einem Klavier einen bestimmten Ton an, so wird alles im Raum, was der Schwingung des Tones entspricht, mitschwingen. Eine im Raum stehende Harfe wird ebenso darauf ansprechen und mitvibrieren wie auch der hörende Mensch. Das ist die äußere Seite des Vorgangs. Aber dahinter schwingt noch ein viel feineres System, das mit dem Phänomen Resonanz zu tun hat. Es schwingt bei der Harfe wie auch im Ohr des Menschen ja nicht alles mit, wenn ein bestimmter Klavierton auf sie trifft, sondern eben nur genau der gleiche Ton. Also irgend etwas in der Harfe muss ja bildlich gesprochen „wissen", dass nur der eine Ton gemeint ist und kein anderer. Sie kann nicht nur einfach auf alles reagieren, sondern sie reagiert auf Entsprechungen, auf Verwandtes. Dasselbe Prinzip finden wir im ganzen Leben. Wir tragen in uns ein System, das uns die Fähigkeit des Mitschwingens und der Resonanz ermöglicht. Das bedeutet, wir fangen den gleichen

Ton auf und können dann auf diesen oder auch auf andere Töne rückantworten. Wir sprechen auf den einen Menschen sofort an, da er „im verwandten oder gar gleichen Ton" schwingt wie wir selbst. Er ist uns ähnlich. Dann gibt es Schwingungen, die liegen für uns viel weiter entfernt. Sie sind uns nicht allzu ähnlich, vielleicht sogar ganz fremd. Mit diesen Schwingungen kommen wir seltener in Kontakt und tun uns schwerer damit. Viele blenden wir aus, wenn sie uns zu fremd, zu unangenehm sind. Gerade das bildet die Musik alles ab. Sie lehrt uns angenehme Intervalle oder Harmonien, oder auch unangenehmere, fremde. Gehen wir verstärkt mit den entfernt liegenden um, so gewöhnen wir uns daran und entdecken vielleicht sogar plötzlich ganz Neues in ihnen. Die Aufgabe der Musik war es immer, die „Stimmung" des Menschen zu schulen und ihm neue Bereiche zu erschließen. Daher galten die großen Komponisten stets als Wegbereiter für neue Entwicklungsschübe in der menschlichen Kultur. In diesem Sinne möchte ich auf das interessante Buch des Komponisten und Thesosophen Cyril Scott[1] (1879-1971) hinweisen, der die Wirkung der großen Musikmeister auf die nachfolgenden Generationen beschreibt.

Die esoterischen Schulen lehrten stets, dass wir in einer Welt der Entsprechungen leben. Klänge, Laute, Bilder und Symbole sind deshalb so bedeutsam für den Menschen, da es sich bei ihnen um Schwingungen und Resonanzen handelt, über die er mit bestimmten Kräften in Kontakt kommen kann. Der Mensch kann sich und sein Resonanzsystem darüber schulen. Möchte ein Mensch sein

1 Cyril Scott, Musik, F. Hirthammer Verlag, München 1991

Leben verändern, so bedarf es einer Umstimmung. Er entdeckt vielleicht plötzlich seine Liebe zu Tieren und kauft sich einen Hund. Über den Hund kommt er in Kontakt mit anderen Hundehaltern, mit Tierärzten usw. und später finden wir ihn, wie er die Prüfung als Tierheilpraktiker ablegt. Das ist die Wirkung von Resonanzen. Das Tier, der Hund liegt im Urbilderbereich dieses Menschen schon verborgen. Dieses tritt ihm im Außen als reales Bild entgegen und stimmt sein Leben völlig um.

„Heute sind Bilder und Begriffe für unseren Verstand abstrakte Symbole und daher in ihrer Energetik völlig reduziert. Wir sagen auch, sie sind versachlicht. In ihnen fehlen viele „Frequenzen" und Farben, weshalb sie auch Leben nicht vollständig wiedergeben können. Sie resonieren nicht auf die Fülle. Ganz anders in den früheren, spirituellen Kulturen, in denen Bilder lebendige, ja magische Wesenheiten des Lebens darstellten. Erst in solchem Erleben entfalten Bilder, Klänge, Zeichen ihre tiefe Bedeutung und ergibt sich eine Sinnhaftigkeit, woraus wiederum für unser eigenes Leben Sinn und Bedeutung entstehen kann. Die ganze Welt soll uns ein Bildnis des Lebens sein, aber wir sollen uns kein Bildnis davon machen, so beschreiben es viele Überlieferungen. Der Psychoanalytiker Erich Fromm formulierte dies als Diskrepanz zwischen einer Lebenshaltung des Seins und einer des Habens. Dem wirklich geistig Suchenden ist eine heilige Statue eine Erinnerung an sein eigenes göttliches Wesen, das in ihm

ruht. Der in der Materie verhaftete Mensch dagegen betet die Statue an und glaubt durch ihren Besitz voranzukommen."

Harald Knauss,
Die moderne Medial-
und Heilerschulung

Resonanz und Mitschwingen haben mit Beziehung und Maß zu tun. Damit klingen auch Begriffe wie Proportion, Verhältnis, Wert und Qualität an. Es gibt in uns eine „Messlatte", mit der wir die von außen kommenden Informationen ab- und vergleichen. Wir nehmen Maß von der Welt. Wie proportional schwingt etwas von außen Kommendes mit der Grundstimmung, die unsere innere Messlatte oder Stimmung hat? Das fragt das in uns angelegte Resonanzsystem bei allen eintreffenden Sinnesreizen. Nur jene werden uns bewusst und wichtig, die in einem Verhältnis zu uns stehen. Alle anderen fallen sozusagen durch das Raster. Wir „vermessen" in gewisser Weise die Welt; ich würde lieber sagen, wir suchen nach Stimmigkeiten oder Entsprechungen. Es war der griechische Denker Pythagoras, der der westlichen Welt die Wissenschaft von der Beziehung und Proportion neu eröffnet hat, die sogenannte Harmonik. Zwei grundlegende Qualitäten sah er als Entsprechung zwischen Innen (Geist) und Außen (Formwelt):

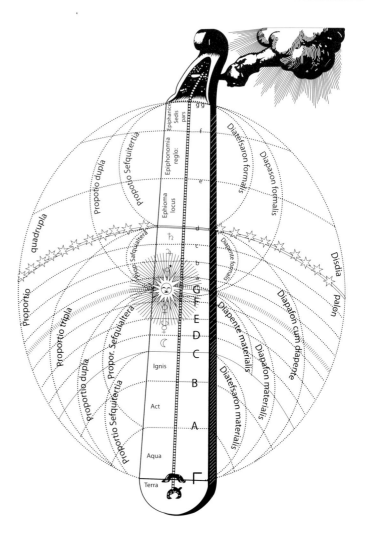

Abb. 2 Das Weltenmonochord des Robert Fludd

1. Das Maß (Zahl, Quantität) als Begriff für die Ordnung der Dinge.
2. Den Wert (Ton, Qualität) als Begriff für die Norm der Dinge.

Er nannte das „harmonikos", was „zur Musik gehörig" meint, und begründete damit den Begriff von der Tonzahl als einem Urphänomen in der Schöpfung. Die Musik spiegelte für Pythagoras vollendet die Beziehung von Zahl und Ton wieder. Auf dem Monochord (ein einsaitiges Instrument) wird eine bestimmte Saitenlänge (Zahlenverhältnis) abgegriffen – was dem quantitativen Vorgehen entspräche – und wenn wir die Saite dann anzupfen, erhalten wir einen bestimmten Ton, also eine bestimmte Qualität. Dieser Ton entsteht nur, wenn die entsprechende Saitenlänge schwingt, d. h. die Proportion zwischen den zwei Teilen der gegriffenen Saite die entsprechende ist. Wir müssen z. B. auf einer Gitarre immer einen gleichen Bund abgreifen, um einen bestimmten Ton zu erhalten. Das Monochord wurde von den griechischen Philosophen als kosmisches Prinzip gesehen. Der Alchemist Robert Fludd beschäftigte sich mit dem kosmischen Monochord, nach dem Gott die Welt stimmt.

> *„Das Monochord ist das innere Prinzip, das vom Zentrum des Ganzen aus den Zusammenklang allen Lebens im Kosmos bewirkt ...*
>
> *Durch Verstellung der Saitenspannung kann Gott, der große Einklang, die Dichte aller Stoffe zwischen Empyreum und Erde bestimmen.“*
>
> Robert Fludd,
> aus Roob, Alchemie & Mystik

Es gilt als sicher, dass Pythagoras seine Inspirationen aus den östlichen, asiatischen Schulungen bezogen hat. Auf diese Weise wurde auch im Westen die altindische Vorstellung verbreitet, dass alle Welt aus Klang entsteht und besteht („Nada brahma“). Die Welt ist also eine aus Zahlen und Tönen bestehende, eine klingende, tönende. Leider spaltete die Wissenschaft im Laufe ihrer Entwicklung

diese zwei Grundwerte auseinander und heute finden wir die Wissenschaften, die sich an der Quantität festhalten, und die Künste, die mit Qualitäten arbeiten, getrennt. Immer wieder gab und gibt es Ansätze, die Lehre von der Verbindung der beiden Welten (Harmonielehre) neu zu beleben, so z. B. durch Johannes Kepler oder Hans Kayser.

Besonderes Interesse gilt natürlich jenem Prinzip, das den Menschen stimmt und oftmals auch neu einstimmt. Das wird häufig übersehen im Ringen um die Gesetze der Harmonik. Wieso entdecken wir etwas plötzlich erst nach vielen, vielen Jahren, obwohl es stets vorhanden und um uns war? Auf solche Fragen zielen die spirituellen Lehren. Für sie stehen nicht die Gesetze der äußeren Natur im Vordergrund, sondern das innere Wesen des Menschen selbst. Dieses erschafft die Welt. Ohne die schöpferische Tätigkeit der Sinne gibt es die Welt für den Menschen nicht, wie sie ist.

Abgeschlossenheit und Durchlässigkeit

Die Welt der Formen und Gestalten ist eine mehr oder weniger stark abgeschlossene. Nur so wird ein Bewusstsein für Identität und Identifizierung möglich. An der Form können wir Zugehörigkeit festmachen: „Das ist ein Stein, ein Ast, ein Mensch ..., das ist Frau Müller, Herr Schulze usw.“ Das sich Heraus-Isolieren aus einem Ganzen, das Erschaffen eines Widerstandes gegen die Welt außen, eine feste Formhülle also ermöglicht das Subjektive, Individuelle. Trotzdem gibt es kein Wesen, das völlig isoliert existiert, denn dann wäre Verwandlung und Überleben nicht möglich. Es ist ein mehr oder weniger offenes, durchlässiges System, das im Austausch mit der Welt lebt und das auch dem Wandel unterworfen ist. Die Bewusstheit eines Wesens wird von manchen Denkern an seiner Durchlässigkeit für das „große Leben" festgemacht, das alles durchströmt. Je mehr Leben ein Wesen durch sich hindurchlassen kann, desto mehr an Verwandlung und Entwicklung ist möglich. Daher spielen Übungen zur „Durchlichtung und Er-Leichterung" in sehr vielen spirituellen Traditionen eine wichtige Rolle.

Kein Wesen dieser irdischen Gestaltwelt kann also aus sich allein heraus entstehen, noch kann es sich auf diese Weise erhalten oder gar entwickeln. Es braucht stets die Beziehung zu anderen und zum Gegenüber. Somit bleibt es Teil des Ganzen. Wir können uns z. B. nicht wirklich abkoppeln von der Natur, es sei denn, mit schwerwiegenden Folgen für unser System. Wenn wir keinen harmonischen Rhythmus haben zwischen Ruhe und Bewegung, so macht uns das krank. Auch die Anpassung an die energetischen Verhältnisse des Tagesablaufs ist enorm wichtig für unser eigenes Energiesystem. Der Tag beginnt morgens mit der elektrisch-positiven Kraft, die zum Nachmittag elektrisch-negativ wird, bevor am Abend die magnetische Kraft in den Vordergrund rückt. Die magnetische Kraft bringt das Ruhige, Beschauliche, Verhaltene, Innerliche. Die Erde hält sozusagen den Atem an und zieht ihn in der Nacht ein. Abends lockert der wissende Gärtner den Gartenboden, damit des Nachts die Nitrate leichter vom Boden eingesogen werden. Wenn wir des Abends ständig das elektrische Licht, elektrische Geräte eingeschaltet haben, hat die magnetische Kraft wenig Chancen,

unseren Körper ruhig zu durchströmen. Unseren Nerven fehlt dann die beruhigende Aufladung, die Regeneration ermöglicht. Wir sind also eingebunden in ein Energiesystem, mit dem wir leben und einen Konsens bilden müssen.

Wir leben in vielen Feldern von Energien, die auch unser System tangieren und durchströmen. Diese Energien müssen wir an die unseren angleichen. Gleichzeitig dürfen wir nicht zu ihnen selbst werden, sonst würden wir ja unser Ich verlieren. Würden wir immer zu dem werden, was wir gerade essen, könnten wir nicht mehr wir selbst sein. Daher bedarf es der Umwandlung in das Eigene, der Integration des Fremden, des Nicht-Selbst. Auf diese Weise können wir uns selbst erhalten. Das, was wir also als stabile Seite unseres irdischen Selbst erfahren, entsteht durch einen Vorgang, den wir Integration nennen. Integration ist eine Balance, die erreicht werden kann, wenn wir von etwas Vorherigem, Altem auf etwas Neues zuwachsen. So wie unser wachsender Körper immer wieder eine neue Mitte in sich finden muss, so müssen auch andere wachsenden Persönlichkeitsanteile immer wieder eine Mitte finden. Das geschieht in einem steten Prozess von Integration. Was wir daher als stabil, als gefestigtes Ich bezeichnen, ist gar nicht im materiellen Sinne stabil, sonst wäre es starr. Damit wäre es nicht lebendig, könnte sich nicht mehr verwandeln und somit weiter wachsen. Integration erzeugt einen Ausgleich in der Spannung der Kräfte bei gleichzeitigem Vorhandensein einer inneren Achse, eines Maßstabes, an dem sich diese orientiert.

Stufen der Integration

Nach der esoterischen Lehre geht die Entwicklung unseres Selbst über verschiedene Stufen der Integration vor sich, die darauf abzielen, eine Harmonie in einem Äußerungsbereich unseres Selbst zu erreichen. Diese Stufen laufen zwar linear ab, was die große Zielrichtung angeht, aber sie finden zu jedem Moment auch gleichzeitig statt.

1. Integration auf der Körperebene – Form-, Körper- oder Massen-Bewusstsein

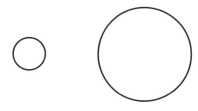

Abb. 3 leerer Kreis

Zunächst geht es um unsere äußere, abgesonderte, isolierte Form, die uns zu einer markanten Erscheinung macht. Alle Lebenseinheiten, die den Körper ausmachen, sind zu einer Erscheinung, zu einem Organismus, einem formalen Bild integriert, das charakteristische Züge (z. B. Geschlecht, Physiognomie usw.) hat. Darin verborgen sind energetische, emotionale und auch mentale Anteile, die aber noch nicht sehr charakteristisch ausgeprägt sind. Im Anfangszustand finden wir hier jenen Menschen, der sich als isoliertes, eigenes Wesen, also getrennt von allen anderen Formen findet. Ihm ist Erkenntnis möglich, aber er lebt noch ziemlich unbewusst. Er spricht vom „Ich", weiß aber noch nicht so genau, wer dies eigentlich ist. Irgendwelche verborgenen Kräfte, meist

aus seiner eigenen Wunschnatur oder aus kollektiven Strömungen heraus, treiben ihn zu diesem und jenem. Er ist ein Resonanzinstrument für alle Energien, die auf ihn treffen, da seine persönlichen Qualitäten noch nicht klar herausgearbeitet sind. Sein Eigenwesen, seine Selbstständigkeit ist noch nicht stark entwickelt, weshalb das Kollektive einen großen Einfluss auf ihn hat. Er lässt sich treiben, fließt mit den Strömungen und reagiert auf Druck. In gewissem Sinne „erleidet" er das Leben, fühlt sich als Schachfigur des Schicksals, ja oftmals als Opfer. Viele Leben kann ein Mensch verbringen, um seine Persönlichkeit klar herauszumeißeln, ähnlich einem Bildhauer, der sein Werk aus einem Stein befreit.

Der Körper ist das Instrument, auf dem die Seele spielt. Ist die Abstimmung vollkommen, so haben wir eine abgerundete Persönlichkeit, ein wirkliches, eigenständiges Ich vor uns. Wie wir nachher sehen werden, ist ein solches freies Ich nicht selbstverständlich, auch wenn viele das meinen, nur weil sie „Ich" sagen können. Im schlechtesten Falle kann ein „Ich" durch Einflüsse und Druck von außen auf eine solche Weise verformt werden, dass nur wenig der eigenen Seelenschwingung zur Verwirklichung kommen kann. Das Ich ist eng an das Gehirn gebunden, denn dieses ist das Zentralorgan, das die unzähligen Zellintelligenzien unseres Organismus zusammenhält. Plato formulierte einmal, dass im Gehirn alle Erinnerung und alle Erfahrungen, auch die des Kollektivs, abgespeichert seien. Fortschritt sei eine Erweckung all dieser latent angelegten Möglichkeiten. Erweckt werden die Gehirnzellen durch den bewussten, gelenkten Atem. Dieser erzeugt in den Ganglien des Nervensystems die nötige elektrische Energie, die über den Rückenmarkskanal zum Gehirn strömt. Dafür braucht es wiederum die Rhythmisierung des Atems durch das Herz. Aus esoterischer Sicht entsteht der Gedanke im Herzen. Mittels der Kraft des Atems pflanzt er sich über das Nervensystem bis zum Gehirn fort, wo er seine Entwicklung erfährt und zur Verwirklichung, zur Tat kommen kann. Der Integration von Herz (Rhythmus, Ursprung des Gedankens), Atem, Nervensystem und Gehirn wurde daher größte Aufmerksamkeit zuteil. Nur so kommen Denken, Fühlen, Wollen und Handeln harmonisch zueinander.

Aber auch die vielen anderen Teilgebiete unseres Organismus gilt es, zu einer harmonischen Einheit zu integrieren. Ernähren wir uns falsch, belasten wir den Stoffwechsel, so entsteht Gärung bei der Verdauung. Gärung bewirkt falsche Spannungen im Körper. Diese entladen sich in krampfartigen Kontraktionen der Kapillaren und Nerven und in einem unregelmäßigen Gang des Herzens. Der Atem wird kurz und flach. Das führt zu einem Zwiespalt zwischen dem Wollen, auch dem geistigen, und dem Körper, denn die Kräfte sind zersplittert. Ein falsch gespannter Körper erfordert sehr viel Energie, damit er seiner Überspannungen Herr wird und überhaupt einigermaßen im Lot bleibt. Gleichzeitig wollen wir aber etwas bewegen, wollen denken und arbeiten. Damit sind wir in einer schwierigen Zwangslage. Da der Geist sich stets über den Körper ausdrücken muss, der Körper aber nicht in Harmonie ist, wird der Ausdruck des Geistes nie ganz harmonisch sein

können. Daher wird er eine mangelnde Wirkung und mangelnden Erfolg haben. Deshalb ist die ausgewogene Pflege unserer Grundsäulen Atem-Drüsen-Ernährung-Bewegung so wichtig! Einheit bedeutet hier stets einen Ausgleich von Polaritäten, was zu einer richtigen, gesunden Spannkraft im Körper führt, über die sich unser Geist auch auszudrücken vermag.

2. Integration auf der persönlichen Ebene – Selbst-Bewusstsein

Abb. 4 Sonnen- oder Ich-Kreis

Dies ist die Stufe der Integration, auf der vor allem die Entfaltung des emotionalen und mentalen Potenzials stattfindet. Damit wird sich der Mensch seiner selbst verstärkt bewusst. Er weiß, was er wünscht und will, ist bereit, für die Erfüllung zu arbeiten, also Energie einzusetzen. Körper, Emotion und Denken werden auf dieser Stufe verschmolzen, ein Vorgang, der über viele Leben hin dauern kann.

Es entstehen jeweils klare Charakteristika des Menschen, eine klare Persönlichkeitsstruktur und eine individuell akzentuierte Biographie. Es ist aber jeweils nur ein Teil unseres ganzen Ichs. Nehmen wir an, jemand will unbedingt ein berühmter Künstler werden, so wird er all das an Potenzialen und Möglichkeiten ausklammern, die dieser Entwicklung hinderlich wären.

„Persona" steht mit dem Wort „Maske" in Verbindung und die Maske oder Rolle ist ein Teilaspekt eines ganzen Theaterstückes. Wir können Rollen spielen, Masken tragen, so lange, bis wir das ganze Stück unseres Lebens kennen. „Personare" bedeutet im Lateinischen „durchtönen, hindurchklingen". Stets tönt unser ganzes Ich natürlich durch die Maske hindurch und diesem Tönen gilt die Aufmerksamkeit der spirituellen Übungen.

Auf dieser Stufe ist der Mensch nicht mehr nur erleidend, sondern gestaltet verstärkt sein Leben selbst. Er möchte einen Abdruck, eine Biographie hinterlassen, sein eigenes Werk. Sein Name soll nicht vergessen werden. Die Kräfte können auf dieser Ebene so zusammengeschweißt sein, dass sie eine mächtige Wirkung nach außen haben. Wir sprechen dann von charismatischen Persönlichkeiten, wie wir sie z. B. bei berühmten Künstlern oder Politikern finden.

Wir erleben heute auf dieser Ebene manche Disharmonie, da unsere Ausbildung und unser Leben einseitig sind. Unsere Gesellschaft ist zum einen im Materiellen fest verankert und dessen Prinzipien bestimmen unser Leben. Gleichzeitig erfahren wir in der Ausbildung vor allem eine Förderung unserer intellektuellen Seite. Die verbindende spirituelle Ebene oder Intelligenz ist dagegen so gut wie ausgeklammert. Das Hängen an kirchlichen Dogmen hat übrigens nichts mit spiritueller Intelligenz zu tun, sondern gehört der materiellen Intelligenz an, die nach Festigkeit und Sicherheit strebt. Das Vernachlässigen des Spirituellen ist der Grund für viele Nervenleiden unserer Zeit. Beschäftigt sich

aber jemand mit dem Spirituellen, so erlebt er sich eben oftmals in der Spannung zur materiellen und intellektuellen Seite des Lebens. Ein solches Missverhältnis wirkt ebenfalls ungünstig auf die Nerven zurück. Wenn ein spirituell Suchender an seinen Nerven erkrankt, wirkt das auf das ganze System zurück und ist daher oftmals viel schwieriger zu heilen, da Spiritualität ja ein Erforschen des eigenen Inneren bedeutet. Das heißt, solche Menschen sind dann so auf sich selbst fixiert, kreisen in ihren Gedanken nur um sich selbst, weshalb sie dann so schwer Abstand zu einer Krankheit gewinnen. Das zeigt uns, wie wichtig die Harmonie- und Konzentrationsübungen sind, um Geist und Körper wieder zusammenzubringen. In solchen Übungen werden z. B. Vokale fließend aneinander gereiht oder Vokale und Körperübungen verbunden, damit Schwingung und Fluss der Energien sich harmonisieren können.

3. Integration auf der geistig-seelischen Ebene – bewusste Beziehung

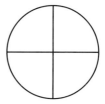

Abb. 5 Das Kreuz des Bewusstseins

Durch Integration wächst der Mensch in immer weitere Lebenskreise hinein. Seine Kräfte hat er als Ich integriert und seine Persönlichkeit herausgearbeitet. Dann verspürt er, dass es noch mehr geben muss, denn die Persönlichkeit ist endlich, da sie an die Physis gebunden ist und nur eine Form der Möglichkeiten darstellt. Er weitet seinen Radius und kommt zum Du, was bedeutet, dass er sich auf eine andere, neue Harmonie, einen anderen Rhythmus einlassen muss, denn nur so kann er einen anderen Menschen verstehen. Auf diese Weise wird Beziehung möglich. Diese kann eine oberflächliche Berührung oder eine tiefe Begegnung sein, wird aber zu einer Erweiterung seiner selbst führen. Auf diese Weise weitet und ergänzt sich auch sein eigenes Selbst. Er trifft auf viele andere Persönlichkeiten, mit denen er sich vergleicht und misst. Die Relativität ergreift ihn. Das kann zum einen zu einer verstärkt aggressiven Durchsetzung seines Ich führen. Zum anderen kann diese Spannung auch zur Depression führen, da das Ego seine Begrenztheit erkennt und deutlich wird, dass es da noch etwas anderes und viel mehr geben kann – oder auch nicht. Das sind die großen Krisenzeiten im Leben. Krisen haben immer Beziehung als Thema. Es sind die Schnittpunkte zwischen zwei Lebenskreisen, an denen sie auftreten, weshalb ich sie auch als „Wachstumsknoten" bezeichne.[2]

Irgendwann führt uns der Weg über die Beziehung unabdingbar vom Äußeren in das Innere hinein. Wir beginnen unsere Suche nach der Tiefe, weiten unseren Horizont, was eine große Herausforderung an unser System ist. Auf diese Weise kommen wir unserer eigenen Seele und damit auch dem Göttlichen näher. Je näher wir unserer Seele kommen, desto stärker strömen schöpferische Lebensenergien ein.

Diese Integration der verschiedenen Ebenen läuft zunächst in der Waagrechten ab, was

bedeutet, dass wir uns erst auf unsere Umgebung, zum Äußeren hin abstimmen. Später tritt dann auch verstärkt die Abstimmung zur Vertikalen auf, was stets eine Integration mit den inneren Welten meint. Im Sinne von Erich Fromm könnten wir diese beiden Achsen auch als Haben und Sein bezeichnen. In unserem Leben arbeiten wir natürlich an jeder der Ebenen und Achsen, wenn auch mit unterschiedlicher Gewichtung. Insgesamt wird dies in den esoterischen Wissenschaften als Seelenweg gesehen, der über viele Inkarnationen gehen kann. Die Arbeit am Seelenweg geht in vier Stadien oder Stufen vor sich:

1. Koordination: Der dichte, physische Körper wird mit dem Äther- oder Lebenskörper abgestimmt.

2. Gleichschaltung: Die drei Ebenen oder Körperhüllen (physisch-emotional-mental) verschmelzen. Dies betrifft vor allem die Integration des Emotionalkörpers, der unter die Leitung des Denkvermögens kommen muss. Eine Polarisierung im Mentalkörper zeigt sich darin, sich selbst kritisch zu beobachten, zu sich selbst Stellung zu nehmen.

3. Einswerdung: Das Ich kommt zunehmend unter die Lenkung der Seelenkräfte. Es wird zunehmend diszipliniert, leidenschaftslos, „unpersönlich" (nimmt das kleine Selbst nicht mehr so wichtig), zielbewusst. Meditation ist der Weg dorthin. Zusammenhänge und Übereinstimmungen werden durch das Bewusstsein erkannt. Der Einfluss von Intuition und Schöpferkraft wird größer. Das Ich wird zu einer Art Sonne in seiner Umgebung oder Sphäre, in die seine Energie hineinwirkt. Es ist die Stufe des „Jüngers".

2 siehe auch mein Buch „Leben und Sterben aus medialer Sicht"

4. Verschmelzung: Alle Energien vereinigen sich. Leben als integrierte Ganzheit, als Seele oder Geistselbst wird damit möglich.

„Integration" wird in den östlichen Traditionen auch der „Erleuchtete Weg" genannt, da es sich um einen Lichtprozess handelt. Mit jedem Fortschritt auf dem Weg steigt das Verständnis für die Welt der Energien, schreiten Verwirklichung des Lebens und Weitung des Bewusstseins voran. Die vier Stufen werden auch als Integration der verschiedenen „Lichter" im Menschen bezeichnet, bis dann schlussendlich jenes eine große Licht aus der Verschmelzung aufleuchtet, das wir Einweihung oder Erleuchtung nennen. Es ist dem alchemistischen Prozess gleichzusetzen, der aus der Dunkelheit, der materiellen Gebundenheit hinauf in die Freiheit des Lichtes führt. Die Entwicklung geht über viele Stufen oder Sprossen der „Lebensleiter". Jeder Schritt der Integration bringt ein Mehr an Licht, Energie und Freiheit.

Der Abschnitt zuvor hat uns das Prinzip der Integration und Harmonisierung im großen Bild der Seelenentwicklung gezeigt. Es gibt gleichzeitig aber noch vielerlei andere Einheiten, die es zu integrieren gilt, weshalb wir ahnen können, warum neben Atem, Drüsen, Ernährung usw. gerade das Prinzip der Harmonie in der esoterisch-spirituellen Schulung als für so wichtig erachtet wurde. Wir haben schon in Band 1 der Reihe „Spirituelle Heilkunst" gesehen, dass die Dreiheit ein wichtiges kosmisches Prinzip darstellt. Jede Ebene unserer Manifestation besteht aus einer Dreiheit – die Seele besteht aus einer solchen, wie auch die Persönlichkeit und das Körpersystem.

Ebene der Seele: Geistwille (skr. Atman) – Liebe (skr. Buddhi) – Bewusstsein (skr. Manas).

Ebene der Persönlichkeit: das Denkende (mental) – das Erlebende (emotional) – das Seiende, Wirkende (physisch).

Ebene des Körpersystems: Nervensystem (Sinne) – Blutsystem (rhythmisches System) – Drüsensystem (Stoffwechsel).

Unser ganzes Körpersystem besteht aus einer Unzahl an eigenständigen Lebenseinheiten, die wir Zellen, Mikroben usw. nennen. Sie haben eine eigene Energie, ein eigenes Bewusstsein. Die Zellen sind zu harmonischen Verbänden zusammengeschlossen, die als Organe bezeichnet werden. In gewisser Weise sind sie der äußeren Landschaft mit ihren Bergen, Tälern, Wäldern usw. vergleichbar. Unsere Seele dirigiert über das Ich – welches ein Ergebnis der zusammengeschlossenen Gehirnfunktionen ist – all diese Einheiten. Dafür bedarf es einer Kraft der Zusammenarbeit und steten Integration von Seele, Ich (irdische Persönlichkeit) und Körper. Nach der esoterischen Wissenschaft stehen dafür im Körpersystem drei Zentren, nämlich Herz (Seele, Drüsen, Blut), Gehirn (Ich, Nerven) und Solarplexus (Körper, Stoffwechsel). Alle Einheiten und Systeme in uns sind in stetigem Kontakt miteinander. Daher müssen Impulse und Nachrichten integriert, verarbeitet und auch harmonisiert werden, damit nicht Chaos und Disharmonie entstehen. Würde die Milz unsere Nahrung nicht auf unseren eigenen Rhythmus einschwören, so könnten wir keinerlei fremde Nährstoffe aufnehmen und zu Eigenem machen, könnten also nicht existieren. So sehen es die östlichen Traditionen.

Es braucht die Harmonisierung, die einen Gleichklang auch und gerade von Unterschiedlichem möglich macht. Jedes Organ und auch die Organe untereinander wirken harmonisierend, sind auf Synthese und Synergie ausgerichtet. „Harmonie ist Leben, Disharmonie ist Krankheit oder Tod!", so formulierte es einmal Emil A. Bäuerle. Bei dieser Begrifflichkeit gilt es aber nochmals zu klären, dass Harmonie hier „Stimmigkeit" und Disharmonie „Nicht-Stimmigkeit" – „dis-", also getrennt von der Stimmigkeit – meint. Es geht dabei nicht um ästhetische Parameter, um angenehm oder unangenehm, schön oder unschön. Es meint Harmonie als einen Aspekt der Lebenskraft. Stimmigkeit zeichnet sich ja gerade dadurch aus, dass sie auch unangenehme Reize zu integrieren weiß. In diesem Sinne gibt es einen direkten Vergleich zum Immunsystem und zur Thymusdrüse im Körper. Sie sorgen beide dafür, dass das System ausgeglichen wird, auch wenn unangenehme oder feindliche Reize eintreffen. Die Harmonie in unserem Körper hängt stark von der Arbeitsfähigkeit unserer Thymusdrüse und dem Herzcakra ab.[3] Beide brauchen aber auch den Anreiz und das Training. Halten wir künstlich alle Bakterien und Keime von uns fern, kann unser Immunsystem für Eventualitäten nicht geschult werden. Leben braucht eben auch Reiz und Anreiz.

Aber auch noch andere Systeme und Anteile sind an der Harmonie im Körper beteiligt. So hat dabei der rhythmische, bewusste Atem einen wichtigen Anteil. Der bewusste, vertiefte und rhythmisierte Atem regelt den Blutumlauf, die richtige Verteilung des Blu-

tes, den Puls usw. so, dass die energetischen Prozesse im Körper in Gelöstheit und Entspannung stattfinden können. Damit wird die Erzeugung des elektrischen Fluidums[4] in den Nervenknoten gesteigert, was die Grundlage für eine gute Drüsentätigkeit ist. Daraus wiederum erst erfolgt die Entwicklung und Entfaltung der Intelligenzien in den Gehirnfeldern. In der Abstimmung aller Teile untereinander kann sich unser Sein entfalten.

Wir haben davon gesprochen, dass z. B. das Immunsystem wach gemacht und trainiert werden muss, damit es seine Aufgabe erfüllen kann. Der Mensch und sein Körper sind ein konzentriertes Abbild des Makrokosmos. Zur Zeit unserer Geburt ist der ganze Kosmos verborgen oder latent in uns angelegt. Über die Mutter werden einige der Zellen in uns aktiviert und ausgebaut. Aber nach der Geburt müssen wir verstärkt selbst tätig werden – was wir mit dem ersten Atemzug beginnen – und unsere Zellen und deren Fähigkeiten ausbauen. Die Zellen müssen erweckt und ihre Arbeit intensiviert werden. Der gesungene oder gesummte Ton ist eine solche Möglichkeit, über die Vibration schlafende oder in ihrer Wirkung blockierte Zellen aufzuwecken. Nach Prof. Tomatis ist das Gehör der zuerst ausgebildete Sinn und schon im Mutterleib beginnt unser Hören. Wenn die Mutter singt oder mit dem noch ungeborenen Kind spricht, hat das eine große Wirkung auf es. Klang und Vibration stimulieren seine Zellen, sind aber auch ein Instrument der Beziehung und Integration. Ohne dass eine Eigenschwingung da ist, kann nichts aus der Umgebung aufmerksam und wach dafür

---

3 „Thymus" siehe Band 3.

4 Elektrisch-magnetisch: siehe dazu Band 1.

machen, dass da etwas anderes außer ihm ist. Wir müssen uns bemerkbar machen. Im Außen tun wir das mit Hilfe des Körpers und der Stimme, im Inneren geschieht das über Schwingungsmuster. Daher begleiten Kinder ja jede Erfahrung mit Lauten.

Integration ist ein wesentliches Mittel der Evolution und ständig laufen im Kleinen wie Großen solche Prozesse ab. Die Kräfte der Integration finden ihre Entsprechung in der Musik. Folgende Systeme sollten wir beim Thema Harmonie und Integration bedenken:

- **Integration auf der physischen, vitalen Ebene – Schwingung und Rhythmus**

Es gilt, den physischen Körper immer weiter zu verfeinern, damit er als Überträger der feineren Schwingungen und Energien fungieren kann. Dazu müssen wir ihn verstehen lernen, seine Gesetze achten und ihn üben. Dies gibt uns einen Schutz im Leben, da gröbere Schwingungen ihn dann schwerer erreichen können. Das richtige Handeln, die gute Tat sind ebenfalls förderliche Mittel. Die Harmonieübungen zielen darauf ab, den physischen Körper mit Ton und Vibration zu erwecken, zu durchdringen, ihn zu durchschwingen und somit eine Resonanz zwischen ihm und unseren Gefühlen und Gedanken herzustellen. Gleichzeitig braucht es eine Anregung des Lebensrhythmus in uns, an dem unsere Vitalität hängt. Die Führung des Atems bildet dafür die Grundlage.

- **Integration auf der emotionalen Ebene – Klang**

Alles Erleben in uns muss sich harmonisch einen, was eine Aufgabe des Seelischen ist. Erreichen können wir dies über die Selbsterkenntnis, indem wir dann die niederen Emotionen in höhere verwandeln können. Nicht zu schädigen, keine bösen Worte zu geben, eine Haltung der Harmlosigkeit und die reine Liebe gelten in den östlichen Lehren als der richtige Weg, die Emotionen zu verwandeln. Die Energie der Emotionen entspringt aus unserem Quell der Gemütskräfte. Besitzen wir Frohmut, so werden die Emotionen eine andere Energetik und Färbung haben, als wenn sie aus dem Missmut entspringen. Jede Harmonieübung arbeitet an unseren Gemütskräften.

- **Integration auf der mentalen Ebene – Melodieführung**

Eine solche erhalten wir, wenn wir klare, positive, aufbauende Gedanken pflegen. Die Erweiterung des Denkhorizontes und die Pflege richtigen Denkens gelten als wichtiger Weg in allen spirituellen Schulungen. Bei den Harmonieübungen wird das Bewusstsein geschult über richtiges Tönen, Artikulieren, Lenken der Vokale usw. Vor allem die Melodieführung in der Musik ist dabei wichtig, da sie der Lenkung der Gedanken vom Prinzip her entspricht.

- **Integration in die Natur – Resonanz**

Die Natur, die Schöpfung ist unendlich und entsprechend unendlich sind die Beziehungen zwischen ihren Einzelwesen. In der Natur liegen eben jene Grundgesetze des Lebens verborgen, an denen wir, die wir selbst als irdische Wesen Naturgeschöpfe sind, uns ausrichten müssen. Wir erleben heute, dass unser Ich in seinem Bestreben nach immer mehr weit von der Natur und ihren Spielregeln abrückt, mit vorhersehbaren, katastrophalen Konsequenzen. Aus Disharmonie entspringt Krankheit und in diesem Sinne befinden wir uns heute in einem bedenklich kranken Zustand. Je mehr wir vom einseitig abstrakten Denken abrücken, wieder in das Erleben hineinkommen, desto mehr können wir eine vielfältige Beziehung zur Natur und damit zu uns selbst aufbauen. Harmonie, Freude, Friede und Sinn, ja Gesundheit entstehen daraus. Indem wir wieder im Buche der Natur lesen oder noch besser hören lernen, desto mehr geht uns der Reichtum und die Freude der Schöpfung auf. Daher ist es unabdingbar wichtig, dass wir tagtäglich die Natur erleben – und ich betone das „erleben", denn es geht nicht um beobachten oder studieren; Erleben bedarf der Absichtslosigkeit, der Fähigkeit zu Müßiggang. Daher ist solches Erleben in der Natur ein Erlebnis von uns selbst, eine Tätigkeit unserer Seele. Daraus entstehen Beziehung und Abstimmung, ganz wesentliche Qualitäten, wenn wir als Individuum und auch als Menschheit eine gute Zukunft haben wollen. Und wir erhalten über solches Erleben auch die Möglichkeit zu erfahren, welche Gesetze in und um uns wirken und wie sie wirken, so dass wir uns an ihnen ausrichten können, zum eigenen Wohl wie auch zum Wohle aller.

- **Integration zwischen Seele und Ich – Stille, der innere Ton**

Zuletzt müssen wir uns auch nochmals klarmachen, dass die unterschiedlichen Einheiten, die unser irdisches Ich ausmachen, zwar bedeutsam sind, aber nicht entscheidend. Von ihrem Zusammenspiel hängt zweifels-

ohne viel ab für unsere irdische Lebensreise. Entscheidend aber ist jene unendliche, ewige Intelligenz dahinter, die alles lenkt, die uns in dieses irdische Leben gebracht hat und auch wieder von dort entführt. Das Ich könnten wir bildhaft als eine „Marionette" bezeichnen, der Spieler dahinter ist die Seele oder auch das geistige Wesen, wie wir das höchste Prinzip in uns auch benennen. Nehmen wir alle unsere substanziellen und bewussten Anteile zusammen, so ergibt diese Gesamtsumme allein nie das Ganze unseres Selbst. So schrieb der große Goethe:

> *„Die Summe der Erscheinungen ergibt nach diesem Verständnis nicht das Ganze, man kann es aus diesen nicht wieder zusammenstellen und beleben. Vielmehr muss die Wissenschaft in jedem Einzelnen den Index auf das Ganze als das Lebendige finden. Metapher dieses Lebendigen – nicht nur in der Naturwissenschaft – ist die Gestalt."*
>
> Goethe aus Lutzker, Der Sprachsinn

Daher lag in allen spirituellen Schulungen das Hauptgewicht stets auf dem geistigen, seelischen Bereich, also dem „Spieler" der Marionette. Alle Übungen dienten dem Bau der Brücke zwischen Geist oder Seele und Körper. Die vollständige Integration beider Welten nannten sie Erleuchtung. Wenn das Licht der Seele in den Körper eingezogen ist, verändert sich die Sicht auf Gesundheit und Krankheit völlig, die Realität wird eine andere.

2. Harmonie als Grundfaktor eines gesunden Lebens

„Dringen wir hinab in die Winzigkeit der Atomwelt, so zeigt sich uns das gleiche Bild, wie die Elektronen in ihren rhythmischen Bahnen um die Protone kreisen in harmonischen Beziehungen der verschiedenen Elementatome. So ist die Welt des Elementarischen von Rhythmus und Harmonie beherrscht.“

Aurelius Bäuerle,
Harmonie der Innenwelt

„Sind wir harmonisch gestimmt, so strömt das Blut in rhythmischen Wellen durch den Zellenstaat, dann einen sich die Schwingungen der Nervenknoten zu belehrendem Einklang.“

Aurelius Bäuerle, ebenda

„Denn es ist ein Grundgesetz, dass nichts Disharmonisches bestehen bleiben kann.“

Aurelius Bäuerle, ebenda

„So muss unser Leben zur Kunst erhoben werden, das heißt, aus dem Unbewußt-Schönen der Natur in das Bewußt-Schöne.“

Aurelius Bäuerle, ebenda

„Ein jeglicher Arzt soll wissen, dass nicht er es ist, der da heilet, sondern der innere Archäus (das geistige Lebensprinzip ...“.

Paracelsus aus Bäuerle, ebenda

„Die Heilung ist eine synthetische Leistung.“

F. Buttersack aus Bäuerle, ebenda

„Die, deren ‚Ki' (Geist) in Unordnung ist, die heißen ‚byoki' (krank), das bedeutet beunruhigter, gestörter Geist.“

Meister Okada aus Dürckheim, Hara

„Werden wir uns der Einheit aller Dinge bewußt und erkennen wir somit die wahren Beziehungen zwischen Leib und Seele, dann wird es unser heiligster Wunsch sein, unsern Leib zu stimmen für den Gesang des ewigen Lebens, ihn zu einem vollkommenen Instrument des ewig wirkenden Gedankens zu machen.“

Detlef Schultz, Mazdaznan –
Harmonielehre

Wie wir gesehen haben, besteht alles im Kosmos aus Schwingung. Jedes irdische Wesen erscheint als Ausformung eines schwingenden „Lebensfeldes". Alles Irdische ist somit ein Abbild des Kosmos. Das Spiel der Kräfte am Himmel galt als höhere Entsprechung zu dem, was sich im Mikrokosmos abspielt. Im Himmel erkannte man die Schwingungen eines höheren Lebens, einer höheren Intelligenz, weshalb die Astrologen die Planeten einst als Ausdruck von Geistwesen oder göttlichen Wesen sahen. Diese Entsprechung fand ihren Ausdruck in der astrologischen Entsprechungslehre, die eigentlich eine Lehre von der Harmonie ist. Die Fülle der Lebenskraft sah man im Planeten Jupiter ebenso wirksam wie in seiner körperlichen Entsprechung, der Leber. Ist das Thema „Fülle" in einem Menschen in Harmonie mit seinem inneren, geistigen Gesetz (Jupiter), so ist auch die Leber in Ordnung. So könnte man das Prinzip verkürzt wiedergeben. Das Zentrum des in uns kreisenden, pulsierenden Lebens ist das Herz, das wiederum dem Gold und der Sonne gleichgesetzt wurde. Sind wir in Abstimmung mit dem „Gold unserer Seele", mit unserem innersten Wesen, so ist auch das Herz in Ordnung. Alle diese Planetengeister leben nun auch in bestimmten Schwingungen, Rhythmen, Tönen und Farben, die dadurch ihre Wirkung auf die gesamte Natur und damit auch auf den menschlichen Organismus haben. In den alten Überlieferungen wird von der „Sphärenharmonie" gesprochen. Das Zusammenspiel der Planeten am Himmel, ihr zwischen Spannung und Lösung geordneter Gang verheißt ein gutes Leben. Stimmt der Gesamtklang in einem Organismus mit dem Gang der Planeten überein, so herrschen Harmonie und Einklang. Kann ein Wesen diese Abstimmung zum Höheren nicht herstellen, so entsteht eine Diskrepanz und Unstimmigkeit, die zu Krankheit führt. Daher sahen es Priester und Heiler stets als ihre Aufgabe, eine solche Stimmigkeit wieder herzustellen. Damit kommen wir noch einmal auf das Prinzip der Integration zurück, deren Aufgabe es ist, unterschiedliche Lebenskreise abzustimmen. Stimmt der Mensch mit seinem nahen, größeren Lebenskreis, der Natur überein, so ist er von einer Schwingung und Elastizität durchdrungen, wie sie die Natur uns vorlebt. Pflanzen und Bäume schwingen elastisch mit dem Wind, Tiere bewegen sich fließend und erhalten sich so ihre Spannkraft. Ein Vogel baut ein kunstvolles Nest, das aber nicht fest und starr ist, sondern in Schwingung. Nur so vermag es den Wettereinflüssen zu trotzen und vor allem Energie einzusammeln, um die Wärme für die Brut zu unterstützen. Eine starre, feste Harmonie gibt es nicht, stets nur eine lebendige, elastische. Denken wir an die Pflanzen, die der zeitlichen, rhythmischen Bewegung von Keimen, Blühen, Reifen, Vergehen folgen. Auch die harmonischen Lebensgemeinschaften, wie sie Wiesen und Wälder darstellen, folgen rhythmischen Gesetzen. Der Mensch hat sich mit Hilfe seines Intellekts die größte Freiheit innerhalb der natürlichen, größeren Rhythmen erarbeitet, aber er ist nicht vollkommen unabhängig von ihnen, kann sich nicht für immer aus ihnen lösen. Dies zu können ist ein Trugschluss, dem leider viele Menschen heute verfallen sind! Die Menschheit heute sieht sich einer sehr großen, zerreißenden Herausforderung gegenüber, nämlich Freiheit und Gesetzmäßigkeit, Ich-Ansprüche und Naturordnung zu verbinden.

Es klingt selbstverständlich, wenn wir sagen, dass ein harmonischer Mensch ein gesünderer ist. Er ist mit sich und der Welt im Reinen, weshalb seine Lebensenergie ohne Hemmung zirkulieren kann. Seine Lebenshaltung ist eine positive. Damit bleiben auch die Organe seines Körpers in einem ausgeglichenen Zustand und an ihrer ursprünglichen Stelle, was ihnen ihre Arbeit erleichtert. Disharmonie und negativer Stress erzeugen Druck und Druck verhindert Resonanz, Elastizität und Schwingung, was den Fluss der Lebenskraft zum Stocken bringt und so die Vitalität mindert. Druck bewirkt auch Verschiebungen im Körper. In der heutigen hektischen Zeit essen wir meist unbewusst und viel zu schnell. Der Darm hat dann die Folgen zu tragen. Durch die Gärung des Nahrungsbreis entstehen Gase. Diese üben auf das Zwerchfell und Herz einen starken Druck aus und sie werden nach oben gedrückt. Auf Dauer verlieren sie dadurch ihre natürliche Lage. Damit verliert der Körper an Elastizität und Flexibilität, kann auf den Lebensstrom nicht mehr ausgleichend reagieren und die Organe, vor allem das Herz, haben unnötige Mehrarbeit. Andere Organe dagegen haben wiederum die Neigung, sich im Laufe des Lebens abzusenken, wenn sie nicht gehalten werden durch den richtigen Atem und die angemessene Bewegung. Das gilt vor allem für die Beckenorgane. Wir können also zweifelsfrei eine Menge tun, um unseren Körper in Harmonie zu bringen.

Gesundheit ist eine wichtige Voraussetzung, um das tun zu können, was man möchte; sie garantiert einen großen Radius an Unabhängigkeit. Harmonie ist wichtig für unser Lebensgefühl und nicht wenige spirituelle oder mentale Schulungen zielen auf das Versprechen ab, ewige Harmonie, ein ewiges Glücksgefühl zu erlangen. So lange das aber an äußeren Parametern festgemacht wird, ist das zum einen ein Zustand, der nie für jeden und zu jedem Augenblick erreichbar sein wird, der zum anderen auch nicht wünschenswert ist. Der eine geht einen bestimmten Weg, wird gesund oder bleibt in der Harmonie. Ein anderer geht scheinbar denselben Weg und kommt nicht voran. Wieder ein anderer ist disharmonischen Zuständen in seinem Leben ausgesetzt und ist trotzdem in Harmonie. Denken wir an die vielen großen Persönlichkeiten, die körperlich oder seelisch zeitlebens gelitten haben. Wichtig wird also für uns die Erkenntnis sein, dass Harmonie keine Angelegenheit von Stimmigkeit irgendwelcher Parameter ist, sondern dass sie im geistigen Selbst eines Wesens zu finden ist. Leben bedeutet Entwicklung und wird daher stets zwischen den Polaritäten pendeln müssen. Perioden von Hoffnung und Enttäuschung, Freude und Schmerz, Heilsein und Leiden gehören mit zum Leben des Menschen. Dieses Durchschwungenwerden von den Polaritäten, das Ringen um das Eigentliche darin, macht unser Leben ergreifend. Ein scheinbarer Dauerzustand von Harmonie im Sinne von Zufriedenheit ist daher nur oberflächlich betrachtet erstrebenswert. Viele Menschen vermischen die Vorstellung von Glück mit einem solchen Zustand scheinbarer, materieller Zufriedenheit. Eine solche oberflächliche Harmonie zeugt meist aber nur von Stillstand des Lebens, das ergebnis- und farblos bleibt. Es muss in uns klar werden, dass die sogenannten negativen Zustände wie Unglück, Enttäuschung, Schmerz usw. stets Zeichen des Übergangs von einer Phase unseres Lebens in die nächste sind. Krisen nennen wir das und auch ein irdisches Leben kann eine einzige große Krise sein. Krisen stehen für Ende und Neubeginn, für Tod und Wiedergeburt. Wer daher seine Schicksalswanderschaft abbricht, um in einem scheinbar gefundenen Glück zu verharren, der bleibt in Wirklichkeit stehen. Etwas radikal formulierte diesen Zustand einmal ein Astrologe:

„Ein Leben ohne Unglück ist ein ergebnisloses Leben, ein Leben, in dem nichts stirbt und auch nichts geboren wird. Wenn jemand die Menschen lehren will, glücklich zu sein, so will er sie etwas Nachteiliges lehren. Er will ihnen die Möglichkeit des Wachstums nehmen.“

Hans Künkel,
Das Gesetz deines Lebens

Wachstum und Erneuerung finden stets durch Phasen der Verengung und Weitung statt. Dieses Prinzip der Polarität zeigt sich schon ganz deutlich zu Beginn unseres Lebens, im Geburtsvorgang. Keiner der Beteiligten wird diesen Vorgang, der durchaus auch eine existenzielle Gefährdung birgt, zu einem herrlichen Geschehen stilisieren, weder die Mutter noch das Kind. Es geht hier um Dunkelheit, Anstrengung und Schmerz. Und doch sagen beide bei positiven Voraussetzungen JA zum Leben, gerade auch in und trotz dem Wissen um die Gefährdung des eigenen Lebens und das Ringen. Erstaunlicherweise sind es oftmals gerade die negativen Zustände, die Nöte, die unserem Leben auch Ernst, Tiefe, Würde, ja Heiligung ge-

ben. Wenn das Kind dann geboren ist, ist es ja ein heiliger Moment und gerade darin können wir einen Hauch von der ewigen Harmonie spüren, der jenseits von Polarität schwingt. Wenn wir das zu jedem Moment unseres Lebens können, dann ist das Ziel jeglicher Suche erreicht.

Die Vorstellung eines kristallin glückseligen Zustands ist völlig abwegig, denn es kann ihn nicht geben. Neugier, Entdeckung, Wachstum, Vitalität und Entwicklung bedürfen einer Spannung. In gleichem Sinne wandte sich Karlfried Graf Dürkheim auch stets gegen das Einfordern einer Haltung von steter Entspannung. Solch ein Zustand sei unnatürlich und nicht erstrebenswert. Das richtige Verhältnis zu Spannung und zu Gelöstheit sei alleine entscheidend. Auch die Musik kommt ohne Spannung nicht aus und schon im Wort „Ton" finden wir auch den Begriff von „Tonus", also Spannung wieder. Musik braucht geradezu eine solch starke Spannung, damit die Harmonie, die hinter dem Ganzen webt, umso deutlicher erlebt werden kann. Westliche Komponisten haben im gleichen Sinne ihre Sonaten und Sinfonien aufgebaut. Dramatische Passagen wechseln sich mit ruhigen ab, so Spannung aufbauend und ausgleichend. Letztendlich entsteht aus all diesen kräftigen, widerspruchsvollen Energien im Gesamtkontext oder in der Gesamtschau eine Balance, die durchaus in der einzelnen Passage gar nicht so deutlich werden mag, sondern erst im stimmigen Erleben des Ganzen. So ergeht es uns auch im Leben. Leben wir in einer schwierigen Phase unseres Lebens oder auch der Menschheitsgeschichte, dann mag es uns unmöglich dünken, dass da irgendwo eine Harmonie, ein Sinn hinter oder über dem Ganzen schwebt. Erst in der Gesamtschau des Werkes wäre uns dies möglich. Wir wissen, dass unserem analytischen Intellekt eine solche verwehrt ist. Die spirituellen Wege aber bieten uns Mittel an, wie wir zur Gesamtschau des Lebens und seiner Kräfte vorzudringen vermögen. Auch Musik und Malerei sind letztendlich in der Tiefe ihrer Absicht spirituelle Wege. Wenn ich jedes Teilchen einer Sinfonie erleben kann und trotzdem gleichzeitig das ganze Werk in mir erlebe, dann ist dies ein Weg zur inneren Einheit. Eine Kraft macht solches möglich: die Liebe oder Hingabe. Nur die Liebe kann auch schärfste Gegensätze ausgleichen. Liebe hat mit Annehmen und Mitgehen zu tun. Musik und Liebe gehörten für die alten Musikmeister stets zusammen. Musik braucht unbedingte Hingabe und Liebe, für den Musiker wie den Hörer.

Liebe und Harmonie bedeuten, mit dem Geist zu gehen, so wie die Blumen sich im Wind bewegen oder die Wolken mit dem Sturmgott am Himmel wandern. „Wu wei" nannte es Konfuzius, also nicht, etwas aus sich selbst heraus zu wollen, sondern mitzugehen, sich mit dem Geist zu bewegen. Tao, der Weg der Wanderung mit dem Leben, ein Weg der ewigen Wandlung, nannte es Lao Tse. Konkretisieren lassen sich solche Ideen an der Arbeitsweise eines wirklichen Künstlers. Ein solcher hat nicht die Idee im Kopf, ein Pferd aus einem Stein meißeln zu wollen, um sich dann auf die Suche nach einem geeigneten Stein für die Idee zu begeben. Der echte Künstler geht im umgekehrten Sinne vor: Er sitzt vor dem Stein, „meditiert" ihn und schaut, welche Gestalt in diesem schlummert, die erlöst oder offenbart werden möchte. Auf diese Weise mit dem Leben zu gehen, ist heute schwieriger denn je, da wir glauben, so viele Aufgaben, Ideen, Pläne und Pflichten ausführen zu müssen oder uns am Nutzen und an Zielvorgaben orientieren. Wir sind mehr denn je eingespannt in eine Welt, die immer stärker von Nutzen, Zweckorientierung, Verwaltung, Struktur, Karriere und Organisation geprägt wird. Das entfernt uns von dem Prinzip der Harmonie, des Rhythmus und der förderlichen Kräfte des Lebens. Wir spüren uns nicht mehr und auch nicht jene Maße und Harmonien, die mit dem göttlichen Leben schwingen. Harmonie können wir nur erleben, wenn wir nichts mehr wollen, wenn wir im Fluss sind, geschehen lassen. In der Muße stellt sie sich ein, ein Zustand, der unserer heutigen Zeit des schnellen Wechsels überaus fremd ist.

Dass eine Haltung der Harmonie nicht leicht zu erreichen und auch nicht unumstößlich ist, wissen wir alle. Wir sind jeden Tag aufs Neue aufgefordert, an ihr zu arbeiten, etwas dafür zu tun. Da gilt es, die Lebensregeln und Gesetze zu achten, die das Organgeschehen in uns harmonisieren, damit die Energie ungehindert und sinnerfüllt fließen kann. Die richtige Ernährung, ausreichend Bewegung, der richtige Rhythmus, die richtige Resonanz zur Umgebung usw. sind Punkte, auf die wir achten müssen. Es braucht aber auch die Harmonie in uns selbst, im Fühlen und Denken. Herrschen emotionales Chaos, überstarkes Wollen oder steter Zweifel in uns, so bauen sich Verspannung und Disharmonie auf. Den spirituellen Schulen gilt daher zuvorderst der Integration und Harmonisierung der Kräfte und Ebenen die höchste Aufmerksamkeit. Nur der ruhige, klare See kann das Licht der Sonne empfangen und widerspiegeln. Ist er von Wellen aufgerührt, so wird dies unmöglich.

Das Künstlerische und die Harmonie

Das Ziel eines endgültigen optimalen Zustandes von Harmonie, nach dem sich die Wesen sehnen, kennen alle Religionen. „Paradies" oder „Nirwana" sind zwei Namen für eine solche Welt oder Ebene, in der alles im Ausgleich sein soll. Diese Welt ist aber nicht im Hier und Jetzt zu finden, sondern wir werden auf die Zeit nach dem Tode vertröstet. Das meint natürlich im tieferen Sinne jene Welt der Urideen, aus denen unsere irdische Welt hervorgegangen ist. Dort ist alles miteinander in Beziehung aufgrund seiner geistigen, unverstellten Wirklichkeit. Einen Abglanz von dieser jenseitigen Welt tragen die echten Künstler auf diese irdische Ebene. Echte Künstler lassen sich nicht unbedingt am Marktwert ihrer Werke oder ihres Namens erkennen, sondern an den geistigen Schaffensprinzipien in ihrem Werk. Sie sind Menschen, die einen kurzen Blick, einen Hauch von dieser „überirdischen", harmonischen Welt erhaschen können. Es wird zu ihrer großen Inspiration des Lebens. Sie werden zu Eingeweihten, zu Kennern der Gesetze der Harmonie. Ein Bildhauer kennt die Gesetze des Körpers und kann sie in der Skulptur darstellen. Die antike Kunst Griechenlands ist voller Beispiele für den vollendet proportionierten Körper, der für die Griechen allerdings das Ergebnis einer Lebenshaltung war, nicht eines ausgeklügelten Muskel- und Fitnesstrainings. In einem solcherart durch eine geistige Haltung harmonisierten Körper wohnt ein harmonischer Geist, da das Äußere ein Spiegelbild des Inneren ist. Haben in einem Körper alle Organe ihren richtigen Sitz, so sind alle Proportionen im System im Lot, was sich als Gesundheit niederschlagen wird. Das wird nur möglich durch richtiges Denken, eine Ausgeglichenheit in der Gefühlssphäre und durch ein gutes Körpergefühl, das sich z. B. in einer adäquaten Haltung und im richtigen Atem äußert.

Maler beschäftigen sich mit Farben und deren harmonikalen Licht- und Mischungsverhältnissen. Auch im menschlichen Körper spielen Farben eine wichtige Rolle. Sind sie in einer guten Mischung, erhalten wir als Menschen mit „weißer" Hautfarbe jenen spezifischen „rosaroten" Farbton, den Rudolf Steiner „pfirsichblüten" nennt. Ein Zuviel einer bestimmten Farbe in der Hautfarbe oder aber auch die Farblosigkeit, die bleiche Bläs-

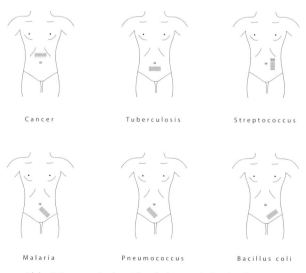

Abb. 6 Anatomischer Klopfatlas nach Dr. A. Abrams

se, sind ein Anzeichen für Disharmonie im Körper. Organe können uns ihre Botschaft über Färbung zukommen lassen. So ist Gelb ein Zeichen der Leber und Galle, Grün eines der Nieren usw. Aber unser ganzer Körper ist nicht nur ein farblicher, sondern auch ein vibrierender, resonierender, schwingender und klingender. Die perkussive Untersuchung des Körpers durch den Arzt zeigt dies. Ist jede Stelle des Körpers für Klang und Schwingung durchlässig, so klingt und schwingt jeder Teil in ihm. Wir sprechen dann von einem gesunden Menschen. Kranke Organe sind verdichtete Organe. Sie sind nicht mehr ungehindert schwingungsfähig, lassen also den Klang nicht mehr ungehindert durch sich hindurch. Sie sind nicht mehr durchlässig und transparent für Schwingungen. Daher klingt es dumpf an solchen Stellen im Körper, wo etwas zu stark verdichtet ist. Es war der geniale Arzt und Direktor der medizinischen Fakultät an der Stanford University Albert Abrams (1863-1924), der durch Zufall bestimmte solcher Schwingungs- und Resonanzpunkte im Körper entdeckte. Er stellte fest, dass – wenn ein Patient aufrecht mit Blick Richtung Westen stand und er dessen Bauchdecke abklopfte – bei jeder Krankheit jeweils ein bestimmter Punkt auf der Bauchdecke dumpf klang. Beim Gesunden klangen diese Punkte dagegen hohl, resonierten also. Daraus entwickelte er einen Klopfatlas.

Die schraffierten Stellen geben die Punkte an, bei denen beim Abklopfen der Bauchdecke ein dumpfer Ton zu hören war (Abb. 6).

Da es seinen Schülern schwer fiel, die Veränderung des Klanges selbst eindeutig festzustellen, arbeitete er dann mit einem Glasstab, mit dem er die Bauchdecke abfuhr. An der „pathogenen" Stelle blieb der Stab „kleben", schien

wie angesaugt. Die Ursache dieses Effekts sah Abrams in der Abweichung der Atome von ihrer Grundschwingung, was als „Electronic Reaction of Abrams", kurz ERA bekannt wurde. Auf diese Weise nahm das seinen Anfang, was sich später zur Radionik weiterentwickeln sollte. Krankheiten zeigen sich also in einer Veränderung der elektrischen Zusammenhänge der Atomstruktur, was wiederum unterstreicht, wie wichtig die Atem-, Drüsen- und Harmonieübungen sind, da sie auf die Nervenenergie und die Schwingung der atomaren Zellstrukturen einwirken. Ruth Drown führte die Arbeit von Abrams fort und erkannte in gleichem Sinne wie Samuel Hahnemann, der Begründer der Homöopathie, dass Krankheit stets mit einer Veränderung und Verstimmung der Lebensenergie einhergeht. Damit sind wir wieder im musikalischen, harmonikalen Bereich angelangt. Wenn es wieder klingt in uns, dann sind wir auf dem Weg der Besserung und befreiend wirkt dann, wenn wir ein Lied singen oder pfeifen. Die Lebenskraft kreist wieder und das verschafft uns Luft. Unter den Künsten ist es vor allem die Musik, die sich mit der Welt der Harmonien beschäftigt. Eine große Musik kann uns für einen Augenblick eine Ahnung geben, wie jener Zustand an Harmonie sein mag, wenn wir zu diesem Augenblick sagen: „Verweile doch, du bist so schön!" Wir sagen dann auch, dass etwas „zum Sterben schön" sei. Das weist uns darauf hin, dass wir diesen Zustand in unserem feinstofflichen Sein finden und nicht in der eng begrenzten, wechselhaften Welt des Alltags. Nach Aussage der asiatischen Philosophie soll der spirituelle Weg zur Glückseligkeit daher über das Ohr gehen.

Wir sehen also, dass das Künstlerische und die Gesundheit eng verflochten sind, eben aufgrund des in beiden wirksamen harmonischen Prinzips. Daher spielte in früheren Zeiten das Künstlerische als Heilungsweg eine wichtige Rolle. Zu allen Zeiten und in allen Kulturen galt der Künstler als Bote höherer Werte und Förderer von Lebensqualität. Künstler waren Wissende um die kosmischen Harmoniegesetze, waren Sprachrohr für das Göttliche. Und mittels dieses Wissens konnten sie Zustände im Kranken verwandeln und transzendieren. In den antiken und ägyptischen Heilungstempeln wurde mit Musik und über Träume geheilt. Der Künstler wurde als Medium verstanden, durch das eine übergeordnete, kosmische Kraft fließt, die sein handwerkliches Können beseelt. Mittels seiner Fähigkeit konnte eine neue Abstimmung, eine Harmonisierung zwischen Himmel und Erde im kranken Menschen erreicht werden. Das Symbol für ein Medium, das zwischen Himmel und Erde vermittelte, war der Jahreskreis mit seinen Sonnwendpunkten, dem Hoch- und Tiefpunkt des Jahres.

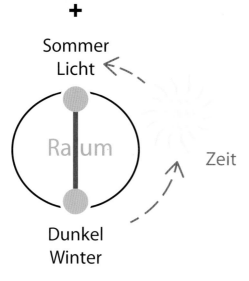

Abb. 7 Jahreskreis

Noch bis ins Mittelalter hinein stand im Westen die Definition von Leben und Gesundheit im Kontext eines kosmologischen Weltbildes oder eines theozentrischen Glaubens. Man sprach von der kosmischen Harmonie, der Weltenharmonie und von Sphärenklängen. Mit dem Aufstieg der Naturwissenschaften und dem Zeitalter der Aufklärung zerbrach diese Weltsicht. Aus den ursprünglich sieben wesentlichen Künsten, wie wir sie noch im Mittelalter finden, wurden nun ausgewiesene Fachgebiete und damit entstand das Spezialistentum. Gleichzeitig vollzog sich parallel die Entwicklung der Individualisierung. Der einzelne Mensch stand zunehmend stärker im Mittelpunkt des Interesses. Damit wurden zwar die einzelnen Bereiche viel effektiver, dienten verstärkt der Nutzung und Kontrolle der Umwelt, dem Individuum wurden mehr und mehr Rechte zuerkannt, was als eine überaus positive Entwicklung zu sehen ist, gleichzeitig aber verlor der einzelne Mensch sich immer mehr angesichts der Weite des Kosmos. Wer nur an dieses eine, begrenzte Leben glaubt, muss möglichst viel verwirklichen und haben in diesem einen Leben. Das gab der Entwicklung eine zielorientierte Dynamik, dem sogenannten Fortschritt eine unglaubliche Schubkraft. Das ganzheitliche, spirituelle Weltbild trat aber in den Hintergrund, es drohte sogar unterzugehen angesichts der Macht der Technik und des Materiellen. Auch die westliche Kunst entwickelte sich vom Heilerischen und Spirituellen weg, hin zu einem persönlichen Spezialisten- und Solistentum. Zunächst hieß die Parole noch „Kunst um der Kunst willen", später wich die Aufgabe der Ästhetik der reinen Selbstverwirklichung in Form von Erfolg, Geltung und Einfluss. Heute finden wir uns in der

Situation, dass alles, was sich gut verkaufen lässt, als gute, ja geniale Kunst verkauft wird. Der Rapper – politisch oder auch unpolitisch motiviert –, der von Mord, Rache und Totschlag singt, gilt ebenso als Künstler, wie die Sprechblasen und Beleidigungen mancher Moderatoren inzwischen als Kunst gelten. Aber auch die Vorstellung von Gesundheit veränderte sich im gleichen Zuge. Gesundheit wurde zu einem Markt und Verwaltungssystem. Sie wird heute an einzelnen wissenschaftlichen Parametern und Werten festgemacht. Stimmt der Blutdruck, sind die Blutwerte und das Cholesterin in Ordnung, arbeiten die Nieren korrekt usw.? Wir sind bereit, eine ganze Menge dafür zu tun, dass diese Parameter stimmig bleiben. Wir nehmen Nahrungsergänzungsmittel zu uns, gehen zu Fastenkuren, treiben Sport, bemühen uns um eine ausgewogene Ernährung usw. Dabei ist uns durchaus auch bewusst, dass sich die Kriterien nicht auf alle Menschen gleich anwenden lassen und sich diese einzelnen Parameter zudem ganz schnell ändern können. Die Idealwerte werden von den Laboren immer wieder korrigiert und neu formuliert. Aber selbst wenn die einzelnen Systeme in uns gut arbeiten, deren Werte sogar optimal sind, so vergessen wir leicht, dass es einer ständigen Abstimmung und Angleichung bedarf, damit wir als Ganzes im Lot bleiben. Jeder Verdauungsprozess zeigt dies aufs Eindrücklichste. Welche Art intelligenter Kraft es in uns ist, die unermüdlich und manchmal völlig spontan immer wieder eine Balance im Körper herstellen kann, ist der Wissenschaft bisher unbekannt. Die Helfershelfer kennt man manchmal, z. B. die Hormone und Enzyme, aber wer all diese Kräfte dirigiert und koordiniert, liegt au-

ßerhalb bisheriger Erkenntnisse. Man weiß, dass der Körper bestimmte Stoffe nachbauen kann, aber wer den Bauplan dafür in uns kennt und ausführt, ist unbekannt. Es wohnt eben eine hohe Intelligenz in uns, unser spiritueller Anteil, und den gilt es, gerade in heutiger Zeit wieder verstärkt ins Bewusstsein zu rücken.

Harmonie und Energiesystem

Paracelsus nannte diese harmonisierende, heilsame Intelligenz im Menschen den „inneren Arzt". Solange ein Mensch in Kontakt mit diesem wirkt, bleibt er in Harmonie. Wo das Wollen des Ich die alleinige Führung übernimmt, entsteht schnell Verspannung und im Gefolge Disharmonie. In der indischen Philosophie wird von den vier Körpern oder Ebenen gesprochen, die unser Dasein bestimmen.[5] Die Fähigkeit der Harmonisierung wird dem „Linga sharira" zugeordnet, dem Schwingungs- oder Astralkörper. Er besteht aus einem ätherischen Stoff, der überaus kraftvoll, dehnbar, elastisch, beweglich und formbar ist. Seine Aufgabe ist es, den Wesenskern mit dem Körper zu verbinden und jene Energien aus den inneren Ebenen zu übermitteln, die das Ich bewegen. Ohne ihn ist es nicht möglich, dass sich die Kräfte eines Wesens ständig regenerieren und in ihrer Ordnung bleiben. Alle Übungen der Resonanz und Harmonie wirken insbesondere auf diese Beziehung ein. Die Energetik einer jeden Ebene in uns, der Kontakt zwischen denselben wird durch bestimmte Möglichkeiten beeinflussbar. Wir müssen bedenken, dass wir auf jede unserer Ebenen über bestimmte Möglichkeiten Einfluss haben:

5 Siehe Band 1 der Reihe.

- Wir haben einen Einfluss auf unseren physischen Körper über die Ernährung und den Wechsel von Ruhe und Bewegung.

- Die Verbindung zwischen Physis und Äther- oder Vitalkörper geschieht mittels Atem und Rhythmus.

- Die Verbindung zwischen Äther- und Astralkörper wird besonders durch die Drüsenübungen und Drüsenpflege gefördert.

- Die Verbindung und Abgleichung zwischen Astral- und Mentalkörper aber erfolgt über Schwingung und Selbstausdruck, d. h. Klang.

Dabei ist es so, dass jede Ebene jeweils die unter ihr liegenden Ebenen kontrollieren kann, wenn denn die Verbindung zwischen ihnen

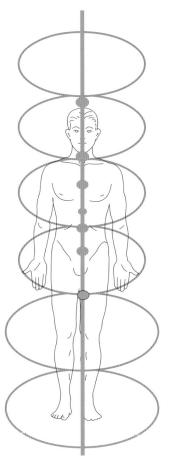

Abb. 8 Schwingende Wirbelsäule

gut funktioniert und nicht beeinträchtigt ist. Das Harmonische wirkt von der Mentalebene über die Astralebene ordnend auf alle Ebenen ein. Es ist sicherlich kein Zufall der Natur, dass das Ohr eben nicht nur zum Hören da ist, sondern vor allem auch für das Gleichgewicht. Immer wenn das Gleichgewicht in uns aus den Fugen gerät, werden wir förmlich zur Klang- oder Lautäußerung gezwungen. Ist der Schmerz zu groß, so weinen wir schluchzend oder stöhnen hörbar, während wir laut auflachen, wenn die Freude übergroß ist. Wir lachen hysterisch, wenn wir verwirrt oder verunsichert sind. Laut und Klang sind also nicht nur ein Akt des Selbstausdrucks, sondern über sie können wir bestimmte Energiezustände regulieren und die Harmonie in uns, unser inneres Gleichgewicht wieder herstellen. Gleichgewicht ist dabei kein fester, statischer Zustand, wie so mancher denken und wünschen mag, sondern entspricht viel mehr dem östlichen Begriff des Hara. Die Lebensenergien können in jedes Extrem verfallen, so wie das Gras sich allen Witterungsumständen ergibt, aber sie müssen immer wieder in ihren Schwerpunkt und ihre Achse zurückfallen. Es braucht also ein Gefühl für die eigene Mitte, den eigenen Schwerpunkt und die eigene Achse, damit wir mit den Resonanzen des Lebens gehen können, ohne uns dabei zu verlieren.

In diesem Sinne war die Harfe oder Leier unseren Vorfahren ein wunderbares Abbild für den Lebens- oder Weltenbaum. Der Baum ist ein Lehrer für den harmonischen Umgang mit den Kräften, die Harfe sein Abbild. Die Harfe hat einen Stamm und Bogen, an der die Saiten aufgespannt sind. Sie ist ein vibrierendes Instrument und schon ein starker Wind vermag ihr Töne zu entlocken. Erst recht zaubern die Hände des Spielers alle möglichen Klänge. Stets aber kehren die Saiten in ihren Ruhezustand, in ihre Mitte zurück. Damit bildet die Musik diese Dualität nach, die in der Klangschöpfung des Weltalls ihren Ausgang nahm. Das Göttliche ruht in sich, ist die Stille. Sein Wille bewegt sich, tritt aus ihm heraus und offenbart sich, zunächst als Klang. Das Instrument an sich ist ebenfalls still. Erst wenn es vom Willen des Menschen ergriffen wird, fängt es an zu klingen.

Die Wirbelsäule im Menschen ist wiederum direkt mit der Harfe zu vergleichen, denn an ihr sind die „Saiten", d. h. all die Nervenstränge aufgespannt. Die Wirbelsäule reicht vom Beckenboden, dem unteren Schwerpunkt, der zur Erdmitte führt, bildlich bis zum Hochpunkt des Scheitels, der verlängert zum Polarstern am Himmel zielt. Das Ich ergreift mittels seines Willens die Nerven und Nervenplexus, versetzt sie in Schwingung (s. Abb. 8).

Das Nervensystem reguliert und vermittelt die Reize und Energien und kommuniziert mit ihnen. So fließen sie weiter an die Muskeln und Organe. Die innere Stimmigkeit ist also stark abhängig von unserem Nervensystem. Jegliche Krankheit resultiert aus einer Missstimmung dieses Instrumentes. In diesem Sinne hat der Gründer der Homöopathie Samuel Hahnemann noch von der Krankheit als von einer inneren „Verstimmung" gesprochen.

Unser modernes Leben hat eine unglaubliche Dynamisierung erfahren, was von unseren Nervenkräften eine Höchstleistung erfordert. Die Intensivierung der globalen Beziehungen, das Anwachsen der Bevölkerungsdichte und all die Erlebensmöglichkeiten heutiger Zeit üben auf jeden Einzelnen einen großen Druck aus. Würde man einen Menschen früherer Jahrhunderte spontan in die heutige Zeit versetzen, würde sein Nervensystem einen solchen Schock erfahren, dass er wohl auf der Stelle tot wäre. Unser Organismus wächst mit der Entwicklung mit und passt sich intelligent an. Dies ist aber nur möglich, wenn wir ihn nicht hilflos treiben lassen in diesem Meer der Reize und Informationen, sondern den äußeren Einflüssen eine eigene innere Steuerung und Planung entgegensetzen. Stets muss sich das Innere ja gegen das Äußere stemmen und umgekehrt, damit Wahrnehmung und Gleichgewicht möglich werden. In den früheren Epochen der Menschheit stand vor allem die Muskelkraft im Vordergrund und damit das Wesen des Blutes und Stoffwechsels. Entsprechend war die Technik, die der Mensch benutzte. Heute hat die Technik einen enormen Entwicklungssprung gemacht und auch der Mensch hat sich verwandelt. Wir sind heute viel mehr „Nerven-Menschen". Gehen wir weiter in der Entwicklung, werden wir uns vom Nerven- zum Geistes- oder Seelenmenschen entwickeln. Heute aber stehen die Nerven im Mittelpunkt, denn es geht um Schwingungen, auf die wir zunehmend verstärkt reagieren.

Es gibt zwei Nervensysteme in uns:

1. Das bewusste Nervensystem, auch Cerebrospinal- oder Arbeitsnervensystem genannt. Es ist an die Außenwelt und

den Tag gekoppelt, steht also für Aktivität, Außen-Bewusstsein. Verankert ist es in der Hirnrinde. Über die bewusste Muskelbewegung und Lenkung des Tonus können wir auf dieses System einwirken.

2. Das unbewusste, auch das vegetative Nervensystem oder Lebensnervensystem, wirkt mit der Innenbewusstheit, der Gelassenheit und Ruhe. Hier finden wir auch unser Gemüt, unsere Potenziale, Veranlagungen und Fähigkeiten. Verankert ist es im Zwischenhirn. In der Gelöstheit der Muskeln erfahren wir die Energien dieses Systems. Seine Aufladung findet des nachts statt, wenn wir ruhen.

Alle harmonischen Übungen zielen auf eine Balance eben dieser beiden Systeme ab. Wir benutzen unsere äußeren Muskeln bei den Übungen, bringen sie in einen Ausgleich zwischen Gelöstheit und Spannung, lernen sie aber bewusst und konzentriert von innen heraus zu lenken. Gleichzeitig wird dieser Prozess durch den Fluss einer gesungenen Melodie und auch durch den Rhythmus unterstützt. Damit erhalten wir auf die Dauer eine bessere Lenkung unseres Lebens, aber auch eine tiefere innere Entwicklung. Ein Ausgleich der Nervenkräfte bringt Beschwingtheit und Anmut. Der Verstand wird von außen angeregt zu einer Begriffsgestaltung, ist also ein Nach-Gestalter und Nach-Denker. Mit ihm verbunden sind die Körpersinne, deren Zusammenfassung er darstellt. Das Innenbewusstsein dagegen ist schöpferisch und lebt im Bereich der Hellsinne. Jeder unserer Sinne hat ja ebenfalls einen äußeren und einen inneren Anteil, ist also polar wie auch das

Nervensystem. Mit dem Tastsinn können wir z. B. wahrnehmen, ob etwas groß oder klein, schwer, leicht, hart usw. ist. Damit beurteilen wir seine materielle Seite. Aber wir können auch spürend mit den Händen über den Gegenstand fahren, seine Konturen erforschend, und so in ein mehr ästhetisches Empfinden hineinkommen, was mehr unsere Seele anspricht. Da gleiten wir hinein in ein Hellfühlen, wo ein Gegenstand zu sprechen anfängt. Somit ermöglichen die Harmonieübungen also auch eine Erweiterung und Integration der Sinne.

Die konzentrierte, bewusst gelenkte Bewegung bei gleichzeitiger völliger Gelöstheit erzielt eine Induktion von Energie, die unser Nervensystem aufbaut. Die verkrampfte, eckige, hastige Bewegung blockiert dagegen Energie. Die Energien in den Nervenfasern laufen wellenförmig und rhythmisch, so wie alles in der Natur auf Schwingung und Rhythmus basiert. Bei hastigem, überspanntem Denken erfolgen die Nervenimpulse überaus unregelmäßig. Es kommt zur Verwirrung und die Ionen stauen sich im Axon (Achsenzylinder), was zu Schmerzen (Neuralgie) führt. Die Entladung erfolgt dann im Nerv stoßweise, was sich als ein Gefühl des „Ameisenlaufens" zeigen kann. Solche Reaktionen sind Ausdruck für eine tief sitzende Nervosität. Werden die Stauungen nicht beseitigt, so führt dies:

a) entweder zum Gefühl des „Pelzigwerdens" einer Stelle, weil die Ionen nach außen drängen und eine starke Schicht dort an der Haut aufbauen;

b) oder aber es kommt zur Verkrampfung der Nervenbahnen, so dass die Impulse gar nicht mehr nach draußen gelangen, was zu Muskelschwund und Erlahmung von Gliedern und Organen führt.

Die energiesteigernden Übungen helfen Blockaden wegzuschwemmen und den Rhythmus des Nervensystems zu harmonisieren. Zunächst gilt es, alle Bewegungen, sprich Übungen, vom Rückenmark her auszuführen und auch wieder dorthin zurückzuführen, denn von dort gehen die meisten Nervenbahnen aus. Damit sind wir wieder bei der Säule unseres eigenen „Musikinstrumentes". Stromquellen für die Nerven sind die vegetativen Nervengeflechte, das Gehirn ist lediglich Verbraucher. Das Rückenmark selbst aber bildet den Stromverstärker.

- Ganglien, Stromerzeuger
- Kopf, Stromverbraucher
- Wirbelsäule, Stromverstärker

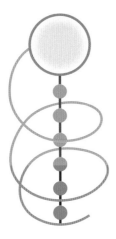

Abb. 9 Der Energiestrom

Seit alters ist der sogenannte Merkurstab oder Caduceus Abbild der Energien der Wirbelsäule und wurde nicht ohne Grund später zum Symbol für die Heiler und Ärzte.

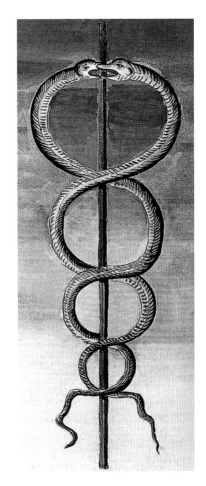

Abb. 10 Caduceus oder Stab des Mercurius

Haben wir vorher die beiden unterschiedlichen Arten des Nervensystems betrachtet, so fehlt nun noch ein drittes Element, nämlich das, was die beiden auf der Körperebene harmonisiert. Diese Aufgabe haben die Muskeln, die als Gammasystem bezeichnet werden. Deren Zentrale ist der Herzmuskel und das im Herzen verankerte Gemüt. Gemütskräfte wie Lebensmut, Frohmut, Freimut usw. stehen im engen Zusammenhang mit dem Herzen und beeinflussen auch seine Tätigkeit. Das Herz sorgt für die Rhythmisierung des Blutstromes und es wirkt ausgleichend sowohl auf körperliche Überanstrengung als auch auf seelische Verstimmung. Damit haben wir also drei Systeme zu betrachten, die es in Ausgleich zu halten gilt:

1. Arbeitsnervensystem (Großhirn, Bewegungs- und Empfindungsnerven)
2. Lebensnervensystem (Organe, Lebensenergie)
3. Gammasystem (Herz, Gemütskräfte)

Arbeits-Nervensystem

Gamma-System (Muskeln)/
Herz (Gemüt)

Lebens-Nervensystem

Abb. 11 Nervensysteme und Gammasystem

Das Herz wird vor allem von zwei Energiequalitäten beeinflusst:

a) den elektrischen Strömen seines sympathischen Nervengeflechtes, welches die großen Adern des Herzens umspinnt und sich mit dem autonomen Reizleitungssystem im Inneren verbindet;
b) dem magnetischen Kraftfeld.

Beide erzeugen das lebendige Pulsieren des magnetischen Herzfeldes, das sowohl alle Zellen durchströmt, als auch sich bis ins Äußere hinein fortpflanzt, wo seine Schwingung bei Gleichgestimmten eine Resonanz bewirken kann. Zwischen dem Kopf, dem Nervensinnessystem und dem Stoffwechselsystem

befindet sich als verbindende, regulierende, harmonisierende Kraft das rhythmische System, zu dem Herz, Atem und Blutzirkulation gehören. Das Herz hält die Mitte und dort entsteht die Gesundheit. Der Konsonant F ist der Laut, der darauf besonders einwirkt, und beim Ausatmen verwenden wir diesen Laut häufig (s. Abb. 12).

Fassen wir nochmals einige der Qualitäten zusammen, die mit dem Wort „Harmonie" zuvor angeklungen sind:

- Be-Geisterung
- Beziehung, Verhältnis
- Mitschwingen, Resonanz
- Leben tragend
- Elastizität, Puls, Rhythmus
- Das Künstlerische, Kreative
- Botschafter, Vermittler, Medium
- Priester, Arzt, Künstler (spirituell-heilend-schöpferisch)

- Abstimmung, Balance
- Stimmigkeit, Proportion
- Ohr und Gleichgewichtssinn
- „Linga sharira", der Schwingungskörper in uns

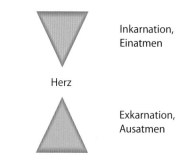

Inkarnation, Einatmen

Herz

Exkarnation, Ausatmen

Abb. 12 Das Herz hält die Mitte zwischen Himmel und Erde, zwischen Ein- und Ausatmen.

- Nervensystem
- Herz, Gemüt
- Atem

- das Durchdringende, Hindurchtönende (lat. „Per-sonare"), also das Persönliche, was von Innen ins Äußere durchdringt und dieses zum Klingen bringt.

3. Harmonie durch Musik und Sprache

„Die Wissenschaft orientiert sich am Herrschen, die Musik nur am Leben."

Wilhelm Furtwängler, Ton und Wort

„Die körperliche Gestalt ist innerhalb der Welt des Raumes, und alles Räumliche hat einen Laut. Der Ton entsteht aus der Harmonie. Die Harmonie entsteht aus der Übereinstimmung…"

Lü Bu We, Frühling und Herbst

„Wenn die Welt in Frieden ist, wenn alle Dinge in Ruhe sind, alle in ihren Wandlungen ihren Oberen folgen, dann lässt sich die Musik vollenden …"

Lü Bu We, ebenda

„Die vollkommene Musik hat ihre Ursache. Sie entsteht aus dem Gleichgewicht. Das Gleichgewicht entsteht aus dem Rechten, das Rechte entsteht aus dem Sinn der Welt."

Lü Bu We, ebenda

„Unser Ohr entpuppt sich als Wächter der Seele. Hören tun wir alles, sämtliche Tonverhältnisse und Töne, reine und unreine, sowie Geräusche aller Art. Wenn wir also unter den Intervallen und Akkorden bestimmte als rein, richtig, andere wieder als unrein, unrichtig erkennen, so macht das nicht mehr unser Ohr, das Empfinden allein, sondern es muss etwas in unserer Seele sein, welches eine Auswahl unter den Tönen und Geräuschen trifft. Unsere Seele muss eine bestimmte Struktur besitzen, welche wiederum aber nur durch das apriorische Sinnesmoment des Ohres in die Erscheinung tritt, sichtbar, hörbar, erkennbar wird."

Hans Kayser, Akroasis

„Da Klang durch seine Schwingungen feinste Materie bewegen kann, so z. B. Sand, Puder oder Wasser, kurzum alles, was sich bewegen lässt, gilt es, seine wichtige Bedeutung auf vielfältige Weise und von verschiedenen Aspekten aus zu betrachten. Es läuft darauf hinaus, dass es nichts gibt, was letztendlich sich nicht durch Klang bewegen lässt."

Theo Gimbel, Form, Sound, Colour and Healing

„Oftmals wird behauptet, der Westen kenne keine Atemlehre, im Gegensatz zum Osten. Das ist weit gefehlt. Die Atemkunst des Westens war stets der Gesang."

Harald Knauss, Vortrag

„In allem Lebendigen und Materiellen die Schwingungsmaße wahrzunehmen und die geistigen Gesetze der Vibration zu kennen, bildet die Voraussetzung dafür, dass der Sänger sie selbst in sich erzeugen kann. Das Mit-Schwingen des Singenden auf der gleichen oder verwandten Frequenz – dem Eigenton der Dinge – ermöglicht es ihm, diesen Ton selbst zu erzeugen und so die Überein-stimmung mit dem Gegenüber herzustellen (Sympathie!)."

Elisabeth Hämmerling, Orpheus

3.1 Die Welt des Klangs – Das Übertragen von Schwingung

Wissenschaftler wie Johannes Kepler und in neuerer Zeit Hans Kayser haben die harmonikalen Zusammenhänge in der ganzen Natur untersucht. Kepler griff die Lehren des Pythagoras auf und untersuchte die harmonikalen Beziehungen zwischen den Planeten, die sich über ihre Winkelverhältnisse zueinander ergeben und verglich sie mit dem westlichen Musiksystem. Hans Kayser bemühte sich später, diese Prinzipien im Bau allen Lebens in der Natur aufzudecken. Er fand heraus, dass alles in Proportionen und harmonikalen Gefügen besteht. Intervalle finden wir z. B. als Bauprinzipien in der Natur. Die Wesen der Natur wachsen nicht irgendwie nach einem Zufallsprinzip, sondern sie bedienen sich der harmonischen Baugesetze. So finden wir in der Pflanzenwelt vor allem das musikalische Prinzip der Oktave wieder. Die Oktave wie-

derholt auf höherer Ebene die Prim, weshalb sie auch das Prinzip der Selbstwiederholung darstellt. Kayser entdeckte solche Prinzipien der Intervalle aber auch in der Baukunst, im Periodensystem, in den Farben, bei den homöopathischen Mitteln usw. Immer wieder tauchen dabei auch die Zahlen 7 und 12 auf, die den Bezug zwischen Musik und Mensch noch vertiefen. Die musikalische Tonleiter besitzt 7 ganze Töne und 12 Halbtonschritte. Der menschliche Organismus hat 7 Halswirbel, 7 innersekretorische Drüsen und viele seiner Rhythmen wie z. B. die Menstruation (28 Tage) beruhen auf dieser Zahl. Weiterhin hat der Mensch 12 Gehirnnerven und 12 Brustwirbel. Diese Entsprechungen von Zahl und Ton zeigen einmal mehr, dass der Mensch nach den gleichen Prinzipien wie die Musik gebaut ist. Er ist ein musikalisches Gebilde, ein gestimmtes Instrument. Unser ganzer Körper ist wie ein Instrument gebaut. Ein Instrument resultiert aus der Begegnung zwischen Leere (hohler Klangkörper) und

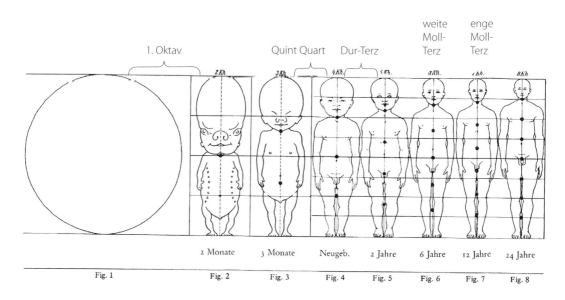

Abb. 13 Wachstumsproportionen beim Menschen nach Husemann

Festem (Material). Das Knochensystem in uns entspricht dem festen Holz der Instrumente. Dem hohlen Klangkörper der Instrumente entsprechen unsere Kopfhöhlen und Lungenräume. Es ist unser Eigenwille, der dieses Instrument zum Klingen bringt und zum Leben erweckt.

Der Arzt Armin Husemann hat in Wachstum und Aufbau des menschlichen Körpers nach solchen Harmoniegesetzen geforscht und fand heraus, dass der menschliche Körper proportional, also eigentlich musikalisch, heranwächst (s. Abb. 13).

Aber auch sonst entdeckte er die Intervalle im Körper wieder. So steht z. B. die Quinte in direkter Beziehung zur Lunge und zum Atemsystem, im Gefolge davon auch zum Blutsystem, da das Verhältnis der Quinte 2:3 ist und sich diese Proportion ebenfalls im Verhältnis der beiden Lungenlappen zueinander darstellt. Alles geht in der Natur nach Verhältnismäßigkeiten vor sich. Absolutheit ist der Natur fremd, denn eine solche würde sich gegen das Prinzip des sich stets fortsetzenden Lebens wenden, das auf Veränderung und Bewegung beruht. Aber alles, was sich fortentwickelt, tut dies nach bestimmten harmonikalen Gesetzen.

In der chinesischen Lebensphilosophie spielt die Musik von jeher eine ganz zentrale Rolle. Über die Macht des Klanges und der Musik finden wir zahlreiche Beispiele im Buch „Frühling und Herbst des Lü Bu We", das aus dem 3. Jahrhundert vor Christus stammt. Der reiche Kaufmann Lü Bu We hatte die größten Philosophen seiner Zeit eingeladen, um ihre Weisheit in diesem Buch niederzulegen. Darin heißt es über den Ursprung der Musik und das Prinzip der Harmonie:

„Die Ursprünge der Musik liegen weit zurück. Sie entsteht aus dem Maße und wurzelt im großen Einen. Das große Eine erzeugt die zwei Pole, die zwei Pole erzeugen die Kraft des Dunklen und des Lichten. Die Kraft des Trüben und des Lichten wandeln sich; die eine steigt in die Höhe, und die andere sinkt in die Tiefe; sie vereinigen sich und bilden die Körper, wogend und wallend. Sind sie getrennt, so vereinigen sie sich wieder. Sind sie vereint, so trennen sie sich wieder. Das ist der ewige Lauf des Himmels. Auf jedes Ende erfolgt wieder ein Anfang, auf jedes Äußerste folgt eine Wiederkehr. Alles ist aufeinander abgestimmt ..."

Lü Bu We, ebenda

Dieses Spiel oder diesen Tanz der Kräfte spiegelt die Musik mit ihren Tönen, Klängen und Melodien wider. Sie steigen auf und ab, nähern und entfernen sich, vereinigen und trennen sich wieder usw.

In den indischen Lehren finden wir den tanzenden, musizierenden Gott Shiva. Sie gehen ebenfalls davon aus, dass am Anfang der Schöpfung der Klang, das Wort oder der Laut stand. Lange Zeit hielten westliche Denker dies für eine schöne Allegorie, doch die Atomphysik unterstützt durch ihre Forschungen ganz handfest diese Vorstellung von der Welt als Klang. Klang wirkt differenzierend und ordnend. Wir oder besser gesagt unsere Sinne samt Verstand glauben nur zu gerne an eine feste, stabile, objektive Welt. Wie ließe sich sonst auch planen und Sicherheit schaffen in unserer sesshaften Welt. Die Atomphysik zeigt uns nun auf wissenschaftlichem Wege, was frühen Denkern schon bewusst war. Leben ist Wandel, Bewegung, stete Veränderung. Heraklit nannte es „Pantha rei", alles fließt oder besser, alles schwingt rhythmisch. Der scheinbar feste Stuhl ist an sich gar nicht fest, wie es uns Sinne und Verstand glauben machen möchten, sondern er setzt sich aus Molekülen und Atomen zusammen, die ständig schwingen. Gehen wir mit dem Elektronenmikroskop näher heran, zeigt sich, dass jeder feste Atomkern von einer Wolke von Elektronen umgeben ist. Blicken wir da hinein, so sehen wir so gut wie nichts Festes, aber eine Menge leeren Raum. Irgendwo ist ein winziger, scheinbar fester Punkt, nämlich der Atomkern. Fokussieren wir dann diesen scheinbar stabilen Kern und gehen noch näher an ihn heran, so beginnt auch dieser sich aufzulösen. Er entpuppt sich als nichts anderes als ein oszillierendes Feld, als rhythmische Wellen. Darin finden sich wieder andere organisierende Felder wie Protonen, Neutronen etc. Jeder dieser Partikel aber ist wiederum Schwingung. Auch da gibt es also letztendlich nichts absolut Festes, Stabiles. Alles zeigt sich als Schwingung und Beziehungsmuster. Woraus besteht also dann letztlich jeder Körper an sich? Die Atomphysik sagt: Er besteht vor allem aus Leere und Rhythmus. Buddha tat die gleiche Aussage „Alles ist Leere ..." schon vor langer Zeit.

„Materie ist nicht. Wenn man alle Atomkerne eines 70 kg Mannes zusammenpresste, würden sie die Größe eines Stecknadelkopfes haben, 69,95 kg wiegen und die potentielle Energie haben, um Berge zu versetzen."

George Lenhard aus Berendt,
Die Welt ist Klang

„Die Erzeugung von Materieteilchen aus reiner Energie ist sicherlich der spektakulärste Effekt der Relativitätstheorie. Die Unterscheidung von Materie und leerem Raum musste endgültig aufgegeben werden, als entdeckt wurde, dass virtuelle Teilchen spontan aus der Leere entstehen und wieder in die Leere verschwinden können."

Friedtjof Capra aus Berendt, ebenda

Es geht also um Bewegungs- und Beziehungsmuster, die der Ordnung der Atome zugrunde liegen. Der Physiker Chladni bewies einst die strukturierende, organisierende Kraft der Töne, indem er Sand auf eine Metallplatte streute und diese mit einem Bogen anstrich. Es ertönte ein Klang und in diesem ordnete sich der Sand zu wunderbaren Figuren, den sogenannten chladnischen Klangbildern. In moderner Zeit widmeten sich Forscher wie Alexander Lauterwasser, Hans Jenny und Masaru Emoto der Untersuchung der Wirkung von Klang auf Flüssigkeiten. Die wunderbaren Bilder sind heute weithin bekannt.

Abb. 14 Wasserklangbild

In jedem einzelnen Ton wohnen noch viele andere Töne, nach bestimmter Ordnung aneinander gereiht, was wir die Obertonreihe nennen. Indem wir einen Ton anstimmen, erklingen diese mit und das harmonikale Muster hat seine Wirkung auf uns. Wenn wir davon ausgehen, dass jeder von uns einen eigenen Grundton hat, in dem die Obertöne alle mitschwingen, dann wird uns bewusst, dass wir ein Lebensmuster haben. Jeder einzelne der Töne aber harmoniert mit dem Grundton, so wie jede Zelle unseres Körpers mit dem Grundton, unserem Ich harmonieren muss. Kosmische Ordnungen zeigen sich in klaren geometrischen Formen. Stimmt die Ordnung nicht, so löst sich die Klarheit der Form auf. Klang steht also zwischen der chaotischen, ungeordneten Energie und der Ordnung, ist ein Vermittler. Klang kann Ungeordnetes ordnen, aber auch etwas Festes, Geordnetes wieder auflösen. Klang und Rhythmus können sogar materielle Strukturen auflösen. Marschieren z. B. viele Soldaten in einem gleichen Rhythmus über eine Brücke, welcher der Schwingung der Brücke genau entspricht, fällt sie in sich zusammen. Militärs experimentieren, wie sich Klang und Schall als Waffe einsetzen lassen. Aber Klang ordnet und harmonisiert eben auch wieder eine chaotische Energie. Befinden sich viele Menschen in einem chaotischen Zustand, der ja stets auch Angst bewirkt, und es beginnt jemand zu singen, so stimmen plötzlich viele mit ein und die Energie verändert sich. Klang eint die einzelnen Fußballfans zu einer Masse, wie auch Popmusiker mittels des „sounds" ein Publikum in Ekstase vereinen können.

Wir sollten an dieser Stelle wiederum die kosmische Entsprechungslehre zu Rate ziehen. Drei göttliche Aspekte äußern sich durch den großen kosmische Schöpfer: Wille – Liebe – Kraft (oder Bewusstsein). Harmonie ist eine Äußerungsform jener kosmischen, universalen Energie, jenes göttlichen Aspektes, den wir „Liebe" oder Beziehungsfähigkeit nennen. Es ist die Fähigkeit, eine Beziehung aufzunehmen, ein bestimmtes Verhältnis zu etwas einzunehmen. Es hat mit Abstand und Nähe zu tun. Liebe besteht in einem Gleichgewicht aller Kräfte, auch wenn die sich polar und gespannt gegenüberstehen mögen. Es geht darum einen Weg, eine aufbauende Affinität zu allen seinen eigenen Anteilen wie auch zu „Fremdem" herzustellen. Wenn wir in Harmonie und Liebe mit uns selbst sind, dann strahlt dies auch in die Außenwelt ab. Nur so vermag eine positive Affinität zwischen uns und der Welt zu entstehen. Harmonisierungskraft bedeutet, sich zu eigen zu sein, das andere aber aufnehmen oder gar zum anderen werden zu können, ohne sich dabei zu verlieren. Das musikalische Intervall ist ein wunderbares Beispiel dafür. Es besteht aus zwei Tönen, nämlich einem Grund- und einem Zielton. Der alleinige Klang des Grundtones ist ein „Erinnerer", ist eine statische Qualität. Der Klang von zwei Tönen erschafft einen Pfad, ist Bewegung.

Abb. 15 Wesen des Intervalls

Erklingen zwei Töne, also zwei Pole zusammen, so erhalten wir etwas völlig Neues, eben ein Intervall. Aus der Beziehung entsteht eine Spannung, ein Erleben, ja es entsteht eine Geschichte. Das Wesentliche im Intervall passiert zwischen den beiden Tönen. Ein Intervall ist nicht die Summe der beiden Einzeltöne, sondern ist etwas völlig Neues, eine ganz andere Ebene. Zwei Töne im harmonikalen Verhältnis erschaffen eine Beziehungsform von Energien. Auf dem Weg vom Grund- zum Zielton kann die Energie verschiedene Färbungen oder Stellungen einnehmen – die Intervalle. Der Grundton als Basis hat die Eigenschaft gleich der Erde, alle Kraft an sich zu ziehen und an sich zu binden. Das finden wir auch bei den Intervallen wieder. Die Quarte bildet die Mitte, den Kreuzungsweg, wo wir klar entscheiden müssen, ob die Energie uns zurück zum Grundton führt oder weiter hinauf. Überwindungsenergie ist da gefragt. Um zu wachsen, muss die Kraft der Schwere und Verlangsamung überwunden werden.

Mit Intervallen als Beziehungsmuster arbeiten wir übrigens sehr erfolgreich in der Musik-Kinesiologie.[6]

Gehen wir nun noch weiter, so verlangen diese beiden Klänge nach einer dritten Qualität, einem dritten Ton, um ein stabiles Feld aufzubauen. Somit erhalten wir einen Drei-

6 Infos über Musik-Kinesiologie: www.mediale-welten.com

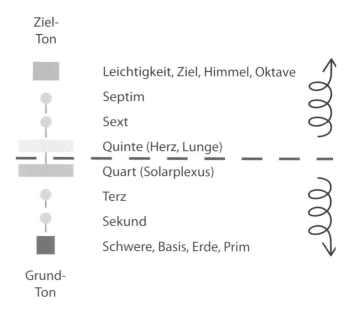

Abb. 16 Prim bis Oktav

klang, der dem trinären Bauprinzip (Körper – Seele – Geist) des Menschen entspricht. Ein Dreiklang ist ein Lebensfeld, ein lebendiger Zustand, ist ein Reich für sich.

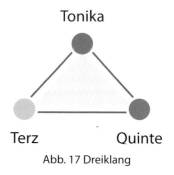

Abb. 17 Dreiklang

Zwei Bereiche verbinden sich über den Hörsinn, da ihre Gesetze identisch sind: die Natur und der Klang oder die Musik. Der Mensch kann über das Ohr die Naturgesetze (Harmonik) wahrnehmen und in das Erleben einer klingenden Weltenharmonie hineingelangen. Das Ohr hört eben nicht nur ganz genaue Zahlenverhältnisse wie z. B. 1:2 als Oktave oder 2:3 als Quinte, die als Gesetzmäßigkeiten angelegt sind, sondern es hört darin auch eine Qualität, einen Wert. Somit verbindet sich über das Hören das Irdische mit dem Himmlischen, das Denken mit dem Empfinden. Der Hörsinn kann exakt Reinheit und Unreinheit der Intervalle erkennen, kann also ein genaues Zahlenverhältnis feststellen. Unserem Empfinden, einer seelischen Qualität, wird es somit möglich, das Denken zu kontrollieren oder besser die Richtigkeit einer intellektuellen Größe (Zahl) festzustellen. Hören bildet also einen Weg, Empfinden und Denken korrekt zu verbinden. Allerdings liegen diese Erfahrungen im Bereich des Unbewussten, während die mathematisch formulierten Ergebnisse der Naturwissenschaften im Bewusstsein liegen. Die Harmonik ist eine Lehre oder Wissenschaft von der Ganzheit, der Werte und der Ordnung, so formulieren es die Harmoniker. Damit wird der Ton zu einem Orientierungsmittel für den Menschen. Nach Kayser erhalten wir in der Gegenüberstellung also folgende Beziehungen über das harmonikale Urphänomen von Ton und Zahl:

Ton	Zahl
Empfinden	Denken
Seele	Verstand
Wert	Sein
Geist	Materie

Die Liste der Polaritäten ließe sich noch weiter fortsetzen. Wie wir sehen, steht Harmonie auch in engem Verhältnis zu „Messen" und „Maß nehmen", denn die Griechen bewiesen auf dem Monochord, dass durch Verschieben des Steges und damit der Teilung der Saite verschiedene Intervalle entstehen. Schiebt man den Steg direkt in die Mitte, so erhält die Saite die Proportion 1:1 und es erklingt die musikalische Prim. Beide Töne klingen gleich. Verschiebt man den Steg nur um eine Nuance, so erleben wir die Prim nicht mehr als stimmig. Kontrolliert durch das Gehör können wir den Steg zurückschieben und werden irgendwann den Punkt der Prim wieder erhalten. Die Messgenauigkeit des Gehörs ist enorm. Es kann sofort Harmonie oder Disharmonie erkennen, was mit rein oder unrein zu bezeichnen ist. Das hat nichts mit gut oder schlecht, also ästhetischen Werten zu tun. Es geht um stimmig mit sich selbst oder nicht stimmig. Daher ist Singen eine der fundamentalen Erfahrungen für das eigene Selbstempfinden und für die Selbstwahrnehmung des Menschen, denn nur da kann er sich als stimmig erleben oder sich eventuell auch korrigieren. Über den Klang erhält er sofort und direkt eine Rückkopplung, ein Feedback, und zwar durch sich selbst und nicht durch jemand anderen.

Reinheit braucht die Genauigkeit der Abstimmung und das lernt ein Musiker. Er muss sich selbst und sein Instrument einstimmen lernen. Und jeder Musiker weiß, dass es fast ein Ding der Unmöglichkeit ist, sein Instrument rein zu stimmen, wenn er emotional völlig unstimmig und disharmonisch in sich selbst ist. Im Zustand innerer Disharmonie hören wir ständig anders, finden kein Richtmaß. Über das Hören erhalten wir diese Schulung der Stimmigkeit und kommen so in unsere eigene hinein. Auch wir selbst müssen uns ständig auf das Leben einstellen. Dabei spielt das Gehör eine wesentlich wichtigere Rolle als der Sehsinn, der vor allem mit dem Verstand und dem Bewusstsein verbunden ist. Mit dem Gehör kommen wir in den verborgenen Bereich des Kosmos hinein, eben über unser Unbewusstes. Je besser wir unser Leben auf die Kräfte und Energien abstimmen können, je mehr wir alle Teile, aus denen wir bestehen, auf uns und unsere Schwingung abstimmen können, desto effizienter kann unser System arbeiten. Die Musik macht uns dies vor. Wird sie ungenau gespielt, so kann sie keine große Wirkung entfalten. Ist alles aber in und an ihr stimmig, dann kann sie den Hörer vollständig ergreifen. Und das ist im alltäglichen und persönlichen Leben nicht viel anders. Das Stimmgerät, an dem und mit dem wir üben müssen, ist der Hörsinn, der wiederum an viele Teile unseres Körpers angekoppelt ist. Hören ist ein Mittler zwischen Innen und Außen. Wir erleben die Quantität und Qualität der Welt, wie sie uns entgegentritt, über das Hören. Wir hören uns innerlich zu und drücken das in uns Schwingende wiederum vor allem über den Klang aus.

Harmonie hat mit dem Erkennen und Umsetzen von Lebensordnungen zu tun. „Welche Kräfte wirken in mir, möchten sich in mir gestalten? Welche Ordnung und Gesetze wirken in mir und welche regieren das „Außerhalb-von-mir?" – das sind die Fragen der Harmonie. Harmonie ist nicht nur schön, bequem, behaglich, tröstend, wie uns dies die Musik am Wesen der ausgeglichenen und spannungsvollen Intervalle wunderbar zeigt, so wie auch das Leben nicht nur Angenehmes bietet. Harmonie ist eher die Fähigkeit, mit jedem Augenblick des Lebens zu verschmelzen, ihn als real zu erleben und nicht zu bewerten, ihn als schöpferische Möglichkeit zu nutzen. Harmonie hat etwas

mit Integrationsfähigkeit zu tun. Je stärker unsere Integrationskraft ist, desto stabiler ist unsere Balance, das Gleichgewicht in uns. Um die Fähigkeit voranzutreiben, die unserer Gesundheit, unserer Einbindung in die Welt und unserer spirituellen Suche überaus hilfreich ist, gab es stets Übungen für die innere Harmonie. Wir haben zuvor davon gesprochen, dass das Gehör das vermittelnde Organ für unseren „Harmonieorganismus" ist. Das Hören ist der aufnehmende Part, dem sich ein aktiver anschließt, nämlich Mund, Stimme und Kehlkopf. Daher spielt die Kombination zwischen Ton, Klang, Laut und Körper eine wichtige Rolle zur Erzeugung der inneren Harmonie.

Vier Ebenen sollten wir über die Harmonie in uns ansprechen, nämlich die physische, vitale, emotionale und mentale. In der Musik sprechen wir beim Instrument vom Klangkörper und er entstammt der Materie. Ihn gilt es, in Schwingung zu setzen. Das Pulsieren des Lebens, die Vitalität finden wir im Rhythmus wieder. Der Geist und seine Entsprechung, das Denken, drückt sich in der Welle der Melodie aus. Die Seele und die Emotionalebene stehen für die Beziehungsfähigkeit und Harmonik. Daher ist es Aufgabe solcher Harmonieübungen,

1. den Klang unseres Körpers zu erwecken;
2. den vitalen Lebensrhythmus in Schwingung zu versetzen;
3. unser Denken zu schulen, über die Melodien unser Leben zu lenken;
4. unsere Seele über die Harmonien in das Erleben und in die Beziehung zu bringen.

Führen wir diese vier Elemente der Musik, die Harmonisierung und Integration ermöglichen, etwas deutlicher aus:

1. *Ton und Klang –*
Erwecken der Energie

Die Lebensenergie fließt unbewusst in uns. Verdichtet sie sich, so ergibt dies einen Klang. Der Ton erzeugt Schwingungen, die sich wiederum als Kraft äußern. Töne erwecken daher unsere Lebensenergie, da Ähnliches auf Ähnliches wirkt. Als Extremfall wird uns dies bewusst, wenn nämlich die Lebensenergie sich so stark verdichtet, dass wir plötzlich Schmerz verspüren. Auch überstarke Töne bereiten uns körperlichen Schmerz. Ein totales Absinken der Lebensenergie wiederum macht uns ton- und kraftlos, was am Klang der Stimme zu hören ist. Töne steuern unsere Energie, was sich ganz konkret in den Kampfrufen der fernöstlichen Kampfkünste zeigt. Der energiestarke Ton kommt aus dem Hara, dem Körpertiefpunkt, der Quelle unserer Energien. Aber auch psychisch erweckt uns der Klang, macht uns aufmerksam. Wenn wir ganz unbewusst sitzen oder gehen, ganz bei uns, mag uns eine plötzliche Klang- oder auch Lärmquelle wecken. Wir richten unsere Aufmerksamkeit dann in die Richtung, aus welcher der Klang kommt.

2. *Rhythmus –*
Ordnen der Energie

Der Rhythmus des Jahreslaufes ist das bestimmende Lebenselement für die irdische Natur wie auch den Menschen. Ohne diesen Rhythmus könnte der Mensch keinen Lebensrhythmus, keinerlei Kultur entwickeln. Es braucht die stete Wiederkehr von Ähnlichem und Gleichem, um einen Impuls sinnvoll fortzuführen. Das Ordnen der Energie können wir wunderbar in den Tänzen erleben. Jede lebendige, pulsierende Ordnung erschafft unendliche Energie, so wie uns das Tanzen ja auch beschwingt und begeistert.

3. *Melodien –*
Das Lenken der Energien

Melodien entstehen aus Tonschritten, entsprechen den Schritten des Lebensweges. Indem man Melodien lenken lernt, lernt man sein Schicksal zu lenken. Jede Melodie hat ihren Anfang und ihr Ziel, wie das Leben auch. Dazwischen steigt sie auf oder sie sinkt ab, sie verzögert oder nimmt schnellen Lauf, ganz wie das Leben. Mit den Melodien zu gehen heißt, mit dem Leben zu gehen. Wir lernen Melodien auswendig, schulen damit unser Erinnerungsvermögen. Das gilt für musikalische Melodien wie auch für die Sprachmelodien. Lieder transportieren ganz offensichtlich Gedanken von Menschen, was sich z. B. in Form der Liebes-, Wander- oder Wiegenlieder zeigt.

4. *Harmonie –*
Integration von Energien

Das Harmonische bedeutet einen Kontakt und ein Verschmelzen von Energien, das Erzeugen eines Schwingungs-, Beziehungs- oder Lebensfeldes. Ein Akkord ist eine Art stehendes Energiefeld. Es ist das Seelische, was wir hierbei erleben können. Über unsere Seele treten wir in Kontakt und Beziehung mit all den Wesen dieser Welt.

3.2 Die Welt der Laute –
Das Formen und Plastizieren
von Energie

Über Laute und Klänge geschieht Ausdruck und Verständigung. Ohne die Sprache eines Menschen zu verstehen, kann man ihn nicht wirklich verstehen. Ein Arzt sollte die

„Sprache" seines Patienten, ein Künstler die Sprache seines Publikums, ein Verkäufer die seines Interessenten verstehen usw. Wenn wir die Menschen eines anderen Landes wirklich kennen lernen möchten, so müssen wir deren Sprache lernen. Die Musik und vor allem die Tänze ihres Landes helfen uns dann zusätzlich, noch viel tiefer in deren Kultur und Schwingung hineinzukommen. Jedes Volk hat seine eigenen Gesänge, seine Sprache, Musik und Tänze, über die es bestimmte kollektive Empfindungsqualitäten ausdrückt. Indem wir diese lernen, können wir wirklich resonieren und gleichschwingen mit einem jeden. Daher versteht sich die Musik als nicht an Worte und Begriffe gebundene Sprache heute zunehmend als Botschafter zwischen den unterschiedlichsten Kulturen und Menschen.

Im Klang der Stimme klingt das Persönliche an, zeigt sich ein Ausdruck von Seelenstimmung, wie „Es" gestimmt ist in uns. Nahe Freunde erkennen schon am Klang der Stimme, wie es in uns in diesem Moment gestimmt ist, ob es uns gut geht oder nicht. Sind wir eins mit uns, fröhlich und begeistert, so verschafft sich dies ebenso über unsere Stimmung und Stimme Ausdruck, wie wenn wir zornig oder deprimiert sind. Wenn wir allerdings ganz niedergedrückt sind, versinkt unsere Lebensenergie und die Stimme verstummt. Hysterische Menschen dagegen erleben wir in einem Überschlagen ihrer Stimme. Wir sagen dann, sie seien völlig „überdreht". Die Stimme ist also nicht nur Ausdrucks- und Übermittlungsinstrument an sich, sie ist auch ein Anzeiger unserer inneren Gestimmtheit. Und die Stimme ist ein Instrument, uns in eine bestimmte Schwingung und Stimmung hineinzuver-

setzen, was sich auch auf das Feld um uns herum auswirkt. Denken wir an die Gesänge von Schamanen, die Trance und Ekstase herbeiführen wollen.

Die Klang- und Lautwelt hat sich in den letzten Jahrzehnten sehr verändert. Heute haben die Klangapparate und die musikalische Konserve leider den Klang der Natur, das Lied im Alltag ziemlich verdrängt. Dagegen gibt es dann als Ersatz eine klangliche Dauerberieselung in Kaufhäusern und Restaurants. So erlebt man es leider viel zu selten, dass wie früher Menschen fröhlich vor sich hinpfeifen. Handwerker haben einst vielfach gesungen bei ihrer Arbeit. Den Einkaufsladen, in dem der Verkäufer fröhlich vor sich hinträllerte, gibt es nur noch sehr selten. Dabei wirkt solches Tun förderlich auf andere und, ganz pragmatisch gesehen, ist eine gute Laune dem Verkauf förderlicher, als das neutrale Desinteresse mancher Verkäufer heute. Das Haus, das von Liedern der Handwerker begleitet gebaut wird, erfährt sicherlich ein Mehr an Segen. Die Schwingung und Stimmung überträgt sich.

Die Stimme verkörpert unsere ureigene Schwingung. Gesundheit heißt somit auch, dass jede Zelle in uns mit unserer „Stimme" zu schwingen vermag. Sie ist in gewissem Sinne der Dirigent unserer Kräfte. Jeder hat es sicherlich doch zumindest in seinen Kindertagen erlebt, wie die Stimme uns in eine bestimmte Richtung motivieren kann. Wenn ein Kind allein in einen dunklen Keller hinabsteigt, fängt es an zu singen oder zu pfeifen und siehe, die Angst wird weniger. Sind wir in einer schlechten Stimmung, so kann uns eine entsprechende Melodie aufmuntern, kann helfen, unsere Kräfte aufzuraffen.

Das hat viel damit zu tun, dass sich Atem, Laut und Ton in solchem Tun verbinden. Die Atmung reguliert das körperliche Geschehen, der Klang aber ist die seelische Komponente. Um beim vorherigen Beispiel zu bleiben: Klang macht uns weniger ängstlich oder kann unsere Energie begeistern und der Atem überträgt das auf das Körpergeschehen. Die körperliche Bewegung mitsamt der geführten Atmung wird erst zur wahren „Leibesübung", da inneres Erleben stattfindet. Töne und Klänge lockern unser inneres Selbst, lösen es etwas aus seiner Verankerung in der dichten Materie des Körperlichen. Klingen ist in diesem Sinne auch eine innere Vibrationsmassage. Aufgrund der inneren Gelöstheit können dann verstärkt Seelenkräfte einfließen. Atmen und Tönen hat daher folgende Wirkung auf unser System. Es bewirkt eine:

a) Durchlüftung und rhythmische Durchblutung (löst Blutstauungen);

b) Vibrationsmassage der Innenorgane; Anregung der Lebensschwungkraft;

c) Anregung des rhythmischen Sinns; bewirkt eine innere Konzentration, da es der Vorstellungskraft bei der Formung bedarf. Nervöse Zerstreutheit wird überwunden, Selbstbeherrschung angeregt;

d) Unterstützung für das Sprechen, das Singen, die Rhetorik etc.;

e) Kraft der Entspannung; verhilft zur Höchstleistung, ohne jedoch das ganze System zu gefährden;

f) Anregung der inneren Schwingungen; verstärkt die Lebensfreude.

Klang ist Energie und mit Hilfe von Lauten können wir diese formen und darstellen. Wir ahmen den Klang eines tiefen Kellers oder einer Höhle, des Geheimnisvollen, Dunklen in einem Uh, unser Erstaunen und unsere Weitung in einem Ah nach. Im Ih stellen wir uns bewusster in die Welt, raffen die Kräfte zusammen, um etwas Äußerem besser begegnen, in ihm bestehen zu können. Vokale sind weniger die Widerspiegelung von etwas Äußerem, als ein Ausdrucksmittel unseres Inneren. Mit Hilfe der Konsonanten dagegen ahmen wir die Außenwelt nach, z. B. im R das Rattern des Rades, im F das Wehen des Windes. Die Laute sind die plastizifierenden, formenden Kräfte in uns, was sich schon über die Mundstellungen ausdrückt. Jeder Laut, den wir innerlich erzeugen, ergreift zunächst unser System und setzt sich dann nach außen hin fort. Er trägt eine bestimmte Energie in sich. Besonders ist dies bei Sprachlauten nachvollziehbar, wo z. B. das F als Blaselaut kühlend wirkt, das U dagegen wärmend. Laute und Klänge schließen uns die Welt der dynamischen Kräfte auf. Wenn wir unser ganzes Körpersystem durch Sprechen und Singen in Schwingung versetzen, so pflanzt sich diese in entsprechenden Formungen nach außen hin fort. Viele Naturvölker benutzen bis heute noch Laute und Rhythmus, um ihre körperliche Leistung zu erhöhen.

Forschungen haben gezeigt, dass Laute vor allem den venösen Blutstrom formen.

„80 % unseres Blutvolumens strömt in Venen, 20 % in Arterien. Während der arterielle Blutstrom vom Herzen rhythmisiert wird, fehlt dieser Puls im Venenblut. Dieses ist in seiner Strömung ganz von der Atmung abhängig. Hält ein Mensch in Wut die Luft an, so schwillt ihm die „Zornader" (Venen der

Stirn- und Schläfenhaut also), weil das venöse Blut von der angehaltenen Atmung gestaut wird. Die Laute der Sprache sind verschiedenartig differenzierte Stauungen der Atmung, was besonders bei den Stoßlauten auffällt."

Johanna F. Zinke, Luftlautformen

Die Sprachlaute stauen und formen also den venösen Blutstrom. Mit der Doppler- Ultraschalluntersuchung der großen Beinvenen lässt sich das nachweisen, so die Arbeit Johanna Zinkes.

„Lautformen der Sprache im venösen Blut der Leistenregion. Rot bedeutet

hier, dass das Blut für kurze Zeit seinen Lauf umgekehrt hat in die Peripherie. Blau bedeutet normale Strömungsrichtung (nur bei normaler Ausatmung vorhanden). Schwarz im Bereich der Vene bedeutet, dass der Laut die venöse Rückströmung zwar zur Ruhe bringt, aber keine Strömungsumkehr verursacht. (In der Regel ist das bei den Vokalen A, O und bei dem Laut M der Fall)."

Johanna F. Zinke, ebenda

Die Lautformen der Sprache finden sich also als Gestaltungskräfte im Blut wieder. Spre-

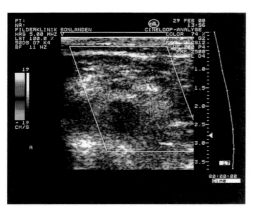

Vokal A

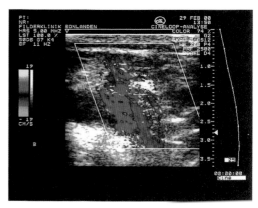

Konsonant B

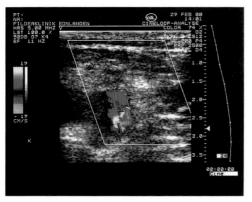

Konsonant K

Abb. 18 Luftlautformen nach Johanna F. Zinke

chen ist mit der feineren Säftezirkulation über den venösen Blutstrom verbunden und hat somit Rückwirkung auf die Stoffwechselorgane. Dies drückt sich stofflich schon darin aus, dass mit einem Atemstau ganz kurz die Kohlensäurekonzentration zunimmt, was einen Einfluss auf das Säure-Basen-Milieu hat.

Laute formen die Atemluft auf bestimmte Weise, was etwas über ihre Energetik aussagt. Johanna F. Zinke hat sich der Erforschung der Formkraft der Laute verschrieben und in Versuchen deren Wirkung aufgezeigt. Sie spricht von sogenannten „Luftlautformen". Die folgenden Beispiele zeigen einige Vokale als Luftlautformen.

Der Weltraum ist durchzogen von Äther oder Prana, der sich als elektrische (solare) und magnetische (lunare) Energie auf tieferer Ebene zeigt. Der Raum selbst ist dieser Äther und in ihm herrschen Polarität, Strömung und Spannung. Jede Erscheinung darin ist eine besondere Ausformung und Auswirkung dieses Raumes. Das Erzeugen von Klang und Laut mit Hilfe der Stimme nutzt die Formkraft des Raumes und Äthers.

Die Laute sind sozusagen die Mittler zwischen dieser freien Energie des Äthers und der festen Materie. Sie gestalten diese Energien. Aus diesem Grunde wohnt nach Ansicht unserer Vorfahren eine magische, schöpferische Kraft in den Lauten. „Gott hat lautiert und die Welt damit erschaffen", so könnte die Formel lauten. Sprachzeichen waren als Urbildzeichen daher der Versuch, diese Raum-

Vokal A

Vokal E

Vokal I

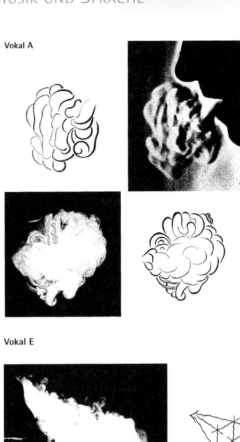
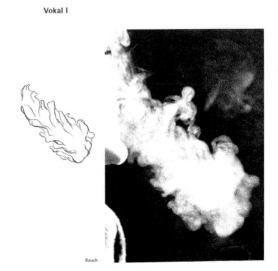

Abbildungen 19 – 19b
Luftlautformen nach Johanna F. Zinke

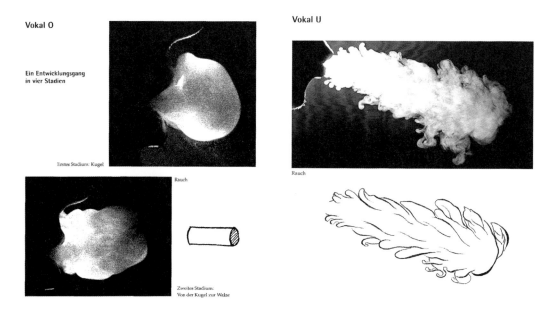

Vokal O

Ein Entwicklungsgang
in vier Stadien

Erstes Stadium: Kugel

Rauch

Zweites Stadium:
Von der Kugel zur Walze

Vokal U

Rauch

Abbildungen 19 c– 19d Luftlautformen nach Johanna F. Zinke

energien ab- und nachzubilden. Besonders deutlich zeigt sich dies in unserem eigenen Kulturkreis an dem Beispiel der Runen. Sie waren erst in zweiter Linie Sprachzeichen. Zunächst waren sie wohl reine Raum- und Energiezeichen.

Abb. 20 Is (I)- und Thorn (T, D)-Rune

Die Energien um uns herum ordnen sich so, dass wir wie in einer Art „energetischer Kugel" leben, deren Mittelpunkt wir selbst sind. „Aura" nennen wir das auch. In dieser herrschen unterschiedlichste Ströme von Energien. Begegnen wir etwas im Außen, so formt dessen Energie wiederum die Ströme

in dieser Aura. Dieses Strömungsbild erzeugt in seiner Verdichtung Laute. Auf diese Weise scheint die Namensfindung für Erscheinungen der Außenwelt vor sich gegangen zu sein. Der Adler fliegt hoch und weit der Sonne entgegen, kreist um den ganzen Horizont. Daher wurde er vielleicht „Aar" genannt, was eine Verbindung auch zur „Gear- oder Jahresrune" aufweist. Der Vokal A hat ja die weiteste Öffnung und bezeichnet den Aufgang der Sonne, so wie auch der Adler zur Sonne auffliegt. Das R steht für das Rad der Zeit und des Schicksals und auch der Adler galt als Schicksalskünder. Die „Is-Rune" stand für die Kraft, die alles der Vertikalen nach ausrichtet und strukturiert. Klarheit steckt darin. Mit dieser Rune wird das Eisen verbunden, der Speer Odins oder auch der Atemstoß. Die „Thorn- oder Dorn-Rune" wiederum bezeichnet den Lebensdorn, jene Kraft, die das Leben in Veränderung bringt.

Aus Veränderung entsteht Erkenntnis. Die ursprünglichen Worte ahmten oder bildeten in diesem Sinne die Energie eines Wesens oder einer Erscheinung nach und waren keine abstrakten Begrifflichkeiten, wie wir sie heute pflegen.

Aus uns strömen aber auch Energien hinaus, nämlich z. B. im Ausdruck von Sprachlauten, die ihrerseits plastizierend über unsere Aura auf die Umgebung wirken. Entscheidend für diese Wirkung ist dabei, dass alle Teile des Körpers beim Sprechen mitschwingen. Wenn nur der Mund die Laute formt, ist die Energie für eine weite Wirkung zu gering. Vor allem sind es die Vokale oder Hall-Laute, die unsere Energie weit nach draußen tragen können. Die nachfolgende Abbildung zeigt,

welchen Wirkungsradius die Vokale in der Aura haben können.

Das I ist der engste, hellste Vokal. Er bleibt ganz nahe bei uns und richtet alle Energien auf die Senkrechte hin aus. Danach folgen die Vokale, die zu unserem seelischen Empfinden gehören. Sie sind klanglich die dunkelgefärbten Vokale. Und mit dem Umraum besonders stark verbunden sind die ganz offenen Vokale, vor allem das A. Mit den Klängen wie den Lauten können wir uns mit den Energien ins Benehmen setzen. Leben bedeutet vor allem auch Resonanzfähigkeit und die ist über die Stimme gegeben. Wir werden über die Erzeugung und Wirkung der Laute in einem späteren Kapitel noch ausführlicher hören.

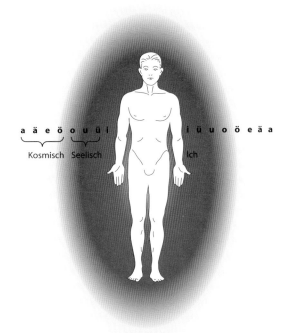

Abb. 21 Hall-Laute und Aura

4. Die Organe der Harmonieübungen

Wenn wir über das Thema Klang und Laut sprechen, so betrifft das vor allem uns selbst, denn wir sind Instrument und Empfänger in einem. Viele einzelne Organe sind an der Klang- und Lautbildung besonders beteiligt, aber eigentlich bilden wir ein einziges Schwingungssystem. Die Übertragung von Schwingung auf der Körperebene geschieht über zwei große Resonanzsysteme in uns: die Luft- und die Wassersäule. Sie bilden das „Drucksystem" in uns. Wir alle wissen, dass ungenügendes Atmen oder zu wenig Wasser im Körper sich auf die Druckverhältnisse auswirken, z. B. auf den Blutdruck und auch den sprachlichen Aus-Druck. Wenn wir singen, sprechen oder auch nur zuhören, hat der Klang eine Wirkung auf diese Säulen in uns. Klang wirkt vor allem auf die Wassersäule, die vom Becken über das Rückenmark bis in das Gehirn sich erstreckt. Bekanntlich besteht der allergrößte Teil des Körpers aus Wasser und von der formenden Wirkung von Klang auf Flüssigkeiten haben wir schon gehört. Seit den Forschungen Emotos ist das fast schon allgemeines Gedankengut.

Gleichzeitig aber brauchen wir den Atem für den klanglichen Ausdruck. Er ist das Transport- und Druckmittel. Ihn können wir pressen, stauen und lösen. Es sind neben den Atemorganen viele weitere Organe nötig, die wir als Instrumente brauchen. Es sind Organe, die vor allem auch mit dem Verdauungskanal in Verbindung stehen. Über den Mund nehmen wir Nahrung auf, befühlen sie mit der Zunge, zerkleinern sie mit den Zähnen usw. Gleichzeitig sind dies aber auch die Organe, mit deren Hilfe wir Laute und Klänge formen. Sie stehen also gleichzeitig für Eindruck wie Ausdruck. Diese wichtigen Organe gilt es, näher zu betrachten, da wir sie zwar überaus häufig, meist aber unbewusst benutzen. Es ist uns oftmals wenig klar, welche bedeutende Rolle sie für unser ganzes System spielen und welche Kräfte und seelische Qualitäten sich in ihnen und über sie ausdrücken. Sind wir uns dessen bewusst, so kann uns noch deutlicher aufgehen, welch große Bedeutung und Wirkung in den Harmonieübungen liegt. Die Harmonieübungen wiederum machen uns klar, welch umfassendes Hilfs- und Heilmittel wir im Sprechen, Singen, Klingen und Bewegen finden.

Ferner ist es eine interessante Auffälligkeit, dass in fast allen Organen des Kopfbereiches das Gesamtsystem abgebildet ist. So finden wir im Ohr den ganzen Körper wieder (s. Ohrakupunktur), auch in der Iris der Augen (s. Irisdiagnose), in den Zähnen usw. Die Kugelform des Kopfes entspricht dem Globus, beinhaltet also stets das Ganze. Der Kopf ist die Oktave des Körpers, bedeutet die Selbstwiederholung unseres ganzen unteren Systems, aber abstrahiert. Da die Harmonieübungen gerade diesen Bereich stark fordern, erfahren wir über sie als Reflektion stets eine Rückwirkung auf unser gesamtes Körpersystem. Im Nachfolgenden sind die wichtigsten Organe samt ihrer Bedeutung aufgeführt.

4.1 Das Ohr – Hören und Orientierung

„Hören gibt dem Menschen einen Begriff von relativer Richtung und befähigt ihn, seinen Platz im großen Grundplan festzustellen und seinen Standort zu bestimmen."

Alice A. Bailey,
Eine Abhandlung
über kosmisches Feuer

„Es ist das große Geheimnis bewegter Flüssigkeiten, dass die Sphärenharmonien in ihnen schwingen und vibrieren. Im Ohr sind sie Sinnesorgan geworden. Die bewegten Flüssigkeiten werden zum Tor, durch welches der Mensch in diese Sphärenharmonien in ihrem irdischen Abglanz hinaushören kann."

Theodor Schwenk,
Das sensible Chaos

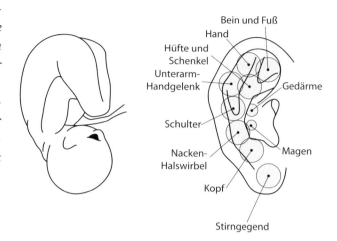

Abb. 22 Embryo und Akupunkturpunkte am Ohr

Klang ist eine Urerfahrung des Menschen. Ein Embryo lebt in einem Klangmeer und das Gehör ist der erste entwickelte Sinn. Das Gehör ist vollkommen ausgebildet und von Geburt an verwandelt sich lediglich die relative Größe des Ohres. Unser Antlitz ist in steter Veränderung, das Ohr aber allein bleibt sich gleich und fest in seiner Gestaltungsform. Steiner bezeichnet es daher als Relikt der Vergangenheit. In der Physiognomie wird der Formung und dem Sitz des Ohres viel Bedeutung beigelegt. Hochsitzende Ohren sollen z. B. eine Tendenz zum Abheben von der Erde anzeigen, tiefsitzende eine materielle Neigung. Auch Gaben wie Musikalität sollen sich an den Ohren ablesen lassen. Einstmals haben solche Darstellungen als rein „esoterisch" gegolten. Durch die asiatische Medizin hat sich aber eine ganz neue Sicht etabliert und die Lehre der Physiognomie findet heute wieder verstärktes Interesse. Im Ohr wiederholt sich der ganze Mensch, wie die chinesische Medizin weiß. Die Ohrakupunktur ist darauf aufgebaut. In der Tat gleicht das äußere Ohr in seiner Form dem menschlichen Embryo.

Klänge bilden den Kontakt zur Mutter, zur Außenwelt. Daher sind mit dem Klang ganz tiefe, wesentliche Erfahrungen verbunden, wie z. B. Gefühle von Einssein oder Trennung, Freude oder auch Schmerz. Klänge, Laute und Töne können uns beruhigen, einschläfern, uns also ein Gefühl von Einssein und Geborgenheit geben. Sie können uns aber auch aufschrecken und ganz wach machen. In der Wachheit erleben wir uns verstärkt als abgetrenntes Selbst in der Welt. Hier sind wir, und dort gibt es etwas anderes. Es ist der Klang, der wach macht, Orientierung und Verbindung verschafft. Nehmen wir an, wir liegen an einem herrlichen Sommertag auf einer Wiese und dösen vor uns hin. Plötzlich hören wir jemanden singen oder jodeln. Wir werden aufgeschreckt, richten uns auf, lauschen neugierig, woher der Klang kommt und was er bedeuten mag. Ist unser echtes Interesse geweckt, mobilisieren wir all unsere Kräfte und gehen auf die Suche nach der Klangquelle. Noch deutlicher können wir das nachts und im Schlaf erfahren, wenn uns ein unbekanntes Geräusch hochschrecken lässt. Ein Klang lockt uns zu sich, lockt uns hinein in ein Inneres oder hält uns zurück. Gibt er eine bekannte Antwort, so beruhigt uns das. Ist er unbekannt, so kann das in uns Neugier oder aber auch Angst auslösen. Thriller und Horrorfilme nutzen Klänge ganz gezielt, um mit diesen Effekten zu spielen. Klänge verwenden wir, um uns selbst auszudrücken oder auch um unsere Energien zu stimulieren. Nicht nur Kinder pflegen bei Ängsten zu singen und machen sich auf diese Weise Mut. Klang bildet den Kontakt zu unserem Inneren, aber auch zur Außenwelt.

Das Ohr und das Gleichgewicht

Der Weg des Auges ist ein anderer als der des Ohres. Das Auge steht für die Neugierde auf die Welt da draußen, während das Hören einen Verinnerlichungsprozess darstellt. Das Auge sucht draußen stets nach Veränderlichkeiten, während das Ohr uns zu uns selbst bringt. Das zeigt sich an einem wesentlichen Aspekt des Menschen: dem Aufrechtstehen. Das Aufrechtstehen, das Gleichgewichthalten, ist eine Leistung, die über das Ohr gesteuert wird. Das Gleichgewichtsorgan stellt uns in die Schwerkraft des äußeren Raumes und wenn wir dem Raum ein gleiches entgegenhalten können, so sind wir im Gleichgewicht. Musik wiederum hat ebenfalls mit dem Gleichgewicht zu tun, aber mit dem des inneren Raumes. Da müssen Gewichtungen und Proportionen stimmen, damit wir etwas als gute Musik in unseren Innenräumen erleben können. Das Ohr ist es also, das uns im Gleichgewicht zwischen innen und außen hält, das unsere Lage innerhalb von Raumkräften angibt und als vermittelndes Organ

zwischen Spannungskräften (das sind Schallwellen, Schwingungen) steht. Wenn wir einen Raum nicht mehr mit uns selbst füllen können, stellt sich ein Gefühl von Schwindel und Leere ein. Sitzen wir z. B. auf einer Drehscheibe und halten die Augen offen, wird uns schnell schwindlig, da wir uns in der Veränderung des Raumes verlieren. Schließen wir dagegen die Augen, bleiben wir im Kontakt mit dem Raum und der Schwindel bleibt aus.

Das Gehör stellt eine Beziehung und Balance her zwischen uns selbst und allem außerhalb unserer selbst, das sich in stetem Wandel, in stetiger Veränderung befindet. Es ist eine Art Echolot, denn der von uns ausgesandte Klang, der von der Welt draußen zurückgeworfen wird, vermittelt uns Raumorientierung. Die Frage, die wir in die Welt rufen, und das zurückkehrende Echo sind Grundlagen von Beziehung und Entwicklung. Das Erleben von Echo in der Natur hat bis heute nichts an Mystik für uns eingebüßt. Befinden wir uns in einem engen Gebirgstal und hören den Klängen von Alphörnern auf den Bergen zu, die als Echo sich überall brechen, so kommt etwas von der Weite und Öffnung der Höhe herab ins Tal. Hören hat mit Abstand zu tun. Aus dem Zeitintervall zwischen ausgesandtem und zurückgeworfenem Schall misst das Ohr die Distanz zu einem Gegenstand. Das hat mit Weite zu tun. Das Gefühl der Angst hat mit Enge zu tun. Klangtherapeuten haben herausgefunden, dass eben die Arbeit mit Schall und Klang durch die Erfahrung der Weite Ängste überwinden kann. Vor allem bei ängstlichen Kindern lässt sich die Arbeit des Hörens über das Echo erfolgreich einsetzen. Jede Minderung und Störung des körperlichen Gleichgewichtssinnes ruft Ängste auf den Plan, da das Gleichgewicht eine fundamentale Lebenserfahrung ist. Im Mutterleib muss sich das heranwachsende Kind stets an der Lage und Rhythmik des mütterlichen Körpers orientieren. Vor allem sind es jeweils das Herz von Mutter und Kind, die sich abstimmen müssen, weshalb Herz und Gehör eng miteinander verbunden sind. Kükelhaus bezeichnet das Gehör sogar als Kontrollorgan des Herzens und weist auf die desaströse Wirkung moderner Technik (z. B. durch Kopfhörer) auf diese Organbeziehung hin. Es bedarf des Einklanges zwischen Mutter und Kind, aber eben doch auch im Abstand der eigenen Persönlichkeit. Hugo Kükelhaus geht davon aus, dass das Gehör sozusagen notgedrungen aus dem Lagesinn hervorgeht. Er hilft uns, die Lage im Raum unter Kontrolle zu halten, was existenziell ist für alle Wesen, die im Wasser schwimmen, so auch für das Baby im Mutterleib.

Da der Gleichgewichtssinn den ganzen Menschen angeht, ist das Ohr mit dem ganzen Körper bis in die feinsten Glieder hinein verbunden. Daher gibt es unendlich viel mehr Nervenverbindungen zwischen Ohr und Wirbelsäule als zwischen Auge und Wirbelsäule. Wir stehen mit den Füßen aufrecht und der Nervenkontakt zwischen Ohr und Füßen ist daher eng. Deshalb hören wir bei kalten Füßen schlechter und „stehen nicht gut in der Welt". Wenn wir besonders gut hören wollen, dann richten wir uns etwas auf, so wie auch z. B. Hase oder Reh sich aufrichten, wenn sie wachsam in die Umgebung lauschen möchten. Beim aufmerksamen Hören ist der Körper stets aufrechter, gereckter.

Für die Entwicklung des Gehirns ist das Hören überaus entscheidend, weil eben die Erfahrung der Schwerkraft und des Gleichgewichtssinnes damit verbunden ist. Jede Bewegung schafft diesbezüglich eine Erfahrung und Verschaltung im Gehirn. Kinder sammeln auf diese Weise ihre ersten Lernerfahrungen. Sehen dagegen mache bequem, fordere die Horizontale, so formulierte es einmal Joachim Ernst Berendt und verwies auf die sich in Sesseln räkelnden, fernsehschauenden Kinder. Das Sehen entwickle kein Gehirn, es informiere nur dasselbe, so Berendt. Forscher fanden heraus, dass das Gehirn 90 % der elektrischen Energie vom Ohr empfängt. Die restlichen 10 % kommen von den anderen Sinnen. Wenn das Sehen also bei Kindern zu früh fixiert wird, so wird das Gehirn weniger stark ausgebildet. Bleibt ein Kind länger in seinem akustischen „Kanal", so fördert dies seine Gehirnentwicklung. Daraus rühren auch die vielen Fragen, die Kinder an ihre Umgebung stellen. Fragen stellen – Hören – Denken gehören zusammen. In gewisser Weise habe das mit der „Echoortung" zu tun, so die Wissenschaftler, und die Urlaute der Sprache sollen Echolaute gewesen sein. Wie auch immer, Fragen sind Signale, die wir aussenden, und eigentlich sind sie, wenn auch über Umwege, Fragen an unser eigenes Selbst.

Das Hören

Eine Voraussetzung für das Hören und Klingen ist es, dass es Hohlräume in uns gibt. Das Leere, das Hohle galt schon den frühen Weisen als Symbol für das Geistige, das nicht mit den Sinnen erfasst werden kann. Das Gehör liegt im Felsenbein und mit diesem geschieht eben etwas Besonderes, ja Geistiges. Jeder Knochen enthält Knochenmark, aber beim Felsenbein wird dieses im Laufe seiner Entwicklung von bestimmten Zellen aufgefressen, so dass dort Hohl- und Resonanzräume entstehen. Also das, was uns mit dem Körper und der Außenwelt verbindet, die lebendigen Zellen werden entfernt, so dass nur noch Leere, Höhlung, sprich Geist übrig bleibt. Äußere Schallwellen dringen tief in unser Ohr und in die Höhlung ein. Sie sind berechenbar, beruhen auf Zahlenverhältnissen, und doch tauchen in unserer Wahrnehmung keine Zahlen auf, sondern unser Hörsinn formt daraus Klang. Etwas Irdisches (Schallwellen) wird also in etwas Unirdisches (Klang) verwandelt. Das Ohr löscht sozusagen die physikalischen Gegebenheiten, die Frequenzen und Zahlen aus und wir hören den Ton, das Geistige.

Hans Kayser hebt ebenfalls das geistige Prinzip im Hören heraus. So sieht er den Sehsinn in einer Reihe mit dem Tastsinn. Beide ergreifen ihr Gegenüber. Das Auge tut dies in Form eines Bildes, der Tastsinn mittels der Hände. Ergreifen und Festhalten haben mit einem Einverleiben, mit Besitzergreifen zu tun. Daher unterliegen beide dem Trieb des Habens. Ganz anders nun das Ohr. Im Festhalten können wir nichts hören. Der Musiker, der die Saite seines Instrumentes festhält, verhindert den Klang. Erst im Lösen entsteht der Klang. Hören hat also mit Loslassen und Mitfließen zu tun. Hierbei handelt es sich um Bewegung, also darum, „sich auf den Weg zu machen". Diese Bewegung findet aber im Inneren statt und eben nicht im Außen, wie dies für Auge und Hände gilt.

Alle Sinne müssen mit dem Äußeren mitgehen, in steter Veränderung und Bewegung sein, um wahrzunehmen. Unsere Augen bewegen sich ständig, um sehen zu können. Wir müssen mit den Fingern über einen Gegenstand fahren, um etwas über den Tastsinn zu spüren. Die Zunge muss sich bewegen, um zu schmecken, die Luft in der Nase, damit wir etwas riechen können. Allein das Ohr ist ohne äußere Bewegung, ist festgelegt. Vielleicht ist es eben deshalb auch das ideale Gleichgewichtsorgan. Die Bewegung findet innerhalb des Ohres statt, in den Gängen der mit Lymphflüssigkeit gefüllten Spirale (Cortisches Organ). Deren Wellenbewegung verbiegt die Haarfortsätze der Zellen. Diese mechanische Energie wird in elektrische Impulse umgewandelt. Unter dem Schneckengang liegt die Basilarmembran, auf der Sinneszellen aufliegen. Die Härchen dieser Zellen stoßen gegen die Deckmembran. Die Basilarmembran beginnt zu schwingen, wenn Schallwellen auf die sie umgebende Perilymphe treffen und diese rhythmischen Druckveränderungen hervorrufen. Ähnlich der Haut besitzt das Cortische Organ also viele Zellen, die auf den Reiz von Berührung reagieren.

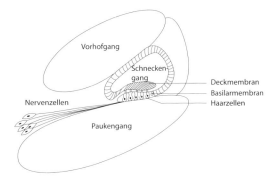

Abb. 23 Innenohr

Alles an der Formung des Ohres ist auf das Wellenartige, also das Element Wasser gerichtet. Die wirbelartig eingerollte Form der Gehörschnecke drückt dies deutlich aus. Jedes Hören erzeugt Wellen und Wirbel im Ohr.

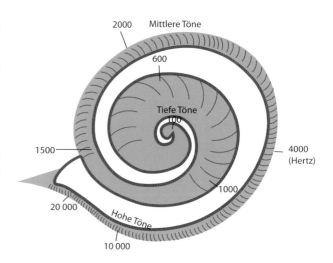

> *„Bedenkt man, dass beim Hören fortdauernd rhythmische Impulse auf das ovale Fenster – eine feine Membran zur Flüssigkeit des Innenohres hin – von außen vermittelt werden, so lässt sich die Entstehung dieses Wirbelorgans aus der Welt der rhythmischen Klänge verstehen: am Ton, für den Ton gebildet, könnte man unter sinngemäßer Abänderung eines Goethewortes sagen.(...)*
>
> *Ganze Wirbelstraßen durchziehen die Flüssigkeit des Innenohres, wenn die Töne der Umgebung hereinkommen. Damit verbunden ist ein Aussortieren der Rhythmen, indem die niederfrequenten, langen Wellenzüge der tiefen Töne das Ende der Basilarmembran erreichen, die kurzen, schnellen Rhythmen der hohen Töne aber bereits im Anfang wieder verebben. Der große Vorgang der Aussortierung der verschiedenen Wellentypen in den Ozeanen der Erde findet hier im Kleinsten – Organfunktion geworden – sein Gegenbild."*

Theodor Schwenk, ebenda

Jeder Ton hat auf der sensiblen Membran eine ganz bestimmte Stelle, wo die Wellen- und Wirbelbildung am stärksten ausgeprägt wird. An der Schneckenspitze nehmen wir

Abb. 24 Verteilung der Tonempfindung in der Gehörschnecke

vor allem die tiefen Töne wahr, an der Basis die hohen.

Im Vorgang der Einatmung (Inkarnation) setzt sich die Luft chemisch in die Flüssigkeit des Blutes hinein fort (Sauerstoffaufnahme). Im Hörvorgang erleben wir ein Ähnliches. Die Druckwellen werden über die Gehörknöchelchen vermittelt und setzen sich in die Flüssigkeitswellen des Innenohrs hinein fort. Hören sei „metamorphisiertes" Einatmen, so sagt es Rudolf Steiner. Übrigens, Kauen und Schlucken, beide ebenfalls Inkarnationsprozesse, sind zudem direkt mit der Belüftung des Mittelohres über die Tubenkanäle verbunden. Inkarnation bedeutet nun stets Verräumlichung, Formung, Verstofflichung und auch Fixierung. Die Töne werden in gleichem Sinne auf der Spirale des Innenohres verräumlicht: Jede Härchenzelle auf der Spirale entspricht einer genau definierten Tonhöhe.

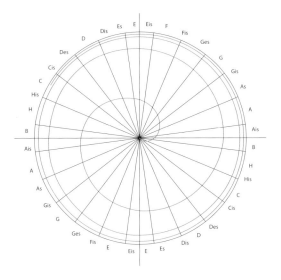

Abb. 25 Tonspirale und Innenohr

Entsprechend den Raumdimensionen finden wir drei Dimensionen des Hörens:

- **Tonhöhe**: das Oben und Unten.
- **Tonlänge**: Halten wir einen Ton lange an, ohne seine Stärke zu ändern, so werden wir ihn als flächig, sich verbreiternd erleben. Es entsteht in uns der Drang, unsere Arme waagrecht auszubreiten.
- **Tonstärke**: Lassen wir den Ton anschwellen, so bekommt der Ton ein Gewicht. Dieses wird uns in eine Raumbewegung drängen, also indem wir z. B. mit erhobenen Armen nach vorne gehen.

In Labyrinth und Schnecke finden wir die drei Raumdimensionen abgebildet.

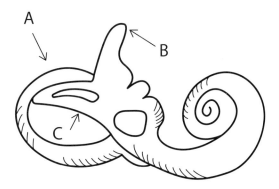

Abb. 27 Labyrinth und Schnecke im inneren Ohr

Von den höchsten Tönen am ovalen Fenster bis zur Schneckenspitze finden wir so im Ohr eine räumliche Fixierung des Zeitwesens „Musik". Die Kehle hat mit Bewegung (Zeit) zu tun, das Ohr aber mit Fixierung (Raum) und daher mit Ordnung, mit Struktur. Daher sind Hören, Sprechen, Singen so wichtig für unser Leben, denn sie bringen Zeit und Raum zusammen.

Die drei Raumdimensionen, die wir erfahren können, sind ein Erzeugnis der drei Bogengänge des Ohres.

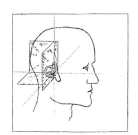 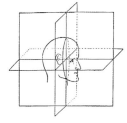

Abb. 26 Die drei Dimensionen des Ohres

Der hintere Bogengang (A) ist für Strömungsrichtungen von unten nach oben und umgekehrt, also für die Senkrechte zuständig. Er ist der längste Bogen und öffnet uns vor allem für die Wellen, die aus dem freien Himmelsraum kommen. Der obere Bogengang (B) steht für hinten und vorne. Er ist vor allem für die Wellen zuständig, die uns beim Vorwärtsgehen zuströmen. Der mittlere Bogengang (C) nimmt Strömungen auf, die von links nach rechts und umgekehrt erfolgen. Er ist also für die Wellen zuständig, die bei Links- oder Rechtsdrehung an unser Ohr gelangen.

In gewissem Sinne tragen wir ein fühlbares Koordinatensystem mit uns herum, angebunden an unseren Kopf. Raum ist also nicht an sich eine reine, abstrakte Vorstellung, sondern er ist ein wesentlicher Bestandteil unseres Organismus, ist ein echtes Naturgesetz, eine Wesenheit und von subjektiver wie objektiver Gültigkeit.

Wir besitzen zwei Ohren, die durchaus unterschiedliche Qualitäten beinhalten. Im Volksmund sind zahlreiche Beispiele dafür erhalten geblieben. Wenn einer gut von uns spricht, so klingt oder brennt das linke Ohr. Es sind die positiv anregenden Kräfte, die im linken Ohr ankommen. Spricht jemand schlecht von uns, dann klingt das rechte Ohr, so der Volksmund. Sind wir über beide Ohren verliebt, so können wir nur noch bedingt klar unterscheiden. In der Tat findet sich auch eine Polarität in den Ohren. Beide halbkreisförmigen Ohren ergeben in etwa ein Ganzes, eine Kugel. Eine Kugelform lässt sich in Spiralen auflösen, was wir beim Schälen eines Apfels sehen können. Ziehen wir an den Spitzen diese Spirale auseinander, so finden wir eigentlich zwei Spiralen, denn die Spitzen ragen entgegengesetzt in den Raum hinein. So lässt sich nun präziser formulieren, dass sich eine Kugelform also in zwei entgegengesetzte Spiralen auflösen lässt. Damit haben wir die Auflösung des Ganzen in zwei polare Einheiten. Wir kennen das aus der Natur als Prinzip der Doppelhelix oder Doppelschraube. Unser Auge kann unterschiedliche Bewegungen in ihr erkennen, aber in Wirklichkeit kreist dieses Gebilde auf ein und derselben Ebene.

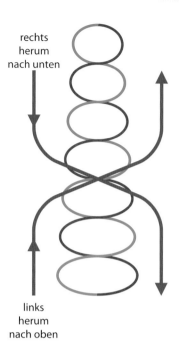

rechts
herum
nach unten

links
herum
nach oben

Abb. 28 Doppelhelix

Der Rechtswindung der Spirale sprach man das männliche, der Linkswindung das weibliche Prinzip zu. Auch im Ohr befinden sich unterschiedlich gedrehte Spiralgänge. Die Schnecke im rechten Ohr des Menschen hat eine Linkswindung, die des linken Ohres eine Rechtswindung. Daher sieht die esoterische Überlieferung das rechte Ohr verstärkt mit der empfänglichen Kraft (magnetisch, Wiedergeburt, Empfänglichkeit, Aufnehmen, kosmisches Empfinden, Erinnerung) verbunden und in Verbindung zu der mütterlichen Linie der Vorfahren. Das linke Ohr steht in Kontakt zu der abgebenden, ausstrahlenden Kraft (elektrisch, Zeugungskraft, Abgeben, Willenskraft, Konzentration) und der väterlichen Linie.

So zeigt sich das polare Prinzip also auch im Ohr. Das ist einer der Gründe, weshalb das

Ohr manchmal im Zusammenhang mit der Sexual- und Zeugungskraft gesehen wurde.

Das Spiralhafte im Ohr ist in den esoterischen Wissenschaften bedeutsam. So wurde das Labyrinth des Ohres im Zusammenhang mit der Jakobsleiter aus der Bibel gesehen, denn, so heisst es, seine Spiralform verbinde die Erde und den höchsten Himmel. Der Seher Emanuel Swedenborg betonte, dass das Öffnen des inneren Ohres Voraussetzung sei, um in die höheren Welten aufzusteigen.

Beide Ohren nehmen auch unterschiedlich wahr. Das hängt damit zusammen, dass das rechte Ohr der linken Gehirnhemisphäre zugeordnet ist und das linke Ohr der rechten Hemisphäre. Gewöhnlich liegen bei den allermeisten Menschen das Sprachzentrum und die analytischen Fähigkeiten in der linken Hemisphäre. Somit reagiert das rechte Ohr vor allem auf klare Informationen und Begriffe, das linke dagegen auf Klang und Musik. Mit dem linken Ohr erfassen wir mehr die Tiefe, mit dem rechten die Höhe. Die verschiedenen Qualitäten der Ohren nutzen wir auch beim Üben. Indem wir z. B. dem Verlauf von Melodien mit nur jeweils einem Ohr folgen, verstärken wir dessen Tätigkeit und fördern die ihm immanenten Qualitäten.

Diese unterschiedliche, gegensätzliche Drehung in den beiden Ohren weist uns außerdem noch einmal verstärkt auf das Thema Ausgleich, Gleichgewicht und Harmonie hin. Hören hat immer etwas Ganzheitliches, denn mit einem „halben Ohr" nehmen wir nichts wahr. Aber in der Einheit können wir über den Klang etwas von der Qualität eines Gegenübers erfahren, z. B. ob eine Metallmünze echt oder unecht ist, ob eine Stimme aufrichtig klingt oder nicht. Übrigens werden die Metalle ebenfalls in esoterischem Zusammenhang mit dem Hören gesehen. Gerade in asiatischen Kulturen spielte Metall als Klanginstrument von jeher eine wichtige Rolle. Metalle galten als die Geister der Erde, denen die Planetengeister am Himmel entsprechen, eine Vorstellung, die wir bis heute noch in der Alchemie wiederfinden. Im Blut finden wir nun ebenfalls die unterschiedlichsten Metalle in gelöster Form vor, vor allem natürlich Eisen. Erzeugen wir nun einen Klang, so bringt dieser die Metallatome im Blut zum Schwingen und darüber lassen sich geistige Qualitäten an den gesamten Organismus übermitteln. So die Überlieferung. Das Metall Eisen steht für die Tatkraft und Vitalität, Kupfer für die Kontaktfähigkeit usw. Bringen wir über Klang z. B. das Eisen zum Schwingen, so erhalten wir ein Mehr an Tatkraft, d. h., die dafür nötige Energie kann leichter aufgenommen werden. Welches Metall vorherrscht in einem Menschen, lässt sich auch an seiner Stimme erkennen. Auch wir sprechen heute ja noch von einer metallenen, scharfen Stimme bei einem Menschen.

Neben den beiden Ohren gibt es nach Aussage der esoterischen Überlieferungen noch ein „drittes" Ohr. Dieses liegt zwischen den Schulterblättern und steht mit der Wirbelsäule in Verbindung. Mit diesem dritten Ohr hört das Herz, das bedeutet, dass wir die Wahrheit, Essenz und Tiefe von etwas hören können. In der Tat ist heute bekannt, dass taube Menschen mittels Schulung durchaus über die Wirbelsäule zu hören vermögen, ja sogar Musik machen können. Eine schottische Perkussionistin, nachweislich fast vollständig taub, ist eine international gefragte Künstlerin und hat aus ihrer eigenen Erfahrung heraus eine Musikschule für taube und schwerhörige Kinder gegründet. Sie höre, nach ihrer Aussage, vor allem mittels ihrer Wirbelsäule und ihres ganzen Körpers. Wir haben zuvor gehört, dass es viele Nervenverbindungen zwischen Ohr und Wirbelsäule gibt und welche Rolle das Gleichgewicht spielt. In der Wirbelsäule befindet sich aber auch Flüssigkeit (Liquor), die mit der Gehirnflüssigkeit in Kontakt ist. Diese Flüssigkeit hat eine wichtige Bedeutung für das Hören. Das rhythmische Element der Atmung und des Pulses im mittleren, fühlenden Teil des Menschen steht mit dem Ohr über den Liquor in Verbindung. Mit dem Einatmen fließt nach Ansicht einiger Forscher der Liquor verstärkt nach oben, mit dem Ausatem nach unten. Puls und Atmung haben einen Einfluss auf den Druck des Liquors. Das bedeutet aber auch, dass Hören nicht eine alleinige Sache der Gehörnerven ist. Erst indem der Atemrhythmus im Liquor mit der Sinnesreizung der Ohrnerven zusammenkommt, entsteht das, was wir Hören nennen. Dies wird über die Lymphflüssigkeit im Ohr möglich. Über die Bedeutung des Liquors für das Hören erschließt sich uns auch, weshalb die Wirbelsäule bei Taubheit zu einem möglichen „Ersatzohr" werden kann. Das Hören mit dem Rücken erweist sich aus diesem Grunde als therapeutisch so wirksam – es wirkt seelisch erleichternd und weitend –, weil darüber eben der Liquor verstärkt angesprochen wird.

Überleitung

Nach der indischen Lehre ist das Ohr ein Empfindungsorgan, während der Mund sein entsprechendes Tätigkeits- oder Bewegungsorgan darstellt. Ich selbst sehe viel deutlicher in der Kehle das eigentliche Tätigkeitsorgan des Ohres. Der Kehlkopf, ja der ganze Körper eines Hörers vollzieht alle klanglichen Bewegungen nach. Ist ein Redner heiser, so dauert es nicht lange, bis sich zahlreiches Räuspern unter den Zuhörern bemerkbar macht. Berühmt ist der sogenannte „Konzerthuster". Einer beginnt zu husten und andere folgen nach. Manche Menschen bewegen deutlich die Lippen und sprechen lautlos das nach, was sie gerade hören. Hören wir nicht mehr gut, so verhärtet das Ohr und kann auch nicht mehr die richtigen Befehle an den Kehlkopf geben. Mit vermindertem Hören reduzieren sich auch Selbstwahrnehmung und Selbstausdruck, was sich in der Veränderung der Sprache bei Schwerhörigen zeigt und auch in ihrem Rückzug aus der Kommunikation.

4.2 Die Kehle – Resonanz- und Ausdrucksorgan

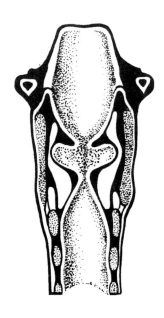

Abb. 29 Schema des menschlichen Kehlkopfes

Betrachten wir die Entwicklung des Embryos, so zeigt sich, dass sich nach und nach aus dem Flüssigen ein fester Organismus formt. Es sind unendlich viele Bewegungen, die ihn nach einem unsichtbaren Plan gestalten und plastizieren. Alles Leben ist Bewegung. Hat eine Gestalt ihre feste Ausformung erreicht, so findet diese nicht mehr im Äußeren, sondern im Inneren statt. Der schaffende Geist kann sich nun der Funktionen des Körpers bedienen. Das Organ, in dem die unendliche Vielfalt der Bewegungen erhalten bleibt, ist der Kehlkopf. Der Kehlkopf hat beim Menschen eine entwicklungsgeschichtlich völlig neue Muskulatur erforderlich gemacht, die sich unmittelbar über der Stimmritze in den Schleimhautfalten des Kehlkopfeinganges befindet. Die Muskeln des Kehlkopfes können die raschesten, kleinsten Bewegungen von allen Muskeln ausführen. Sie sind also die beweglichsten Muskeln, die wir besitzen. Mit deren Hilfe kann der Kehlkopf den Atemstrom so fein und differenziert formen und prägen, dass uns dieses Gestalten als Klang, Laut und Sprache hörbar wird. Die Stimmbänder werden in Schwingung versetzt, was wiederum auf den Atemstrom rhythmisierend zurückwirkt. Es entsteht ein Klang. Mittels Veränderung der Hohlräume in den Mund- und Rachenpartien kann dieser Klang in seinen zahlreichen Teiltönen verändert werden. Durch Erweitern und Verengen des Rohres formen sich die Vokale heraus. Die Konsonanten kommen vor allem mit Hilfe von Gaumen, Zunge, Zähnen und Lippen zustande.

„Aus der Fülle der Bewegungsmöglichkeiten des Sprachorgans lassen sich doch immer einige wiederkehrende charakteristische Urbewegungen

heraussondern, die wir als die Vokale und Konsonanten kennen. Sie gehen durch alle Zeiten und alle Sprachen in ihrer charakteristischen Eigenart als Ur-Bewegungselemente unverändert hindurch. Ja aus diesen Ur-Gesten, Ur-Lauten, als im Geistigen urständenden Bewegungen geht die Fülle der Kehlkopfbewegungen selbst hervor, und die Urbewegungen der Vokale und Konsonanten sind es, die alle Gestalten aus sich hervorgehen lassen."

Theodor Schwenk, ebenda

Bedeutsam ist die enge Verbindung zwischen dem Kehlkopf und der Ebene unserer Gefühle. Er ist ein Zentrum der Erregung, ganz ähnlich den Geschlechtszentren, denn er ist stets aktiv.

„Im Kehlkopf blicken wir auf ein wundervolles Zusammenspiel dieser Dreiheit von Luft, Seele und Elastizität hin. Das feine Spiel der Luftelastizität wird in der Elastizität der Stimmlippen und Muskelgruppen des Kehlkopfes zur anschaubaren Gestalt verdichtet, und der Reichtum des menschlichen Innenlebens wird hier physisch faßbar: Luftgestalten sind es, welche im Kehlkopf fortwährend geboren werden."

Theodor Schwenk, ebenda

Forschungen haben gezeigt, dass der Kehlkopf automatisch „mitspricht und mitsingt", was ein anderer singt oder spricht. Er steht also in steter Resonanz mit den Schwingungen in seinem Umfeld, geht mit diesen synchron. Dieses unbewusste körperliche Geschehen hat eine Rückwirkung auf die Organe des rhythmischen Systems, nämlich Lunge und Herz. Es entstehen in ihnen Spannung/Entspannung und Beschleunigung/ Verlangsamung als Wirkung. Wunderbar können wir dies erleben, wenn wir einen spannenden Film anschauen. Wir sagen „Wir gehen mit dem Geschehen mit" und eigentlich beschreibt dies auch den Zustand unseres Kehlkopfes. Dieser Vorgang läuft zunächst unbewusst oder auch halbbewusst ab, bevor er dann das Sinnes-Nervensystem erreicht, wo es zu einem bewussten Erleben kommt.

Nerven, Sinne	geistige Bewegung	verste-hen	vollbe-wusst
Herz/ Atem	seelische Bewegung	emp-finden	halbbe-wusst
Muskula-tur	körperli-che Bewe-gung	tun	unbe-wusst

Diese Forschungen über den Kehlkopf haben auch neue Erkenntnisse darüber gebracht, wie Kinder sprechen lernen. Das Kind lernt nicht allein durch Nachahmung sprechen, sondern vor allem durch ein unbewusstes Mitmachen. Der Wissenschaftszweig der Kinesik untersuchte Säuglinge, denen in fremder Sprache zugesprochen wurde. Ihr Körper schwang mit dem Sprechenden synchron mit, ohne dass die Säuglinge natürlich die Sprache bewusst verstanden. Aber die Untersuchungen haben gezeigt, dass die Bewegungen des Kehlkopfes eines Neugeborenen synchron mit den Sprechbewegungen der Erwachsenen laufen. Es ist also eine rein gestaltbildende Tätigkeit damit verbunden. Diese hat die größte Auswirkung auf die Ausbildung des Gehirns eines Kindes, da so viele muskuläre Vorgänge und deren Synchronisierung damit verbunden sind. Dem Sprechen liegt ganz tief innen der Gestaltungs-Wille zugrunde. Im Kind wird dieser Wille zur Eigengestaltung über das Vorbilden geweckt. Mit großer Wahrscheinlichkeit geschieht dasselbe, wenn wir Musik hören. Der Kehlkopf bewegt sich mit der Musik mit. In diesem Sinne ist jeder Hörer am Hören von Sprache und Musik auch aktiv beteiligt.

Das, was die Sprachwerkzeuge und der Kehlkopf erzeugen, wird vom Ohr des Sprechers gespiegelt, und zwar kurze Zeit bevor das Wort den Hörer gegenüber erreicht. Kehlkopf und Ohr sind Klangerzeuger und Klangempfänger, bilden ein Duo. Die Kehle ist mit der Bewegung verbunden, also dem Faktor Zeit, während das Ohr mit dem Raum zu tun hat und eher statisch ist. Das Innen- und Mittelohr ist bei der Geburt schon ausgewachsen. Das äußere Ohr wächst noch etwas. Aber der Kehlkopf ist noch funktionslos, wird vom Willen noch nicht ergriffen, macht aber unbewusst die Sprachbewegung der Erwachsenen mit. Es dauert bis zur Pubertät, bis er überhaupt seine richtige Stelle, seinen Platz findet. Schritt für Schritt wandert er ja aus der Höhe der inneren Nasenöffnung bis in den Bereich des 5. Halswirbels hinab. Er wächst bis dahin noch beträchtlich, so dass sich die Stimmbänder auch verlängern, was zur Absenkung der Stimmlage führt.

Sprechen bildet sogenannte Luftlautformen, wie wir zuvor schon gesehen haben. Die vom Sprecher ausströmenden Luftformen bleiben einige Sekunden erhalten in der Umgebung. Der Lautsprecher zum Beispiel kann dies alles nicht. Er bildet nur Schallwellen, die zwar auch den Körper des Hörers ergreifen, aber in weit geringerer Weise, als es der Laut vermag. Vor allem erreicht er nicht den Lautbildungs- und Gestaltungswillen des Menschen. In gewisser Weise ist ein Lautsprecher einem Autisten ähnlich.

Alle Laute und Klänge bedürfen der Kehle, doch es gibt Laute, die besonders stark mit ihr verbunden sind, nämlich die sogenannten Kehllaute. Diese sind: K, G, Ch, H, Ng.

4.3 Die Schilddrüse – Beweglichkeit und Ausstrahlung

Über die Schilddrüse haben wir schon vieles in Band 3 erfahren. Trotzdem ist es wichtig, im Zusammenhang mit unserem Thema hier nochmals kurz auf sie einzugehen. Atem und Herzschlag stehen über die Nerven und den Kreislauf in enger Verbindung mit der Schild- und Thymusdrüse. Die Schilddrüsensubstanz ist fünfzigmal blutreicher als die Muskelsubstanz. Das Sprechen und Singen wirkt auf die Schilddrüse und hat über sie eine enorme Wirkung auf unser gesamtes System.

Viele Organe haben eine polare und ergänzende Beziehung zueinander, wobei das eine Organ sich mit der Innen-, das andere mit der Außenwelt verbindet, wie nachfolgende Tabelle zeigt.

Nach innen	Nach außen
Herz	Lunge
Nebenniere	Niere
Leber	Gallenblase
Gleichgewichtsorgan	Ohr
Nebenschilddrüsen	Schilddrüse

Rudolf Steiner sagte einmal, dass der menschliche Körper nach zwei Seiten hin absterbe, nämlich nach außen hin zur Peripherie (Haut, Haare, Nägel) und nach innen, wo er das Skelett formt. Dies seien die beiden Grenzsäulen des Kieselsäure-Organismus. Die Schilddrüse steht in der Mitte dieser beiden Säulen, was ihre Funktionen nachweisen. Die nachfolgende Tabelle zeigt einige der Folgen einer Unter- oder Überfunktion der Schilddrüse.

Unterfunktion	Überfunktion
Grobe, dicke, trockene Haut	Zarte, dünne, schweißige Haut
Kleine Augenspalten	Hervortretende Augen
Verlangsamte, tiefe Sprache, wenig Artikulation	Erregte, beschleunigte Sprache
Raue, wenig modulationsfähige Stimme	Brillante, hohe Stimme
Verstopfung	Durchfall
Langsamer Puls	Schneller Puls
Müde, ruhig	Nervös, zittrig

Überfunktion der Nebenschilddrüse: gesteigerter Knochenabbau. Kalzium und Phosphat werden aus dem Knochen herausgelöst und über die Niere ausgeschieden. Auflösung der Mineralisation.

Unterfunktion: Eine zu starke Kalzium-Mineralisation führt zu tetanischen Krämpfen.

Die Überfunktion der Nebenschilddrüse zeigt sich ja in einer beginnenden Auflösung der Knochensubstanz an den Fingerspitzen, die der Schilddrüse am Zittern der Finger. Bei Unterfunktion der Nebenschilddrüse entsteht durch den Mangel an Kalzium im Blut eine Übererregung der Nerven, was zur krampfhaften Verhärtung der Muskeln führt.

Die Schilddrüse steht also in der Mitte zwischen Auflösung und Verhärtung des Substantiellen. Sie entscheidet darüber, wie fest oder beweglich wir bleiben im Leben. Die Bewegungen, die deutliche Artikulation und das Gestalten beim Sprechen und Singen unterstützen die Schilddrüsen in ihrer Funktion. Menschen, die sprechen und singen, bleiben beweglicher im Leben. Sie durchkräftigen ihr Energiesystem permanent, wie man bei professionellen Sängern gut sehen kann. Dadurch erhöht sich die Ausstrahlung, was jeder Zuhörer bei einem guten Redner und Sänger erleben kann. In diesem Sinne wirken die Harmonieübungen also über die Schilddrüse und das Kehlcakra zurück auf unser gesamtes System und seine Beweglichkeit und Dichte.

4.4 Die Lippen – Seele und Empfindung

Abb. 30 Kopf der Göttin

Über die Lippen denken wir meist wenig nach, es sei denn unter kosmetischen oder sinnlichen Gesichtspunkten. Die Lippen sind aber ein wesentliches Ausdrucksmittel unserer selbst und spielen natürlich für die Lautgestaltung eine wichtige Rolle. Über die mimische Muskulatur der Lippen können wir die Bewegung unseres Blutes sehr deutlich wahrnehmen, da es Bewegungen sind, die aus dem seelischen Erleben, aus dem Herzen heraus entstehen. Brust, Atmung, Blutzirkulation, Gefühle und Lippenbeherrschung gehören zum rhythmischen System des Menschen. Jedes Gefühl beeinflusst die Atmung und die Blutzirkulation, daher auch die Lippen. Zorn erhöht den Blutdruck und die Atmung, während ein totaler Schreck beide stocken lässt. Unsere Lippen glänzen im ersten Fall in einem Zornesrot, bei Schreck werden sie leichenblass. Wird das Gefühl, das Fühlen in der Jugend nicht richtig ausgebildet, so zeigt sich dies an den Lippen, den Lippenbewegungen und dem Ausdruck der Lippenlaute (P, B, F, V, W, M).

Das Formen der Laute über die Lippen bildet das Tor zur Welt. Wer z. B. ohne jegliche Lippenbewegung spricht, der kommt nicht aus sich heraus. Er bleibt in sich stecken, so dass die Gemütskräfte sich nicht entfalten können. Die Lippen stehen für „Emotion", ein Wort, das aus dem Lateinischen stammt und soviel bedeutet wie „aus sich heraus bewegen, hinausschaffen". Ein Mensch, der sich seiner Umwelt total verweigert, presst die Lippen fest aufeinander. Im wohligen Entspanntsein dagegen öffnen sich die Lippen. Wollen wir uns konzentrieren, uns innerlich wappnen oder Entschlossenheit sammeln, so halten wir die Lippen geschlossen. Mit geschlossenen, entschlossenen Lippen gehen wir dem Schicksal entgegen. Unser Schicksalsweg formt unsere Lippen. Sie bleiben nicht immer in ihrer gleichen Form. Jemand kann einstmals volle Lippen gehabt haben, aber wenn schwere Schicksalsschläge ihm alle Lebensfreude genommen haben, dann werden die Lippen mit der Zeit schmal und hart. Kinder haben stets weiche Lippen, ältere Menschen manchmal nur noch dünne, harte Striche.

Ober- und Unterlippe sind unterschiedliche Ausdrucksorgane und haben jeweils einen eigenen Bezug zum ganzen System:

- Die Oberlippe steht für den Kopfbereich; sie gehört zur Atmung und zum Nerven-Sinnessystem.
- Die Unterlippe steht für das Gliedmaßensystem; sie gehört zur Blutbewegung und zum Stoffwechsel.

In den Lippen kommen das Oben und das Unten zusammen. Es ist die plastizierende Kraft der Mimik, die die Gefühle und Seelenkräfte auszudrücken hilft.

Unterlippe: Sie ist kräftiger, beweglicher und im Muskel stärker als die Oberlippe, weshalb sie auch dem Willens- und Handlungsbereich zugerechnet wird.

Oberlippe: Sie verbindet sich viel stärker mit dem Gefühls- und auch Denkbereich. Die Form der Oberlippe weißt ein M auf. Das M steht in den nordischen Kulturen als Sinnbild für die Eh-Rune, die ein Wasserideogramm ist. Es versinnbildlicht die Wellen des Mutter- oder Lebenswassers und war so auch Zeichen der Schlange. Die Weisheit kommt aus der Tiefe des Wassers (z. B. das weise, sprechende Haupt des germanischen Quellgottes Mimir oder der griechische Wasser-

gott Nereus). Die Verbindung zum Wasser besteht auch im Sprechen, denn dieses benötigt viel Speichel. Mit trockenem Mund, trockener Zunge lässt sich schlecht sprechen.

Alles am Kopf ist Außenhaut, aber bei den Lippen kommt das Innere zum Vorschein. Da öffnet sich also der Mensch. Blaue Lippen deuten auf ein Zuviel an Kohlensäure im Körper hin, also auf keinen günstigen Stoffwechsel. Das Blut stockt und gelangt nicht an die Stelle in der Lunge, wo es befreit ausgeatmet werden kann. Rote Lippen weisen auf genügend Sauerstoff im Blut hin, auf guten Stoffwechsel. Das Rot gilt als Glanz des Lebendigen und wie bei einem lächelnden Mund erfreut es uns. Weiche, runde, rote Lippen zeigen Offenheit, Wärme und Zuwendung. Je mehr ein versteiftes Wollen und ein enger Verstand bis in die Lippen hinein sich auswirkt, desto härter, enger und dünner werden diese, als wollten sie selbst den Zähnen gleich werden. Haben wir unbedacht etwas falsch gemacht, so beißen wir uns mit den oberen Zähnen auf die Unterlippe.

Haben wir Mitleid und versinken in diesem Gefühl, so bleiben Lippen und Zähne offen, d. h., die Abgrenzung entfällt. Das eigene Gefühl fließt unbegrenzt und unkontrolliert zum anderen hinüber. Das Ich kann somit den Willen nicht ergreifen und wir bleiben handlungsunfähig. Erleben wir Schreckliches, so sind die Lippen offen, aber wir beißen dabei fest auf die Zähne und die Gesichtszüge verzerren sich. Das Ich wirkt auf diese Weise konzentrierter und kontrollierender in die Physis hinein, um z. B. einer Ohnmacht vorzubeugen. Lippenlaute zeigen viel mehr, wie unser Ich unser Gefühl durchdringt, während die Zahnlaute die Gedanken und das Wollen anzeigen.

4.5 Das Zwerchfell – Rhythmus und Schwingung

Über die enorm große Bedeutung des Zwerchfells als Vermittler zwischen oben und unten habe ich schon ausführlich in Band 2 und 3 geschrieben und möchte darauf verweisen. Das Zwerchfell ist überaus wichtig in unserem System und überträgt seine Schwingungen auf den Atemstrom, der sie wiederum auf die Stimme, das Blut und die Nerven überträgt. Der Atemrhythmus wird vom Zwerchfell erzeugt und damit auch der Lebensrhythmus und die Lebensfreude. Ein freies Zwerchfell überträgt die Seelenschwingungen auf den gesamten Körper. Es sinkt beim Einatmen ab und vergrößert somit unseren Innenraum. Für das gute Singen und Sprechen ist das Zwerchfell unentbehrlich.

Drei große Schwingungszentren gibt es in uns, wobei das Zwerchfell in der Mitte liegt:

Kehle – Zwerchfell – Beckenboden

Das Zwerchfell ist aber nicht nur als Schwingungsfläche für die Tonvibrationen beim Singen zuständig, sondern erzeugt zusammen mit Herz- und Lungenfell auch über Reibung das elektromagnetische Feld im Menschen. Dessen Ströme fließen über die Nerven vor allem zum Solarplexus, wo sie im Körper verteilt oder aufgespeichert werden. In dieser Hinsicht ist es daher nicht nur für Sänger oder Redner wichtig, das Zwerchfell zu beherrschen. Unsere Stimme zeigt sehr deutlich die energetische Spannung in unserem System. Bei wenig Energie klingt unsere Stimme matt und farblos.

Umgekehrt steigert die vom Zwerchfell her beschwingte Stimme unsere innere Energiespannung. Das Zwerchfell hält uns also in vielerlei Hinsicht „hoch". Der Bauchatem führt meist zur Erschlaffung des Zwerchfells. Durch Überenergie und seelischen Druck kommt es dagegen meist zu einer Verkrampfung des Zwerchfells, was sich übel auf Herz und Atem auswirkt.

Probleme beim Sprechen haben ihre Ursache oftmals im rhythmischen System. Bewegung und Sprechen sind rhythmische Vorgänge.

> *„Die Dynamik jeder menschlichen Kommunikation beruht auf den angeborenen Potenzialen der rhythmischen Bewegung. Ihre Gesamtorganisation basiert ebenfalls auf rhythmischen Prinzipien."*
>
> Peter Lutzker, Der Sprachsinn

Sprachprobleme können daher mit dem Zwerchfell zusammenhängen. So resultiert das Stottern oftmals aus einer Unordnung des Zwerchfells. Durch richtiges, also rhythmisches Atmen, Sprechen und Singen kommt das Zwerchfell wieder in seine Ordnung. Seelische Blockaden verlagern sich gerne in das Zwerchfell. Sie verspannen es und damit kann es dem richtigen Rhythmus nicht mehr nachgehen. Die Lebenskraft nimmt ab und als Rückwirkung entstehen dann mangelndes Selbstvertrauen, Lampenfieber, Platzangst, eine schwache oder gar verlorene Stimme. Stellen wir die Harmonie des Zwerchfells wieder her, so verlieren sich solche Erscheinungen. Der bekannte Seufzer- oder Schluchzeratem wie auch das Lachen sind gute Mittel für ein lockeres Zwerchfell.

4.6 Der Mund – Austausch mit der Welt

Abb. 31 Sängerin

Der Mund ist das Tor zwischen der stofflichen Welt draußen und unserem Inneren. Alles, was dieses Tor passiert hat, geht in die Tiefe, ist in uns und mit dem müssen wir uns dann beschäftigen, manchmal auch länger, als uns lieb ist. Unter Umständen kann uns etwas lange quer im Magen liegen. Zur Not befördert das System es wieder über den Mund nach draußen. Über den Mund nehmen wir stoffliche Nahrung zu uns, die abwärts zu den Verdauungsorganen wandert. Stoff und Tiefe gehören zur Schwerkraft, die als Kraft der Inkarnation bezeichnet wird.

Im Gegenzug entlassen wir über den Mund aber auch in einem Aufwärtsgang die ver-

brauchte Atemluft, die mit Kohlensäure gesättigt ist. Wir benutzen sie, um Sprachlaute und Klang zu bilden. Dieser Prozess des Lösens, Aufsteigens, Entlassens verbindet sich mit dem Prozess der Exkarnation. Aus diesem Grunde gilt der Mund als ein Spiegelbild des ganzen Lebens. Durch ihn geht das Leben ein und aus.

In den germanischen Sprachen finden wir für „Mund" und „Hand" übrigens dieselbe Bezeichnung (s. Kluge, Etymologisches Wörterbuch). Mit beiden können wir ergreifen und zerlegen. Entwicklungsgeschichtlich sieht man einen engen Zusammenhang zwischen Sprache, Mund und Hand. Durch das Erlangen der aufrechten Haltung werden Arme und Hände für vielfältige Betätigungen frei. Spielt der Mund in Wesen ohne aufrechten Gang zum Ergreifen eine wichtige Rolle, so entwickeln sich die Muskeln der Arme und Hände beim aufrecht stehenden Wesen stärker, während die Mundmuskulatur viel feiner wird, eine Voraussetzung für eine differenzierte Sprache. Als Zeugnisse dafür erkannte man die sogenannten „Wolfskinder", die in der Wildnis aufgewachsen waren. Ihre Körperhaltung war vornübergebeugt wie jene der Tiere und sie hatten keine symbolische Sprache entwickelt.

Hand und Mund haben aber auch eine kosmologische Bedeutung, denn es sind die beiden Hände (Hand = Jahreshälfte) mit ihren zehn Fingern (Monate), die in den alten Kulturen für das Jahr standen. Der Mund wiederum wird mit der Spaltung des Jahres zur Zeit der Wintersonnwende verbunden. Das Jahr ist im Dezember rund und voll geworden. Um neu zu werden, muss es sich wieder teilen. Erst wenn wir den Kreis oder

Mund öffnen, also teilen, kann der Klang des Lebens daraus hervorgehen. Wenn das Jahr sich zur Wintersonnwende spaltet, öffnet sich die Erde für das neue Leben, das neue Jahr. Geburt bedeutet stets auch Trennung und Öffnung. Dieser solare Prozess von Sterben und Wiedergeborenwerden findet im Wasser statt, denn die Sonne steht so tief, dass sie im Wasser scheinbar versinkt. Der Gottessohn geht in das Mutterwasser ein, in die Dunkelheit, wo seine Verwandlung und Erneuerung stattfindet. Dieser Stand der Sonne zur Winterszeit wurde als „Mutterhaus", als „Haus der Tiefe und Weisheit" und als „Ort der Erzeugung und der Sprache" bezeichnet. Darum hat sich das Wort Mund oder Öffnung auch seine Beziehung zum „Wasser, Meer" bewahrt. Wir sprechen bei Flüssen von Mündung, Öffnung, was auch ein „sich ineinander ergießen" meint. Die Wintersonnwende ist die Zeit, während der Tod und Leben eng zusammenstehen. Öffnet sich der Mund, so entsteht der Klang des Lebens. Schließt er sich, so verstummt das Leben. Klang wirkt also Leben eröffnend und erneuernd. In diesem Sinne können wir sagen: So lange der Mensch klingt, ist sein Mund offen, lebt er also.

Der Mund hat mit Schöpfung zu tun. Alles Lebendige wird durch eine Öffnung, einen Mund geboren. Der Laut M (ein „Knochenlaut") ist der Laut der Offenbarung des Göttlichen auf der physischen Ebene. Daher bedeutet im Lateinischen „mundus" Welt, Erde, Himmel und Menschheit. Mundboden und Gaumendach verkörperten Erde und Himmel. Zunächst war der Mund des Gottes verschlossen. Nur Dunkelheit und Stille waren da. Dann entstand eine Bewegung im Willen des Göttlichen und er öffnete seinen Mund. Aus dem Willen und der Bewegung entstand das Wort, der Laut. Es war das Wort (der Klang, die Stimme), die göttlich schöpferische Kraft, aus der das Universum geschaffen wurde. So erzählen es viele alte Überlieferungen. In Ägypten pflegte man den Verstorbenen einen Stab zwischen die Zähne zu stecken, damit der Mund geöffnet blieb, als Zeichen der Wiederauferstehung, der Wiedergeburt.

Die Inder betrachten den schalenförmigen Gaumen als Himmelsgewölbe, in dem das kraftspendende Himmelslicht wohnt. Die Griechen nannten den Gaumen „Uranos", Himmelsgewölbe. Der Mund selbst bildet die Höhle, aus der das Licht des Lebens hervorkommt. Die Höhle war gleichbedeutend mit „Leben tragen, gebären, Haus der Kraft, Sprechen, Weisheit". Die fast geschlossene Mundhöhle birgt den tiefen Laut des U, das Zeichen des Winters. Im Frühling wird das U zum A und der Mund öffnet sich weit. Im I tritt der Laut gleichsam nach vorne, was dem Sommer entspricht, und kehrt über das O wieder zum U zurück, so wie das Jahr sich rundet. Die Laute teilte man entsprechend den Jahresabschnitten zu:

- Stimm- oder tonlose Laute – Winter (p, b, t, k etc.)
- Gehauchte Laute (Reibelaut, Reibung (= Sexualität)) – Frühling (f, s, w, ch)
- Stimmhafte Verschlusslaute – Sommer (m, n, r)

Der Mund mit seinen Organen bildet die Grundlage der Sprache. Er hat über den Klang eine Verbindung zum Ewigen, Himmlischen, was sich über die Vokale ausdrückt, und gleichzeitig dient er dem Kontakt zum Irdischen, was sich in den Konsonanten zeigt.

Rudolf Steiner sieht den Mund als Widerspiegelung des Stoffwechsel-GliedmaßenSystems, was sich für ihn mit dem Willensleben verbindet. Über den Mund tut der Mensch seinen Willen kund. Verschließen wir den Mund, weil wir nicht wollen, so fordert uns die Umwelt mehr oder weniger sanft auf, „endlich den Mund aufzumachen", d. h. teilzunehmen an der Welt. Wer sich gewandt bewegen kann in der Welt, hat seinen Mund gut ausgebildet. Er spricht gewandt, schmeckt und genießt feinsinnig.

4.7 Die Zähne – Kraft des Denkens

Im Kindesalter finden wir vor allem jene Kräfte in Aktion, die die Substanz und Organe aufbauen und das Wachstum vorantreiben. Es ist eine Art Ausformungskraft, die vom Ich-Willen des Menschen gelenkt wird. Die Zähne haben die dichteste Substanz; daher zeigt sich an ihnen besonders deutlich, wie stark der Wille auf den Stoff einzuwirken vermag. Menschen mit großem Durchhaltevermögen haben „Biss". In der Zahnbildung finden wir ein Maximum plastischer Formkraft. Diese Kraft wird mit „Fertigstellung" des Körpers überflüssig und mit dem Zahnwechsel fließt ein Teil dann in die Denk- und Phantasiekraft ein. In demselben Maße, in dem das Kind zahnt, lernt es zu denken, so formulierte es einmal Rudolf Steiner. Die Formbildungs- oder Ätherkraft findet sozusagen ihren Widerstand am Äußeren, also an den Knochen und dem Schmelz der Zähne. Aus dem „Widerstand" erfolgt als Rückschlag sozusagen die Fähigkeit zur

Begriffsbildung. Würden wir mit allem weiterströmen, könnten wir keine feste Begrifflichkeit bilden. Abgrenzung macht Denken erst möglich. Im Kauen zerlegen wir etwas, reißen es auseinander, um an eine Sinneserfahrung heranzukommen. Im Denken fügen wir es dann neu zusammen. In den Zähnen finden wir also in gewissem Sinne die gleiche Kraft, die sich dann als Begriffliches im Denken äußert.

Die Zahnbildung zeigt somit an, wie viel Denkkraft der Mensch in seiner Willensorganisation besitzt. Daher weisen die Zähne darauf hin, wie stark oder schwach die nach unten wirkenden Formkräfte den Stoffwechsel und die Gliedmaßen zu durchformen vermögen. Veränderungen an den Zähnen gehen oftmals mit Krankheiten einher (s. Rachitis, Tuberkulose etc.). Heute wird von alternativen Zahnärzten verstärkt die Rückwirkung zwischen Zahn, Meridian und Organ betrachtet, was zeigt, dass die Zähne ebenfalls mit dem ganzen Körper in Beziehung stehen. Daher sind die „Zahnübungen" so wichtig, um dem „Eigenwillen" einen Verwirklichungsraum im ganzen Organismus zu geben.

Nahrungsaufnahme und Sprechen hängen eng zusammen, wie Dr. Armin J. Husemann ausführt. Das erstere verbindet sich mit den Aufbaukräften, das andere mit den Abbaukräften. Das Nahrungsmittel durchläuft den Aggregatzuständen entsprechend verschiedene Verwandlungsstufen, in denen wir durchaus die vier Elemente wiedererkennen können. Es wird zunächst als Festes mittels der Zähne verkleinert. Der Mund speichelt es ein und im Magen kommt es mit der Säure in Kontakt. Das Luftartige treffen wir im Magen wieder in Form der Magenblase im oberen Teil des Magens, dem Fundus. Das Feuer- und Wärmeartige finden wir in jenem Prozess, in dem die durch Galle, Darm- und Pankreasenzyme gelösten Stoffe dann ins Blut übergehen. Gleichzeitig werden die dabei entstandenen Abbauprodukte über Niere und Lunge ausgeschieden. Da kehrt sich der Prozess um. Die Abbaustoffe gehen in das venöse Blut über. Der Kohlensäureüberschuss kommt in Kontakt mit der Luft. Der Kehlkopf kann beide ergreifen und zu Lauten formen. Die stimmhaften Laute wiederum bedürfen vor allem der Mitarbeit der Zunge, die für ihre Arbeit der Flüssigkeit, also des wässrigen Elements bedarf. Mit trockenem Mund spricht es sich bekanntlich schlecht. Die Zahnlaute mit ihrer festen, erdigen Mineralsubstanz bilden die dentalen Verschlusslaute. In diesem Wechselspiel können wir also zwischen Ernährung und Sprache einen reziproken Vorgang beobachten, was die nachfolgende Tabelle nochmals zusammenfasst.

Element (Zustand)	Ernährungsvorgang	Sprechvorgang
Fest	Kauen der Zähne	Zahn- oder Dentallaute (T,D,S,F,L,R,N)
Flüssig	Einspeicheln	Zungenlaute (S, Sch, D)
Luftförmig	Verdauen im Magen	Atmen, Vokale
Wärmeartig	Übergang der Nährstoffe ins Blut	Übergang der Kohlensäure aus dem Gewebe ins Blut und dann Ausscheidung über den Ausatem

Einige der Zähne hatten aufgrund ihrer Funktion stets eine besondere Bedeutung. Die Backen- oder Mahlzähne für das Verkleinern des Grobstofflichen, die Schneidezähne für das Festhalten oder Abschneiden. Drei Zahnstellungen gibt es, mit denen wir später üben, und daher sei die Bedeutung der betreffenden Zähne kurz angesprochen:

Backenzähne: Die Erzeugung einer Vibration mittels der Backenzähne wirkt förderlich auf die Zwerchfellaktivität und die Stimmbänder ein. Eine verlorene oder schwache Stimme kann sich durch solches Üben bessern. Der 5. und 6. Halsnerv vibrieren dabei stark mit, was die Kopfnerven stärkt und gleichzeitig Blick und Gehirn freier macht. Gedächtnis und Selbstvertrauen werden ebenfalls auf diese Weise gestärkt. Diese Art Vibration wirkt auf den Bereich der praktischen Intelligenz in unserem Gehirn ein, da deren Vibrationspunkt im unteren Teil des Gehirnes liegt.

Bei stark negativen Stresszuständen, wie z. B. Lampenfieber oder Klaustrophobie, sind der Atem und auch das Zwerchfell blockiert. Das gilt auch für das Stottern, das häufig an Stress gebunden ist. Bei negativem Stress wird das Überlebensprogramm des Körpers gestartet, was die bekannten Lampenfiebersymptome erzeugt. Wir beginnen zu stottern, die Stimme bleibt weg, die Knie werden schwach, unser Gedächtnis verlässt uns usw. Die Kräfte unseres Selbstvertrauens verschwinden. Um solchen Zuständen vorzubeugen, lohnen sich vor allem die Übungen mit den Backenzähnen.

Eckzähne: Die Eckzähne wirken auf die intuitiv-kreative Intelligenz in uns ein, denn der Vibrationspunkt ihres Klanges ist der Scheitel.

Schneidezähne: Das Üben mit den Schneidezähnen und auch das Rollen der Zunge nach hinten wirkt auf die kognitiv-analytische Intelligenz ein. Die Vibrationsstelle des Klanges dieser Zähne ist die Stirn.

Ebene	Zunge	Körper
Denken (mental)	Spitze	Nerven-Sinnes-system; Kopf
Fühlen (emotional)	Mitte, Kehldeckel	Rhythmisches System (Herz, Lunge)
Wollen, Handeln (physisch)	Wurzel	Stoffwechsel, Gliedmaßen

4.8 Die Zunge – Unterscheidungskraft

Die Zunge besitzt eine schlangenhafte Beweglichkeit und ist ein kompliziertes, überaus wesentliches Organ. Eine geschmeidige Zunge zeugt von wachem Bewusstsein und klarer Artikulation. Der Betrunkene dagegen lallt mit schwerfälliger Zunge. Bei vielen der heutigen Menschen arbeitet nur die Zungenspitze zum Erzeugen der Lautformen, da eine korrekte Sprachausbildung nicht mehr gepflegt wird. Die Muskeln des Mundes werden dann zur Unterstützung herangezogen, was leicht zu Verkrampfungen führen kann. Da die hinteren Muskelpartien der Zunge so immer weniger benützt werden, werden sie schlaff und träge, kurzum, sie verkümmern. Die Muskeln des Zungengrundes können aber nicht nur durch Nichtbenutzung verkrampfen, sondern z. B. auch aufgrund seelischer Traumata. Vor allem senkt sich dabei der Kehldeckel ab, was den freien Atemstrom behindert. Betrachten wir dagegen Babys beim Schreien, so erkennen wir, dass sie alle Teile der Zunge dabei bewegen.

Die drei Teile der Zunge stehen wiederum für unsere Dreiheit und beschäftigen sich jeweils mit dem Ausdruck von deren Kräften.

Die Vorderspitze der Zunge ist für die Konsonanten zuständig, während die Vokale sich in der Zungenmitte ausformen. Daher geht uns bei beginnendem Sprachverlust der Vokal I zuerst verloren, da ein korrektes Erzeugen desselben davon abhängt, dass sich die Zungenmitte ihrer ganzen Breite nach gegen den oberen Gaumen drückt.

In der Zunge liegt unser Formungswille, denn sie formt die Laute aus dem Klangluftstrom heraus. Die Arbeit mit den Lauten belebt die Formungskräfte. Indem die Zungenspitze z. B. fest an die Schneidezähne angelehnt oder gegen das Gaumendach gedrückt wird, wird sie festgezurrt. Damit erhalten die hinteren Teile der Zunge ihre Chance zur Aktivierung und Arbeit. Auch das Zurückrollen der Zungenspitze nach hinten unterstützt dies. Im indischen Yoga ist das Zurückrollen der Zunge (skr. Khechari-Mudra = ziehende Haltung) eine Übung, die zur Aktivierung des Kehlcakras gehört. Es geht dabei um die Vorstellung, dass es im Rachen einen Punkt gibt, der als „honigsüßer Tau" bezeichnet wird, als Punkt, an dem das „Ambrosia" von oben herabtropft. (Wir würden heute statt von Ambrosia evtl. sinngemäß von Hormonen sprechen.) An diesem Punkt des Rachens ist ein Tor nach oben, zu den Nasen- und Stirnhöhlen, über deren Schleimhäute dieses Ambrosia herabströmt. Es gelangt auf die nach hinten gelegte Zungenspitze, vermischt sich so mit dem Speichel und gelangt anschließend in den Kehlkopf. Nicht alles im „Ambrosia" Enthaltene sei günstig für das Körpersystem, da es das noch nicht vollständig entwickelte Bewusstsein nur teilweise verwerten kann. Das Kehlcakra diene dazu, den Fluss dieses „Ambrosias" im Kehlkopf aufzufangen und gleichzeitig das auszusortieren, was ungünstig für uns ist. Somit findet also eine Reinigung in der Kehle statt, was jedem Sänger bekannt ist, denn nichts reinigt unser System so sehr wie das regelmäßige Singen.

Die Lautarbeit aktiviert die formende Kraft unserer Lebensenergie über die Zunge und gleichzeitig werden über das Tönen und Vibrieren Resonanzen in entsprechenden Körperteilen erweckt. Auch das Pfeifen und Summen übt die Zunge. Gleichzeitig hebt sich mit der Zeit der Kehldeckel wieder in eine gesunde Position, so dass er gut schließt. Übungen mit der Zunge dürfen nur mit Singen gemacht werden, denn das Klangliche allein vermag das Organische zu balancieren. Macht man reine Zungengymnastik, so können eventuell vorhandene seelische Blockaden abrupt aufbrechen. Allein der Klang vermag zu harmonisieren.

Die Zunge wird aufgrund ihrer Beweglichkeit den Regungen der Seele gleichgesetzt. Eine ganz ähnliche Art der Beweglichkeit finden wir in der Peristaltik des Darmes. Die indische Philosophie nennt denn auch in ihrer Sinneslehre die Zunge als Empfindungsorgan, während ihr als entsprechendes Tätigkeitsorgan der Anus zugeordnet wird.

Die Fähigkeit der Zunge liegt in ihrer Unterscheidungskraft und der Geschmackssinn ist mit ihr verbunden. Damit wir schmecken können, braucht es den Speichel. Sprechen und Schmecken sind nur im wässrigen Milieu möglich, weshalb man bildlich sagen kann, dass die Zunge eigentlich geformte Flüssigkeit sei. Mit einem trockenen Mund können wir, wie erwähnt, nicht nur nicht richtig sprechen, sondern auch schlecht schmecken.

Die Zungenspitze weist den höchsten Gehalt an Zinn auf. Zinn ermöglicht, dass etwas seinen Eigengeschmack behält. Daher wurde Zinn in der Herstellung für Dosen mit Lebensmitteln verwendet. Das Zinn sorgt dafür, dass wir alles Einzelne schmecken, was wir zu uns nehmen. Zinn hat daher etwas mit dem Idealzustand eines Wesens zu tun. Es wurde in der Astrologie als Metall von jeher dem Planeten Jupiter zugeordnet, der in verkürzter Form für Expansion und Optimierung steht und auch die Leber regiert. Auch die Leber ist von Wasser oder Säften durchdrungen und das Leberbefinden ist sogar abhängig von der Wasserbeschaffenheit eines Ortes. Ausgiebiges Schmecken mit der Zunge fördert die Lebertätigkeit.

Die Zunge entscheidet letztendlich darüber, ob wir etwas, das wir über den Mund und die Zähne ergriffen haben, ganz in uns aufnehmen, d. h., ob wir es schlucken wollen und auch können. Damit ist sie maßgeblich beteiligt an unserer inneren Haltung, was genau wir in uns aufnehmen möchten oder doch lieber nicht. Über den Geschmackssinn können wir erkennen, ob etwas gut und aufbauend für uns ist oder auch nicht. Gleichzeitig hat dieser Sinn mit der Faszination am Leben zu tun – wir sagen ja auch „Geschmack am Leben finden". Ist der Geschmackssinn für eine Weile abgeschaltet, dann merken wir erst, wie fade das Leben ohne ihn ist. Wie die Zunge alles genau durchforscht und prüft, was ihr der Mund zuträgt, so sollten wir im gleichen Sinne unsere Erfahrungen im Leben durchkosten und prüfen. Der Geschmackssinn belegt das Aufgenommene in grober Einteilung mit Qualitäten wie sauer, bitter, scharf, süß und salzig, was wiederum den Qualitäten der fünf Elemente in der chinesischen Medizin entspricht. Auch bei seelischem Erleben sprechen wir z. B. von süßen Erinnerungen oder bitteren Erfahrungen.

Die Zunge ist weiterhin für eine gesunde Atmung wichtig. Eine schlaffe, wenig durchgearbeitete Zunge, eine, die zu Verkrampfung neigt, hemmt die Atmung. Seelische Blockaden verlagern sich nicht nur ins Zwerchfell, sondern auch in die Zunge. Daher ist vor allem der gesungene Ton so wichtig, da er die Zunge entkrampfen hilft. Verkrampfungen der Zunge wirken bis auf die Nervenzentren des Rückenmarkkopfes zurück und zu den sympathischen Nervenzentren des Kopfes. Daher ist eine Entspannung der Zunge (z. B. über das Zurückbiegen, als wollten wir sie verschlucken) so bedeutsam.

Die Laute der Zunge sind: L, N, D, T, S

4.9 Gaumen und Kiefer – Klangvolumen und Klarheit

Unsere Vorfahren sahen im Gaumen – der die Mundhöhle nach rückwärts abschließt – sinnbildlich das Himmelsdach. Die von unten heraufdrängenden Kräfte stauen sich an diesem. Der Gaumen schließt den Luftstrom ab und nur durch verstärkten Druck, der vor allem aus der Unterleibsregion kommt, wird der Verschluss durchbrochen. Die Gaumenlaute G, K, Q, R, J, Ch entstehen also fast explosiv und entsprechend ist ihre Energie. Um sie hervorzubringen, braucht es große Anstrengung. Daher geht ein gestraffter, gefestigter Mensch aus einer Übung mit diesen Lauten hervor.

Ein hoher Gaumen ist eine wichtige Voraussetzung für eine klangreiche, klare Aussprache. Ein flacherer Gaumen geht meist mit einer engeren Zahnstellung einher, was die Aussprache erschwert. Wenn wir die Zunge zur Lautformung nach rückwärts führen (die Zungenspitze nach hinten legen), so gelangen wir an den Gaumen, den Rudolf Steiner im Zusammenhang mit der ätherischen Ebene sieht. Ein gaumenbetontes Sprechen führe zur epischen Darstellungskraft, so Steiner.

Die Festigkeit und zentrierte Gelöstheit in Haltung und Gang eines Menschen zeigen sich zumeist auch darin, wie er mit den Gaumenlauten umgeht. Agathe Lorenz-Poschmann konnte feststellen, dass Menschen mit fortgeschrittenen Knochenmetastasen ein K (ein Erdenlaut) nicht mehr richtig aussprechen können. Es erfordert zu viel Anstrengung vom Ätherkörper. Ein Mensch, der dem Tode nahekommt, hat die gleichen Probleme mit dem K, da sich der Ätherkörper aus seiner Verankerung zu lösen beginnt. Generell hat eine Schwäche der Gaumenlaute mit einer Schwäche der Willenskraft und des Gemütes (des Mutes, z. B. des Lebensmutes, des Lang- oder auch Frohmutes) zu tun. Unsichere, mutlose Menschen würden sich sehr schwer tun mit dem Sprechen von Gaumenlauten, so Lorenz-Poschmann. Beim richtigen Sprechen der Gaumenlaute ist auch die Zungenwurzel wichtig, da die Zunge leicht nach hinten gebogen wird.

Der Unterkiefer muss beweglich sein, denn seine Flexibilität macht den Mund- und Klangraum größer. Ist er verspannt, so bleibt der Klangraum klein. Seine Verspannung lösen wir durch häufiges, lockeres Gähnen, was den Kiefer hinten öffnet. Die Verbindung des Kiefers zu den Lufträumen und besonders zum Ohr ist eine wichtige. Der Kiefer steht im Zusammenhang mit der Druckregulation des Ohres. Beim Gähnen kann sich ein verschlossenes Ohr wieder öffnen.

4.10 Die Wirbelsäule – Der „Stimmstock" in uns

Immer wieder taucht in den Bänden dieser Reihe die Wirbelsäule auf. Das kann auch nicht anders sein, ist sie doch die zentrale Achse, an der unser ganzes irdisches Sein hängt. Die Sonnenstrahlung entfaltet ihre größte Wirkung, wenn die Sonne im Zenit steht, d. h. ihre Strahlen vertikal, senkrecht zur Erdoberfläche der Erdmitte zuströmen. Die Mondkraft dagegen ist am stärksten, wenn der Mond am Horizont steht. Seine Strahlen laufen dann horizontal über die Erdoberfläche. Sonne und Mond wurden von jeher unterschiedliche energetische Qualitäten zugeordnet. Die Sonne steht in der Astrologie für das individuelle Selbst, während der Mond die Herkunft, Familie, Ahnen und Genetik verkörpert. Die Sonnenenergie ist eine willkürliche (vereinzelnd, emporhebend), während die des Mondes vegetativ (verbreitend) ist. Somit gibt es einen vertikalen und horizontalen Energiestrom, dessen Eigenheiten wir auch in unserer elektrisch-magnetischen Konstitution und in unserem dualen Nervensystem wiederfinden (s. Band 1). Sind wir aufrecht und befinden uns in der Senkrechten, dann sind wir wach. Legen wir uns nieder, so befinden wir uns in der horizontalen Lage, die wir vor allem im Schlaf einnehmen. Einmal durchströmt uns also mehr die Sonnenkraft und im anderen Falle die Mondkraft. Tiere haben ein Rückgrat, das vor allem horizontal zur Erdoberfläche ausgerichtet ist. Daher werden sie besonders von der Mondenergie durchströmt. Mensch und Pflanze sind dagegen an der Senkrechten ausgerichtet, nur sind bei beiden die Pole vertauscht. Der Mensch trägt sein Kopf-Nervensystem oben, das Stoffwechsel- und Fortpflanzungssystem unten. Bei der Pflanze verhält es sich gerade umgekehrt. Die Blüte, also ihr Fortpflanzungssystem, trägt sie oben, ihren Gegenpol unten. Aus dieser Sichtweise entstand schon in früher Zeit der Gedanke, dass das irdische Leben sinnbildlich ein Kreuz darstellt. Plato sprach davon, dass „die Weltseele an das Kreuz des Weltenleibes geschlagen ist". Manche sprechen auch vom „Kreuz des Lebens". In der senkrechten Achse des Kreuzes finden wir oben den Menschen, unten die Pflanze. Die Waagrechte bildet das Tierreich.

Aus diesem Denken leitet sich auch die besondere Stellung des Menschen in den Naturreichen ab.

„Der wachende, sich aufrichtende Mensch wird in seinem Gehirn und Rückgrat, das heißt in denjenigen Sinnes- und Denkorganen, die ihn eben zum Menschen machen, von dem verti-

kal verlaufenden Sonnenstrom in voller Länge durchströmt.

Der wachende, voll ichbewußte Mensch setzt sich also, indem er sich aufrichtet, der größtmöglichen Sonnenwirkung aus (vertikal), der schlafende, seiner selbst nicht bewußte Mensch setzt sich dagegen, indem er sich niederlegt, der größtmöglichen Mondwirkung aus (horizontal).“

Guenther Wachsmuth,
Die ätherischen Bildekräfte

So ist es also nicht verwunderlich, dass der Wirbelsäule in den meisten spirituellen Schulungen stets eine große Aufmerksamkeit zuteil wurde. Ihr Ziel ist ja bis heute die „Erleuchtung“, also die Verschmelzung mit dem großen Licht. Je aufrechter – das gilt in jedem Sinne – ein Mensch ist, desto näher kommt er diesem Ziel. Diese Auffassung unterstützen auch heutige Forschungen, wie wir nachfolgend sehen werden.

Die mentale Entwicklung des Menschen wird vor allem an der senkrechten Aufrichtung der Wirbelsäule festgemacht. Wir haben zuvor beim Kapitel über das Ohr schon gehört, dass entwicklungsgeschichtlich der aufrechte Gang des Menschen eine wichtige Voraussetzung war, um Denken und eine differenzierte, symbolische Sprache zu entwickeln.

„Man darf nicht vergessen, dass die aufrechte Haltung ein wesentlicher Faktor war, der die Gehirnbildung begünstigte. Zu dem erkennenden Weltverhältnis gehört notwendigerweise auch das Sich-der-Welt-Gegenüberstellen. Durch die Aufrichtung fängt der Mensch an, sich als Eigenwesen bewußt zu werden.

Die Fähigkeit des Vergleichens und Unterscheidens, des Ordnens und Urteilens, die der Mensch gegenüber den Geschehnissen und Erscheinungen seiner Umgebung entwickelt, ist eine Folge davon, dass er sich den äußeren Gegebenheiten gegenüberzustellen vermag.“

Friedrich Kipp aus Lutzker, ebenda

Daher sehen manche Forscher in der Entwicklung der Beweglichkeit der Gliedmaßen durch den aufrechten Gang den Ausdruck des eigentlich Menschlichen, und nicht in seiner Gehirnorganisation. Aus der Lernforschung ist bekannt, dass Stehen und Bewegen einen entscheidenden Einfluss haben auf das Gedächtnis, das Festhalten von Sinneseindrücken und für die Entwicklung von Sprache. Die Bewegung, das Gehen ermöglichen die Kontrolle der Gefühle und Stimmungen, sind wichtig für die Seelenentfaltung. Fehlt dies, so findet keine ausreichende Trennung zwischen Selbst und Welt statt, und damit fehlt die Selbstdefinition. Die Sprechorgane sind nicht von Geburt an spezialisiert vorhanden. Die Anlagen dafür sind da. Aber erst indem das Kind gehen und sprechen lernt, bildet es diese Organe heraus. Jedes Kind erschafft sich also eine neue, eigene Welt, die seines Selbstausdrucks. Die Hände und Füße spielen bei dem In-Beziehung-Treten des Kindes mit der Welt eine wichtige Rolle, es er- und begreift die Welt. Später tut es dies dann mit Hilfe von Worten und Begriffen.

Wie uns die Vorstellung vom „Kreuz des Lebens“ zu Anfang des Kapitels gezeigt hat, finden wir den Gegenpol zum Aufgerichtetsein im Tierreich. Vor allem die Schlange ist eine gute Vertreterin der waagrechten, horizontalen Ausrichtung der Wirbelsäule.

Sie spielt ja in fast allen großen Mythologien eine ganz entscheidende Rolle, galt sie doch als Seelentier der großen Erdmutter. Schon früh beobachteten Menschen im Orient, dass die Schlange sich scheinbar mit Hilfe von Klängen in die Senkrechte begeben kann. Daher verkörperte sie wie kein anderes Tier die Verbindung zwischen Erde (Unbewusstem) und Himmel (Bewusstsein). Sie war und ist ein Schlüsselbild für den Menschen, der zwischen Materie und Geist sich bewegt, zwischen den beiden Polen Nicht-Wissen und Wissen. Die Schlange mit ihrer gespaltenen Zunge, der Fähigkeit sich am Boden fortzubewegen oder in die Senkrechte zu erheben, galt als Symbol der Zwillingskraft, aus der das Gesetz der Polarität erwächst. Beide Zustände verbinden sich im Menschen über die Sinne, die uns zum Reiz des Lebens verführen. Die Schlange galt als Bild der Versuchung, der Neugier. Nur darüber beginnen wir die Welt zu erkunden, aus dem Stadium des Nichtwissens herauszutreten. Wir stoßen z. B. auf ein Feuer, wissen aber nicht, was das ist. Wir sind neugierig, wollen erfahren und halten die Hand nahe daran. Wir erfahren Schmerz und aus dem Nichtwissen wird uns Wissen. Nichtwissen ist ein Zustand der Schwäche und der Sinnlosigkeit. Die Kraft der Schlange, die nach Erkenntnis strebt, führt uns aus diesem Zustand in Erfahrungen hinein, aus denen uns letztendlich Weisheit erwachsen wird. Diese Kraft der Erkenntnis zeigt uns auch die Schwachstellen in uns selbst, indem sie uns bestimmte Erfahrungen bringt im Leben, die eine weitere Kette an Erfahrungen auslösen. So geht unsere Entwicklung voran.

Nach der indischen Lehre von den Cakras (= spiritualisierte Zonen im Menschen), ist das mächtigste dieser Cakras oder Zentren das Wurzel- oder Basiscakra, das am unteren Ende der Wirbelsäule liegt. In diesem ruht die so genannte Kundalini-Energie. Kundalini bedeutet „zusammengerollt wie eine Schlange". Dem Entrollen der Schlange entspricht das Wachwerden des Verlangens, der Neugier auf das Leben. Es ist die Kraft, die uns vorantreibt im Leben. Es ist die Kraft, die jeden Menschen dazu zwingt, Entwicklung durchzumachen, mag er wollen oder nicht. Ziel der spirituellen Schulung ist es, diese zusammengerollte Schlangenkraft gezielt zu entfalten, sie in die Höhe und damit ins Bewusstsein zu heben. Ein gleiches Bild finden wir auch in der griechischen Mythologie. Der Held Herakles überwindet die mächtige Schlange Hydra erst, als er es schafft, sie in die Luft zu erheben. Dort verliert die Schlange ihre tierische, ihre nach unten ziehende Kraft.

Das führt uns zu einem weiteren Bild. Im Orient und in Indien finden wir die Kunst der Schlangenbeschwörer. Vergleichen wir das Bild vom Topf, aus dem die Schlange sich emporstreckt, sobald der Schlangenbeschwörer seine Musik beginnt, mit dem zuvor gesagten, so finden wir symbolisch im Topf das Wurzelcakra abgebildet und in der Schlange das Bild der Wirbelsäule. Was die Schlangenkraft aus dem Topf lockt, ist scheinbar der Klang der Musik, in Wirklichkeit wohl die Bewegung des „Beschwörers", denn Schlangen gelten als taub. Die Form vieler unserer Musikinstrumente mit Bauch, Hals und Wirbeln gleicht diesem Bild der aufsteigenden Schlange verblüffend. Besonders deutlich sehen wir das an indischen Instrumenten wie Tamboura und Sitar. Auch die Flöten galten z. B. den Indianern stets als Abbild der Schlange und der Wirbelsäule. Also sehen wir auch in der

Mythologie ein Verhältnis zwischen Wirbelsäule und Klang.

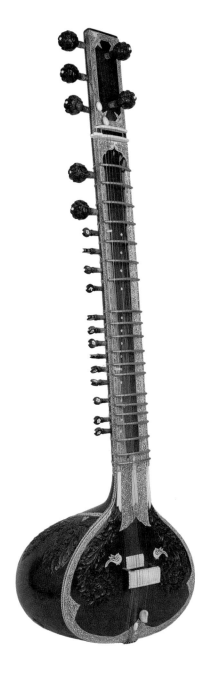

Abb. 32 Sitar

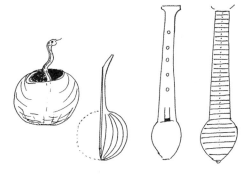

Abb. 33 Schlange, Flöte und Wirbelsäule

Gerade und Kreisbogen finden wir in den vorherigen Bildern von der Kundalini und den Instrumenten. Die Entwicklung der Wirbelsäule im Fötus zeigt ein gleiches Verhältnis. Die Wirbelsäule entwickelt sich aus der Eizelle, einer sphärischen Kugelform heraus. Ähnlich einer Spiralen- oder Schneckenform entfaltet sie sich bis zur späteren Form und Haltung. Der Schädel behält in gewissem Sinne die Kugelgestalt der Eizelle bei, und aus ihm entwickeln sich in Abwärtsfolge die einzelnen Wirbel heraus. Jeder einzelne Wirbel stellt also eine Metamorphose seines Vorgängers dar. Ei und das schlangenförmige Sperma sind Abbild eines kosmischen, schöpferischen Prinzips, das wir im Jahreskreis schon kennengelernt haben, nämlich Kreis (Dunkel, Resonanzkörper) und Gerade (Lichtstrahl, Saite oder Luftsäule).

Abb. 34 Die Saite als seine Vibrationslinie im Klangkörper, ähnlich der Gebärmutter. Ebenso der Sphärenumkreis mit dem Lichtstrahl.

Ohne Saite wäre der Resonanzkörper, also die Welt still, unbeweglich und dunkel. Eine schwingende Saite ohne Resonanzkörper wiederum wäre unhörbar. Es braucht also die Anregung, den Impuls und dessen Ernährung und Stärkung. Auch das ist ein Prinzip, das wir in der Wirbelsäule und in den Nervensystemen wiederfinden. Das Lebensnervensystem arbeitet unbewusst und in gleichem Sinne fließen ständig Schwingungen und Klänge in der Wirbelsäule. Das ist das nährende magnetische Lebensfeld. Es bedarf der Zusammenarbeit mit dem Arbeitsnervensystem, das die elektrischen Reizströme erzeugt, um den unbewusst fließenden Strom an Energien bewusst zu machen, was immer eine Verstärkung und Konzentration der Energie bedeutet. Jeder Mensch wird ständig durchströmt von Schwingungen und Klängen, aber erst wenn er sich darauf auszurichten lernt, kann er sich dieser wirklich bewusst werden. Die Schulung der Wahrnehmung, leider und zu Unrecht völlig vernachlässigt in der Ausbildung unseres Schulsystems, ist dafür eine entscheidend wichtige Maßnahme.[7]

Theo Gimbel zieht eine interessante Verbindung zwischen der Wirbelsäule und den fünf Naturreichen, indem er die Segmente der Wirbelsäule folgendermaßen zuteilt:

Mineralreich: Steißbein und Sakralbereich.

Pflanzenreich: Lendenwirbel und die drei unteren dorsalen Wirbel.

Tierreich: Dorsaler Bereich.

Menschenreich: Halswirbel.

Seelenreich: Schädel.

Gimbel findet in den Sektionen oder Segmenten der Wirbelsäule Intervalle und auch Farben angeordnet. Vom Steißbein bis zum Schädel sind es fünf Oktaven. Vom Schädel abwärts bis zur Mitte der Wirbelsäule sind die Intervalle vermindert, während sie vom Steißbein an aufwärts erweitert sind.

Die Sattheit und Dichte der Farben in den einzelnen Segmenten der Wirbelsäule nimmt laut Gimbel vom Kopf an abwärts zu, was eine Entsprechung bildet zum Geburtsvorgang, der auch mit dem Kopf voraus beginnt. Zunächst liegt das Kind waagrecht, ist also überaus sensitiv, und daher gilt es, darauf zu achten, dass es nicht wie in einem Schock ins Wachbewusstsein gebracht wird. Bisher hat das Wasser im Mutterleib alles ausgeglichen und jetzt muss das im Kind selbst geschehen. Ein Wachrütteln bringt den Rhythmus durcheinander, etwa so, als wenn wir aus dem Schlaf gerissen werden. Daher ist der Weg der sanften Geburt so wichtig. Wir haben in Band 3 von den

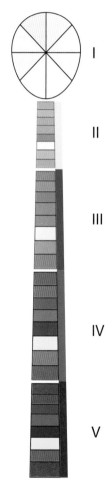

Abb. 35 Die Wirbelsäule als Anordnung von Oktaven

---

7 Siehe die Medial- und Heilerschulung zur Erweiterung der Wahrnehmung nach Knauss-Sonnenschmidt: www.mediale-welten.com

drei Zentralkanälen gehört, deren Energie schlangenförmig, in Form der Acht nach oben steigt. Bei einem Baby ist die Schwingungsweite der Acht sehr groß, da das Kind noch viel stärker mit dem Kosmos in Verbindung steht. Sobald es sich aufzurichten beginnt, was von der Laut- und Klangentwicklung begleitet wird, findet eine Konzentration der Energien statt und die Form der Acht wird viel straffer und enger.

Nach Gimbel bildet die Stellung der einzelnen Wirbel zueinander harmonikale Verhältnisse, weshalb musikalische Intervalle eine Entsprechung bilden. Vom Kopf an bis zur Mitte der Wirbelsäule sind die Intervalle fallend, von unten bis zur Mitte sind sie dagegen aufsteigend. In der Mitte der Acht-Form der Wirbelsäule findet daher eine Umkehrung statt.

Die Wirbelsäule ist an der Schwerkraft orientiert und ihre Form bildet eine Welle oder Kurve. Werfen wir einen Stein, so beschreibt seine Flugbahn eine ähnliche Kurve. Die Teilung der Kurve finden wir in gleichem Maße in der Wirbelsäule wieder. Das Proportionsverhältnis der Teile wird als goldener Schnitt bezeichnet.

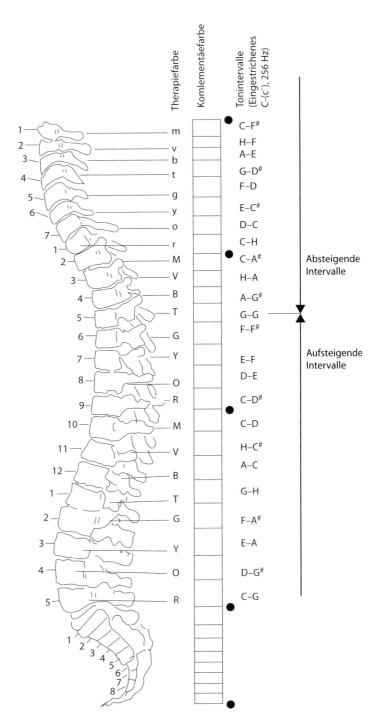

Abb. 36 Die klingende Wirbelsäule

8
31.4/DORSAL (12)

5
19.4/LUMBAR (5)

3
CERVICAL
11.99 (7)

Abb. 37 Die Flugbahn eines Steines in Relation zur proportionalen Länge der drei Sektionen der Wirbelsäule

Theo Gimbels Lebenswerk beschäftigt sich mit der Heilkraft von Farben und Klängen. Deren Wirksamkeit auf den Körper machte er vor allem an der Wirbelsäule fest, der Schwingungsachse in uns. Die folgende Abbildung gibt die Essenz seiner Forschung wieder und ich gebe sie hier an, da sie die Bedeutung der Harmonieübungen und auch der richtigen Haltung der Wirbelsäule untermauert (s. Abb. 38).

Allerdings wirft die Zuordnung von Klängen und Körperteilen immer wieder Fragen auf, die nicht zuletzt damit beginnen, welchen Stimmton und welche Stimmhöhe wir ansetzen müssen. Auch Musik unterliegt den Gesetzen des Lebens und damit des Wandels, was sich durch die verschiedenen Musikepochen und ihre Instrumente zeigt. Daher wird in den Harmonieübungen Wert darauf gelegt, dass jeder seinen eigenen Stimmton auffinden und mit diesem üben sollte.

Und kurz müssen wir uns nochmals daran erinnern, was wir schon in Band 3 erfahren haben, dass nämlich die Wirbelsäule nicht nur eine Kraft- sondern auch eine Wassersäule darstellt. Der Liquor, die Wassersäule innerhalb der Wirbelsäule, spielt für das Hören und den Klang eine wichtige Rolle.

„Die Flüssigkeit im Gehirn und Rückenmarkskanal (Liquor) hat beim Hören und klanglichen Ausdruck eine wichtige Bedeutung. Das rhythmische Element der Atmung und des Pulses im mittleren, fühlenden Teil des Menschen steht mit dem Ohr über den Liquor in Verbindung. Mit dem Einatmen fließt nach Ansicht einiger Forscher der Liquor nach oben, mit dem Ausatem nach unten. Das Hören ist also nicht nur eine Sache der Gehörnerven. Erst in der Begegnung des Atemrhythmus im Liquor (über die Lymphe im Ohr) mit der Sinnesreizung der Ohrnerven entsteht das, was wir Hören nennen. Puls und Atmung haben ihren Einfluss auf den Druck des Liquors. Daher ist das Hören mit dem Rücken therapeutisch so sinnvoll, wirkt seelisch erleichternd und weitend."

Knauss / Sonnenschmidt,
Musik-Kinesiologie

Wir haben von den geometrischen Klangmustern gehört, wie sie Chladny, Jenny, Emoto und Lauterwasser erforscht haben. Aufgrund ihrer Ergebnisse können wir sagen, dass jede Form eigentlich „kristallisierter, gefrorener" Klang ist. Wir können davon ausgehen, dass vor allem in der Wirbelsäule und im Gehirn solche Muster entstehen und ihre Wirkung entfalten. Über das Nervensystem, das Blut und die Lymphe werden diese Informationen im ganzen Körper weitergereicht. Diese Muster lösen sich aber immer wieder auf, sobald die Schwingung des Tones verschwindet. Aber kommt der Ton wieder, taucht auch die Form wieder auf. Das macht deutlich, wie wichtig das Gleichgewicht von Festmachen und Lösen ist. Wer permanent immer die gleichen Gedanken hegt, „kristallisiert" zu diesen, das ist ein altes Gesetz. In der Bewegung und Veränderung, im Wechsel der Töne, im Anstimmen von neuen Tönen liegt das Ziel. Diesem widmen sich die Harmonieübungen.

Farb-Ton-Diagramm der Wirbelsäule

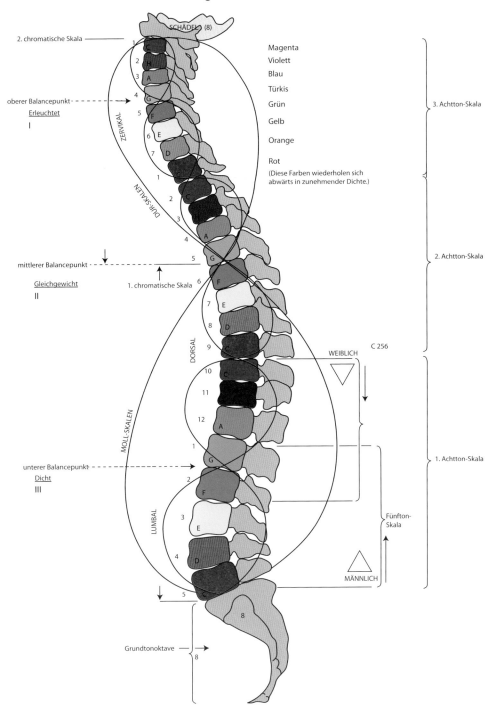

Abb. 38 Die Wirbelsäule in Farben und Klängen

4.11 Die Haut – Druck und Spüren

Zu wenig wird meist die Haut bedacht, wenn es um Klang geht. Dabei ist sie doch für Harmonie und Gleichgewicht so wichtig. Das Gehör und der Tastsinn der Haut sind überaus verwandt, was schon im Kapitel über das Gehör angeklungen ist. Musik, Klänge und Sprache können unter die Haut gehen. Sie können die Haut zärtlich streicheln, können uns bis ins Innerste erschüttern oder aber auch massiv bedrängen, was bei zu lauter oder atonaler Musik der Fall ist. Musikinstrumente wirken sehr unterschiedlich auf die Haut ein. Eine warmer Geigenton streichelt die Haut, während der schrille Ton des Anfängers uns Gänsehaut verursacht. Der Klang von Blechbläsern dagegen wirkt bis in die Tiefe der Muskeln hinein. Vor allem sind es natürlich Percussionsinstrumente, die durch den Druck ihrer Klänge deutlich über die Haut empfunden werden können.

Haut und Haare können Schallwellen aufnehmen. Setzt man eine Stimmgabel auf eine behaarte Stelle auf und bringt sie zum Klingen, so kann man die relative Tonhöhe zu einer Stimmgabel mit anderer Frequenz unterscheiden. Dr. Herbert Fritsche stellt fest, dass der „Moment" (also der „kleinste" Teil der Zeit) das Atom der vom Menschen erlebten Zeit darstelle und dieses eine achtzehntel Sekunde dauere. Die Sinneswahrnehmungen sind auf diesen Wert eingeschwungen. Treffen achtzehn Berührungen hintereinander unsere Haut, so kann dies von uns nicht mehr als Einzelempfindung wahrgenommen werden, sondern wird ganzheitlich als Druck erfahren. So kann auch unser Ohr achtzehn Luftschwingungen in einer Sekunde nicht mehr trennen und erfährt diese als Ton.

Haut und Gehör stehen besonders exponiert an der Grenze zwischen innen und außen und dienen der Vermittlung, dem Austausch. Beide haben sie mit dem Thema Beziehung zu tun. Disharmonie in der Beziehungsfähigkeit, ja auch das Fehlen von Beziehung äußert sich häufig auch über Hauterscheinungen. Während der Pubertät zeigt sich dieses Thema ganz deutlich (s. Akne). Im zwischenmenschlichen Bereich ist für Beziehung aber auch der sprachliche Ausdruck und das Zuhören notwendig. Die Haut steht vor allem für die Kontaktfähigkeit überhaupt, während das Hören mehr mit dem Austausch zu tun hat.

Seit es die Klangarbeit mit Gongs und Klangschalen gibt, erfährt die Haut als eine Art erweitertes Hörorgan erneute Aufmerksamkeit. Schallwellen, besonders wenn sie von Metallen erzeugt werden, werden vor allem auch über die Haut wahrgenommen. Sie ist besonders empfindlich für diese Art Druckwellen. Über die Luft wirken diese auf die Haut als Grenzfläche des Körpers ein. In der Haut entstehen dabei schwächste nervenelektrische Impulse, die gerade deshalb besonders in die Tiefe wirken. Es scheint ein reziprokes Verhältnis zu herrschen, denn die unmerklichen Druckfrequenzen mit ihren schwachen Energien scheinen im umgekehrten Verhältnis zu ihrer Tiefenwirkung zu stehen. Der auf die Haut auftreffende Klang kann ganz unterschiedliche Wirkungen zeigen. Er kann als zusammenziehend oder dehnend erfahren werden, lässt sich als Druck- oder auch Sogwirkung erleben. Daher kann ein solcher Klang je nach seiner Art einen Reiz, eine Störung beim Hörer auslösen oder aber auch als Beruhigung und Befriedigung erfahren werden. Weiterhin

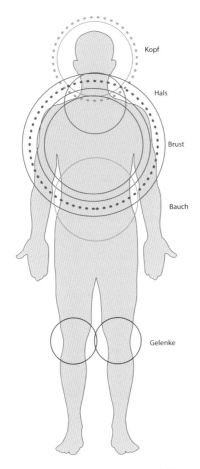

Abb. 39 Die Wirkung von Gongklängen

Stimmbänder schwingen, je weniger Ablagerung und Verschleimung (Stichwort: Ernährung) sie aufweisen, desto leichter übertragen sich ihre Schwingungen auf das Drüsensystem und die Gehirnzellen. Alle Sänger wissen, welche Nahrungs- und Genussmittel es zu meiden gilt, weil sie einen negativen Einfluss auf die Stimme haben.

Damit wir einen guten Klang erzeugen können, muss das Verhältnis zwischen Atemstrom, Stimmbandspannung und Klanglaut stimmen. Alle drei sind abhängig vom Tonus unseres Lebensnervensystems. Ist letzteres müde, so klingt die Stimme stumpf und matt. Ist es verkrampft, so geht die Stimme ins Schrille hinein. In solchem Falle braucht es Atem- und Zwerchfellübungen. Das Zwerchfell und sein Tonus geben uns die Spannkraft für den Ton. Das lang gezogene Ausatmen beim Singen kräftigt die Lunge und entschleimt sie. Über den inneren Ton wird das Lungengeflecht des Lebensnervensystems angeregt und damit auch das Lungengewebe. Das ist wichtig für Menschen mit einer Lungenschwäche und solche, die intellektuelle Arbeit leisten. Sie betonen meist den Einatem und wenig den Ausatem. In der Mundhöhle liegen zudem viele Nervenenden, die mit dem Lebensnervensystem gekoppelt sind. Dieses steht mit dem Zellenleben, also auch den Drüsen in Verbindung. Damit werden die über das Sprechen

wirken die unterschiedlichen Klänge auf verschiedene Körperzonen und Körpersysteme ein. In diesem Sinne lässt sich mit Klängen „auf der Haut" spielen, was seine Wirkung bis in die Tiefe hinein hat.

4.12 Die Klangqualität der Stimme

Alle der zuvor besprochenen Organe sind mit der Klangerzeugung verbunden. Die Stimmbänder wurden nicht extra aufgeführt. Sie sind sozusagen die „Saiten", die bei der Tonerzeugung angespannt werden. Je freier die erzeugten Ströme weitertransportiert und beeinflussen über das Vegetativum unser ganzes System.

Die klangliche Arbeit mit der Stimme hat zum einen etwas Mystisches und gleichzeitig etwas Heilsames. Durch alle Zeiten und Kulturen finden wir eine solche Verwendung der Stimme, nämlich bei spirituellen, religiösen, festlichen, erhebenden Anlässen, aber auch im Heilgesang und Heilgebet. Die Stimme ist das ureigene Instrument des Menschen, durch die sich das Niederste wie auch das Höchste auszudrücken vermag. Eine Stimme vermag uns zu entrücken, kann für einen Moment Zeit und Raum aufheben, so dass das Ewige hindurchschimmern kann. Die Stimme verbindet auch Menschen, ermöglicht ein Wiedererkennen und hat daher auch für das Thema Beziehung und Sozialisation eine große Bedeutung.

Ziel der spirituellen Schulungen war es – meist im Gegensatz zu den Bestrebungen der Ausbildung im klassischen Kunstgesang –, die eigene Stimme zu entdecken. In dieser liegt die Magie der Seelenkräfte verborgen und sie gilt es zu wecken. Gerade auch die christliche Kirche fürchtete die Magie dieser inneren Stimme besonders und versuchte durch Verordnungen aller Art – z. B. das Verbot der Frauenstimmen in der Kirche und statt dessen der Einsatz von Kastraten als Sänger –, die Musikentwicklung so zu lenken, dass die Menschen die „eigene Stimme" nicht entfesseln konnten.

Der Ort, an dem diese innere Stimme verborgen liegt, ist das Herz. Daher sollte der Ton im Herzen erzeugt und seine Schwingungen über die Wirbelsäule zum Konzentrationspunkt im Gehirn transportiert werden. Von dort geht es dann wieder zurück. Es entsteht also ein Kreislauf von Herz – Konzentrationspunkt im Gehirn – Herz. Daher enden die Singübungen in diesem Buch immer auf den Summlaut M, denn er führt alles ins Herz zurück. Wir werden später mehr über die Resonanzorte der Vokale hören. Der Grundgedanke, der dahinter steht, ist der, dass jeder wirklich individuelle Gedanke seinen Ursprung im Herzen hat. In der Wirbelsäule erfährt er dann seine Bewusstheit. Danach erst findet die Ausreifung im Gehirn statt. Hierbei handelt es sich allerdings um wahrhaftige, von unserem Wesen erfüllte und gelenkte Gedanken, nicht die leeren Hülsen, die unser Mentalkörper stetig produziert.

Anzufügen wäre noch, dass wir über unsere Stimme auch unsere drei Intelligenzien anregen können[8].

- Das Singen im Pianissimo braucht vor allem den Hochatem, also die Nutzung des oberen Lungenraumes, der Lungenspitzen. Daher fördert es die kognitiv-analytische Intelligenz.

- Um den Tönen Kraft, Stärke und Pathos zu geben, bedarf es der Stütze des unteren Bauchraumes (Bauch- und Rückenatem). Das laute Singen unterstützt daher die praktisch-verwirklichende Intelligenz.

- Die mittlere Tonstärke gibt die Weichheit, Innigkeit und Wärme beim Singen. Dazu bedarf es des Zwerchfell- und Flankenatems. Dieser fördert die schöpferisch-intuitive Intelligenz.

---

8 „Die drei Intelligenzien" siehe Band 1 dieser Buchreihe.

4.13 Atemsystem und Unterleib

Die Grundlage unserer stimmlichen Ausdrucksfähigkeit bildet der Atem. Dem Atem ist der ganze Band 2 dieser Reihe gewidmet, daher will ich mich hier ganz kurz fassen. Durch das Singen und Tönen verwerten wir den Atem erst richtig, denn es entleert die Lungen, so dass neue Luft ohne Spannung wie von selbst wieder einströmen kann. Indem wir singen oder sprechen, führen die für Laut- und Tonbildung zuständigen Organe eine Art Gegenbewegung zum Atemstrom aus. Die verbrauchte Luft drängt ja eigentlich heraus aus dem Körper, aber diese Organe stauen sie. Dadurch entsteht eine Verlangsamung im Tempo der Ausatmung und es findet eine Rhythmisierung statt. Da, wo dies nicht gegeben ist, können wir nicht klar sprechen oder singen. Es findet also stets Bewegung und Gegenbewegung, Rhythmus und Gegenrhythmus zwischen natürlichem Atemstrom und Sprechorganen statt. So formt sich aus dem natürlichen Atem der klingende. Der richtige Ton entsteht in dem Augenblick, wenn sich Bewegung und Gegenbewegung in richtiger Spannung und Entspannung das Gleichgewicht halten. Das braucht auch eine richtige Spannung der Nerven und Muskeln, die wiederum von einer guten Haltung der Wirbelsäule abhängig ist. So hängt alles miteinander zusammen, was uns die Bedeutung der Harmonie nochmals vor Augen führt.

Der Atem harmonisiert die Polaritäten in uns. So eint er z. B. die Kräfte des Lebens- und Arbeitsnervensystems, harmonisiert auch das Verhältnis von Säuren und Basen im Blut usw. Gleichzeitig ist der Atem die Brücke zwischen innen und außen. Auch unsere Klangorgane und die Stimmbänder liegen zwischen innen und außen, bilden eine Art schwingender Membran. Es sind die Schwingungen des oberen Lungenbereichs, die sich auf die Stimmbänder übertragen. Die Stimme wird vor allem über jene Schwingungen geführt und gestärkt, die durch den Atem erzeugt werden. Ähnlich den Singvögeln, die ihre Brust emporwölben beim Singen, gilt es, den oberen Teil der Brust in die Höhe zu heben, sie hoch zu tragen. So entsteht eine sichere Stimme. Die Bewegungen der Lungenflügel bleiben auf diese Weise völlig frei. Ist die Brust eingesunken, hat das eine schwächende Wirkung auf die Atmung und die Stimme.

Lunge und Darm gehören zusammen, was sich schon daran zeigt, dass eine Verschleimung der Lungen und des Halses oder eine belegte Zunge oftmals mit einem schlecht arbeitenden, überforderten Verdauungssystem einhergehen, was meist wiederum aus falschen Essgewohnheiten resultiert. Eine Entzündung der Darmschleimhaut greift im Laufe der Zeit stets auch auf andere Schleimhäute über. Unsere stimmliche Ausdrucksweise, ja die Ausdruckskräfte selbst werden dadurch behindert.

Entwicklungsgeschichtlich bedingt gibt es ein enges Verhältnis von Lungen und Darm. Beim menschlichen Embryo bilden sich in der dritten bis vierten Woche Kiemenfurchen für die Atmung aus, die allerdings nicht zum Einsatz kommen, sondern umgebildet werden, z. B. zu allen Organen des Mundes, der Rachen- und Halsregion usw. Der Atemapparat geht von dem auf den Kiemendarm folgenden Vorderdarm aus. Während der ganzen Vorgeburtszeit ist die Lunge allerdings nicht in Tätigkeit, sondern der Embryo besitzt eine Art Darmatmungssystem, wie Johannes L. Schmitt erklärt:

> *„Die Entwicklung des menschlichen Atemapparates geht von der unmittelbar auf den Kiemendarm folgenden Strecke des Vorderdarms aus. Es entstehen aus einer sich dort absetzenden Darmrinne Kehlkopf, Bronchien und Lungen ...*
>
> *Während der vorgeburtlichen Entwicklung ist die Lunge zum Atmen nicht zu gebrauchen. Dafür bildet sich beim Embryo eine besondere Form der Atmung aus, die Mutterkuchenatmung, die als eine lokal zu hoher Entfaltung gelangte Darmatmung aufgefaßt werden muß. Da auch die Lungen vom Eingeweidesystem abstammen, so gehört die Lungenatmung ebenfalls diesem Darmatmungssystem an.“*

Johannes L. Schmitt, Atemheilkunst

Die Lunge tritt erst nach der Geburt in ihre Tätigkeit ein und braucht etliche Zeit, bis sie ihr volles Fassungsvolumen erreicht hat. Die vorgeburtliche Atementhaltung ist nur möglich, da der Kreislauf der Mutter dafür sorgt, dass ein Zustand niedriger Reizbarkeit erhalten bleibt, so dass die Lunge nicht anspringt. Sie tut das ja erst durch den entsprechenden Kohlesäuregehalt im Blut. Das zeigt nochmals, wie wichtig es für das Kind ist, dass die Mutter ausgeglichen und nicht hoch nervös ist. Die Aktivität der Lunge ist also ein nervöses Geschehen. Das Entfalten der Lungentätigkeit fordert vom Neugeborenen eine hohe Eigenanstrengung und Bewegung.

Es muss erarbeitet und geübt werden. Das ist der Preis der freien Selbstbetätigung und daher wurde der Atem von jeher mit Freiheit und Selbstständigkeit verbunden.

Das Darmsystem ist für unser Leben ebenfalls ein wichtiges Organ, gerade was die Balance und Harmonie angeht. Im ganzen Verdauungstrakt setzen wir uns auf sehr intime Weise mit der Materie auseinander. Wer im Alltag Probleme mit der stofflichen, praktischen Seite des Lebens hat, wird irgendwann in seiner Suche nach Lösung auch auf sein Verdauungssystem stoßen. Die Aufgabe des Verdauungssystems ist eigentlich ein zutiefst magischer, alchemistischer Vorgang. Gäbe es dieses nämlich nicht und wir würden z. B. nur Schweinefleisch essen, so würden wir uns irgendwann in Richtung dieses Tieres hin verändern, auch körperlich. Damit wir selbst nicht zu dem werden, was wir an Äußerem, Fremden zu uns nehmen, haben wir das Verdauungssystem. Es hält die Waage zwischen Selbst und Nicht-Selbst. Es baut alle fremden Stoffe auf eine Weise um, dass sie unserem eigenen Selbst dienen können. Das Verdauungssystem ist es also, das unser Selbst vor fremdem Leben schützt, das uns ansonsten verfremden würde. Daher auch die große Bedeutung dieses grandiosen Systems für unsere Immunkraft, die gerade heutzutage überaus heftig gefordert ist. Denken wir an all die Allergien, die ja auf Disharmonie in diesem System hinweisen und denen ohne Umstellung der Ernährungsweise und damit Sanierung des Darmes nicht beizukommen ist. Also ist auch der Darm an der Harmonie beteiligt. Zudem findet sich im Darm auch das rhythmische Element wieder. Einer Spirale ähnlich liegt der Darm im Körper und seine Peristaltik ist rhythmisch. Überhaupt gleicht der ganze Verdauungskanal in gewisser Weise einem Flusssystem, denn es gibt in ihm Verengungen, Weitungen und Mündungen. Kurioserweise ist der Darm auch ein Musikant. Zu Beginn des 20. Jahrhunderts gab es in Variete und Zirkus oftmals jene Sonderbegabung, nicht mit dem Mund, sondern mit dem Darm zu musizieren. Das waren die so genannten „Kunstfurzer", die ganze Melodien und Arien flöten konnten. Weiterhin dürfen wir nicht vergessen, dass die Saiten der Streich- und Zupfinstrumente früher aus Darm gefertigt waren. Auch Shakespeare widmet dieser Tatsache seine Aufmerksamkeit und schreibt:

> *„Nun, divina Musica! Nun ist seine Seele in Verzückung! Ist es nicht seltsam, daß Schafdärme die Seele aus eines Menschen Leibe ziehn können?"*
>
> William Shakespeare,
> Viel Lärm um nichts

In der Tat ist dies des Nachdenkens wert. Doch zurück zur Singkunst und seiner Beziehung zum Unterleib. Zum Tönen und Singen wie auch für die Gesundheit und ein starkes Denkvermögen bedarf es eines lockeren Unterleibs, dessen Muskeln bewusst geführt werden können. Der Unterleib ist sozusagen die Stütze für das, was wir oben ausführen. Mit einer guten Stütze erreichen die Sänger die Kraft, Tiefe und Ausdrucksfähigkeit der Stimme. Je aufgeblähter der Darm ist, desto mehr Verspannung erfährt die ganze Region des Unterleibs. Daher spielt die richtige Ernährung für Sänger eine ganz außerordentliche Rolle. So muss z. B. alles Blähende, Säuernde weitgehend vermieden

werden, vor allem aber vor dem Singen. Des Weiteren sind vor allem bei den Frauen die Keimdrüsen zu bedenken, deren hormonelles Geschehen auf die Stimme einwirkt. Singen mit korrekter Atemführung bewirkt zudem eine gute Durchblutung, gerade auch des Unterleibs. Somit ist es wichtig, dass jeder, der sich mit seiner Stimme beschäftigt, sich mit den Beziehungen zwischen Stimme, Solarplexus, Zwerchfell und Unterleib auseinandersetzt.

4.14 Die Leber und der Rhythmus

Noch ein Organ möchte ich hier anführen, dessen Bezug zu unserem Thema hier nicht sofort ins Auge springt: die Leber. Allerhöchstens kennen wir einen Bezug aus dem Volksmund, der da sagt: „Frei von der Leber weg sprechen oder singen" oder „Etwas auf der Leber liegen haben". Wenn wir etwas auf der Leber liegen haben – was stets etwas Wesentliches ist, da in der Leber auch unser Wunsch-, Traum- und Bilderleben sitzt –, dann müssen wir unsere Zunge benutzen, um das auszudrücken und loszuwerden. Tun wir dies nicht, kann es die Energie der Leber mindern. Interessant ist, dass die Alchemisten das Metall Zinn (Planet Jupiter) der Leber zugeordnet haben und die Zunge den höchsten Zinngehalt aufweist. Die Zunge ist die Botschafterin der Leber – daher der Geschmack am Leben. Sind wir verstimmt in uns, entbehren wir Zuneigung, zeigt uns die Welt die kalte Schulter, so meldet die Leber das an die Zunge und wir stopfen als Kompensation etwas in uns hinein oder greifen zum Alkohol. Wir deuten diese Signale der Leber eben oftmals falsch und Genussmittel bieten sich natürlich wunderbar an, um unsere Stimmung unscharf werden zu lassen, so dass wir Schmerz nicht mehr spüren. Die Leber ist ja eines der Organe, die keinen Schmerz kennt. Genussmittel helfen uns scheinbar über den toten Punkt im Leben hinweg. Die Leber steht auch für Phantasie und Kreativität, Kräfte, die uns besser helfen könnten, mit solchen Situationen umzugehen. Wenn wir die tiefen Bilder, Vorstellungen und Überzeugungen in uns nicht ausdrücken können, sie nicht kreativ ausformen dürfen, wirkt das hemmend auf die Leber ein. Hemmungen unterdrücken also die Lebertätigkeit, weshalb Singen und Sprechen aus der Leber heraus uns innerlich befreit.

Die Leber ist auch ein zentrales Entgiftungsorgan. Das mit Stoffen angereicherte Blut kommt vom Darm zur Leber und wird dort gereinigt, bevor es zum Herzen und von dort zur Lunge strömt. Eine Überlastung und Blockierung der Leber hat also zentrale Folgen. Durch die Leber leben wir und die Astrologen ordneten ihr daher den Planeten Jupiter, den Himmelsherrscher, zu. Dieser stand für überbordende Vitalität („Jovialität") und Lebenskraft, die aufgrund ihrer Energiestärke (die Leber als zentraler Energiespeicher) immer abgeben kann. Sie stand für Regeneration, Ausstrahlungs- und Überzeugungskraft, also für eine in ihrer Mächtigkeit stehende Person. Leberschwäche geht oft mit Hypochondrie und einem verminderten Lebenswillen einher. Wir verlieren dann den Geschmack, die Lust am Leben.

Die Leber hat aber noch weitere Geheimnisse zu offenbaren, die uns wiederum zum Rhythmischen führen. Das Leben offenbart sich durch Raum und Zeit. Raum ist das

„immer Daseiende", der Aspekt der göttlichen Allgegenwart. Die zweite Komponente ist die Zeit. Sie ist Bewegung, ist der schöpferische Aspekt des Göttlichen. Sein Wort, sein Klang geht hinaus in die Welt und formt die vielen latenten Möglichkeiten des Lebens in der Substanz, im Stofflichen aus. Es ist ein „Geschehen", ein Werden, das da stattfindet. Aber das Wort kehrt auch irgendwann wieder zu seinem Ausgangspunkt zurück, auch das ist ein Merkmal der Zeit. Ist die strukturelle Form die Ordnung des Geschehens im Raum, so ist der Rhythmus die Ordnung dieses Geschehens in der Zeit. In dem Moment, wenn das Göttliche seinen Schöpfungsgedanken mittels der Substanz offenbaren will, tritt die Dualität ein. Geben und Nehmen, Auf- und Abbau, positiv und negativ, elektrisch und magnetisch usw. – das sind die bestimmenden Kräfte, die den steten Wechsel ermöglichen und das Leben somit in Schwingung halten. Diese stetig wechselnde Folge aber ist nicht willkürlich, sondern ist ein rhythmisches Geschehen in der Zeit. Dieses rhythmische Geschehen bestimmt unser Leben und die vielfältigen Lebensrhythmen überlagern sich. Rudolf Steiner geht daher davon aus, dass es in uns so etwas wie einen Zeitorganismus, einen Zeitsinn gibt, der die Rhythmen abstimmt.

Das Rhythmische zeigt sich auf der Stoffwechselebene am deutlichsten in der Leber, die als das wichtigste Zentrum des Stoffwechsels gilt. Die Leber wird ganz klar von zwei Phasen bestimmt: dem Auf- und Abbau oder auch der Speicherung und Reinigung. Die Arbeitsteilung und das polare Geschehen in den Leberläppchen – das sind die kleinsten funktionellen Arbeitseinheiten des Lebergewebes – lassen das Rhythmische deutlich vor Augen treten. Die im Darm aufgesogenen Nährstoffe werden zur Leber geführt und füllen die Leberläppchen. Dies ist die aufbauende Welle im Leberrhythmus, die Phase der Assimilation. Dieses nährstoffreiche Blut fließt über die Körperhohlvene später weiter zum Herzen, gelangt also in das Innere unseres Systems. Gleichzeitig findet ein umgekehrter Prozess in den Leberläppchen statt. Die Phase der so genannten Dissimilation nimmt von deren Peripherie her ihren Ausgang. Während dieser Abbauphase werden die Stoffe ab- und umgebaut zu solchen, die dem Körper dienlich sind. Dabei wird Gallensekret gebildet, das in Richtung Peripherie strömt, eben hin zur Gallenblase und zum Darm. Dieser Rhythmus läuft autonom ab und ergeht sich in Wellen eines 8-Stunden-Rhythmus. Die hauptsächliche Welle des Aufbaus findet zwischen 18 Uhr und 2 Uhr morgens statt. Es ist die magnetische, parasympathische Phase im Tageslauf. Die Welle des Abbaus und der Ausscheidung beginnt in der Leber um 2 Uhr morgens und endet etwa gegen 10 Uhr. Dies ist die elektrische, sympathische Phase. Zwischen 10 und 18 Uhr gibt es eine kürzere Zwischenwelle, d. h. zwischen 10 und 14 Uhr gibt es eine kleine Aufbauphase, während es danach eine Ausscheidungsphase gibt.

Diese rhythmischen Phasen der Leber wirken sich auf das gesamte System aus. So gibt es Zusammenhänge mit dem Wasserhaushalt, der Körpertemperatur, dem Blutdruck usw. Über das vegetative Nervensystem ist die Leber in das gesamte Körpergeschehen eingebunden. Ist das vegetative Nervensystem und damit das Drüsensystem durch den Verdauungsvorgang auf Ausscheidung eingestellt, so folgt der ganze Körper dieser Vorgabe. Dies gilt umgekehrt auch für die Phase der Aufnahme. Die Leber ist zwingend an diesen Rhythmus gebunden. Richtet sich der Mensch nicht danach, nimmt also während der Ausscheidungszeit viel Nahrung zu sich, so verhält er sich unrhythmisch, was auf Dauer extreme Folgen für das gesamte System haben wird. Sehr viele Krankheiten nehmen ihren Beginn in der Störung des rhythmischen Stoffwechselgeschehens in der Leber. Generell lässt sich sagen, dass ein unrhythmisches Leben seine Folgen vor allem auch in der Leber nach sich zieht. Ökonomie der Kräfte lässt sich nur über den richtigen Rhythmus erreichen. Nach den spirituellen Lehren aus Asien beruht das Geheimnis des verjüngten Lebens auf einem stimmigen Lebensrhythmus.

4.15 Das Herz – Mitte und Einheit

„Die Natur des Ohres ist es, die Töne zu lieben; aber wenn das Herz nicht heiter ist, so mögen alle fünf Klänge ertönen, und man hört sie nicht. Die Natur des Auges ist es, die Farben zu lieben; aber wenn das Herz nicht heiter ist, so mögen alle fünf Farben vor Augen sein, und man sieht sie nicht …

… Das Begehren wohnt in den Sinnen, die Heiterkeit oder Nichtheiterkeit liegt im Herzen. Das Herz muss heiter sein, dann erst können sich die Neigungen der Sinne regen. Darum ist es zur Hei-

terkeit nötig, das Herz zur Harmonie zu bringen. Das Herz kommt zur Harmonie, wenn der rechte Ton getroffen wird. Wenn die Heiterkeit den richtigen Ton trifft, so trifft auch das Herz den richtigen Ton."

Lü Bu We, ebenda

Und noch ein Organ dürfen wir nicht vergessen, das für Mitte, Harmonie und Klang besonders bedeutsam ist: das Herz. In der Alchemie ist das Herz das Zentrum des Lebens, die königlich-himmlische Würde des Menschen und entspricht dem edelsten der Metalle, dem Gold. Alle anderen Kräfte und Erze sind nicht in solch entwickeltem Stadium wie das Herz und das Gold. Sie in ihren Herzens- und Goldzustand zu bringen, verstanden die Alchemisten als ihre Aufgabe. Im Herzen liegt der Schlüssel zu jedem Wesen, denn darin webt sein göttlicher, wirklicher „Name".

Abb. 40 Das Herz in der Alchemie

Das Gold ist ein beständiges Metall. Nur eines der anderen Metalle vermag es aus dem Stein herauszulösen: das Quecksilber. Wird dem Gold in der Alchemie das Herz zugeordnet, so dem Quecksilber oder Mercurius der Verstand. Dieser Zusammenhang hat eine große Bedeutung für uns Menschen heute, die in einer Zeit leben, in welcher der Verstand übermächtig ist und einseitig gefördert wird. Das geht zu Lasten des Herzens und seiner Art des Denkens. Daher spielt bei allen spirituellen Übungen das Herzdenken, das innere Erleben eine so wichtige Rolle. Stets gingen die Weisen davon aus, dass der Mensch über Tätigkeiten und Übungen die Metalle in sich zum Schwingen und in die Aktivität bringen kann. In einigen Überlieferungen wird sogar ausgedrückt, dass der Mensch über Schwingung bestimmte Stoffe in sich bilden kann. Das hat bis vor kurzem noch sehr befremdlich geklungen. Inzwischen hat aber die Wissenschaft herausgefunden, dass das Gehirn tatsächlich die Fähigkeit besitzt, Stoffe selbst nachzubilden oder nachzubauen. In diesem Sinne dienen die Harmonieübungen in diesem Buche also auch dazu, das „innere Gold" ins Schwingen zu bringen, die Herzkraft, das Herzdenken zu stärken.

Das Herz ist der Ausdruck unseres Eigenlebens, unseres Selbst. Es schlägt nur für uns, mit seinem Schlag beginnt unser Leben. Unser Glaube und Vertrauen in unser Leben ist so stark wie unser Herz. So lange es weiter schlägt, dauert unser irdisches Dasein an. Ist unser Herz schwach, dann fehlt es uns an innerem Glauben, wie auch umgekehrt. Ein Mensch mit starkem Herz und starkem Glauben kann viele Unbilden des Lebens durchstehen und überwinden. Das Herz ist der Sitz unseres seelisch-geistigen Bewusstseins, trägt das Geheimnis unserer Existenz. Der Grundton oder Grundklang eines Wesens wohnt daher im Herzen. Wir werden später sehen, dass die Resonanzschleife der Vokale vom Herzen ausgeht und dorthin zurückkehrt. Sie beginnt in der hinten liegenden linken Herzkammer (Vokal A), steigt von da über das Rückenmark zum Gehirn auf und kehrt von dort zur vorne liegenden rechten Herzkammer (Vokal O) zurück.

Wer nach der Weisheit seines Herzens lebt, weiß, was gut für ihn ist und was er besser lassen sollte. Wer nur nach den Gefühlen seines Unterleibes oder den Ideen seines Kopfes lebt, der kann sich verirren. Allein das Herz irrt nie. Daher ist die Übung des „Herzdenkens" so wichtig, da es allein eine verlässliche Prüfstelle für alles ist, was sich in uns bewegt. Alle Weisen sind sich einig über die Bedeutung des Herzens für wahrhaftiges Wissen.

„Wenn der Mensch den Anfang der Dinge erkennen, wahres Wissen besitzen, weise, groß und zugleich schlicht und einfach wie ein Kind sein möchte, muss er zu der Quelle gehen, aus der alles Wissen strömt. Diese Quelle fließt im Innersten seines Wesens, im Herzen des Menschen, wo der lebendige Gott seines Wesens thront. Dort muss er mit dem inneren Gehör lauschen und mit den inneren Sinnen wahrnehmen. Dort ist die Türe, die all die verborgenen Reiche der Weisheit und Erkenntnis erschließt."

O. Z. A. Hanish, Harmonie-Kunde

Wie wir zuvor schon gehört haben, wird dem Herzen astrologisch die Sonne, alche-mistisch das Metall Gold zugeordnet. Die Sonne gibt dem irdischen, natürlichen Leben eine Ordnung, Abstimmung und einen verlässlichen Rhythmus. Integration und Abstimmung setzen stets ein Zentrum voraus und die Sonne ist für uns der zentrale Planet. Daher wurde sie als Pulsschlag des Göttlichen gesehen. Der Rhythmus und Puls unseres Lebens wird vom Herzen aus an das Körpersystem übertragen. Das Herz steht überhaupt ganz im Zentrum der rhythmischen Bewegung, das seine obere Entsprechung im Gehör (Nerven-Sinnesseite), seine untere in der Darmperistaltik (Stoffwechsel) findet. Wir können sagen, dass der obere und untere rhythmische Strom seinen Ausgleich im Herzen finden. Im Herzen findet sich der Ur-Rhythmus, der Ur-Puls des Lebens. Das Herz ist als Organ eine Raumgestalt. Spiralig, wirbelartig verlaufen seine Fasern. Gleichzeitig ist es Bewegung im Zeitenstrom. Form und Bewegung verweben Raum und Zeit im Herzen zu einem rhythmischen Vorgang.

Der Lebensfaden oder die Silberschnur soll nach esoterischer Vorstellung in der Nähe des Sinuszentrums im Herzen verankert sein; er ist unser „Schrittmacher". Das Sinuszentrum steht wiederum mit dem Vagusnerv in Verbindung, der von einigen Autoren als „Pfad des Atems des göttlichen Geistes" bezeichnet wird. Über diesen Pfad strömt für den erwachten Menschen das Licht der Erleuchtung ein. In der Bibel finden wir die Geschichte von der Auferstehung des Lazarus in diesem Zusammenhang. Es handelt sich bei dieser nicht um die Wiederbelebung eines Toten durch Jesus, sondern um einen geistigen Prozess, eine Initiation. Solange das

Herzzentrum nicht erwacht ist, ist nach esoterischer Vorstellung der Mensch ein schlafender oder toter. Daher betonten manche spirituellen Lehrer, dass die Welt „voll toter oder schlafender" Menschen sei, die durch die Straßen wandeln. Erst indem sich die Zentren von Gehirn und Herz verbinden, wacht ein Mensch für das wirkliche Leben auf. Von diesem Erwecken erzählt die Bibel in der Geschichte von Lazarus. Lazarus war ein für die geistige Realität „Toter", bis er erweckt wurde. Das geschieht durch das Auflegen der Hand, also mittels geistigen Heilens.

Alles Leben entsteht aus dem Fließenden heraus. Die Sonne wandert für das Auge des Betrachters spiralig, in Wirbeln im Jahreslauf, wie auch das Wasser in Wirbeln strömt. Das Blut ist im Menschen das „strömende, fließende Urelement", ist der Strom, der den ganzen Organismus durchzieht. Das zentrale Organ für das Blut, unseren Lebenssaft, ist das Herz. Manche Denker betrachteten daher das Herz als den wahren Garten Eden, in dem die Ströme des Lebenswassers entspringen. Das Blut transportiert die Lebenskraft, das „Prana" wie auch den Sauerstoff in jede Zelle.

Im Blut liegen alle organischen Gestaltungsmöglichkeiten und gleichzeitig ist es „Träger des Geistes", da es um die Idee weiß, die es im Sinne des Organismus auszuformen gilt.

Alles, was für uns von Wichtigkeit und Bedeutsamkeit ist, geht über das Herz. Von Musikern fordern wir ein beseeltes Musizieren, d. h., es muss vom Herzen kommen. Nur so kann es uns berühren. Und wenn uns etwas berührt, dann werden wir ganz offen für das Leben. Dann tritt jene geheimnisvolle Kraft hervor, die sich nicht mit Wollen und Denken erlangen lässt: Freude. Freude gehört zum Geheimnis des Lebens. Was unser Herz schlagen lässt, können wir physiologisch nachvollziehen, aber wir wissen nicht, was es zum ersten Schlag bringt und was seinen Schlag irgendwann beenden wird. Dies ist und bleibt im Bereich des Seelischen, Geistigen, bleibt Mysterium. Daher galt unseren Vorfahren das Herz als Tempel.

Das Herz nimmt alles wahr, das Größte und das Kleinste. Es vermittelt uns Empfindungen aus der Nähe wie auch von weiten Fernen. Zahlreiche Forschungen haben bewiesen, dass Mütter sehr wohl spüren, wie es ihren Kindern in der Ferne geht. Wir nennen das Telepathie, aber eigentlich ist es eine Herzensangelegenheit, denn das Herz verbindet uns mit der ganzen Schöpfung. Alles Leben strömt durch das Herz. Jeder Herzschlag ist ein Beweis unserer Existenz, gibt uns ein Gefühl, am Leben zu sein. Durch den Herzschlag sind wir am Puls der Zeit, sind wir im Hier und Jetzt, was uns das wahre Verständnis für „Da-Sein" ermöglicht. Wer von Herzen Ja zum Leben und zur Schöpfung sagt, den kann nichts mehr umwerfen. Jegliche Schöpferkraft kommt aus der Einheit mit dem Ganzen und bringt uns auch in diese hinein. Es ist die Kraft des Herzens, die uns auch schwierige Stufen erklimmen lässt und die uns unserem Ziel entgegenträgt. Jeglicher Zweifel, jede negative Kritik unterhöhlt diese Kraft. Daher hat das Herz-Bewusstsein bei allen Übungen eine so wichtige Bedeutung. Es stärkt unsere Mitte und aus der heraus muss unsere Harmonisierungs-, Beziehungs- und Integrationskraft ja kommen.

4.16 Die Drüsen – Schöpferische Kraft

Über die Drüsen haben wir in Band 3 vieles ausführlich gehört. Der Vollständigkeit halber seien auch sie angeführt, als wichtige Organe, die unsere Stimme beeinflussen (s. Stimmbruch). Gut funktionierende Drüsen erzeugen Harmonie, wie sie umgekehrt auch Zeichen eines harmonischen Inneren sind. Für unsere Stimme spielen vor allem die Hormone unserer Zeugungsorgane und die Schilddrüse eine wichtige Rolle. Deutlich wird uns ein solches Verhältnis besonders an jener grotesken Phase in der Kulturgeschichte, als man aus Männern Kastraten machte, um über Hormonveränderungen die Stimme zu verändern, was Höhe, Umfang und Atemlänge betraf. In heutiger Zeit versuchen anscheinend einzelne Künstler solches über Hormongaben zu erreichen. Für uns ist im Hinblick auf die Harmonieübungen bedeutsam zu wissen, dass es eine enge Wechselwirkung zwischen Drüsen und Stimme gibt. Besonders die Vokale werden im Zusammenhang mit den Drüsen gesehen.

5. Elemente der Harmonieübungen und ihre Wirkung

„Der Mensch ist verdichteter Ton. Alle kosmischen Kräfte, die den Menschen bilden, wirken in den Lauten."

„Sprache stellt stets das Verhältnis des Menschen zur Welt dar. Musik aber das Verhältnis der Seele zum Ich."

„Sprechen und Singen ermöglicht, dass wir uns lösen können aus der irdischen Leiblichkeit, mehr in unseren Astralkörper hineinkommen."

„Das Leben äußert sich in der Zeit als Rhythmus, im Raum als gestaltgebende Kraft, also Klang und Bewegung."

Rudolf Steiner aus Werbeck-Svärdström, Die Schule

In den Harmonieübungen verknüpfen sich verschiedene Elemente des Selbstausdrucks. Zum einen geht es um die tonlich-klanglichen und sprachlichen Ausdrucksmöglichkeiten. Ton und Sprachlaut bilden eine Polarität. Der individuelle Ton ist immaterieller Natur und entsteht in unserem Innern. Er ist von ätherischer Schwingung und eine Äußerung der Seele. Somit ist er ein Vertreter der innerlichen, magnetischen Lebenskraft. Wir haben zuvor gehört, dass Töne thematisch mit Erweckung, Wach-Bewusstsein, Schwingung und Resonanz zu tun haben. Damit sich der Ton, also das Innere, äußern kann, braucht er einen Träger, den Sprachlaut, den klingenden Vokal. Nur so wird er hörbar. Der Laut ist gestaltete, geformte Energie oder Schwingung. Der Sprachlaut ist ein Vertreter der elektrischen Energie und kann daher expansiv wirken.[9]

Alles ist Schwingung und Bewegung, die nach außen hin zu einer Formung strebt. Daraus wird eine stabile Schwingung und diese manifestiert sich dann im Außen sichtbar und wirksam als Gebärde und Haltung. Daher drückt sich das Innere, das Ich des Menschen,

Ton	Sprachlaut
magnetische Energie	elektrische Energie
verinnerlichend	veräußerlichend, expansiv
Verdichtung des Atems	ausströmen, ausdehnen des Atems
innere Stimme	äußere Stimme

das Charakteristische an ihm in seiner gesamten Haltung gegenüber dem Leben aus. Die Schwingung ergreift den Menschen ganz, lenkt die Energie und schafft sich eine Äußerungsform. Das wäre die korrekte, komplette Umsetzung des Inneren im Äußeren. Daher ist das Mienenspiel, die Mimik unabdingbar mit der Sprach- und Lautäußerung verbunden. In ihr zeigt sich die Wirkung des Seelischen auf das Körperliche. Fehlt die Mimik (s. „Pokerface"), so wissen wir nicht, was sich in dem Betreffenden im Innern bewegt. Erstarrte Mimik sehen wir in den Totenmasken. Je mehr das Innere dabei ist, desto lebendiger ist die Mimik. Sprechen und Tönen wir nur vom Gehirn aus, so bleibt das leer, trocken, nüchtern und farblos. Wir kennen das von Rednern, die theoretisieren, aber auch von Musikern, die rein über den Verstand arbeiten. Erst wenn die Herz- und

9 Elektrisch-magnetisch siehe Band 1.

Gemütskräfte hinzutreten, kommt Leben und Farbe hinein. So finden wir auch hier das Prinzip der Trinität wieder, das uns nun schon so oft in den Bänden der Spirituellen Heilkunst begegnet ist.

Ton	Sprachlaut	Mimik, Gebärde
Geist	Seele	Körper
innen	vermittelnd	außen
bewegend (skr. Rajas)	ausgleichend (skr. Sattva)	formend (skr. Tamas)
magnetisch	elektrisch	beides
Kraft	Sinn	Form

1. Der Ton: innerlich; immateriell; von magnetischer Energie und daher tragend; verbindet uns mit den ätherischen Schwingungen; sich des Seelischen bewusst werden; ergibt sich durch Verdichtung und Stauung des Atemstromes.

2. Der Sprachlaut (vor allem Vokale): macht den Ton hörbar; materialisiert, formt und lenkt Energie; von elektrischer Energie und daher expansiv; ist ausströmender und sich ausdehnender Atem.

3. Die Mimik (Haltung und Bewegung des Körpers): ist das sichtbare „In-Erscheinung-treten" der Sprache; Kraft der plastischen Gestaltung; verwirklichen; Durchgeistigung des Körpers mittels des Sprachlichen.

Jedes dieser Instrumente stellt ein weites Gebiet an Erlebens- und Entfaltungsmöglichkeiten dar. Im Folgenden sei dies näher ausgeführt, damit uns immer wieder die wirkliche Dimension der Übungen klar wird, die meist in so einfachem Gewande erscheinen.

5.1 Töne – Die Fähigkeit zu Schwingung, Bewusstsein und Resonanz

„Wie süß das Mondlicht auf dem Hügel schläft!

Hier sitzen wir und lassen die Musik

Zum Ohre schlüpfen; sanfte Still' und Nacht,

Sie werden Tasten süßer Harmonie.

Komm, Jessica! Sieh, wie die Himmelsflur

Ist eingelegt mit Scheiben lichten Goldes!

Auch nicht der kleinste Kreis, den du da siehst,

Der nicht im Schwunge wie ein Engel singt,

Zum Chor der hellgeaugten Cherubim.

So voller Harmonie sind ew'ge Geister:

Nur wir, weil dies hinfäll'ge Kleid von Staub

Ihn grob umhüllt, wir können sie nicht hören."

Skakespeare,
Der Kaufmann von Venedig

„Das Wort Stimmung deutet auf musikalische Seelenverhältnisse. Die Akustik der Seele ist noch ein dunkles, vielleicht aber sehr wichtiges Feld. Harmonische und disharmonische Schwingungen."

Novalis, Werke

Der Ton ist die Grundlage aller Lebenserscheinungen und jedes Wesen, jedes Ding bringt vermittels des Tones sein Wesen und seine innewohnende Intelligenz zum Ausdruck. Bei Mensch und Säugetier ist das direkt nachvollziehbar, denn sie werden mit dem Laut geboren. Aber auch das Leben im Meer ist ein klingendes und ebenfalls das Reich der Pflanzen. Alles hat daher seine eigene Note, seinen eigenen Notenschlüssel. Lassen wir einen Stein, eine Nadel fallen, jedes davon klingt anders. Jeder Vogel hat wie auch jeder Baum seinen Laut. Am Schritt können wir jemanden erkennen und der Klang der Stimme kann etwas über den Zustand des Menschen aussagen. Um das Wesen eines Tons und seine Wirkung zu verstehen, bedarf es einer Vorüberlegung.

Alle Beziehung zu dieser Welt liegt im Symbol des Kreises verborgen. Er ist der Ursprung, denn er gebiert Zeit und Raum. Zeit erleben wir im Innen; Kant nannte sie die transzendentale Form der inneren Anschauung. Raum dagegen ist das Außen, betrifft die äußere Anschauung. Raum an sich ist dunkel und schweigt. Das Licht erschafft die Zeit, das Bewegende und damit Schwingung. Damit bildet sich unsere Wirklichkeit in den Teilen des Kreises, nämlich in seinem Kreisumfang, seinem Zentrum und seinem Radius ab. Der Kreisumfang ist der Raum, das Dunkel. Das Zentrum ist die Quelle des Lichtes, die aber nicht sichtbar in Erscheinung tritt. Sie äußert sich in ihrer Tätigkeit als Strahl, eben als Radius. Somit erhalten wir eine Dreiheit von Beziehung, eine Gleichung:

Zeit = Radius = Licht = Bewegung

Raum = Umfang = Dunkel = Ruhe

Abb. 41

Die Farbe ist mit dem Raum verbunden, denn das Licht trifft bei ihrer Entstehung auf das Dunkle. Es ist die schöpferische Kraft des Lichtes im Raum, die zu den Farben führt.

Licht   Dunkel   Farben

Abb. 42 Licht – Dunkel – Farben

Jede Farbe braucht zunächst einen Raum, einen Träger, um in Erscheinung zu treten. Die Farbe lebt sozusagen vor allem im Raum. Farbe an sich können wir nicht wahrnehmen, stets bedarf sie einer Trägersubstanz, eines Objektes. Blumen sind farbig, Tiere usw. Farbe ist somit gebunden an das Licht und einen Träger. Aus uns selbst heraus können wir nichts Farbiges erzeugen. Dazu bedarf unser Auge des äußeren Lichtes. Was wir dann farbig wahrnehmen, sind Erzeugnisse des Lichtes. Aus diesem Grunde spricht die esoterische Wissenschaft ja auch von der Materie als der Welt des Dunklen, was keinerlei Wertung ist. Aber Materie an sich hat keine Farbe. Erst wenn das Licht an ihr wirkt, kommt die Farbe und damit das Leben. In diesem Sinne ist der Mensch, dessen inneres Licht noch nicht erwacht ist, ein „dunkler, schwarzer". Das hat überhaupt nichts mit der Hautfarbe zu tun. In der Alchemie finden wir oftmals Abbildungen, in denen der Mensch zu Beginn seiner inneren Entwicklung als Schwarzer dargestellt wird. Aber auch der Mensch, welcher der Sonne zu nahe kommt, droht zu verbrennen, schwarz zu werden. In der Alchemie war dies ein Sinnbild des Verstandes, der „verbrannt oder schwarz" werden muss, damit die Weisheit gleich Aurora aufzusteigen vermag.

Anders verhält es sich mit den Tönen. Töne können wir aus uns selbst heraus erzeugen. Sie liegen in uns. Jeder Ton braucht zuerst seine Zeit, um dann im Raum erklingen zu können. Die Zeit ist für den Ton und Klang daher das Primäre, bevor die Ausdehnung im Raum erfolgt. Stets findet ein Einschwingvorgang statt. Zeit ist vor allem mit dem Licht verbunden, weshalb Tönen stets das Lichte, Leichte zugeordnet wurde. Töne können uns erheben. Ton – Zeit – Licht gehören also zusammen, was wir schon daran merken, dass die höchsten Töne so schrill sind in ihrer Wirkung wie grelles Licht.

So wie die Farben aus einer Polarität entstehen, so auch die Klänge und Töne. Ihre Polarität ist subtiler und schwieriger aufzufinden. Der eine Pol ist der äußere Raum, der Kosmos. Der Kosmos aber ist für das Ohr der stille, dunkle Raum. Erst mittels moderner Technik können wir z. B. auch Klänge aus dem Universum erfahren. Nach den esoterischen Lehren durchzieht ein den Sinnen

unhörbarer Ton das ganze Universum, die Schwingung des Göttlichen. Dieser Ton ist die Quelle aller Offenbarungen, die den großen Meistern von innen gegeben werden. Klänge entstehen aus dem Inneren eines Wesens heraus, gehören damit zum Seelischen. Finden wir in der Stille der äußeren Welt den passiven Pol vor, so verkörpert der Schöpfungswille den positiven, schaffenden Pol, der in uns liegt. Möchten wir sprechen oder singen, so bedarf es eines Willensaktes in uns selbst. Übertragen wir die vorherige Gleichung vom Licht und den Farben auf die Töne, so bekommen wir nachfolgendes Verhältnis:

Zeit = Radius = Licht = Bewegung = Wille

Raum = Umfang = Dunkel = Ruhe = Stille

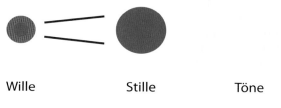

Wille   Stille   Töne

Abb. 43 Wille – Stille – Töne

Häufig finden wir Abbildungen von musizierenden Göttern und Naturgeistern, die einsam in der Stille der Natur sitzen, um dort den Willen des Göttlichen zu vernehmen und in Klang umzusetzen. In der Epoche der Romantik war es die Gestalt des blinden Harfenspielers, der seine Melodien in der Einsamkeit der Natur fand. In der griechischen Mythologie ist es der Naturgott Pan, der die Menschen in Musik unterrichtet.

Abb. 44 Pan unterrichtet einen Schüler
im Flötenspiel

Betrachten wir also die zwei bedeutendsten Qualitäten, die für uns Leben ausmachen, nämlich Farbe und Klang, so wird uns klar, dass das Sehen mit dem Außen, das Hören mit dem Innen zu tun hat. Nachfolgende Zeichnung mag das nochmals verdeutlichen:

Abb. 45 Licht – Farben (Leben) – Dunkel
Wille – Töne (Leben) – Stille

Farben und Töne zeigen unterschiedliche Verhaltensweisen, wobei es gerade bei den

Farben zu berücksichtigen gilt, dass sich Licht- und Anstrichfarben laut Rudolf Steiner sehr verschieden verhalten. Mischen wir zwei Farben zusammen, so ergibt das eine ganz andere, neue Farbe. Zwei Farben lösen sich zugunsten einer dritten auf. Ganz anders die Töne. Mischen wir zwei oder drei Töne zusammen, so bleiben die Töne bestehen und ergeben doch etwas Neues. Wir können jeden der Töne einzeln aus einer Harmonie, einem Akkord heraushören. Wieder anders verhält es sich, wenn wir alles zusammen mischen. Mischt man die spektralen Farben zusammen, so ergibt sich das weiße, reine Licht als Resultat. Bei den Tönen dagegen entsteht ein chaotischer Klang, ein Cluster, also mehr ein Geräusch, wenn wir alle Töne mischen. Dasselbe Ergebnis erhalten wir, wenn wir unterschiedliche Anstrichfarben zusammenmischen. Auch das ergibt eine undefinierbare Masse. Mit den Tönen lässt sich also nicht in gleicher Weise verfahren wie mit den Farben. Deutlich ist geworden, dass wir mit dem Klingen und Hören verstärkt in unser Inneres hineinkommen. Es ist das Seelische, wo ein Ton, ein Klang, ein Wort seinen Ausgangspunkt nimmt.

„Das Wort selbst ist schon Ton und zwar inhaltlich geformter Ton. Der Ton im musikalischen Sinne ist die Seele des Wortes, während die Form des Wortes dessen Körper darstellt. Ursprung des Tones ist die Seele, aber das ist nur der Anfang, auch das Ziel des Tones ist die Seele. Ohne erlebende Seele gäbe es nur Schwingungen, die Seele allein erlebt die Schwingung wieder als Ton.“

August Äppli, Lebensordnungen

Diese Aussage von August Äppli ist überaus bedeutsam für unser Thema. Während die Physik stets von Schwingung und Feld spricht, allerhöchstens noch vom morphogenetischen Feld, geht die esoterische Wissenschaft von der „beseelten" Schwingung aus. Nur mittels dieser Qualität kann sie in uns ein seelenhaftes, persönliches Erleben auslösen. Das macht die „künstlerischen Mittel" so bedeutsam für unser Leben.

Die Töne selbst bestehen wie alle Wesen aus einer Trinität. Jeder Ton hat einen Tonkern, also eine geistige Komponente. Er besitzt eine Klangfarbe oder -hülle, einen seelisch ansprechenden Teil und er hat eine feste, physische Form, die der Schallwelle. Die Akustik kann lediglich die äußere Schallhülle erkunden. Wenn ein Ton äußerlich erklingt, ist er aber im eigentlichen Sinne schon Vergangenheit, denn seinen Anfang nimmt er in dem Moment, wo der Wille den Tonkern in der Vorstellung des Musikers oder Sprechers formt. Die nachfolgende Tabelle zeigt einige der Entsprechungen zur Dreiheit des Tones.

	Tonkern	Klanghülle	Schallhülle
Äußerung als	innerer Ton	Klangfarbe	Frequenz, Schwingungszahl
Ebene	Geist	Seele	Körper
Wirken	unbegrenzt	begrenzend	begrenzt
Zeitform	Entstehen	Werden	Vergehen
Entspricht im Denken	Intuition	Inspiration	Erinnerung, Intellekt
Energie	pranisch	magnetisch	elektrisch
Schwingung	pulsierend	kinetisch	figural, strukturell

Tonkern – Geist

Er gleicht dem Punkt in der Mitte des Umkreises. Aus ihm wächst wellenartig alles heraus und zu ihm pulst es wieder zurück. Der Kern, das Samenkorn ist die Quelle des Seins. Der Tonkern beherbergt das Eigentliche, das Original.

Klanghülle – Seele

Klang und Gefühlsausdruck hängen eng zusammen. Die Farben des Lebens werden über Klang wiedergegeben. Der Klang der Stimme verändert sich je nach ihrer Lage. Stimme und innere Stimmung wiederum gehören zusammen. Der Klang hat die magnetische Anziehungskraft, die ein- und verhüllt, und er steht der Welt der Träume nahe.

Schallhülle – Körper

Der Schall ist die grobstoffliche Ebene, mit der sich die Akustik beschäftigt. Er weckt uns als irdische Wesen auf, macht uns wach. Eigentlich ist er das Endprodukt, das abgestorbene Ergebnis des Vorherigen, denn wenn unser Ohr die Frequenz bewusst hört, dann ist das Wesentliche der Klangentstehung schon geschehen. Ein bisschen gleicht das dem Auge, das am nächtlichen Himmel das Funkeln eines Sterns erblickt, der vielleicht eigentlich in diesem Moment schon längst nicht mehr existiert. Schall ist Erinnerung und über die Erinnerung ist es uns möglich, Dinge zu verknüpfen.

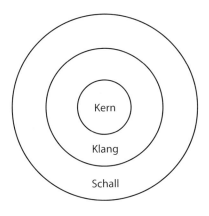

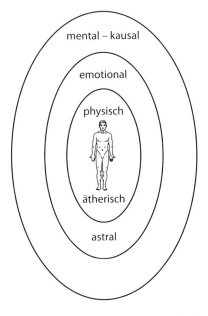

Abb. 46 Tonkern – Klanghülle – Schall

Seins. Beim Ton verhält es sich umgekehrt. Er blickt vom äußeren Ring der Dichtheit hinein ins Geistige. Daher galt der Klang stets als Magie, denn er hat die Fähigkeit, uns von der materiellen Ebene unserer Erscheinung zurück zur geistigen Ebene zu geleiten. Über den Klang kommen wir eben dadurch auch in das Wesen eines Gegenübers hinein, was im Stofflichen nicht möglich ist. Orpheus soll diese hohe Gabe gehabt haben, sich auf den Ton eines jeden Wesens einstimmen zu können, weshalb er Frieden und Heilung schaffen konnte. Finden wir unseren Grundton und bringen ihn in Abstimmung mit allen Reichen um, unter und über uns, so bleibt uns nichts verschlossen. Der Mensch hat von allen Wesen den größten Tonumfang, weshalb er sich mit allem verbinden und alles verstehen kann. Treffen wir den Grundton, die Grundschwingung anderer Menschen oder auch Tiere, so können wir mit ihnen problemlos kommunizieren (Resonanz). Haben wir die ganze Fülle und alle Nuancen an Tönen in uns entwickelt, so können wir alles in unserer Umgebung erkennen, da wir mit allem in Kontakt treten können. Dies ist ein Ziel spiritueller Schulung. Unser eigener Grundton kann über seine Schwingung alle unsere Zellen wachrufen, so dass wir vital sind und nichts uns erschüttern kann. Jegliches Tun können wir verinnerlichen und ein Stück weit vergeistigen, wenn wir dabei singen, summen oder pfeifen. Das verstärkt den Ausdruck unserer Kräfte und erhöht den Seeleneinfluss. Töne heiligen unser Tun und jede Arbeit erhält dadurch ihren besonderen Wert.

Die Elemente unserer westlichen Musiklehre sind eng mit unseren Körperhüllen, unseren verschiedenen Ausdrucksebenen verbunden. So gibt es folgende Entsprechungen:

Betrachten wir die obigen Abbildungen über den Aufbau des Tones und jenen der Aura, so fällt uns auf, dass sich beide spiegelbildlich verhalten. In der Tat ist der Blickpunkt von unserem physischen Selbst auf unsere Aura eine zentrifugale. Wir blicken von der Dichtheit als Zentrum hinaus ins Lichte, von der Enge körperlichen Seins hin zur Unbegrenztheit des energetischen, seelischen

Musik	Zeit	Ton	Mensch
Melos, Melodie	Zeitpunkt	Tonstufung (-abstand)	Mentalebene
Rhythmus	Zeitverlauf	Tondauer	Emotionalebene
Takt (Wellenperiode)	Zeitraum	Tonstärke	Physische Ebene („den Takt schlagen")

Alles, was mit dem Ton und der Melodie zu tun hat, fördert unsere mentale Seite. Das rhythmische Element, das wir besonders deutlich in den Atemübungen vorfinden, stimmt uns auf den Lebensstrom ein, hilft unsere Gefühle zu lenken. Der Takt hat mit dem Körperlichen zu tun, mit der Gestik und stellt unser Wollen konkret in den Raum, damit Verwirklichung und Wirkung stattfindet. In jeder Musik spielt diese Dreiheit eine Rolle und so sind auch in den Harmonie-übungen selbst natürlich alle drei Elemente enthalten.

Eine weitere Dreiheit finden wir in der Beziehung zwischen Musik und Mensch. Drei Säulen hat die westliche Musik, nämlich Melodie, Harmonie und Rhythmus. Das lässt wiederum an unsere drei Intelligenzien[10] oder Lebensprinzipien denken, nämlich die praktisch-verwirklichende, die intuitiv-kreative und die kognitiv-analytische.

10 „Intelligenzien" siehe Band 1.

Melodie	Kognitiv-analytische Intelligenz	Einsicht, Verknüpfung, Denken	IEOUA, Jehova (Gedanke, Wort, Klang, „Nada brahma", Gottvater)
Harmonie	Intuitiv-kreative Intelligenz	Seele, Empfindung, Erleben, Beziehung	EOIM, Elohim (Jauchzen, Schöpferkraft, Gottes Sohn)
Rhythmus	Praktisch- verwirklichende Intelligenz	Wirkkraft, Handeln, Atem	EUIM, Cherubim, Seraphim; (Fließen, Werden, Heiliger Geist)

Je nachdem, welche Intelligenz in jemandem die führende Rolle innehat, wird er auf eines dieser Musikelemente besonders reagieren. Hat die praktische Intelligenz eine führende Rolle, so haben wir einen Menschen, dem das rhythmische Element überaus wichtig sein wird. Wäre dem nicht so, so können wir sicher sein, dass er einen wichtigen Teil von sich nicht integriert hat. Daraus mag Disharmonie und Krankheit, mögen Misserfolge im Leben entstehen, die über das Rhythmische wieder behoben werden könnten. Wir brauchen ja den Rhythmus und den Atem,

um die Energien in die Wirkung zu bringen, um in die Tat zu kommen. Der Mensch mit einem ausgeprägten intuitiven und spirituellen Anteil wird mehr auf die Harmonie Wert legen. Also kann die Musik in diesem Sinne dann auch zum „akustischen" Heilmittel werden.

Weiterhin sehen wir, dass wir den drei Musikelementen drei kosmisch schöpferische Intelligenzien zuordnen können, wie es die gnostische Überlieferung tut. Am Anfang stand das Wort Gottes und das spiegelt sich in der Vokalfolge IEOUA wieder, wie wir später im Kapitel über die Vokale noch ausführlicher sehen werden. Es ist sozusagen die Melodie Gottes, in der seine Schöpfung geschrieben ist. Cherubim und Seraphim sind geflügelte Wesenheiten, die symbolisch auch für das Element Luft und den Atem stehen. Sie sind an der Verwirklichung der Schöpfung beteiligt. Als die Schöpfung vollendet war, die harmonikalen Verhältnisse also etabliert waren, da jauchzten die Elohim, die Inbegriff der schöpferischen Intelligenz sind. Sie waren besonders an der Schaffung des Menschen beteiligt. Die Verwandtschaft zwischen Gottvater und Sohn ist eine symbolische. Aus ihr ergibt sich ein Verhältnis und eine Folge. Aus einem Ursprungs- oder Anfangston heraus folgt der nächste Ton usw., bis sich die Melodie formt. Aber alle Töne der Melodie haben ihren harmonikalen Bezug zum Anfangston, haben eine Verwandtschaft. Im gleichen Sinne arbeiten die Musiker der klassischen indischen Tradition aus einem Grundton, der eine Art archetypischer Ton ist, ihr Musikstück heraus. „Raga" wird ein solches Stück genannt, was so viel wie „Färbung" bedeutet. Dieser Grundton färbt nämlich das ganze Stück, ist seine Grundfarbe. Daher waren die Musiklehren ursprünglich immer kosmisch und spirituell ausgerichtet. Nie waren sie auf das rein handwerkliche, technische und konstruktive Element beschränkt, wie das heute der Fall ist.

In den Harmonieübungen spielen der Ton und auch die Melodie eine wichtige Rolle. Über den Strom des Klanges können wir jedes einzelne Teilchen, jeden einzelnen Ton erreichen, damit er sich in Reih und Glied mit den anderen stellen kann, womit sich eine Ausrichtung und Harmonisierung ergibt. Somit entsteht über die Tonübung nicht nur eine Belebung, sondern auch eine Verbindung und Vernetzung. Das Singen ist eine solche vernetzende Tätigkeit. Das Singen selbst aktiviert insbesondere auch die Zirbeldrüse, die dabei stattfindende Zungenbewegung die Hypophyse. Bewegen wir beim Singen gleichzeitig noch gestaltend die Arme, so aktiviert dies die Schilddrüse und den Thymus. Der eigene Gesangston wiederum ist eine Vibrationsmassage, die bis in die innersten Zellen, vor allem die Nervenzellen hinein wirkt.

Wenn wir Musik hören, wird unser Atem tiefer und wir pflegen am Schluss tief aufzuatmen, manchmal mit einem Seufzer verbunden. In der Selbstvergessenheit des Hörens werden wir uns der Freiheit bewusst und es entsteht ein belebender Gedanke, eine neue Idee in uns. Diesen sollten wir festhalten, denn er bringt die Möglichkeit neuer Lösungen.

Übungen mit Tönen und Klängen können bewirken:

- Eine Durchlüftung und rhythmische Durchblutung des Körpers (löst Blutstauungen).
- Eine Vibrationsmassage der Innenorgane; Anregung der Lebensschwungkraft.
- Die Anregung des rhythmischen Sinns bewirkt innere Konzentration, da es der Vorstellungskraft bei der Formung bedarf. Nervöse Zerstreutheit wird überwunden, Selbstbeherrschung angeregt.
- Unterstützung für das Sprechen, das Singen, die Rhetorik, den Selbstausdruck, die Ausstrahlung etc.

- Entspannung und Gelöstheit, als Voraussetzung für Resonanz, verhilft zur Höchstleistung, ohne Gefährdung des Systems.

- Es regt die inneren Schwingungen an, was zu Lebensfreude führt (Stichwort: Lebenskunst).

- Fördert die innere Harmonie.

Neben dem Singen, Klingen und Vokalisieren werden noch andere klangliche Nuancen angewandt, die wir aus der Kinderzeit kennen, deren tiefe Wirkung uns aber meist unbewusst ist. Es handelt sich um ganz uralte, ja archaische Formen des Selbstausdrucks, die zwar viel weniger differenziert sind, dafür aber umso mächtiger wirken.

a) Das Summen (Vibration)

Unser Körper kann mit einem wertvollen alten Instrument verglichen werden. Durch jenes ist schon so viel Musik hindurchgeklungen, dass die Zellen seines Holzes so viele Schwingungen gespeichert und sich die Atome entsprechend so angeordnet haben, dass diese sich immer wieder abrufen lassen. Daher sind die alten Instrumente so beliebt bei den Musikern. Bei unserem Körper ist es ganz ähnlich. Auch er ist ein ausgebildetes Resonanzsystem. Wir summen und dies wirkt von den mitvibrierenden Knochenzellen zurück in den ganzen Körper. Das wirkt belebend auf die Körperzellen, aber gleichzeitig beruhigend auf das zerfahrene Denken und dient der inneren Sammlung. Es steigert die Konzentration. Daher ist für geistig Arbeitende und seelisch Erregte das Summen überaus heilsam. Wer bedrückt oder traurig ist, sollte dagegen besser offene Klanglaute singen. Summen aktiviert

die Innenschwingungen und damit das Innenbewusstsein. Zunächst klingt das Summen meist nur im Kopf, später wandert es über die Wirbelsäule abwärts. Mit der Zeit sollte unser ganzer Körper klingen, wenn wir üben. Sind wir müde oder zerfahren, so sollten wir erst durch Atemübungen unsere Spannkraft wieder aufbauen.

Das Summen ist aufgrund des geschlossenen Mundes besonders mit der Kunst des Atemstauens verbunden und hat damit Einfluss auf die Energien im Ätherkörper. Die Schwingungen werden intensiver, weil sie nicht nach außen gehen, sondern zurück in den Körper gezwungen werden, wo sie dann kreisen. Summlaute werden daher manchmal als Erfüllungs- oder Frequenzlaute bezeichnet. Sie sind besonders spannungsstark oder auch Spannung ausgleichend. Wir erleben folgende Energetik mit den Summlauten:

M: Erfüllung + Mehrung von Energie

N: Erfüllung + Verminderung von Energie

NG: Erfüllung + Begrenzung von Energie

Das Summen besitzt unterschiedliche Varianten, die ihre ganz eigene Wirkung auf den Körper haben:

- Summen mit geschlossenem Mund: starker Atemstau. Schwingungen kreisen intensiver im Körper.

- Enden einer Klang- oder Vokalübung auf … mmmm: rückstrahlende Wirkung auf das Herz.

- Summen mit geschlossenen Vorder- und Backenzähnen: noch stärkerer Atemstau und verstärkte Vibration.

Mit dem „therapeutischen" Summen gilt es, vorsichtig umzugehen, da starke Vibrationen damit verbunden sind. Günstig ist es, zunächst nur leicht zu summen, bis sich der Körper an die Vibration gewöhnt hat. Grundsätzlich machen wir zwischen den Summ- und Vokalübungen einen Unterschied, je nachdem, ob ein Mensch mehr zum elektrischen oder mehr zum magnetischen Temperament[11] neigt.

Wer soll summen: Summen sollen die lebhaften, über-elektrischen Menschen, da sie ihre Kräfte leicht nach außen vergeuden. Summen steigert zudem die innere Konzentration und hält die Kräfte zusammen, weshalb es vor allem auch dem Geistesarbeiter hilfreich ist. Summen wirkt also fördernd auf die magnetische Energie.

Wer soll vokalisieren: Vokalisieren sollen bedrückte, verschlossene, introvertierte, zu stark magnetische Menschen, denn es regt ihre elektrischen Energien an und bringt sie nach außen.

b) Das Pfeifen

In der Generation meiner Eltern war das Pfeifen noch in und der River Kwai Marsch ein Hit. Heute ist das Pfeifen nicht mehr gefragt. Sehr viele Kinder aber pfeifen gerne und solche haben anscheinend seltener Probleme mit den Mandeln oder Halsschmerzen. Sie sind aufgeweckter, positiver, da das Pfeifen Energie transportiert. Der breite Mund wird durchs Pfeifen verwandelt zu einem kleinen Mund mit runden Lippen. Solche Menschen strahlen meist nett, freundlich, gemütlich und freudig in ihre Umwelt. Es gab wohl Untersuchungen in früheren Jahren, die zeigten, dass Verkäufer, die ab und zu fröhlich vor sich hinpfiffen, im Verkaufen erfolgreicher waren als jene, die nur beraten haben.

Pfeifen macht zudem die Lippen beweglich und bringt sie unter die Kontrolle der Sprachintelligenz. Daher fördert es unsere Klangorgane, was für Singen, Sprechen, Aussprache usw. wichtig ist.

Pfeifen birgt allerdings auch heilende Aspekte. Es ermöglicht ja einen wesentlich längeren Ausatem, womit mehr Kohlensäure ausgeschieden wird, und erzeugt verstärkt Vibrationen, die sich den Schleimhäuten des Mundes übermitteln. Man beugt somit Zahnfleischerkrankungen vor und stärkt die Wangenmuskeln. Das beugt auch den eingefallenen Wangen im Alter vor. Gleichzeitig hat die Verminderung des Mundspeichels eine günstige Wirkung auf Magen und Pankreas. Eine zu starke Speichelproduktion erzeugt zuviel Zucker und damit mehr Säuren, woraus Magenleiden entstehen können. Zucker und Säure stehen auch im Zusammenhang mit Muskel- und Gelenkentzündungen. Pfeifen vermindert nun die Speichelproduktion und deshalb empfiehlt Dr. Hanish, Erkrankungen wie Zuckerkrankheit oder Magenentzündungen zusätzlich durch Pfeifübungen anzugehen.

Durch Pfeifen ziehen sich die Muskeln des Unterleibs zusammen, so dass der Bauch flacher und der Brustkorb größer wird. Verdauungs- und Herzbeschwerden können dadurch günstig beeinflusst werden. Sind die Eingeweide zu stark ausgedehnt, so schwillt die Leber und der Magen senkt sich, was zur Unterernährung führt bei gleichzeitigem

11 Elektrisch, magnetisch siehe Band 1.

Übergewicht. Beim Pfeifen werden alle inneren Muskeln, die die Organe kontrollieren, zusammengezogen, was zu Stabilität der Organe führt.

Für das Pfeifen braucht es keine große Übungsanweisung. Wir pfeifen Melodien, Lieder, die uns einfallen, und pfeifen stets so lange, bis der ganze Mund trocken wird.

c) Das Schluchzen, Stöhnen, Seufzen

Die ganze Natur ist belebt und durch sie geht ein dem Menschen ähnliches Empfinden. Die Baumstämme seufzen, die Krone ächzt und stöhnt im Wind. Der Bach rieselt und seufzt, wenn das Wasser sich um den Stein herumdrängt. Die Wellen des Meeres seufzen und donnern. Unsere Drüsen arbeiten den Wellen des Wassers ganz ähnlich. Deshalb seufzen und stöhnen wir, wenn es uns nicht gut geht. Es aktiviert unser Drüsensystem. Vor allem über das Stöhnen mit kräftiger Stimme wird eine Resonanz im Brustbein erzeugt, was hilft, die Blockaden in den dahinter liegenden Nervengeflechten der Lunge und des Herzens zu beseitigen. Sind sie befreit, dann schwellen sie in ihrer Energie wieder an und können uns gleich Flügeln durchs Leben tragen.

Verwendet wird beim Üben der Seufzer- oder Sängeratem, wie ihn die italienische Gesangskunst kennt. Das sich hebende Zwerchfell regt die emotionale Intelligenz in uns an und hat eine anregende Wirkung auf die Nerven. Manchmal wird auch bewusst der Bauchatem eingesetzt, um die Basis für die Nerven zu stärken. Wenn wir mit Seufzen und Stöhnen üben, darf der Hals sich nicht verspannen, die Schultern bleiben unten.

d) Die Zahnlaute

Bei manchen Sing- und Lautübungen werden bewusst die Zähne eingesetzt. Wir wissen heute, dass die Zähne nicht nur zum Beißen da sind, sondern mit unserem gesamten Körpersystem in Verbindung stehen. Das ist schon daraus ersichtlich, dass verdeckte Zahnprobleme z. B. zu Kopfschmerzen und Herzproblemen führen können. Sie haben ungeheure Macht und repräsentieren unsere Willenskraft. Aber sie stehen auch mit unseren Gehirnintelligenzien in Verbindung. Über die Bedeutung der Zähne haben wir zuvor schon gesprochen.

5.2 Sprachlaute – Die Fähigkeit zu Gestaltung und Kommunikation

„Da jeder Laut mittels des physischen Leibes gestaltet wird und wie ein Echo in diesen prägend zurückwirkt, ist es verständlich, dass, wenn die Laute nicht richtig im Sinne der Sprachgestaltung gesprochen werden, die gesunden Lebensläufe bis in den physischen Leib hinein gestört werden können.“

Agathe Lorenz-Poschmann, Die Sprachwerkzeuge und ihre Laute

„Denn eine Sprache ist formend. Die gesamte Strukturierung eines Menschen reicht unglaublich tief und hat auch viel mit der Sprache zu tun, mit der ein Mensch aufgewachsen ist.“

Albert Soesman, Die zwölf Sinne

Sprechen zu lernen gehört beim Kind zu einer ganz wesentlichen Stufe des Lebens. Über das Sprechen ergreift es von seinem

Körper bewusst Besitz. Um einen Satz zu sprechen, muss das Kind über 100 Muskeln koordinieren lernen, die am Sprechvorgang beteiligt sind. Ein komplizierter Prozess, an dessen Schwierigkeitsgrad kaum ein anderer Bewegungsablauf heranreicht!

Sprache ist nur zu einem Teil Sprachwellenerzeugung oder Informationsübertragung. Sie ist auch und vor allem eine Bewegungskunst. Der Körper muss gestimmt sein, damit er in der Lage ist, dem Atemstrom die unzähligen Klänge und Nuancen der Sprache zu entlocken. Es genügt nicht, die Luft einfach durch den Kehlkopf zu schicken und hinauszutönen. Der Atem muss geformt werden über die vielen Mundteile, weshalb Sprechen ein plastizierender Vorgang ist.

Strömt beim Sprechen die Luft in den Innenraum, erfährt sie im Kehlkopf zunächst

eine Minus-Polarisation. Damit kann sie unsere Gedanken- und Gefühlswellen aufnehmen. Zwischen Gaumen und Zähnen entsteht Mischung, Strömung und Fülle des Luftstromes. An den Zähnen erhält die Luft eine Plus-Polarisation. Damit erhält sie Kraft und Dynamik und strömt so über die Lippen in den Außenraum. Jeder Laut ist eigentlich das Ergebnis eines Erlebnisvorganges, der im ganzen Organismus stattfindet und im Kehlkopf verdichtet und ausgedrückt wird. Indem wir also die Laute bewusst sprechen, plastizieren wir unseren ganzen Körper.

Rudolf Steiner spricht davon, dass der Mensch einen eigenen Sprach- und Wortsinn in sich trägt, der unabhängig vom Hörsinn ist. Dieser steht in Verhältnis zum Eigenbewegungssinn, also dem Sinn, mit dessen Hilfe wir laut Steiner unsere eigenen

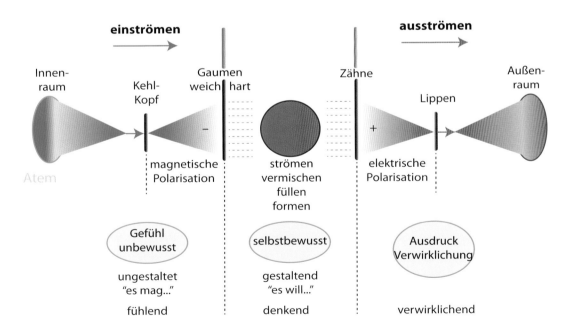

Abb. 47 Atem - Lauterzeugung

Bewegungen erleben und wahrnehmen. Dem Gammasystem in den Muskeln wird ein solch eigener Sinn zugesprochen. Es gibt zwei Arten von Bewegungen: Anpassungsbewegungen (Werkzeug, Instrument, Greifen) und emotionale Ausdrucksbewegungen. Die Konsonanten stehen in Verhältnis zu den ersteren, während die Vokale verstärkt dem emotionalen Ausdruck (auch Gebärde, Mimik) dienen.

Sprache ist also ein Form erschaffender Bewegungsprozess. Die Wissenschaft der Kinesik untersuchte mit Hilfe von Hochgeschwindigkeitskameras das Sprechen und fand heraus, dass beim Sprechen feinste Bewegungen den ganzen Körper durchlaufen. Sprechen plastiziert und durchtönt also den Körper, und somit hört der ganze Körper. Interessant ist, dass bei einem Zuhörer genau dieselben Prozesse stattfinden wie beim Sprecher. Es gibt also eine Synchronizität zwischen Sprech- und Hörbewegungen. Bildlich betrachtet können wir sagen, dass der Körper begleitend zu Sprache oder Melodie tanzt. Es geschieht auf unbewusster Ebene, denn auch bei einer uns unbekannten Fremdsprache vollzieht sich solches Körpergeschehen. Der Mensch stellt sich mitten hinein in das lebendig strömende, plastische Bewegungsgeschehen der Sprache, und zwar bevor er den Schall bewusst erlebt und verarbeitet. Alles, was Sprache ausmacht, kommt aus der Bewegung.

Im Sprechen, im Formen der Laute, sind die meisten Muskeln beteiligt. Vor allem die Konsonanten beruhen auf der ganz feinen Körperplastik. Kein anderer Vorgang im Körper braucht so viele Muskeln und Mikrofasern. Das bedeutet auch, dass un-

endlich viele Nerven beteiligt sind, und im Mund gibt es deshalb viele Nervenendigungen. Die im Mundraum befindlichen Nerven stehen auch mit dem vegetativen Nervensystem in Verbindung. Sprechen wirkt also auf das Vegetativum zurück. Das Vegetativum leitet wiederum die Sekretion der Drüsen, den Stoffwechsel und reguliert das Leben der Zellen. Also wirkt Sprechen auch über diesen Weg auf die gesamtkörperlichen Vorgänge ein.

Die Signale zum Sprechen kommen aus dem Gehirn. So wirkt Sprechen anregend, anreizend auf Nerven und Gehirn. Spricht oder singt man und benutzt dabei noch entsprechende Körperstellungen oder Haltungen, so kommen noch mehr Muskeln zum Einsatz und wir können ermessen, welch ungeheure Energie da in Gang gesetzt wird. Ein klares Sprechen und Formen der Laute verlangt überaus diffizile, feine Nervenreize, was im Gehirn zu einem bewussteren Denken führt. Und es braucht das bewusste, klare Denken, um klar sprechen zu können. Wenn wir nicht genau wissen, was wir eigentlich sagen wollen, dann verwirren sich unsere Sätze. Sprechform und Denktätigkeit gehören daher zusammen.

Es gilt, auf noch einen Zusammenhang hinzuweisen, der wenig beachtet wird. Von den Augen und dem Innenohr gehen Nerven aus, die in der Mundhöhle enden. Es besteht also ein Reizaustausch zwischen Sprache, Augen und Ohren. Augen und Ohren wirken auf die Kinnbackenstellung und die Mundhöhlenöffnung ein. Ein Beispiel dafür wäre: „Mir steht vor Schreck der Mund offen." Unsere Sprachorgane können in gewisser Weise also sehen und hören. Das bedeutet auch, dass wir über Klang und Sprache auf die Augen und Ohren einwirken können, d. h., dass sich Seh- und Hörkraft z. B. verbessern oder verfeinern können.

Wir haben gesagt, dass Sprechen plastizierend, formend und artikulierend wirkt. Unser Inneres wird so geformt, dass es sich im Außen ausdrücken kann. Zum Sprechen braucht es eine starke Willenskraft, die den Gedanken ergreift, der ausgesprochen werden soll. Daher wirkt richtiges Sprechen festigend und stärkend. Es macht wach und klar. Im Sprechen müssen wir auch das bildhafte Vorstellen, die Phantasie mitbenutzen. Nur so vor sich hin zu sprechen, nützt nichts, wir müssen in den Lauten plastizieren. Sonst bleibt es beim inneren Selbstgespräch. Gehen wir in das richtige Sprechen hinein, dann kommen wir auch wieder in das Rhythmische. Wir erleben ja heute durch die reinen Begrifflichkeiten und das Sprechen ohne Rhythmus, dass wir unrhythmisch werden im Leben, was eben seine Rückwirkungen auf das rhythmische System und das Stoffwechselgeschehen in uns hat. Das richtige Sprechen führt zudem zu einer guten Ausatmung, also Atmungs- und Zirkulationssystem werden gestärkt.

Das Sprechen der Konsonanten und Vokale ist also eine wesentliche formende Kraft in unserem Körper. Sprechen ist nicht nur zur Artikulation und Sprache da, sondern ist vor allem auch eine Kraft, die den Ätherkörper in harmonischer Bewegung hält. Es verbindet zudem den oberen und unteren Menschen. Daher kann ein nicht richtiges, unartikuliertes Sprechen auch eine Disposition zu Krankheit aufzeigen, denn es deutet darauf hin, dass bestimmte Organe in ihren Lebensvorgängen und Formen nicht so ausgebildet wurden, wie es vorgesehen ist. Sprachgestaltung kann aufzeigen, wo Disharmonien im Körper sind, und oftmals zeigen sich Krankheiten auch durch Schwierigkeiten, bestimmte Laute zu formen. Zum Beispiel zeigt sich nach Aussage von Sprachtherapeuten bei Krebskranken auffallend häufig, dass sie vor allem den Einatem betonen und weniger Ausatem haben. Die Lippen können nicht mehr gut geschlossen werden, weshalb die Artikulation meist sehr undeutlich sei. Solche Beobachtungen zeigen, wie bedeutsam unsere Ausdruckskräfte sind, und es stellt sich die sinnvolle Frage, ob nicht eine Kräftigung derselben mittels Übungen ein großes Heilmittel sein kann.

Nur wenn wir die Impulse in unserem Körper lenken lernen, können die Kräfte aufbauend wirken. Da, wo uns dies nicht möglich ist, entfaltet sich eine Übermacht der abbauenden, krankmachenden Prozesse. Daher sind das Künstlerische, Schöpferische und Ausdruckshafte so wichtig, weil sie eine Übung der Lenkung der Kräfte sind. Beim deutlichen Sprechen und Formen der Vokale und Laute üben wir nicht nur unseren Ausdruck, sondern auch unsere Gesichtsmuskeln aufs Beste. Das ist zudem eine blendende Gesichtsmassage, die zu einem jugendlichen Aussehen unseres Gesichtes beiträgt.

Im Folgenden seien die wichtigsten Aspekte des Sprechens im Hinblick auf das Thema dieses Buches aufgeführt. Sprechen und Klanglaute wirken also:

- kräftigend, aktivierend, die Persönlichkeit stärkend, den Organismus lenkend;

- anregend auf den Säftestrom;
- unterstützend auf die Ichkraft, da sie den Körper ganz zu durchdringen vermögen;
- diagnostisch, da die Schwierigkeit, bestimmte Laute zu sprechen, Hinweise geben kann, in welchem Bereich eine Dissonanz vorliegt.

5.3 Gebärde – Die Fähigkeit der Verwirklichung

„Die Eischale umschließt und schützt ein zartes, aber mächtig drängendes, inneres Leben. Ebenso hat in unserem Leibesbau, der aus lauter schützenden Hüllen, von der Zelle angefangen über die Knochen bis zu den Eingeweiden, gebildet ist, das Urbild der Hohlkugel die Aufgabe, den unwägbaren Lebensgeist zu umhegen.“

Hugo Kükelhaus,
Urzahl und Gebärde

„Der Leib, der man ist, ist die Einheit der Gebärden, in denen man sich als Person ausdrückt und darstellt, in der Welt verwirklicht oder verfehlt.“

Karlfried Graf Dürckheim,
Erlebnis und Wandlung

„Ein edler Philosoph sprach von der Baukunst als einer erstarrten Musik und musste daher manches Kopfschütteln gewahr werden. Wir glauben diesen schönen Gedanken nicht besser nochmals einzuführen, als wenn wir die Architektur eine verstummte Tonkunst nennen.“

Goethe aus Äppli,
Lebensordnungen

Der Körper ist für uns heute vor allem ein Gegenstand der wissenschaftlichen Betrachtung. Wir arbeiten daran, seinen Bau und seine Funktionsweise zu entschlüsseln. Das Wissen über den Körper als Funktionseinheit oder „Maschine" ist in vielerlei Hinsicht hilfreich. Aber es ist nur ein Teil seiner Wirklichkeit. In den spirituellen Kulturen finden wir eine andere Betrachtungsweise vom Körper. Da ist er der Treffpunkt von kosmischen Energien, ein Gefäß für Wesenskräfte oder ein heiliger Tempel. Das Wort „Hatha Yoga" aus der indischen Philosophie bedeutet übersetzt denn auch „Anjochen an das Absolute", was wenig mit einer gymnastischen Leibesübung zu tun hat, wie sie der Westen oftmals unter dem Namen Yoga betreibt. Wir üben den Körper heute zumeist zweckorientiert – als Instrument, damit er gut funktioniert, wir leistungsfähig bleiben und uns in der Welt durchsetzen können. Dieser Ansatz ist auch in Ordnung. Wenig betrachten wir aber den Leib als Treffpunkt subtiler Wesenskräfte aus anderen Dimensionen oder als Ort, an dem wir unsere Verwandlung und Reifung vornehmen. Aus diesem Hintergrund heraus bezeichnen viele esoterischen Denker den Körper als Tempel. In gewisser Weise ist der Leib das Ausdrucksorgan unserer inneren Wesenheit und der Ort unseres Schicksals. Aber der Leib ist aus Bestandteilen der Materie aufgebaut, ist geliehen von dieser Welt. Daher ging es in allen spirituellen Schulungen von jeher darum, wie wir die Qualität des irdischen „Schicksalsleibes" so beeinflussen können, dass er stets durchlässig bleibt für unsere eigene Wesenheit, für unsere eigene transzendente Wirklichkeit. Die Frage dreht sich also nicht um den Leib, den man hat, sondern um den Leib, der man ist. Dürckheim schrieb einmal: „Der Leib, der man ist, ist die Weise, in der man in der Welt da ist."

Als Wirklichkeit erscheinen wir in unserem Leib erst, wenn unser transzendentes Wesen, unsere Seele durch ihn hindurchscheint und das Leben in uns Gestalt gewinnen kann. Dazu muss der Leib aber durchlässig sein für das Wesen. „Wesen" meint in der spirituellen Philosophie stets die Art und Weise, wie sich das größere, das göttliche oder kosmische Leben in unserer Individualität und durch sie manifestieren kann. Wenn es sich auf diese Weise manifestiert, dann sprechen wir nicht mehr von Körper, sondern von „Gestalt". Die transzendenten Kräfte gestalten die materiellen Atome nach ihrer Absicht. Nicht wirklich oder nicht echt sind wir da, wenn wir die Manifestation des Wesentlichen in uns verhindern oder blockieren. Nach Dürckheim gibt es drei Werte, an denen wir unseren Leib wahrnehmen sollen, nämlich an seiner:

1. Gesundheit;
2. Schönheit;
3. Transparenz (Durchlässigkeit für unsere innere Wesenheit; Transzendenz).

Für uns steht in den Harmonieübungen zunächst vor allem die Durchlässigkeit des Körpers im Vordergrund. Alles Tönen und Lautieren hat diese zum Ziel. Es geht um die Beseitigung von Blockaden und Hemmungen, aber auch um die Zufuhr von neuen Schwingungen. Ist dies geschehen, so können die Seelenkräfte durch das Materielle hindurchscheinen (Schönheit), können die Lebensenergien frei kreisen (Gesundheit).

Der Leib als Gestalt, als Ausdrucksinstrument des innersten Wesens spricht zu uns in drei verschiedene Äußerungsformen:

1. Haltung;
2. Atem;
3. Verhältnis von Spannung und Gelöstheit.

Diese drei Formen zeigen, ob und auf welche Weise wir in der Welt da sind, was sich durch den Körper formt und ausdrückt. Es gibt drei Ausdrucksmedien personaler Möglichkeiten des richtigen Daseins oder auch dessen Verhinderung. Sind wir zu 100 % im Hier und Jetzt auf all unseren Ebenen, stimmen also Haltung, Atem und Spannung überein, so manifestiert sich folgende Dreiheit des Bewusstseins in uns:

Kosmische Qualität	Äußerung	Bewusstsein
Fülle	Lebenskraft, Potenz	Kraft-Bewusstsein
Gesetzlichkeit	Drang zu einer bestimmten Formgestalt	Werte-Bewusstsein
Einheit	Beziehung; Drang zum Ganzsein mit sich und anderen	Wir-Bewusstsein

Diese drei Aspekte sind abhängig wiederum von der Ausrichtung des Bewusstseins, ob es sich an der Außen- oder Innenwelt festmacht. Kraft-Bewusstsein an der Außenwelt festgemacht bedeutet, dass unser Ich abhän-

gig ist von dem, was es weiß, hat oder kann. Ist es an der Innenwelt orientiert, so geht es nur darum, was wir selbst wirklich sind. Das Werte-Bewusstsein über die Außenwelt festgemacht definiert sich an dem Erfolg im Außen, an der Schätzung des Ichs durch andere. Das Wir-Bewusstsein im Äußeren tut sich über die soziale Stellung kund. Interessant ist, dass sich das Werte-Bewusstsein gerade in der Gestaltform ausdrückt. In heutiger Zeit spielt ja die körperliche Erscheinung eine bedeutsame Rolle.

Wir können also festhalten, dass die Wirklichkeit der Wesenskräfte sich im und über den Leib ausdrückt. In diesem Sinne ist der Leib, der Körper eine Geste, eine Gebärde.

Aber der Körper ist auch eine Raumform, ist eine Raumwirklichkeit. Der Mensch ist aus unterschiedlichen Baueinheiten zusammengesetzt, von denen das „Knochen-Gerüst" am deutlichsten ins Auge springt. Diese Baueinheiten entstehen aus der Hohlkugel heraus. Der Drehung dieser Kugel um sich selbst entspricht der ringförmige Urwirbel im Skelettbau. Die Hohl- oder Raumkugel ist der zentrale Ausgangspunkt aller Erscheinungen. Alles lässt sich an ihr festmachen.

Alle Werte, die sich in der Hohl- oder Raumkugel festmachen lassen, werden Stoff, Form und Tätigkeit in den Körpern der Lebewesen. Die Richtungen und Radien der Raumkugel spiegeln sich z. B. deutlich in der Ausrichtung von Kristallen und Knochen wider. Die Wirkung von Spannungen in dieser Kugel äußert sich entsprechend in der Bildung der Sehnen und Bänder im Körper. Der menschliche Körper ist ein Baukunstwerk. Er besitzt ähnlich wie ein Haus ein Gerüst aus Balken – die Knochen. In den ursprünglichen Schriften (wie z. B. den Runen) spielt die Balkenform der Zeichen noch eine wichtige Rolle. Der Bewegungstrieb im Körper steht wiederum in engem Verhältnis zu den Raumspannungen. Bestimmte Stellungen und Veränderungen der Lage des Körpers erschließen so bestimmte Energien und Wellen. Entsprechende Kräfte strömen dann in ihn ein und kommen zum Erleben.

Das Runde ist der Ausgangspunkt allen Lebens, der Kreis Sinnbild der Fülle des Lebens. In den alten Kulturen galt daher das Ei als wichtiges Symbol des Lebens. Das Runde ist das Mütterliche, Dunkle, das alles Leben in sich birgt. Dem Runden, Gekrümmten steht nun die Gerade gegenüber, der Lichtstrahl. Er offenbart und macht wirksam. Raum und Zeit oder Beharren und Bewegung kommen so zusammen. Der Lichtstrahl trifft in unterschiedlichem Winkel auf das Runde der Erde auf, je nach Sonnenstand. Dadurch entstehen bestimmte Raum- und Energieverhältnisse und die frühen Schriftzeichen waren vor allem stets ein Ausdruck derselben. Das Zeichen A ist eine Winkelform. Zeichnen wir das A in einen Kreis ein, so erhalten wir eine Bergspitze, die von Licht umgeben ist. Der Lichtstrahl wird sozusagen für das Auge durch die dunkle Form des Berges geteilt.

Abb. 48 Das A und die Bergspitze

Wie geschieht uns, wenn wir uns einmal imaginär auf die Spitze eines solchen Berges stellen? Wir fühlen uns erhaben, sind im Staunen und in der Ehrfurcht ob der Größe des Erlebens. Aus dem ganzen Umkreis fließen uns die Kräfte auf dieser Spitze zu. Das ist der Vokal A, der uns weit macht für das Erleben. Wir können dieses A mit dem Körper nachformen, indem wir uns breitbeinig hinstellen und die Arme zum Himmel empfangend öffnen. Das I dagegen ist ein Polarisationslaut, denn er betont die Spannung zwischen oben und unten; das entspricht der Spannung zwischen den beiden Wintersonnwendpunkten im Jahreslauf.

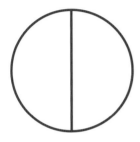

Abb. 49 Die Is-Rune

Es werden also bestimmte energetische Raumgegebenheiten zum Ausdruck gebracht, die der Mensch körperlich, bewegend und denkend nachbilden kann. Damit durchströmen ihn dann eben genau die entsprechenden Energien.

Wir kommen hier nochmals auf das Prinzip der Dreiheit in der Schöpfung zurück. Dreifach ist die Offenbarung des Göttlichen, nämlich als Geist, Seele und Materie. Dreifach sind daher auch die Grundwerte, die sich in der Schrift widerspiegeln:

Richtung – Raumwert – Spannung.

In der Sprache finden wir eine entsprechende Dreiheit als:

1. Atemstrom – die geistige Richtung erfassend;
2. Vokale – den seelischen Raum umfassend;
3. Konsonanten – in Tätigkeit und Wirkung setzen.

Im Tun und im Handeln und in der Gebärde finden wir diese als:

1. Stellung – die räumliche Richtung erfassend, Ausrichtung;
2. Bewegung – die unterschiedlichen Raumrichtungen erlebend;
3. Aussendung, Schwingung – das energetisch Wirkende.

Wir können diese Dreiheiten anhand einer Tabelle im Vergleich sehen:

Die kosmische Dreiheit	Geist	Seele	Materie
Als Raumkräfte, Formelemente	Polarität, Gerade	Strömung, Spirale	Form, Bogen
In der Schrift	Richtung	Raumwert	Spannung
In der Sprache	Atemstrom	Vokal	Konsonant
Im Körper	Stellung	Bewegung	Schwingung, Vibration durch Denken, Sprechen, Singen etc.

Der Mensch ist wie eine Art Antenne und auch Sender innerhalb des Raumäthers. Nach Ansicht mancher esoterischer Denker ist jedes Wesen, das in einer Form lebt, das Ergebnis der dieses Wesen umgebenden Raumfelder. Dies drückt sich auch in der

Lehre um die Aura (das „Lebensei" oder Lebensfeld) aus. Die Lebewesen werden also als eine Art „Organe" der zueinander strebenden Raumenergiefelder gesehen. Jedes Wesen, jeder Körper ist auf einen bestimmten Grund-Ton, eine bestimmte Wellenfrequenz geeicht. In diesem Sinne ist jedes Wesen eine Art Buchstabe und Botschaft im unendlichen kosmischen Wellenmeer.

Es ist also von erheblicher Bedeutung, dass wir den Körper mit in das Üben einbeziehen, und zwar viel weniger aufgrund der medizinischen Erkenntnis über die Bedeutung von Muskelbewegung für die Gesundheit als vielmehr für ein Aufschließen von Energiefeldern und für die Begegnung mit der wesenhaften Welt.

Rudolf Steiner hat sich ebenfalls mit solchen Gedanken befasst, die es zu allen Zeiten gab. Er entwickelte eine Bewegungskunst, die er Eurythmie nannte. In seinen Erläuterungen zur Eurythmie führt er aus, dass der Kehlkopf ein Ausdrucksorgan der Seele ist. Alle die Kräfte, die im Kehlkopf und bei den an der Lautbildung beteiligten anderen Organen zur Wirkung und Schwingung kommen, sind normalerweise unsichtbar. Aufgabe der Bewegungskunst sei es, diese mittels der Bewegungsformen des ganzen Organismus sichtbar zu machen. Sprache trägt somit in sich eine unsichtbare Bewegung, die es als Gebärde sichtbar zu machen gilt.

6. Das Wort

„Die Sprache ist immer ein Verhältnis des Menschen zur Welt. Musik ist ein Verhältnis des Menschen als seelisch-geistiger Mensch zu sich selbst."

Rudolf Steiner, Eurythmie
als sichtbarer Gesang

„Jeder Laut, jeder Ton, jeder Buchstabe drückt ein ihm entsprechendes Gefühl und einen demselben zu Grunde liegenden Gedanken aus und ruft andererseits dieses Gefühl und den Gedanken hervor. Darin liegt die Macht der vom Geiste geborenen Sprache und der Musik."

Franz Hartmann,
Mysterien, Symbole

„Das Wort ist eine Potenz mit mystischer Wirkungskraft. Das Kraftwort und die Wortkraft gehören zum mythischen Weltenprinzip."

Detlef Schultz,
Mazdaznan – Harmonielehre

Es wäre unangemessen, in einem kurzen Kapitel das Wesen des Wortes darstellen zu wollen. Es ist so unerschöpflich wie der Kosmos selbst; man würde zu keinem Ende kommen. Sinn des Kapitels ist es, lediglich die Dimension des „Wortes" aufzuzeigen, damit die Bedeutung der Übungen klarer wird. Bei den Harmonieübungen mag es vordergründig einem Betrachter erscheinen, als wären sie nichts anderes als Sprech- oder Artikulationstechniken. In der Tat lassen sie sich auch in diesem Sinne praktisch und hilfreich anwenden. Sie verbessern zweifelsohne die eigene Ausdrucksfähigkeit. Aber wir sollten sie nicht darauf reduzieren, denn eigentlich geht es vor allem um die kosmischen Kräfte, die hinter den Lauten und Worten wirken. Worte bilden die Urkräfte der Schöpfung nach. Dringen wir daher in den geistigen Gehalt der Übungen vor, so können wir mit diesen Kräften in Kontakt kommen. Welche Macht in Worten und im Sprechen steckt, haben sowohl große Rhetoriker wie leider auch die üblen Demagogen durch die ganze Menschheitsgeschichte hindurch eindrücklich bewiesen.

Wir benutzen Worte heute vor allem funktional, als Form der Informationsübertragung. Daher ist unsere Sprache auch flach, leer und unrhythmisch geworden. Viele Menschen äußern sich heute deshalb lediglich mit Hilfe von Sprachhülsen, leeren Wortformeln, die nichts mehr besagen und beliebig sind. Absehbar ist die weitere Reduzierung des Sprachlichen bedingt durch die modernen Telekommunikationstechniken. Die esoterischen Überlieferungen unterscheiden genau zwischen dem äußerlichen Aspekt des Wortes, also seiner Struktur, Begrifflichkeit und seinem informellen Gehalt, die sich vor allem in seiner Schrift offenbaren und zwischen seinem inneren, geistigen Wesen, das im Laut liegt.

Sprache und Gesang bildeten ursprünglich wohl eine Einheit und haben sich erst später voneinander getrennt. Dabei wurde die Sprache immer mehr zur Schrift. Die esoterischen Lehren gehen davon aus, dass der Klang und der Laut zuerst da waren. Der einstige Kontinent Hyperborea galt als Land des Gottes Apoll, dessen Tiere die „singenden" Schwäne waren. Die Philosophen des antiken Griechenland bezogen sich bei ihren Lehren auf dieses Urland aller Kultur. Dort soll sich aus dem Tonerleben später die Sprachgewalt entwickelt haben. Der Schwan ist der Vogel des Lichtgottes Apoll, des Kulturbringers. Das nordische Wort für den Schwan ist „svan, suan". Die indogermanische Wurzel ist „suen", was „rauschen, tönen" meint. Daraus ergibt sich eine verwandtschaftliche Beziehung zur Sonne (indogerman. „suen"), zu „sonare" (lat. tönen, klingen) und auch zum Lateinischen „tonus" (Ton, Spannung). Es sind die singenden Schwäne des Apoll, die die Wiederkehr der Sonne nach der Wintersonnwende anzeigen. Zunächst gab es wohl nur den magischen Urgesang, der aus einem inneren Bilderleben entsprang. Später entwickelte sich dann die eigenständige Sprache und der Gesang spaltete sich davon ab. Singen entsteht spontan, aus einem Urbedürfnis nach Ausdruck heraus. Sprache dagegen will bewusst formuliert sein, beruht auf Lernen und Gedächtnis. Singen fördere die Seele, Sprache das Denken, so eine alte Auffassung. Wir können also zwei Unterschiede feststellen:

Gesang, Lautieren: Unmittelbares, spontanes Erleben; Bild; fühlen;

Sprache: Abstraktion; Denken; Erinnerung.

Apoll war der Sonnengott, der auf der Leier spielte, was bildlich den eingeweihten Menschen darstellt, der als Seele auf seinem Instrument, also seinem Körper, zu spielen weiß. Die Leier oder Harfe galt zudem als Abbild der Wirbelsäule und der von ihr abgehenden Nervenstränge. Es ist damit der empfindsame, sensitive Mensch gemeint. Gleichzeitig ist Apoll aber sowohl für die Weisheit zuständig als auch für Techniken der Kultivierung (z. B. Ackerbau, Viehzucht, Kultur). In der Gestalt dieses Lichtbringers vereinigen sich aus Sicht der Griechen der alte (sensitive) und der neue (denkende) Mensch.

Die Entwicklung der Sprache bis heute ging sehr wahrscheinlich über folgende Stufen vor sich:

1. Die magische Stufe:

Imaginative, bilderhafte, klanglautliche, magische Sprache.

2. Die seelische Stufe:

Verinnerlichte, tönende, symbolhafte Sprache. Das lebendige Wort und der Begriff bilden noch eine Einheit. Beispiel: Die Oblate, die der Priester reichte, war für den Empfangenden ohne jeglichen Zweifel der Leib des Herrn und kein Gebäckstück.

3. Die rationale Stufe:

Ab dem 15. Jahrhundert (etwa mit Galileo Galilei) beginnt der Mensch, alles nach Zahl, Maß und Gewicht zu erkennen, und der Intellekt beginnt zu wachsen. Das Wort wird dabei immer mehr zur reinen Bezeichnung, zur abstrakten, funktionalen Begrifflichkeit. Das Schriftliche wird stetig bedeutsamer.

Es findet in der Sprache wie auch beim Menschen im Laufe der Entwicklung also eine Verstofflichung und Konkretisierung statt, was wertfrei zu sehen ist. Die Sprache der Götter (s. Apoll, Odin etc.) und ihrer Seher war aber noch eine bildhafte, schauende, magische. Buchstaben waren Zeichen der Kraft und Energie, wie das rudimentär noch in den Runenzeichen nachzuvollziehen ist. Übrigens stammt das Wort „Buch" vom Buchenbaum ab, in dessen Holz unsere Vorfahren einst die Runen zu ritzen pflegten. Gott „buchstabierte", als er die Welt erschuf, so nannten es die Rosenkreuzer. Hinter all den Buchstaben sah man eine Welt der Energien wirken. Jeder Buchstabe war daher eine Art „Siegel der Kraft".

„Das Denken besteht in der Thätigkeit des Geistes; seine Thätigkeit offenbart sich in seinen Bewegungen; jede Bewegung hat einen bestimmten Charakter, und die einfachsten Charaktere sind die Buchstaben. Somit sind die Buchstaben die Elemente des Denkens und die Urformen der Bewegungen des Geistes sind identisch mit diesen Elementen. Wenn nun z. B. das I das Innere, Liebliche, das A das Erhabene, AE das Klägliche, U das Gründliche, PTK das Klopfende, M N Ng die Schwere repräsentieren; so heißt für den Menschen ‚denken lernen' nichts anderes, als die unterschiedlichen Merkmale dieser geistigen Bewegungen kennen zu lernen.

Das ‚Denken' heißt die Bewegungen des Geistes fühlen …

Wer den Geist der Buchstaben in sich empfindet, der weiß, was Gott ist, und dazu gibt es kein anderes Mittel, als dass man die Buchstaben solange in sich hineindenkt, bis man sich des Eindrucks bewusst wird, den dieselben auf den Geist machen. Jeder Vorstellung eines Gegenstandes entspricht eine bestimmte Empfindung oder Bewegung des Geistes, und diese bildet ein Wort, das den klaren Gedanken ausdrückt, der dieser Empfindung entspricht."

Franz Hartmann, ebenda

Die göttlichen Urworte, die wir hinter der Schöpfung und der Natur finden, sind die erschaffenden Kräfte. Am Anfang war der unendlich dunkle Raum, in dem der Geist und die Kräfte überall ohne Unterbrechung da waren. Das eine Göttliche füllte den ganzen Raum. Um etwas zu erschaffen, musste es sich in Tätigkeit versetzen. Tätigkeit bedeutet Polarität, ist Bewegung und diese ruft wiederum eine Form hervor. Denken wir an den Strudel, den wir erzeugen, wenn wir durchs Wasser gleiten, oder an die Luftlautformen beim Sprechen. Jede Bewegung hat also einen spezifischen Charakter, erzeugt bestimmte Strömungs- und Fließformen. Die einfachste charakteristische Form und Bewegung stellen die Buchstaben dar. Wenn Gott also tätig ist, dann spricht er, so die alten Überlieferungen. Der Alchemist und Rosenkreuzer Johann B. Kerning sieht die Äußerung der göttlichen Trinität in diesem Zusammenhang:

Gottvater – Ursache der Kraft;

Sohn Gottes – Wort, Bewegung der Kräfte;

Heiliger Geist – Charakter der Bewegung, Form, Qualität der Kraft.

Die göttlichen Buchstaben sind unvergänglich im Weltall. Sie sind sozusagen an den Himmel geschrieben. Daher können wir aus ihnen unseren geistigen, unvergänglichen Leib aufbauen. Als Kind lernt der Mensch zunächst die äußere Sprache und schult so Verstand, Vernunft, Fühlen und Wille. Später muss der Mensch die innere Sprache lernen, um die feineren Körper zu erziehen. Damit muss er ins Innere der Sprache und des Klanges vordringen.

Jedes Wesen hat also seinen eigenen Buchstaben, seinen Laut, sein Wort, seinen Klang. Wer dieses kennt, kann in den innigsten Kontakt zu dem Wesen kommen. Im schlechten Fall kann der Wissende auch Macht über es ausüben.

Die ganze Natur spricht und klingt also. Der Blitz, das Feuer fährt in einem S oder Zischlaut zur Erde, wie auch die Schlange ihn verwendet. Daher stand das S für energetische Bewegung, Feuer, Lebenswärme und Heil. Der Wind weht mit einem F durch die Baumwipfel und mit einem F facht der Mensch das Feuer an. Jeder Laut steht also mit Kräften und Absichten in Verbindung. Wenn der Mensch die Natur betrachtet, so muss er in deren Sprache lesen können, die das Göttliche in sie gelegt hat. Es gilt das Zauberwort zu treffen, damit das Geheimnis sich lüftet. Um den inneren Laut, das Wesen eines Buchstabens zu finden, muss man die Kraft verstehen, die dahinter wirkt. Aus

diesem Grundgedanken leiteten sich alle geheimen Buchstaben- und Lautübungen ab.

Für unseren Alltag hat ein A, ein E oder U sicherlich kaum mehr jene Bedeutung und Wirkung, wie sie einstmals unsere Vorfahren erfuhren. Und doch können wir einen Hauch von dieser einstmals großen Wirkung der Laute und Buchstaben noch nachvollziehen, wenn unser Gemüt stark ergriffen wird. Erleben wir etwas überaus Erhebendes, z. B. ein prächtiges Feuerwerk, so stimmen wir ein großes Ah an, das unserem Gefühl einen Hauch unendlicher Weite gibt. Werden wir von einer Nadel gestochen, so dass sich alles in uns zusammenzieht, lassen wir ein Ih! ertönen oder wir halten uns im Au! fest. Bei solchen Vorgängen geht es um Erleben, wobei wir eins mit etwas werden. Je mehr der Verstand sich entwickelte, desto mehr Differenzierung und Distanz kam ins Spiel. Die Sprache veränderte sich und vor allem begann der große Aufgang der Schriftsprache. Je kleiner die Welt wurde, desto mehr war eine übergreifende, kollektive Kommunikation unter den Menschen erforderlich. Heute streben wir sogar nach einer Sprache, die übergreifend für alle Völker Gültigkeit hat, damit der Austausch noch besser geschehen kann. Damit entfernt sich Sprache aber auch vom einzelnen Menschen und kann nicht länger magisches Mittel seines Selbstausdrucks sein. Die heutige Sprache und Schrift verwaltet mehr, als dass sie lebendig ist. Der Mensch der Jetztzeit ist alleine (man nennt das individuell), selbstbewusst und eigenständig. Und wie die innere Not zeigt, die sich in zunehmender Sprachlosigkeit äußert, ist es jetzt an ihm, selbst die geistigen Höhen der

Sprache wieder neu zu gewinnen, als Akt der Selbstschöpfung sozusagen.

Der Wandel der Laute und Sprachen bezeichnet die Meilensteine auf dem Weg zur Selbstbewusstheit, zum Denken, zur Vermählung des Menschen mit der Erde. Doch der Zenit dieser Entwicklungsstufe ist erreicht. Es braucht eine neue Anbindung an das Geistige. Und gerade über Klänge und Laute kann der Mensch sich auch heute noch mit der geistig-kosmischen Ebene wieder neu verbinden.

Laute formen das Wort und in das Wort eingewoben sind eigentlich drei Qualitäten, ganz entsprechend der göttlichen Dreiheit:

1. Sinn – der Ursprung; die bewegende geistige Kraft; Leben; Geist; Wille.
2. Gedanke – die Form; der Träger des Sinns; Qualität; Seele.
3. Wortlaut – die objektive, offenbare, verwirklichte Erscheinung; die Tat; Körper.

Vergleichen wir das einmal mit den drei grundlegenden Ebenen von Ton und Farbe, damit uns die Qualitäten noch deutlicher werden:

Klang	Tonkern	Ton-, Klangfarbe	Schallhülle
Farbe	Lichtfarbe	Farbklang	Farbpigment
Wortlaut	Sinn	Gedanke	Wort

Der Urquell jedes Wortes ist der Sinn, das Geistige, die Leere. Der Geist haucht dem Gedanken das Leben ein, der Wille gibt ihm die Kraft. Der Gedanke wiederum verleiht dem Wort eine Form und diese Form bildet das Wesen der Erscheinung. Das Wort ist der ausgesprochene Gedanke, das Aussprechen ist die Tat.

Worte sind daher eigentlich nicht als leere Hülsen oder abstrakte Begrifflichkeiten zu sehen, sondern sie sind auf ihre Weise lebendige Wesenheiten. Das Leben aber erhalten sie von uns selbst. Nur wenn sie unserem Seelischen entspringen, steckt Leben in ihnen. Wir können sie beleben und ihre Macht erwecken, so wie das Göttliche einst über Atem, Wille und Laut die Schöpfung erstehen ließ. Gedanken, die wir in die Welt hinaussenden, sind daher lebendige Wesenheiten. Der hellsichtige Mensch kann die subtilen Formen der Gedanken wahrnehmen, wie der Theosoph Charles W. Leadbeater in seinem Werk „Gedankenformen" ausführt. Er sah die Gedankenform „Ehrgeiz" in folgender Gestalt in der Aura eines Menschen:

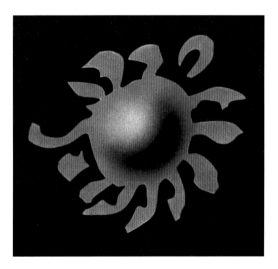

Abb. 50 Gedankenform „Selbstsüchtiger Ehrgeiz"

Das war der Grund, weshalb in vielen spirituellen Schulungen stets die Reinheit der Gedanken, neben der des Körpers und

Empfindens, gefordert wurde. Im persischen Avesta finden wir eine entsprechende Kurzformel: Gut gedacht – Gut gesagt – Gut gehandelt. An den Taten können wir etwas erkennen, aber auch am Selbstausdruck. Sprache, Klang, Mimik und Gestik transportieren unsere Emotionen. Allein mit den Gedanken können wir hinter dem Berg halten.

Doch kehren wir nochmals zurück zur Dreiheit. Drei Qualitäten sind im Wort verborgen, und daher wird in vielen Schöpfungsberichten vom „dreifachen Wort" gesprochen.

	Sinn	Gedanke	Wort
Ebene	Geist	Seele	Körper
Form	Leben	Qualität	Erscheinung
Zeit	Sein	Werden	Vergehen
Kraft	bewegend	tragend	offenbarend
Äußerung	denkend	sagend	verwirklichend
Mensch	Bewusstsein	wollend	handelnd
Körper	Herz	Gehirn	Hände

Aus dieser Dreiheit des göttlichen Wortes entsteht die Schöpfung. Sie ist deren inneres Wesen. Diese Dreiheit bedient sich der fünf Elemente, die in der Natur angelegt sind. Sie sind die fünf geistigen, energetischen Bausteine der Natur, dem Pentagramm entsprechend, den fünf Fingern der schöpferischen Hand und den fünf Vokalen. Die nachfolgende Abbildung stellt das dar.

Der Mensch verwirklicht seine Gedanken und Worte über seine Hände, sein Tun und Arbeiten. Das Sprechen wird von der Gestik begleitet. In die Wirklichkeit seines Seins kommt der Mensch nur hinein, wenn er seine Worte, Gedanken und Taten als Dreiheit erkennen kann. Heute haben wir die Worte abgekoppelt vom inneren Sinn und vom wirklichen Denken. Sie sind objektive, ja in gewissem Sinne tote Formeln oder Symbole geworden. Arbeiten wir uns wieder bewusst in die Laute und Sprache hinein, so können wir eine Abstimmung und Harmonie zwischen Körper, Seele und Geist erreichen. Indem wir Wort, Gedanke und Sinn beim Üben rückverbinden, wird dies möglich.

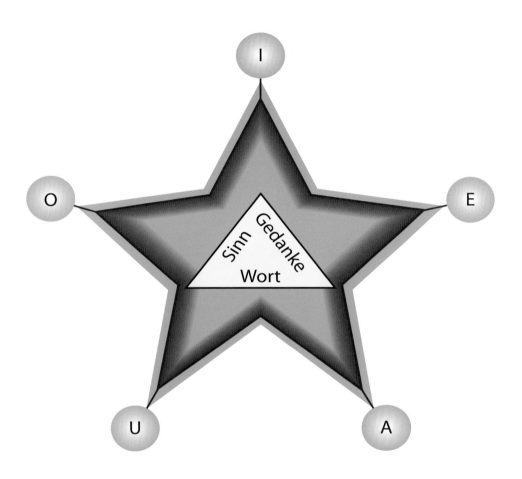

Abb. 51 Das schöpferische Wort und die Vokale

7. Die Vokale

> *„Sprache fragt immer: Wie steht der Mensch zu den Dingen der Welt? Verwundert er sich über sie? Will er sich ihnen gegenüber aufrecht erhalten? Umfasst er sie? Läuft er vor ihnen davon?"*
>
> Rudolf Steiner,
> Eurythmie als sichtbarer Gesang

> *„Vokale sind die Klänge des Geistes, Konsonanten die der Materie."*
> Harald Knauss, Vortrag

Die Vokale heißen auch Selbstlaute, was schon mit auf ihre Bedeutung für unseren Selbstausdruck hinweist. Da es sich um hallende Laute handelt, die eine Raumgröße darstellen, kann man sie auch Hall-Laute nennen. In Verbindung mit den Muskeln der Sprachorgane, die wir für die Erzeugung brauchen, bekommen diese Laute eine elektrische Ladung, so dass sie sich über die Schallweite hinaus fortpflanzen können. Vokale sind sozusagen polarisierende, strömende Raumlaute. Jeder Vokal braucht eine bestimmte Raumgröße in der Mundhöhle, die sich bildlich gesehen dann nach außen dehnt. Vokale verbinden uns besonders mit dem Luftelement, denn nur durch Ausnutzung des Atems lassen sie sich erzeugen. In sich bergen sie eigentlich eine Hohlheit und Leere, die mittels der Atemluft plastiziert wird. Sie saugen gleichsam die Luft in sich hinein. Daher gehören sie zum geistigen Prinzip im Menschen, während die Konsonanten für die körperliche, materielle Seite stehen, wie wir später sehen werden. Um es auf eine Formel zu bringen:

Vokale – über sie drücken wir seelisches Erleben aus.

Konsonanten – mit ihnen ahmen wir die äußere Welt nach.

7.1 Schöpfungsmythos und Vokale

Das innere Wesen der Vokale können wir am besten verstehen, wenn wir den Zusammenhang zwischen dem Jahreslauf der Sonne und der Vokale betrachten. Alles Leben der Erde orientiert sich am Kreislauf der Natur, dem Jahreslauf der Sonne. Aus ihr leitet sich alles Wesentliche des Lebens ab. Die Entwicklung der Sprachlaute ist stets eng an die Einteilung des Jahres gebunden gewesen. Wir haben beim Mund schon erfahren, dass er für die Gesamtheit des Jahres steht, denn er hat Boden und Himmelsgewölbe. Gleich dem Sonnenstrahl wandert der Laut in diesem Raum. In der germanischen Kosmologie finden wir die Einteilung des Jahres in drei Abschnitte, so genannte „aett", zu jeweils 120 Tagen. Um das Jahr voll zu machen, fehlen also noch 5 Tage. Diese Tage legte man zwischen das Ende des alten Jahres und den Beginn des Neuen. Es waren die sogenannten fünf Jultage. In diesen wird das Jahr neu vom Göttlichen erschaffen, weshalb die fünf Vokale als Entsprechung dieser Kräfte zu sehen sind. Die fünf Finger stehen für die fünf Vokale, die Begabung der himmlischen Kräfte. An fünf wichtigen Stellen im Jahreskreis finden wir dann die Vokale verteilt. Sie tragen und halten das Jahr. Die Konsonanten wiederum waren kalendarisch auf das übrige Jahr verteilt.

Das Leben begann und beginnt stets in der Dunkelheit, in der Höhle. Der Jahreslauf der Sonne beginnt zur Wintersonnwende, dem Punkt im Jahr, der als dunkle Höhle, dunkles Wasser oder Hügelgrab bezeichnet wird. Die geschlossene Mundhöhle ist ein anderes Symbol dafür. Es ist dunkel bei geschlossenem Mund, die Welt ist noch verborgen. Die Sonne – sinnbildlich der junge Jahresgott – schickt ihre Lichtstrahlen in das Dunkel und öffnet damit das Jahr, weitet es. Das ist der Vorgang der Geburt und Wiedergeburt. Das neue Leben tritt in Erscheinung und die Vokale sind Zeichen desselben. Damit kommt Klang, Farbe und Bewegung in die Geschöpfe. Öffnet sich unser Mund, so können die Laute, das Leben daraus hervortreten und unser inneres Licht, also das, was wir im Dunkel des Innen empfunden oder erkannt haben, kann hinaustreten. Der Laut wandert in der Mundhöhle wie die Sonne am Himmel. Die Sonne steigt bis zur Sommersonnwende, wo wir die höchste Lichtfülle haben, empor, bevor sie wieder ihren Rückweg

nimmt. Diese zwei ganz zentralen Punkte im Jahreslauf, die beiden Sonnwenden, spiegeln sich in zwei gegensätzlichen Vokalen wider:

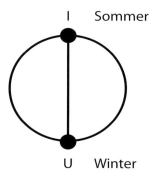

Abb. 52 I – U Sonnenhoch- und Tiefstand

Das I als hellster Vokal und Sinnbild der Sommersonnwendzeit steht dem U, dem dunkelsten Vokale gegenüber und beide verbinden somit das Oben und das Unten. Das I symbolisiert die Aufrichtekraft, ist die Weltachse und die väterliche Kraft. Das U ist eine mütterliche, aufnehmende, empfangende Kraft, denn in der Tiefe entsteht die Wende, Verwandlung oder Neugeburt. Lautieren wir ein I, so muss unser Mund alle Kräfte nach Oben aufspannen, als wollten wir über uns hinaus. So ähnlich muss es der Sonne gehen, wenn sie im Jahr ihren Hochpunkt erreicht. Mit dem Anstimmen eines U müssen wir unsere Kräfte nach unten ziehen. Ähnlich der Sonne, die kaum mehr aufsteigt im Winter, geht die ganze Kraft in das dunkle Innere.

Das Symbol der vorhergehenden Abbildung kennen wir schon als Tao, als die Fußspur des Jahresgottes, das Zeichen der Seherin. Ebenfalls zeigt es das Hinauf- und Hinunterwachsen des Jahres- oder Lebensbaumes. IU

146

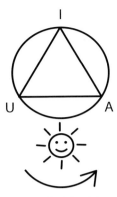

Abb. 53 Die Dreiheit im Jahreslauf

oder seine Abwandlung als „iwe, eoh" steht für die Eibe, den immergrünen Lebensbaum. Er ist im Winter wie im Sommer grün, so wie auch das Leben zu jeder Zeit ist, im irdischen Sein wie im Sterben.

Aus dieser Spannung des I und U entsteht jene Kraft, die immer wieder Leben erneuert. Erneuern tut es sich zur Wintersonnwende, wo sich das Jahr wendet. Wendet man also den wintersonnwendlichen Laut, das U, um, so erhalten wir die Grundform des A. Das ist das Tor zum neuen Jahr, zum neuen Leben. Damit haben wir jetzt drei Vokale, wie wir auch drei Primärfarben haben.

Das Rad des Sonnenwagens in der indogermanischen Kultur wird häufig mit drei Naben dargestellt, also drei konzentrischen Kreisen, und es gab in der Vorstellung unserer Vorfahren anscheinend nur drei Jahreszeiten. Die Namen der Jahreszeiten verbinden sich mit den Vokalen:

AL = Herr des Frühlings („man", der Mensch am Anfang);

IL = Herr des Sommers („min"; der Mensch in der Mitte; der Minnende, der Erhabene).

UL = Herr des Winters („mun" als Ende oder Vollendung; Weltgeist. Im Japanischen finden wir den „Monju", ein Boddhisattva, der als „Mutter der höchsten Weisheit" bezeichnet wird.).

Die Vokalfolge AIU (skr. ayu / griech. aion) stand für Qualitäten wie Leben, Ewigkeit, Zeit, Zeitalter, das ganze Jahr. Später wurde daraus dann wahrscheinlich das IAU, also das Jahu und Jahve abgeleitet. Im mediterran-orientalischen Bereich findet sich später auch das I – A – O als Wurzel des Gottesnamens. Es sind die drei Grundstrukturelemente der Welt, die in der Lehre der Freimaurer eine wichtige Rolle spielen, nämlich:

I = Gerade (Richtschnur);

A = Winkel (Kelle);

O = Kreis (Zirkel).

Mit diesen Elementen baute der mittelalterliche Baumeister die Kathedrale, wie auch Gott den Kosmos und die Geschöpfe einst gebaut hat. Jeder der drei Laute, Buchstaben und geometrischen Formen stellt sich als signifikantes Wesen dar. Diese drei haben die voneinander abstechendsten Charaktere und bilden doch zusammen eine Einheit. Das IAO ist nach den Freimaurern und Rosenkreuzern die Dreieinigkeit, ist die Grundform des Namens des Göttlichen, ist die Grundlage alles Erschaffenen. In ihm liegt die Wurzel allen Seins. Durch das Üben dieser Buchstaben, dieses Klanges und Namens kann der Schüler zum innersten Wesen vordringen, so lehrten es die alten Weisen. Wer diesen Laut kennt und anzustimmen weiß, hat in sich die Wahrheit gefunden und damit die Wurzel des wirklichen Lebens. Er wird dann selbst zum Lebens- und Weltenbaum. Das war stets mit dem Wort „Wiedergeburt" gemeint. Wer nur nach-spricht und nach-denkt, dem kann dieses wirkliche Leben nicht erwachsen, er verfällt den abbauenden Kräften, dem Tode.

Zu den beiden Sonnwenden kamen später noch die Frühlings- und Herbsttagundnachtgleichen hinzu. Die vier Jahreszeiten, wie wir sie heute auf der nördlichen Halbkugel kennen, lösten die drei ab, entsprechen den vier Himmelsrichtungen, Weltgegenden und Elementen. Dies galt als Jahreskreis der Mutter Erde. Dabei wurden das U und A als Wandlungsvokale an den Tiefpunkt des Jahres, den Winter gelegt. Das U stellt das Absteigen und Vertiefen der Kräfte dar. Das A löst aus der Tiefe die Kräfte heraus und bringt sie nach oben. Dieser Vokal hat eine öffnende Kraft. Im E erfährt die Kraft ihre frühlingshafte Erweiterung und Verbreitung. Das Aufspannen der Kräfte – was durch Zusammenziehen und Konzentration möglich wird – drückt sich im I aus. Im O wird die Kraft wieder nach innen geführt, erfolgt eine Abschließung gegen das Äußere, um die Kraft zu bewahren. Somit ergibt sich aus den Spannungspunkten im Jahreslauf der Lauf der Kräfte und auch das Kreuz der Vokale.

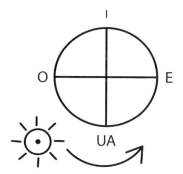

Abb. 54 Das Jahreskreuz und die Vokale

Wurden U und A früher als ein einziger Wende- oder Wandlungspunkt des Jahres gesehen,

als Punkt, wo Tod und Wiedergeburt ineinander übergehen, so trennten diese sich mit der Zeit voneinander. Mit dem U-A war die Lehre von der Wiedergeburt und dem ewigen Wandel des Lebens verbunden. Vielleicht war die Umstellung und Trennung der Vokale letztendlich auch ein Zeichen für das spätere Verschwinden der Reinkarnationslehre, denn diese war in Vorzeiten in den großen Kulturen, auch in den nördlichen, weit verbreitet. Bildlich gesehen könnte man sagen, dass die Türe zwischen Diesseits und Jenseits, zwischen dieser Welt und der anderen verschlossen wurde. Durch die Trennung von U und A entstanden die fünf selbstständigen Vokale. Damit erhalten wir das Pentagramm der Vokale, das übrigens auch zum Symbol für die „heilende, segnende Hand des Göttlichen" wurde.

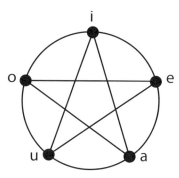

Abb. 55 Pentagramm der Vokale

Der Fünfstern hieß auch Drudenfuß (Trude = die weise, mächtige, heilende Frau) und galt als „Kraftfuß der Seherin", die zumeist eine heilige Jungfrau war. Somit war dieses Symbol auch Zeichen der Erdmutter und der Göttin Venus, deren Symbol der Morgen- und Abendstern ist. Die fünf Vokale bezeichnen die wichtigsten Sonnenstationen im Jahreslauf, stehen mit den vier Himmelsrichtungen und Jahresfarben in Verbindung, wie nachfolgende Abbildung zeigt.

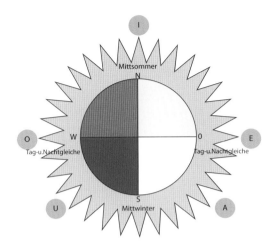

Abb. 56 Jahreskreis, Himmelsrichtungen, Farben, Vokale

Die Farben zu den Jahreszeiten variieren je nach Überlieferung. Für das nördliche Europa war dem Frühling die weiße, weise Frau zugeordnet, die im Frühling im weißen Gewand aus dem Dornenhain tritt. Blaugrün war generell die Farbe des Wassers und des Winters. Wahrscheinlich ist, dass das helle Gelb die Sommerzeit bezeichnete, das Rot den Herbst.

Bezeichnen die Vokale, Hände und Finger das innere, geistige Bewegen, so steht der Fuß für das Gehen in dieser Welt. Der „Fuß Gottes" ist daher das Symbol für den Gang der Sonne durch das Jahr, den Jahreskreis, was mit den Konsonanten gleichgesetzt wurde.

Vokale
Hände
Geistige Bewegung

Konsonanten
Füße
Irdische Bewegung

Abb. 57 Hände und Füße Gottes

Herman Wirth führt aus, dass der Jahreskalender im engen Zusammenhang mit dem Alphabet und auch zu den Tönen zu sehen ist. Wir finden diesen noch bei den fünf Solmisationssilben des Guido von Arezzo „ut-re-mi-fa-so", die aus den Anfangssilben des Johanneshymnus abgeleitet sind. Ursprünglich wurden diese wohl aus dem nördlichen Europa übernommen, wo mit großer Wahrscheinlichkeit die Wurzeln der mehrstimmigen Musik zu suchen sind. Dort lautete die Abfolge sicherlich „fa-re-mi-sol-ut", eben entsprechend dem Kalender. Somit hängen auch Pentatonik und Vokale zusammen, wie nachfolgende Abbildung zeigt. Das ist sicherlich ein interessanter Ansatz von Herman Wirth. Für Musiker ist es sicher lohnend, ihn weiter verfolgen.

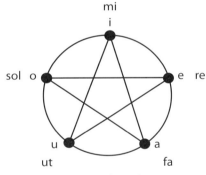

Abb. 58 Vokale und Töne

In späterer Zeit gab es das achtspeichige Jahresrad, da es alle wesentlichen Jahrespunkte verbindet, also Sonnwenden, Tagundnachtgleichen und die vier Jahresfeste (Lichtmess, Walpurgisnacht, Erntedank, Totensonntag). Damit erhalten wir acht Jahrespunkte, was bedeutet, dass es zu drei der Vokale noch Färbungen oder Umlaute gibt. Wir erhalten nun das AÄEIÖOÜU, das sich wie folgt über das Jahr verteilt:

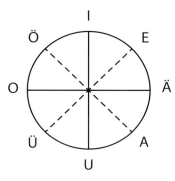

Abb. 59 Das achtspeichige Jahresrad
und seine Vokale

Die Vokale sind also Sonnenlaute, wie sie sich vom Jahreskreis ableiten lassen und auch dessen Energien entsprechen.

Es gibt Denker, die aus dem Wissen der Rosenkreuzer und Freimaurer schöpfen. Sie wenden die Vokale auf den biblischen Schöpfungsbericht an und sehen darin nachfolgende Entsprechungen und Gesetzmäßigkeiten:

A: Am Anfang war der Sinn, der das Wort, die Kraft und Tat schuf.

Das A entspricht dem Sonnenbogen, Sonnenwinkel und Winkelmaß. Bekanntlich ist der Winkel oder die Kelle ein wichtiges Symbol bei den Freimaurern, die das Göttliche als Baumeister sahen. Es bezeichnet

1. den Geist (Sinn, Ursache, Kraft);
2. die Stimme, den Ton und Laut (Wille, Kraftäußerung, Können, Kunst);
3. das Wort (Verwirklichung des Zweckes durch die Tat).

E: ... und dieses Wort war bei Gott.

Das E bezeichnet das Wachstum des Lebens nach den göttlichen Gesetzen. Das Wissen

um die göttlichen Gesetze schafft ein richtiges Wirken der Kraft. Das ist das wahre Wesen der Magie, die auf Kenntnis der göttlichen Gesetze beruht. Es ist die Ordnung, in der eine Kraft wirkt.

I: Alle Dinge sind durch dasselbe gemacht und ohne dasselbe ist nichts gemacht, was gemacht ist.

Das meint die hinter allem wirkende Einheit, die auch eine Ordnung ist („Er ist, der er ewig sein wird."). Daraus resultiert das Gesetz, dass Gleiches Gleiches anzieht. Eine bewusste Lenkung mit sinnvoller Absicht wird angestrebt.

O: In ihm, dem Worte, war das Leben und das Leben war das Licht des Menschen.

Die im Irdischen verwirklichte Ordnung wird durch diesen Vokal angezeigt. Das Leben wird rund. Der Vokal wirkt Eigenschaften und Charakter bildend. Er steht in Verbindung zum Herzen, in dem das im Menschen wirkende Göttliche seinen Ursprung hat.

U: Und das Licht scheint in die Finsternis, doch die Finsternisse sahen es nicht.

Hier finden wir die Vollendung des Planes, der Ursache, der Idee. Das Licht ist hinabgestiegen in die Materie und hat dort Leben geschaffen. Die Bewegung geht jetzt in die Ruhe über, damit die Wendung, der Rückweg einsetzen kann. Das U bezeichnet auch den im Stoff ruhenden Gott. Zahlreich sind die Sagen, in denen ein berühmter König nach seinem physischen Ableben in den Berg oder einen Baum zur Ruhe eingeht, um zur Endzeit wiederzukehren und das göttliche Werk zu vollenden.

Da die Vokale mit der Sonne, dem Jahr und der Schöpfung verbunden wurden, wundert es nicht, dass man auch die Entwicklung des Bewusstseins in ihnen abgebildet sah:

A: Das Ausströmen und Aufgehen des Geistes, des Bewusstseins in der äußeren, organischen Welt.

E: Konsolidierung des Bewusstseins in der Welt.

I: Entfaltung des Ich-Erlebens, des Sich-selbst-Bewusstwerdens.

O: Das Streben nach Integration, nach Einswerdung.

U: Das Geistige hinter dem Stofflichen entdecken. Wirklichkeit.

Betrachten wir all das vorher Gesagte, so wird uns deutlich, was eigentlich wirklich hinter den Vokalen steht. In den Schulen lernen wir nur die leeren Hüllen der Vokale kennen. Machen wir uns auf den spirituellen Weg, so gewinnen sie ihre wahre Bedeutung zurück. So sagte Paracelsus einmal trefflich: „Wir sollen mehr suchen und lernen, als uns die Schule und der Schulbrauch gibt."

7.2 Vokale und Natur

Sonnenlauf und Jahreskreis äußern ihre Kräfte sichtbar in der Natur. Die Natur ist das Buch des Lebens, die Schrift des Göttlichen. Daher sollen wir ja aus der Natur lesen, wie so viele Mystiker immer wieder betonen, und nicht nur aus gedruckten Büchern. Wir begeben uns daher an dieser Stelle einmal auf die Suche nach den Vokalen in der Natur.

Vokale und Jahreszeiten

U = Winter
A = Vorfrühling
E = Frühling
I = Sommer
O = Herbst

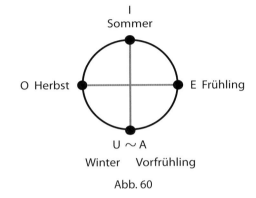

Abb. 60

Vokale und Licht/Dunkel

Die Vokale geben den Stand der Sonne, also auch Lichtverhältnisse wieder. Dies wurde früher an den Lichtverhältnissen am Baum gezeigt. Zur Mitternacht schläft die Sonne an der Wurzel, mit dem Morgen wandert sie den Stamm empor.

Abb. 61

A = Aufgang des Lichtes

E = Zunehmendes Licht

I = Höchstes Licht

O = Sich schließendes Licht

U = Versinkendes, verborgenes Licht

Vokale und Tiere

Suchen wir in den Lautäußerungen der Tiere nach den Vokalen, so finden wir folgende Zuordnungen:

A: dürfte dem Laut der wiederkehrenden Gänse und Kraniche entsprechen, die vom Vorfrühling künden.

E: Schafe, Ziegen blöken in Ä und E („Mäh"). Widder und Lamm verbinden sich mit Frühling.

I: der Laut der hochfliegenden Greifvögel im Sommer, aber auch der Pferde, die als Sonnensymbole galten.

O: entspricht dem röhrenden Hirsch im Herbst.

U: der hohle Laut der nächtlichen Eule. Da sie rundum zu schauen vermag, entspricht sie dem Winter, der den Kreis schließt. Auch die Kuh, ein Tier der großen Mutter, äußert sich in diesem Laut. Die Wintersonnwende galt als „Mutternacht" und es ist der Stier oder besser die Kuh, mit deren Hilfe Europa das dunkle Wasser durchquerte.

Vokale und Bäume[12]

Viele der großen Eingeweihten haben mit dem Baum und Weltenbaum zu tun, denn dort fanden sie ihre Erleuchtung. Buddha saß unter einem Baum, als er eins mit dem Kosmos wurde. Odin hing nach Überliefe-

rung der Edda neun Tage an einem „windigen Baum". Dort empfing er die Runen, die Symbole der Weisheit.

Das I erscheint hier als Symbol des Stammes, der alles nach oben, dem Himmel entgegenträgt. Der Stamm ist die Achse der Welt und des Lebens, die Richtschnur. Er verbindet Himmel und Erde. Das A versinnbildlicht die nach oben steigende Kraft der Säfte, die das Wachstum hin zur Vollendung bringen. Das E steht für die Erde und wurde in den Ästen des Baumes gesehen, als tragende Elemente. Das O bringt die Wölbung und Abschlussrundung der Baumkrone zum Ausdruck und die nach unten strebende Kraft der Früchte. Das U wiederum steht für die untere, irdische Welt, für das Gefäß des Lebenswassers, aus dem alles Wachsende und Nährende kommt. Die obere Welt (Vater) und untere Welt (Mutter) stehen über den Stamm miteinander im Austausch.

In den indischen Veden finden wir den Vergleich vom Lebensbaum und dem heiligen Wort AUM. Dreifach wie das heilige Wort sende der Baum seine Äste nach oben und unten. In seiner Mitte (M) befinden sich die fünf Elemente. Das AUM ist der heilige Feigenbaum, ist Brahman, ist Sonne, Licht,

Abb. 62 Der Baum des Wissens

---

12 Siehe dazu „Die Botschaft der Bäume", Narayana Verlag.

Glanz, Wasser, Essenz und Unsterblichkeit. Auch die germanische Mythologie berichtet von der Weltenesche, dass sie ihre Äste dreifach in den Himmel (A = Asgard, Lichtheim) strecke und ihre Wurzeln dreifach nach unten (U = Urd, Quelle) streben.

Der Lebens- und Weltenbaum war also auch ein Baum der Erkenntnis und des Wissens. In ihm liegt die Wurzel zu den Sprachlauten. Gleich der Sonne, die den Baum mit ihrem Licht umrundet, umrunden die Vokale den Mund.

U = Laut im Schlund / Wurzel, Dunkel, Quell, Wasser.

A = Öffnung des Mundes / Spross, Keim, Ast, wachsen, Tor zur Welt.

E = Verbreiterung des Mundes, in die Breite wachsen.

I = Hoch-Spannung, Gaumen, Schädeldach / Stamm, der sich zum Wipfel hin verjüngt und in die Höhe spannt, Aufspannung.

O = Rundung des Mundes / rundliche Krone des Baumes; das Abschließende.

Vokale und die Winde

Zum Abendwind gehört das A, zum Regenwind das O. Der Bergwind vom Tal aufsteigend oder in Spalten sich fangend äußert sich im U. Im Sturm steigert sich der Laut dann bis zum hohen I.

Vokale und Elemente

A = Luft, Licht, Sonne

E = Äther

I = Feuer

O = Erde

U = Wasser

Vokale und Planeten

Die Planeten gelten in der Astrologie als initiierende Kräfte, denn sie aktivieren die Kräfte der Sternbilder oder Tierkreiszeichen. Daher wurden die Vokale den Planeten, die Konsonanten den Tierkreiszeichen zugeordnet. Es gibt je nach Verfasser unterschiedliche Zuordnungen. Rudolf Steiner gibt z. B. folgende Zuordnung von Vokal und Planet an: A (Venus), E (Mars), I (Merkur), O (Jupiter), U (Saturn). Steiner geht dabei von den Licht- und Tonqualitäten aus. Merkur ist der der Sonne nächste und hellste Planet, entspricht daher dem I. Da U der dunkelste Vokal ist, entspricht er dem Saturn. Betrachten wir aber wiederum das Schriftbild der Vokale, so werden wir eine andere Zuordnung erhalten: A (Winkel = Mars), I (dünn, lang = Saturn), O (rund, oval = Venus), E (nebeneinander = Merkur), U (stützend, tragend = Jupiter). Die esoterische Wissenschaft ist ja keine ausschließende wie die analytische, die alles aussortiert, bis nur noch eines übrig bleibt, sondern sieht verschiedene Teilaspekte der Wirklichkeit, die alle ihre Berechtigung haben.

Vokale und Atemräume

Jeder Vokal hat seine Atemräume, die er bedient und braucht. Das A geschieht aus der vollen Brust heraus. Die Vokale E und I benutzen die höher gelegenen Atemräume, während die dunklen Vokale die unteren Atemräume ausnutzen.

I : Hirn
E: Kehle
A: griech. Kardia, Herz
O: griech. Omphalos, Nabel
U: Uterus od. Wurzelgrund

Abb. 63 Lage der Atemräume

7.3 Die Wirkung der Vokale

Wir haben zuvor die Bedeutung der Vokale im kosmologischen Sinne gesehen. Auch bei uns Menschen haben die Vokale eine ganz zentrale Bedeutung, denn sie haben mit unserem Innersten zu tun, mit unserem seelischen Wesen. Wir brauchen zur Formung der Vokale vor allem zwei Mittel, nämlich Lippen und Zähne, wobei die Lippen primär sind. Mit den Lippen teilen wir vor allem das Liebevolle, Gefühlvolle, das mit uns Sympathisierende mit. Über die Zähne äußert sich vor allem unser Denken und unsere willentliche Absicht. In den Vokalen schwingt also stets unser ganzes Selbst mit.

Weiterhin bergen Vokale zwei Seiten in sich, denn es gibt so genannte dunkle (A, O, U) und helle (Ä, E, I) Vokale. Die dunklen Vokale werden in der Entsprechung zum Blutsystem gesehen, denn das Wasser, die Säfte gehören zum emotionalen, seelischen Bereich. Für ihre Formung bedarf es vor allem der Lippen. Es ist der Gemütsmensch, der besonders mit dem Blutsystem in Verbindung steht. Er neigt mehr dem phlegmatischen, melancholischen Temperament zu. Die hellen Vokale dagegen stehen dem Nervensystem näher. Um sie zu erzeugen, bedarf es einer verstärkten Kieferspannung und mehr „Zahnelement". Der Verstandesmensch ist ein Nervenmensch und das cholerische, sanguinische Temperament tritt bei ihm verstärkt hervor.

Schon beim Kleinkind kann der Umgang mit den Vokalen anzeigen, ob es mehr zum Gemüts- oder zum Verstandesmenschen tendiert. Das zeigt sich häufig darin, welche Vokale es einfach lernt und mit welchen es verstärkt Schwierigkeiten hat.

Wenn wir uns ausdrücken wollen, so wird zuerst unsere mentale, nervliche Ebene angesprochen. Indem wir eine bestimmte innere Vorstellung und Haltung einnehmen, was wiederum eine Wirkung auf die Körperhaltung und Mimik hat, tragen wir unsere Energien nach außen. Das Blutsystem und damit auch die emotionale („hinausbewegende") Ebene spielen hierbei eine wichtige Rolle. Die Nerven wiederum sind mit dem Atemprozess verbunden und bringen die Luft in Bewegung, damit sie mittels der Sprachorgane geformt werden kann. Das Blut stellt dann über die Muskelarbeit die nötige Körperlichkeit zur Verfügung. Beide Systeme halten sich beim Ausdruck der Laute die Waage. In diesem Sinne wirken Vokale ausgleichend auf Blut- und Nervensystem.

Denken, Vorstellen/ Nervensystem – Zähne	Sprechen	Gefühle, Ausdrucksvermögen/ Blutsystem – Lippen

Das richtige Sprechen und Lautieren der Vokale regt also sowohl die Bewegung des Blutes und der Säfte an als auch die Nerven. Gemütskräfte und Denken kommen ins Gleichgewicht. Das Vokalisieren stärkt und erfrischt somit unser ganzes System.

Im Vokalisieren üben wir uns zunächst also selbst. Aber die daraus gewonnenen Erfahrungen sind uns später auch hilfreich im Erfassen dessen, was von außen auf uns zukommt. Das Beobachten der Sprache eines Gegenübers, z. B. eines Patienten, ist überaus hilfreich, da es uns Aufschluss über sein Inneres geben kann. In diesem Sinne verbessert Vokalarbeit die eigene Ausdrucks- und

Kommunikationsfähigkeit, aber auch die Wahrnehmung. Beides braucht es für einen guten Austausch.

Und eine weitere Verbindung gibt es zwischen den Vokalen und unserem Körpersystem. Diese geht aus der Beziehung der Lippen zu einem der drei Keimblätter hervor, die Ausgangspunkt unserer Körperbildung sind. Die inneren Weichteile – von der äußeren Auskleidung Lippenhaut über die Schleimhaut des Mundes bis zum After hin – sind aus dem Urdarm-Keimblatt, dem so genannten Ektoderm entstanden. Das Ektoderm (äußeres Keimblatt) liefert die Organe, welche im Austausch mit der Außenwelt von Bedeutung sind. Das sind Nervensystem, Sinnesorgane, Haut, Haare, Nägel, Hautdrüsen, Lippen, Mund- und Aftereinstülpung, Lunge. Die Wirkung der Vokale dürfte vor allem auch über das Ektoderm auf das Gesamtsystem einwirken, denn die Lippen stehen mit den inneren Organen bis zum After hinab in Zusammenhang. Denken wir an das Küssen. Der Kuss wirkt über die Innervation des Herzens weiter auf das Sexualnervengebiet. An den Lippen lässt sich das Innere, die innere Bewegung ablesen („vom Mund ablesen, schmollen, lächeln, verbeißen etc."). Die Innervation der Lippen fördert die Aktivität des Lebensnervensystems, welches das Gefühlsleben und die Tätigkeit der unwillkürlichen Organe (Verdauung etc.) beeinflusst. Über die Vokale können wir also auf das vegetative System Einfluss nehmen.

Unser ganzer Körper ist eine Dualität aus Offenheit und Begrenzung, aus Weichheit und Härte. Wir haben einen harten und einen weichen Gaumen. Die Lippen sind weich, die Zähne hart. Die Knochen, als dichte Räume, wechseln sich mit den Höhlen (Nasen-, Ne-

ben-, Bauchhöhle usw.) ab. Um Laute und Klänge erzeugen zu können, bedarf es dieser Dualität. Wir kennen diesen Wechsel von Dichte und Leere auch von den Musikinstrumenten. Damit etwas klingen kann, bedarf es einer begrenzenden Hülle und einer inneren, resonierenden Leere. Etwas, das nur fest und dicht ist, klingt kaum. Leere ohne Begrenzung klingt ebenfalls nicht. Es braucht das beiderseitige Verhältnis. Unsere Sprache spiegelt diese Dualität auch in den Vokalen (offener Klang) und den Konsonanten (geschlossener Klang) wieder. Daher können wir mit Sprache und Klang unseren ganzen Körper durcharbeiten, seine leeren wie gefüllten Räume. Wir können uns öffnen und verschließen, können Nähe und Ferne damit erreichen. Unser Körper selbst ist ein einziges Sprach- und Ausdrucksorgan, ist ein Instrument.

7.4 Die Energien der einzelnen Vokale

„Die Seele besteht aus reinen Vokalen."
Novalis, Werke

7.4.1 Die fünf Grundvokale

Aus der dunklen Höhle des geschlossenen Mundes wird der klingende Laut geboren, wie die „junge" Sonne aus dem Dunkel der Wintersonnwendnacht geboren wird. So haben wir es zuvor gehört. Der Mund vollzieht im Vokalisieren den Gang der Sonne durch das Jahr nach. Vokale weisen daher auch unterschiedliche Grade von Dichtheit auf, so wie sich das Sonnenlicht je nach Stand verändert. Das A entspricht dem kosmischen

Geist, dem Atem, hat also die Weite und Höhe im Erleben. Im I ist die Energie am dichtesten, sind wir am nächsten bei uns, und es entspricht der aufgerichteten Form des Menschen, dem Ich. Je kleiner und härter ein Gegenstand ist, umso mehr wird sein Klang dem I gleichen. Großes Raumvolumen wird mit dem A klingen. Unser Körper klingt am stärksten mit dem I, unsere feineren Ebenen mit den anderen Vokalen. Mit den Vokalen können wir also bestimmte Bereiche unseres Lebensenergiefeldes erreichen. Die Vokale zusammen machen das ganze Feld aus. Die Abbildung mit der Hallwirkung der Vokale im Körperfeld möge das deutlich machen:

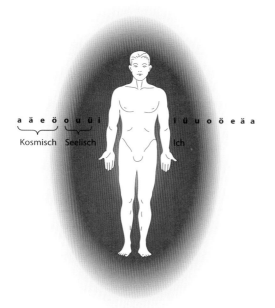

Abb. 64 Vokale und Hallkraft

Hall und Resonanz schaffen die Beziehung zwischen Ich und Umkreis. Vom Zentrum des Ichs geht der Laut hinaus, gleich wie das Licht von der Sonne hinausgeht oder die Schöpfung aus dem Göttlichen. Wenn wir einen Laut sprechen, so kann er helfen, unser Ich schöpferisch im Umfeld zu stabilisieren und zu entfalten. Aber Sprache und Klang können uns auch von uns selbst wegführen, so dass wir den Kontakt zu unserem Ich verlieren. Am Sprechen und Klingen können wir sehr wohl wahrnehmen, ob und wie unser Ich sich in seinem Lebensraumfeld vollständig ausdrückt oder eben nicht. Gelingt es uns zum Beispiel, ein schöpferisches A zum Klingen zu bringen, so lässt uns dies Mittelpunkt unseres Kreises sein und von dort strömen die Energien hinaus bis zum äußersten Rand. Es bestärkt unsere Kraft. Ein leeres A dagegen führt zum Verlust des Ich-Punktes; wir verlieren uns im Umkreis, der Umwelt nach dem Motto: „War da was?" Ein schöpferisches I stellt uns fest und stabil in den Raum, richtet uns auf. Das erzeugt in uns eine Freude. Können wir das I nicht füllen, so wirkt es z. B. lächerlich oder überzogen. Füllen wir es zu stark, so macht es hart. Die Gestaltung eines Vokales gibt uns Aufschluss über bestimmte Kräfte in uns. Die Sprachtherapie macht sich solches zunutze. Daher bezeichne ich im Folgenden die jeweilige Qualität eines Vokals zum einen mit „schöpferisch, kräftigend" (+), wenn die Kraft eines Vokals sich balanciert präsentiert. Erweist sich ein Vokal als schwierig in der Gestaltung, so deutet dies auf einen Energieverlust hin. Er zeigt sich dann „leer, haltlos, sich verlierend", was ich mit dem Symbol (–) anzeige. Somit haben wir im Folgenden stets zwei Seiten eines Vokals zu betrachten:

+ = schöpferisch, kräftigend;

– = haltlos, leer.

Der Vokal A

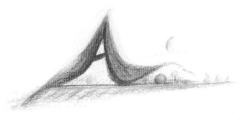

Abb. 65

Thema: Atem, Beginn, Öffnen, Staunen, Freiheit, Bewunderung, Kindheit, Erhabenheit

Im A finden wir den Geist des Alls, des Anfangs und der Erhabenheit. In ihm liegt die Idee der Ruhe, von dessen Zentrum sich alles gleichmäßig nach der Peripherie hin ausbreitet. Das Göttliche, das seine Schöpfung in der Vorstellung denkt, bevor es sie erschafft, wurde mit dem A bezeichnet.

Wie aus dem A alle Buchstaben des Alphabets entstehen, geht die ganze Natur mit all ihren Formen aus dem göttlichen Einen hervor. Mit dem „Alpha", was so viel wie „Ehre" (alphe) bedeutet, beginnt das griechische Alphabet. „Alphainein" bedeutet „etwas Neues schaffen, erfinden". Daher verkörpert das A ein Totalgefühl, was wir erleben, wenn wir uns ganz an etwas hingeben können, was uns dann innerlich erfüllt. Das entspricht dem Geist, der alles mit Leben erfüllt und beseelt. Der Mystiker Jakob Böhme sagte, dass im Geiste des A die Macht der Wahrheit liege, denn es umfasse das Ganze. Im A wohnt die ewige Urmacht als schöpferische Initialkraft, der Quell des Lichtes („Abba, Brahma"). Im A lebt das über sich selbst Erstaunte. Die Weisheit nimmt in der ehrfürchtigen Verwunderung, dem Staunen und dem Ehren seinen Anfang. Daher liegt für die Griechen der Anfang aller Philosophie im Laut A verborgen.

Im alten Ägypten war der Vokal A mit dem Aton-Hymnus verbunden. Aton war der junge Sonnen- und Jahresgott. Er bringt das neue Leben und die Zeugungskraft, damit Nachkommenschaft und Sprösslinge möglich werden. In der Kindheit wird dieser Vokal auch am meisten verwendet.

Das A wird auch im indischen Rigveda als der schöpferische Buchstabe gesehen, aus dem alles hervorgeht. Die erste Hymne des Rigveda beginnt mit dem Buchstaben A, dessen Energie quasi gestoppt (gn) und dann in schöpferische Bahnen gelenkt wird (Agnimile purohitam ...).

Die Germanen sahen das A als Anfang des Jahres und des Lebens. Mit der Rune Fa (↑) beginnt die Runenreihe (Futhark). Fa ist das zündende Urfeuer, die Vater- und Schöpferkraft. Freyr ist der junge, fruchtbare Jahres- und Frühlingsgott. Die Rune Fa symbolisiert den Ast und Spross am Baum, der neues Leben bringt.

„Die der Eberesche zugehörige Fa- oder Feoh-Rune wird dem Gott Frö oder Freyr zugeordnet, was den „ersten Herrn" im Jahr, also den Frühlingsgott, bezeichnet, der Leben, Vieh, Besitz und Gut spendet. Zur Frühlings- oder Freyrszeit werden die Kinder und die Jugend gerechnet, denn unbeschwerter Segen liegt über dieser Zeit. Freyr steht für die Zeugungskraft und den Geschlechtsakt, was im übertragenen Sinne auch bedeutet, sein eigenes Schicksal zu

*zeugen. Im Tun oder in der Tat erzeugt
und entfaltet sich das innere Feuer."*

Harald Knauss,
Die Botschaft der Bäume

Auch im Jahreslauf steht das A für den Anfang, wie wir in Kapitel 7.2 gesehen haben.
Mit dem Wandel vom dunklen U zum A findet der Beginn des neuen Jahres statt. Das
harte Eis schmilzt und die Frühlingsbäche
strömen, der Boden wird weich und das Licht
macht den Blick weit. Es ist eine Eröffnung
und für unser Gefühl hat das A etwas Wei-
tendes, Öffnendes. Das A gleicht dem gren-
zenlosen Raum und breitet sich von seinem
Zentrum bis zur Peripherie hin aus. Im kosmologischen Sinne schließt das U das alte
Jahr ab. Es ist nun so rund und satt geworden,
dass es nicht weiter kann. Dem Leben wird es
eng. So muss das Jahr sich neu erfinden, muss
sich erneut spalten und damit wird das Tor
zum Leben wieder geöffnet. Alles, was rund
ist, muss durch den engen Spalt zu neuem
Leben geführt werden, hin zur Weitung.

Das A steht zwar am Jahresanfang, hat aber
noch den Bezug zum U, dem winterlichen
Schlafzustand, und ist damit auch das Tor
zwischen Wachsein und Schlafen. Ist das A
kurz gesprochen, so rafft es unsere Kräfte,
macht aufmerksam oder vorsichtig zwei-
felnd. Im langen A dagegen drücken wir einen dauerhaften Zustand an, auch Verwunderung und Genießen.

Kurzes A	Langes A
Wachen	Schlafen
Wandern	Lagern
Lachen	Klagen
Schaffen	Laben

Das Leben muss durch einen Spalt hindurch,
um geboren zu werden. Spalt bedeutet Winkel und Winkel ist das A. Dem A haftet damit
auch etwas „Scharfes" an, da zwei Geraden
zusammentreffen und einen Winkel bilden.
Es ist, als wenn zwei Dinge oder Wege auf-
einanderprallen. Dabei entsteht ein Kontakt von Energien, entsteht Aufwachen und
Bewusstwerdung. Das A verbessert daher
unsere Wahrnehmungsschärfe, denn der
Wille spannt sich im Klang des A verstärkt
an. Wenn wir erwachen, öffnen wir uns den
Eindrücken aus der Umgebung, öffnen uns
dem Neuen, Unbekannten. Jeder Tag bringt
ein neues, ungewisses Morgen. Das kann zu
einer freudigen, ehrfurchtsvollen, staunen-
den, offenen Haltung führen, wenn wir gut
in unserer Mitte sind. Aber das A kann auch
eine innerlich feste Haltekraft sein, die ein
Abwehrgefühl vermittelt, das aus der Angst
heraus entsteht, überwältigt zu werden von
den Eindrücken.

Das Öffnen des Mundes zum ersten Schrei im
Leben hat seine ganz eigene Magie. Mit dem
Schrei des A treten wir mit all unserer Potenz aus der Rundheit der inneren Welt durch
den engen Spalt hervor, beginnen wir unseren
eigenen Schicksalslauf. In diesem ersten A
steckt höchste Erwartung und Freude, aber
auch Schmerz und Angst, eben das ganze Leben. Aber über all dem steht das Motto: eine
neue Sonne ist dem Leben geboren.

Mit dem A beginnt der Aufstieg des Lichtes
und des Lebens. „Ar" ist der mächtige Adler,
der aufsteigt und in solcher Höhe zu fliegen
weiß, dass er der Sonne nahe kommt. Der
Mensch reckt die Arme dem Sonnenlicht
entgegen, wenn er den Frühling herberu-
fen und begrüßen möchte. Auch das neuge-

borene Kind öffnet sich dem Licht der Welt, um sie zu ergreifen. Und wenn wir nach den Sternen greifen, den Himmelssegen herabrufen möchten, so recken wir die Arme gen Himmel. Wir öffnen uns am weitesten, wenn wir der Welt mit Verwunderung und Staunen gegenüberstehen, uns ein Gefühl von Erhabenheit durchzieht. Jede Erkenntnis, so die alten Griechen, beginnt mit der Verwunderung, dem Ehren, eben dem A. Gabel- oder winkelförmig öffnen sich die Arme, wenn wir die Welt und das Licht begrüßen. Die Germanen hatten als Bild dafür die Man-Rune, zu welcher alle Worte des vorindogermanischen m-n Stammes gehören. Darunter finden sich Worte wie „munr" (altnord.), was Sinn, Gedanke bedeutet, auch „man" (german.) was Mensch heißt, auch „manus" (lat.) die Hand, als auch „manitu" (nordamerikan.), was den Gott, der durch Denken erschafft, meint. Es ist der spirituell bewusste Mensch, der seine Hände dem Licht des Himmels zustreckt.

Wer nicht mehr dieses Staunen über die Erhabenheit der göttlichen Schöpfung und der Natur in sich trägt, der kann nicht im Buch der Weisheit lesen. Ihm bleibt das geistige Licht verschlossen. Daher nannten die Griechen diesen Vokal „apollinisch", was „gestaltend, formend, erkennend" meint. Wenn wir ins Staunen, Verwundern und Hingeben kommen wollen, braucht es zuvor immer ein Lösen von uns selbst. Mit einem „Ha" befreien wir uns, schütteln etwas ab, was uns beschwert. Damit fühlen wir Erleichterung. Und indem wir uns lösen und hingeben, erlauben wir, dass etwas uns gestaltet. Der Anblick eines geliebten Menschen gestaltet uns anders, als der einer Landschaft. Beides macht aber etwas mit uns.

Abb. 66 Lichtgebet

Im A können wir ein Gefühl von Mittigkeit erfahren. Deutlich sehen wir das an einem Baby, das sich freut, Mittelpunkt des Interesses zu sein, im Zentrum zu sein und dies mit seinen A-Lauten bewirkt. A ist das erste Totalgefühl, das ein Kind von oben bis unten ergreift. Somit repräsentiert das A den ganzen Menschen, sein Ganzheitsgefühl. Im A und auch dem H – beide sind sie auch Wärmelaute – verströmen wir uns in unserem Staunen nach außen. Ist dieses übergroß, so sagen andere dann zu uns: „Mach den Mund wieder zu!"

Ein schwingendes A setzt uns also mitten in die Umwelt hinein als Mittelpunkt unseres Lebenskreises, so wie wir in einem leeren A uns an die Umwelt verlieren. Ein plötzliches Erstaunen drücken wir im A aus, wie auch Schmerz oder Druck, der sich nach außen loslassen oder ergießen möchte.

+ Staunen, Bewunderung, Erhabenheit der Schöpfung, Ehrfurcht, Öffnen, Gebet, Anrufung, Verwunderung, sich recken, Kraft tanken, Begeisterung, Schwärmen.
– Leere; Verlust der Mitte; sich verlieren; ohne Verwirklichungs- und Gestaltungskraft, ohne Glanz.

Der Vokal E

Abb. 67

Thema: Verbreitern, Horizont, Erkennen, Erwägen, Erweitern, Voranbringen, Verstärken, Erhalten, Bestimmtheit

Ist das A eine sich öffnende Form, so begegnen wir gefühlsmäßig im E einer Fläche oder Ebene. Die Breite des Horizontes tut sich auf. Im Wort „Sehen" tritt uns dieser Charakter des E deutlich vor Augen. Die Betrachtung der weiten Fläche oder Ebene, des Horizontes gibt ein erhebendes, gutes Gefühl. Vielleicht bezeichnete der Mystiker Jakob Böhme deshalb das E als das Paradies und die Reinheit und die Schönheit der Engel.

Klingt das A noch stark in uns nach, so kommt mit dem Laut E der Klang aus der Mundhöhle verstärkt nach vorne und außen. Das E ist der Laut der Frühlingskraft,

wenn die Sonne und das Leben breiter werden. Es ist die Waagrechte, die die Zunahme des Lichtes zeigt. Auch unser Lebensgefühl wird breiter, wenn das Licht zunimmt, und wir könnten die Welt umarmen. Im Frühling legen wir uns in die grüne Wiese, um den Himmel zu genießen. Als Frühlingslaut ist das E auch das Symbol für das Wachsen des Lebensbaumes und ein Sinnbild der Leiter zum Himmel. Das Sinnzeichen für das aufsteigende Jahr und den jungen Lebensbaum zeigt den gespaltenen Kreis, der auf seiner rechten Seite Sprossen oder Äste hat.

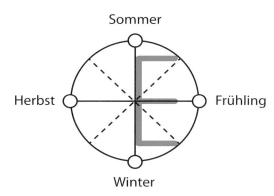

Abb. 68 E = Weltenbaum

Betrachten wir die Signatur des E, so werden wir sofort eine Ähnlichkeit zu den Rippen im Körper feststellen, die sich nach außen, in die Breite dehnen. Die Flankenatmung steht für eine Intensivierung der Energie und ein Ansteigen der Emotionalkraft. Bei Pferden können wir das besonders gut beobachten. Die Rippen hängen an der Wirbelsäule wie die Äste am Baumstamm. Und mit dem Baum und seinen Ästen verbindet sich sinnbildlich das menschliche Nervensystem. Rudolf Steiner bringt das E ebenfalls mit dem Nervenleben in Verbindung. Das E führt die Nervenkraft nach innen, macht uns zum fühligen Menschen, während der nachfolgende Vokal I den Nervenstrom ausrichtet und wieder nach außen leitet.

Das E zeigt das ewige Gesetz, nach dem die Kraft des Lebens wirkt. Eng verbunden ist mit diesem Vokal daher die Seele, die eine bewusste Brücke zwischen Geist und Körper bildet. Die Seele spiegelt all das in ihrem Bewusstsein wider, was ihr von außen oder innen zuströmt. Öffnen wir uns im A dem Leben, so beobachten und bearbeiten wir im E die Reize und Impulse, die uns von dort zuströmen. Wir stellen uns gegen die Welt und indem wir dies tun, spüren und erleben wir uns als wirklich. Der Impuls sich zu öffnen oder auch sich abzugrenzen hält sich noch die Waage. Gegen die anströmenden Kräfte müssen wir uns aufrecht, im Gleichgewicht halten. Aus dieser Haltung erwachsen Fragen und das führt zu einer Haltung des Beobachtens, Abwägens, Ausgleichens und Berechnens. Diese Vorgänge bringen eine Stärkung der Selbstständigkeit und des Mitgefühls. Damit wird durch das E unser Standpunkt in diesem Leben gefördert, von dem aus wir Entscheidungen treffen. Das E hat immer etwas Bekräftigendes, etwas Bestimmtes.

Je nachdem, welche Klangqualität das E hat, wird es entweder eine seine Kraft verbreiternde Wirkung oder eher das Nachdenkliche ausdrücken, wie nachfolgende Beispiele zeigen:

Kurzes E	Langes E
Mit Kraft schnell vorantreibend	Wägend, nachdenkend, Dauer
Zerren	Zehren
Hinweg	Weg
Recken	Regen

Das E entspricht dem Gefühl der Ferne und der Erhebung. Daher finden sich zu diesem Vokal Beziehungen zu Qualitäten wie Erkennen, Wir-selbst-sein (Eigensein), Beobachtung, Abwägen, Horizont (Frage an das Außen).

Das Gefühl, dass einen nichts erschüttern, nichts zerstören kann, wohnt in diesem Vokal, eine Art jugendlicher Mut und Trotz. Von Goya gibt es ein Gemälde, das die grausame Hinrichtung von Partisanen darstellt. Mit offener Brust, waagrecht ausgebreiteten Armen und entschlossenem Blick stemmen sie sich der Gewehrsalve ihrer Feinde entgegen. Das würde dieses absolute E-Gefühl beschreiben, dass uns nichts genommen werden kann. Wenn wir uns innerlich ganz zu eigen sind, sind wir unabhängig vom Außen. So können wir uns der Unbill der Welt furchtlos entgegenstemmen oder auch jemanden umarmen ohne Angst, uns dabei selbst zu verlieren.

Eine weitere Darstellung des E wäre das Kreuzen der Arme. Durch die Wirksamkeit des Überkreuzens ergibt sich eine innere Verfestigung und die Möglichkeit, sich selbst gegen etwas anderes zu stellen. Im E und im Kreuzen der Arme stellt sich der Mensch der Welt gegenüber. Er spürt, er empfindet, was auf ihn von außen einwirkt, aber er hält sein Inneres dagegen. Im E lässt er sich nicht anfechten durch etwas, was ihm von außen geschieht. Daher hat dieser Vokal auch mit Themen wie Selbstbehauptung, Verteidigung, Berührtwerden, Erfolg im Handeln zu tun.

Die Stellung der Kreuzhaltung führt uns konzentrativ zur Mitte, bewegt uns zum Innehalten und Abwägen. Es bedeutet den Moment des Abwägens, auch der Verlegenheit („Eh!"). Oftmals benutzen wir den Laut E, um ein Innehalten zu erreichen oder als Mitteilung einer Warnung („He!"). Wenn wir aber zu sehr innehalten, so kann das auch zu einem Verfestigen der Gedankengänge führen und es kann ein Vor-sich-Hinbrüten, eine Bedrücktheit daraus entstehen.

Das E hat eine die Polaritäten ausgleichende Kraft. Das zeigt sich bildhaft auch darin, dass die Priester in früher Zeit das Ehepaar segneten, indem sie deren Hände überkreuzten. Der Vokal E hat also auch mit Verbindung von Polaritäten und Beziehung zu tun. Dazu wird auch die ewige Anziehung zwischen Mann und Frau gerechnet, die nach Vereinigung sucht. Damit haftet dem E auch die Bedeutung von Fruchtbarkeit und Vermehrung an.

+ Laut des Eigenseins, fragen, Beobachtung, ausgleichen, abwägen, berechnen, Selbstständigkeit, Mitgefühl, Standpunkt.
– Zweifel, Gleichgültigkeit, anhalten, Furcht, Ekel.

Der Vokal I

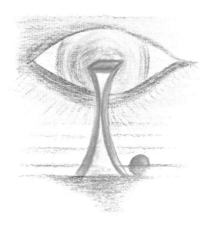

Abb. 69

Thema: Aufrichten, Höherstreben, Selbstbestimmung, Straffen, Spannkraft, Freude, Innere Ordnung, Sich in die Welt stellen, Zielstrebigkeit, Ich- oder Selbst-Bewusstsein, Selbstbehauptung, Neugier, Hohe Erwartung

Wir haben zuvor gesehen, dass sich der hellste, höchste Laut mit dem Punkt der Sommersonnwende im Jahreslauf verknüpft. Unter den Vokalen hat das I einen solchen Klang. Beim Anstimmen vibriert es vor allem an der Schädeldecke. Diese aufspannende, sich nach oben richtende Kraft erhält es durch verstärkte Spannung oder Druck. Einen stechenden, zuckenden Schmerz drücken wir mit Hilfe dieses Vokals aus. Er vibriert unter allen Vokalen am nächsten am Körper und braucht am meisten Mundspannung. Beim Anstimmen des I spüren wir, wie der Ton aus der Mundhöhle nach außen tritt. Das I ist die senkrechte Linie, die Eins, das Ich, der Baumstamm, der Phallus und der Zauberstab. Damit erkennen wir deutlich, dass es um die Kraft und Macht des Einzelnen geht, der sich aus dem Ganzen herauskristallisiert hat. Das I bedeutet das, was wir als ganzes Ich sind, was wir anstreben und wohin wir wachsen möchten. Um „Individuum" und Ich zu werden, ist es nötig, alle seine Kräfte geradlinig auszurichten. Es gilt, alles in eine geordnete Struktur zu bringen. Nur so kann wie bei einem Stabmagneten eine Polarisation entstehen, was das Gleiche und Hilfreiche an Kräften anzieht und das abstößt, was nicht mit einem selbst schwingt. Die Kräfte werden geordnet und konzentriert, damit sie volle Dynamik und Zielrichtung entfalten. Daraus entsteht ein Gestrecktsein, ein Aufgespanntsein. Solche innere Haltung ermöglicht bewusste Selbstorganisation. Es gilt sich aus der Menge heraus zu polarisieren, zur charakteristischen „Eins" zu werden. Auf diese Weise entsteht das Eigene und das unverwechselbare Ich. Und dieses Ich kann sich gleich dem Laut I, der sich vor die Mundhöhle stellt, nach außen selbstbewusst darstellen. Das I stellt sich mitten in die Welt hinein. Es verbinden sich Ursprung oder Wurzel und Ziel zum persönlichen Lebensweg.

Im I raffen wir uns auf, spannen und konzentrieren unsere Kräfte. Denken wir an unsere Schulzeit, wenn der Lehrer eine Frage an die Klasse hatte und wir den Arm mit Zeigefinger gehoben haben und dabei begeistert „Ich" schrien. Darin erkennen wir deutlich die Spannung, Erwartung und das Selbstbewusstsein. Wenn wir schuldbewusst etwas eingestehen mussten, dann haben wir kleinlaut die Arme unten gehalten und den Zeigefinger hoch gestreckt. Wenn wir in unserer Spannkraft sind, werden wir zum Lenker unserer selbst, ausgerichtet auf unsere Lebensziele. Gleich einer tragenden Säule scheint das I zwischen Erde und Himmel aufgespannt.

Interessant ist, dass wir kaum Verben in unserer Sprache finden, die mit diesem Vokal beginnen. Hauptsächlich sind es Substantive, was wiederum zur „Eins" passt. Diese Zahl stellt sich hin, hat wenig von Bewegung. Bewegung bringt erst die „Zwei". Überhaupt merken wir die kurze, raffende Energie an den vielen Worten mit kurzem I.

Kurzes I	Langes I
Das Andere abweisend	Sich bestärkend
Ich	Igel
Irren	Ihre
Ist	Is (Eis)

Da dieser Vokal mit der Helle und dem Licht verbunden wird, galt er als freudiger, fröhlicher und förderlicher Laut. Er wirkt besonders auch auf die Hirnrinde des Vorderhirns, also jenen Gehirnanteil, wo wir zukunfts- und lösungsorientiert sind. Das Anstimmen des I soll uns positiv stimmen. Es steht in der Mitte zwischen den hellen und dunklen Vokalen, zwischen dem inneren und äußeren Erleben, womit es etwas Klares, Balancierendes hat. Aus dieser Mitte zwischen Hell und Dunkel, wissend um Freude und Schmerz, entsteht die echte Heiterkeit. Die Kraft, die wir aus diesem Vokal ziehen können, ermöglicht uns, uns in der Welt zu behaupten und Hindernisse zu überwinden. Mit ihr können wir unser Leben so gestalten, wie wir es möchten und wie es für uns stimmig ist.

Jakob Böhme sagt, dass das I dem Blitzstrahl gleicht, der in die Tiefe, in das Innerste hineinfährt. Damit meinte er die Stärke des Selbstbewusstseins, die im Herzen des Menschen, dem wahren Urgrund seines Selbst, ihre Quelle hat.

+ Fröhlich, Freude, lachen, Glück, erhebend, Verstand, Erkenntnis, Helligkeit, Frieden, Neugier, Aufrichte- und Überwindungskraft, Selbstbestimmung.

– Lächerlichkeit, Gedankenflucht, Schreck, überzogene Ausgelassenheit.

Der Vokal O

Abb.70

Thema: Verinnerlichung, Umfangen, Fülle, Innere Größe, Vollkommenheit, Ehrfurcht, Weisheit, Zufriedenheit, Einssein mit sich, Das stille Glück

Dieser Vokal steht für den Herbst und bezeichnet das sich langsam schließende Licht. Es ist im Abstieg begriffen und das Jahr beginnt sich zu runden. Die Tage werden dunkler und auch der Laut wendet sich wieder zurück in die Mundhöhle.

Das O ist der Ton der Reife und des abendlichen Beschließens. Daher ist es auch ein Laut, der dem Lebensalter und der Reife entspricht.

Der Herbst als die Abrundung und Zusammenfassung der Wachstums- und Reifungsprozesse, die im Frühling und Sommer stattgefunden haben, drückt sich in der Ernte aus. Samen und Nüsse beinhalten im Inneren wohlbeschützt das junge Leben, das sich im neuen Jahr entfalten wird. Somit geht es generell um das innerliche Leben, um die Essenz und die Werte. „Kosmos, Wort, Logos, Dom" sind solche O-Worte, die auf das verinnerlichte Denken hinweisen. Das O ist ebenfalls ein Raumlaut und mit seiner Hilfe bringen wir das Große, Hohe zum Ausdruck.

Gleichzeitig zeigt uns die Kreisform des Vokals, dass er etwas Umschließendes, Umfangendes hat. Kreisförmig, entsprechend der Form der Sonne, ist der heilige Raum und heilige Hag. Wenn wir etwas umarmen, es in unseren Kreis einschließen, gehört es zu uns. Wir kommen dann mit etwas zusammen, bauen eine Bindung auf. Daher hat dieser Vokal etwas davon, etwas in sich hineinzunehmen, sich zu Herzen zu nehmen. Und ist es ganz heimelig und liebevoll in uns gestimmt, so können wir leichter „aus uns herausschlüpfen". Wir gehen dann aus uns heraus, umfassen die Welt und stellen dann fest, dass wir eins mit ihr geworden sind. „Opa, Oma, Oheim" sind jene Verwandten, die zu unserem erweiterten Lebenskreis, zu unserem „inneren Heim" gehören. Und was wir in unseren Lebenskreis einschließen, was wir umfangen, das hegen, bergen und beschützen wir auch.

Indem wir alles um- und einschließen können in uns, werden wir selbst zum schöpferischen Kosmos. Das O ist ja auch ein Symbol des Eies, in dem alles schöpferische Leben enthalten ist. Daher bezeichnet O auch den Menschen, der ganz eigenständig ist und aus sich selbst heraus sein Leben schöpferisch erschaffen kann. Im A öffnen wir uns als geistige Wesen der Welt und im U öffnen wir uns als irdische Wesen dem Geist. Das O umfasst beides und harmonisiert es. Im O kann ein Mensch sich aus dem Gebundensein an das Stoffliche lösen und sich frei in Liebe der Welt wieder zuwenden.

Das O gilt als Laut der Andacht, denn es sammelt gleich der Urquelle des Lichtes die Strahlen im Brennpunkt eines jeden Wesens, im Herzen. Es ist der Schöpferfunke im Herzen, welcher unser Leben in seiner Gestaltung leitet. Ehrfurcht vor dem Göttlichen entsteht daraus. Erhabene, hohe, religiöse und selige Gefühle entlocken uns das O. Denken wir an das indische OM. Indem wir uns mit der inneren Weisheit verbinden, erfahren wir eine seelische Erhebung.

Das O steht auch für die Einheit, das Einssein mit uns selbst. Regiert ein solcher Zustand in uns, so sind wir innerlich satt und zufrieden. Wohlig, genüsslich fahren wir uns kreisend über den Bauch, ein langes O anstimmend. Kurz und gepresst wird unser O, wenn wir etwas Falsches oder zu viel gegessen haben und wir ob der Schmerzen in Stöhnen verfallen. Treffen wir eine richtige oder auch falsche Entscheidung darüber, worauf wir uns einlassen, so hat das mit dem Vokal O zu tun. Dass das O uns immer ganz betrifft, können wir an einem drastischen Bild sehen; wir finden es nämlich auch, wenn uns ein Faustschlag in den Magen trifft, wir uns zusammenkrümmen und in dem Laut „OH!" versuchen, das energetisch auszugleichen.

Die polaren Seiten des Vokals finden wir deutlich in der Aussprache:

Kurzes O	langes O
Verunsichernd	Genussvoll
Innehaltend	Überrascht
Gott	Lob
Sonne	Mond
Robbe	Robe

+ Verinnerlichung, Vertiefung, Ehrfurcht, erhabene Gedanken, Andacht, Weisheit, Seligkeit, umfangen, tiefe Beziehung, Genuss, Zufriedenheit, Glück, Größe.

– Geistige Verschrobenheit, Schmerz, Abwehr, Angst, Überheblichkeit, Kleinheit.

Der Vokal U (alte Schreibweise: V)

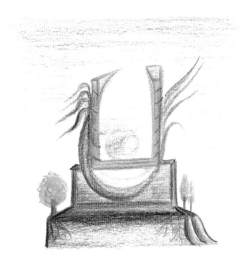

Abb. 71

Thema: Ursache, Ruhe, Erinnerung, Tiefe, Konzentration, Selbsterkennen, Sich spüren, Ergebenheit, Erdung, Konzentration, Hinwendung, Empfänglichkeit, Verwandlungsbereitschaft, Vertrauen, Hingabe

Das U ist der Vokal, den wir mit dem Winter verbinden, wenn die Kälte uns steif und kalt macht, wir dann mit einem „Hu" in die Hände blasen, um uns zu wärmen. Das U ist der Laut des Windes – vor allem in Verbindung mit H oder Sch – und damit jener des Belebens durch den Atem und den Geist. Im Winter fegen die Sturmriesen über das Land und Wotan, der „Wallvater". Sein Atem geht durch das Land, zieht durch den Wald. Was das Göttliche denkt, führt sein Atem aus, so die alten Lehren. Wenn die äußere Welt erstarrt und abfriert, dann geht die innere Welt auf. Mit der Kälte und Kühle werden wir daher innerlich und geistig wieder wach. Der Winter und seine Begleiter mahnen uns an Verfall, Zerstörung und Tod. Das ruft Ängste und Fragen in uns wach, die wir im Geiste dann bearbeiten.

Das U ist ein dunkler, hohler Laut und ruft manchmal einen Schauder oder gar Schrecken in uns hervor. Denken wir an unsere Kinderzeit, wenn wir in einen dunklen Keller oder eine Höhle ein „Huuu" hineingerufen haben oder andere mit diesem Laut erschreckten. Geister und Gespenster werden in den Comic-Heften mit dem Laut „Hu" belegt. Die Geister, die in hohlen Weidenbäumen wohnen, sollen z. B. einen hohlen Rücken haben. Manche Menschen nehmen es als böses Vorzeichen, wenn eine Eule ihr „Huhuuu" ruft. In der Tat hat das U zwei Seiten. Zur Wintersonnwende geht die Sonne in das Meer, die dunkle Höhle, das dunkle Wasser oder das Grab ein. Das U hat ja eine Form wie ein ausgehobenes Grab, eine Vertiefung. Es ist der Jahresgott, der im Winter schwach ist, der krank wird und stirbt. Er geht in das Grab ein, wo er zur Verwandlung und bis zur Wiedererweckung ruht. Alles irdische, körperhafte Leben versinkt irgendwann in der Tiefe. Nur

so kann es sich wandeln, kann aus dem U wieder ein A, ein Anfang werden. Das U ist zwar Grab, kann aber auch Gefäß oder Vase sein, die Halt gibt. So kann das Leben nicht auf immer in der dunklen Tiefe verschwinden oder absinken, sondern es wird dort von der Erdenmutter in einem Gefäß aufgefangen. In der germanischen Mythologie ist es die schwarzweiß gekleidete Göttin Holda („Frau Holle") oder Perhata, die dafür sorgt, dass das Leben nicht in der Schwärze, in einem Nichts versinkt, was ja das Ende allen Lebens wäre. Die Erdenmutter ist die Quelle, aus der alles Seelenleben kommt und zu der es zurückkehrt. Sie wandelt das Alte zum Neuen und so entsteht neues Leben oder eben ein neues Jahr. Die Erdenmutter ist die Urmutter allen Seins. Daher ist „Ur" die Heimat, aus der einst alles wurde, und im U ruht daher das uralte Wissen. In den Märchen ist es meist die Urgroßmutter, deren Weisheit tief ist.

Der Vokal U meint also das ruhende, in der Tiefe versunkene Licht. In der Zeit des Winters zieht sich das Leben aus dem Äußeren zurück, um sich zu schützen, wie auch wir Menschen uns zurückziehen, wenn es uns nicht gut geht. Die Wintersonnwende war in der germanischen Kultur der wichtigste und geheimnisvollste Punkt des Jahres. Dort steht der alte, sieche Jahreskönig, schaut zurück in die Vergangenheit, weiß, dass er gehen muss. Gleichzeitig lebt in ihm schon der junge König des kommenden Jahres, der nach vorne blickt, in die Zukunft. Der alte König stirbt, erlebt seine Verwandlung und Wiederauferstehung als neuer Jahreskönig, nach dem Motto „Der König ist tot, es lebe der König!" Das Königliche in uns kann nicht sterben, es kann sich nur wandeln, ein Grundgedanke für das Weiterleben nach dem Tode. Daher gab es in den frühen Kulturen das Ritual der

Grablegung und Wiederauferstehung, ein symbolischer Akt, den sich die Freimaurer bewahrt haben. Am Punkt der Wintersonnwende finden wir daher auch das Symbol des doppelgesichtigen Gottes, des Zwillings und Janus, der sowohl zurück als auch nach vorne blickt. Das U hat also mit dem Mysterium des Lebens zu tun. In diesem Sinne finden wir mit dem U solche Qualitäten verbunden wie Tiefe, Verschlossenheit, Mystik, Philosophie, Rückbindung (lat. religio).

Das U ist das Bewahrende, Ewige. Für den Menschen bedeutet es auch Vergangenheit. Mit der Vergangenheit ist das Gedächtnis, die Erinnerung verbunden und das Gewissen. Aber aus der Vergangenheit wächst auch das Neue, so den ewigen Gang der Zeit unterhaltend. Das spiegelt sich im U wieder, das sich zum A umkehrt. Ende und Anfang kommen so zusammen. Das U ist der fast geschlossene Mund, die dunkle Mundhöhle, die sich im A wieder öffnet. Somit ist dieser Vokal einer, der auf seine Verwandlung wartet, und wir finden ihn aneinandergereiht wieder als Sinnbild des Wassers (♒), das die Astrologie als Zeichen des Wassermanns übernommen hat.

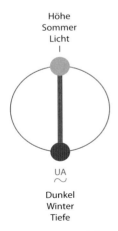

Höhe
Sommer
Licht
I

UA
~

Dunkel
Winter
Tiefe

Abb. 72 Das I (Licht) und das U (Wasser)

Das führt uns zu einer weiteren Facette des U. Wir haben gesehen, dass es zu der Erdenmutter gehört. Es bildet somit das Gefäß des Lebens, was seine Form schon zeigt, aber auch Worte wie Urne und Vase. Es ist der Urgrund, die Ursache für unser Leben. Unsere Lebensvase, unser Gefäß nämlich ist unser Körper. Ihn eignen wir uns an, machen ihn zu unserem Besitz und dazu müssen wir geboren werden, inkarnieren. Der Körper ist uns dann zugehörig, bildet das tragende Fundament für unsere Seele in diesem Leben. Im Geist des U liegt die Fähigkeit der Empfänglichkeit, so wie unser Körper auf Anregung wartet oder die Vase dazu da ist, gefüllt zu werden. Es ist das Leere, das gefüllt werden kann. Aber dazu braucht es die Gelöstheit und Bereitschaft, sich ergreifen zu lassen, offen zu sein für Verwandlung und Veränderung. Vertrauen in uns selbst, in die Stabilität unserer „Vase" ist da gefragt. Daher verbinden sich mit dem U auch Qualitäten wie Erdung, Festigung, Konzentration, innere Ruhe, Leere.

Das U ist die Form des tragenden Oberkörpers. Wir müssen unseren Unterleib pressen beim Klang des U, was zusammenfügend und kräftigend wirkt. Bei dem Thema „Festigung" können wir an einen Darm denken, der unter Verstopfung leidet. Mit einem U muss eine von diesem Leiden betroffene Person dann kräftig den Unterleib pressen, um einen Stuhlgang zu ermöglichen. Da wirkt Kraft auf Schwere ein. Das weist uns darauf hin, dass wir uns mit dem U auf dem Gebiet der physischen Kräfte befinden.

Das Festigende, Erdhafte brauchen wir in dieser Welt, denn U ist auch das Unbekannte, Unsichere, Unheimliche, das zu entdeckende Geheimnis. Und was könnte dies mehr sein als das DU, dem wir gegenüberstehen. Das DU kann faszinieren und uns mit sich fortziehen. Dazu bedarf es der Hinwendung und des Daraufzugehens. Das DU kann uns aber auch Angst einflößen, uns bedrohen. Der Vokal U hat in diesem Sinne also mit Standort, Erdung zu tun, aber auch mit dem Fortwollen davon. Das U fördert das Herausgehen aus sich, um einem anderen zu folgen. Daher ist das U das Tor, durch das wir nach vorne oder auch nach hinten schreiten können. Es ist ein Wegbereiter, eine Geleiter der Verwandlung und des Wandels.

+ Tiefe des Geistes; Eingebung, tiefe Selbsterkenntnis, lösen, Stabilität, Sicherheit, Kühle.
– Verschlossenheit, Furcht, Enge, Angst, Druck, Schrecken, Grauen, Schwerfälligkeit, Kälte.

7.4.2 Die Umlaute

Der Vokal Ä

Thema: Erwachen, Eigenständigkeit, die wägende Kraft, Überwindungskraft, Abstand, Befriedigung, Streben

Das Ä schafft eine Verbindung zwischen A und E, was einer Überbrückung zwischen Ich und Umwelt gleichkommt. Es geht um die Auseinandersetzung mit der Welt. Gelingt das nicht, füllen wir beim Sprechen die Lücke mit einem Äh. Wir werden wach an der Umwelt. Das Erwachen und das Erhalten der Selbstständigkeit sind daher Themen des Ä. Es geht um ein Festhalten am Eige-

nen, aber auch um ein Vorwärtsstreben. Da müssen wir manchmal die Zähne zeigen und Überwindungskraft einsetzen, um das abzuwehren, was unsere Entwicklung zu hemmen droht. Damit wir die Umwelt klar sehen können, bedarf es ebenfalls des Abstandes. Aus der Distanz können wir beobachten, abwarten und eventuell auch abwehren, falls unser eigener Fortschritt bedroht wäre. Verharren wir aber zu lange in diesem Laut, so warten wir sehr lange und kommen nicht voran. Finden wir keinen Halt in seiner Kraft, so wächst in uns der Widerwillen und die Ablehnung. Das führt dann zu einer falschen Einstellung, zu Kälte und Lieblosigkeit.

+ Starkes Urteilsvermögen, festhalten am Eigenen, eigene Bestimmung verfolgen, Abstand, Abwehrkraft.
– Haltlos, Abwehr, Widerspruch, Widerwillen, Abscheu, Kritik, falsche Einstellung, Lieblosigkeit, Irrtum.

Der Vokal Ö

Thema: Unterscheidungskraft, Klarheit, Überzeugung, Tiefe des Gedankens, Versöhnung

Das Ö ist eigentlich ein gespaltenes O und trägt daher auch etwas Zerrissenes in sich. Da es die Vokale O und E verbindet, also Herbst und Frühling, so stellt es im günstigen Falle eine Überbrückung zwischen dem Ziel unserer innersten Gedanken oder Wünsche und der bisher erreichten Lebensstufe dar. Durch das Ö findet eine Verbreiterung des Inneren statt. Dadurch kann Klarheit in uns Einzug halten. Inneres Wissen, klares Durchdenken, innere Klarheit, auch die Befähigung, das

Zentrale und Wichtige zu erkennen, werden mit diesem Vokal verbunden. Das klare Wissen führt zur inneren Überzeugung. Das Ö soll den Verstand schärfen und ist somit dem wissenschaftlichen Denken förderlich. Schöngeist, Höflichkeit und Sitten werden diesem Vokal ebenfalls zugesprochen.

+ Klares Durchdenken, Tiefe der Gedanken, den Kern der Dinge suchen.
− Hochmut, Verhöhnung, Zerrissenheit.

Der Vokal Ü

Thema: Schönheit, Güte, Milde, Demut

Hier finden wir energetisch eigentlich die Verknüpfung von U und I, also dem Dunklen mit dem Hellen. Es ist eine Überbrückung zwischen strömendem Geist und beobachtendem Verstand, zwischen Inspiration und Erfahrung. Was als Ahnung und Inspiration im Herzen aufsteigt, wird mit Hilfe der formenden Verstandeskraft schöpferisch gestaltet und zeigt sich im Prinzip der Schönheit. Die Gefühle, die uns im Inneren bewegen, erhalten mittels der eigenen Lebenserfahrung einen Zug von Güte und Milde.

+ Schönheit, Güte, Demut, Milde, freundlich, praktischer Sinn.
− Unterwerfung, Selbstauflösung, Aufopferung, Negativität, Angst vor Versagen.

Alle Vokale in der Übersicht:

Die Abbildung „Vokalkreis" (Abb. 73) zeigt die Vokale nochmals schlagwortartig mit ihren Themen. Die Anordnung der Vokale folgt hier nicht dem Jahreslauf, wie zuvor angeklungen, sondern in der Reihenfolge, wie wir später die Vokale üben. Diese Anordnung entspricht der Veränderung der Mundstellung, der Wanderung der Vokale durch den Mundraum.

7.5 Vokale und ihre Heilkraft im Körper

„Wo keine Tonschwingungen durchgehen, da fließt erst recht kein Nervenstrom und keine Zellstrahlung mehr, geschweige denn Fernwellen. Dann ist das eingetreten, was die Alten den ‚ersten' Tod nannten."

Emil A. Bäuerle, Harmonie

Die Vokale sind ein Ausdruck von kosmischen Grundenergien in uns. Unser Körper existiert in einem Schwingungs- oder Raumenergiefeld. Das wurde zuvor schon dargelegt und manches klang an, was mit dem Thema der Heilkraft von Klängen und Lauten zu tun hat. Wir haben gehört, dass die Vokale, jeder auf seine eigene Weise, auf den ganzen Körper einwirken. Deutlich sehen wir die innere Wirkung beim Formen der Vokale an den Gesichtsmuskeln und im Gesicht spiegelt sich das wider, was wir innerlich dabei erleben. In gewissem Sinne können wir sogar am Gesicht erkennen, ob jemand ein A-Vokal-Typ ist, d. h. ein Mensch, der offen ist und oft staunt, oder ob er ein U-Vokal-Typ ist, dessen Gesicht in sich ruht, das Tiefe der Gedanken ausstrahlt. Umgekehrt wirkt aber das Gesicht energetisch auch zurück auf das Denken. Das Training der Gesichtsmuskeln über die Vokale ist wichtig, da das Gesicht auch Ausdrucksorgan des Gehirnes ist, also dessen, was in uns vorgeht. Wenn jemand denkt, sieht man das in seinem Gesicht. Die Vokale wirken stark auf die Epiphyse und damit auch auf Rückenmark und Seelenkräfte. Stimmen wir sie an, so regen sie diese Gebiete an, was zu einer bestimmten Gebärde und Mimik führt. Die Schulung bestimmter Haltungen und Gebärden im Zusammenhang mit den Lauten erzeugt eine bestimmte Qualität von Energie, die auf das gesamte System wirkt. Daher gab es schon immer in den spirituellen Schulungen und auch in den Kampfkünsten Übungen für Haltungen, Laute usw.

Sprechen und Singen an sich sind schon heilsam, da solches stets mit dem rhythmisierten Atemstrom einhergeht. Strömt der Atem richtig durch unseren Körper, so wird dieser gut mit Energie versorgt, aufgeladen und kann gleichzeitig das Überflüssige leichter ausscheiden und nach außen abgeben. Es ist der Atem, der unser Lebensnervensys-

tem sich entfalten hilft. Das lang gezogene Ausatmen bei der Ton- und Klangbildung kräftigt die Lungen und entschleimt sie. Töne und Laute wirken über ihre Vibration zusätzlich auf die Lungengeflechte ein, was das Lungengewebe belebt; dies ist besonders heilsam für flach atmende „Kopfarbeiter" und Menschen mit Lungenproblemen. Die Vokale stehen mit dem Ein- und Ausatem in unterschiedlicher Beziehung. Das A ist in jeder Hinsicht ein weitender Vokal. Selbst beim Einatem strömt auf das A am meisten Luft ein. Probieren Sie den Einatem einmal auf I oder E, es wird Ihnen schwerer fallen, genügend Sauerstoff aufzunehmen. Das A macht frei, weshalb es am Anfang und Ende vieler Übungen steht. Natürlich sind die Vokale vor allem mit dem Ausatem verbunden. Dies gilt insbesondere für das U und O. Sie helfen mit, dass seelische Impulse nicht zu-

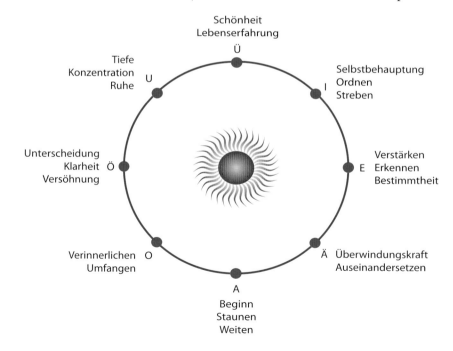

Abb. 73 Der Vokalkreis

rückgehalten werden, und unterstützen die gefühlsbetonte Selbstäußerung. Damit kann sich der Mensch in sein Umfeld einbringen, woraus sich ein verstärktes Erleben ermöglicht. Daher haben diese Vokale besondere Bedeutung bei der Überwindung von Ängsten und Hemmungen.

Rudolf Steiner hebt hervor, dass die Vokale auf die unterschiedlichen Systeme in uns einwirken. Wir haben in Band 3 dieser Reihe gesehen, dass eine Dreiheit der Systeme entscheidend wichtig für unseren Energiehaushalt auf allen Ebenen ist, nämlich Blut-, Nerven- und Drüsensystem. Die hellen Vokale I und E wirken vor allem über das Nervensystem ein. Sie haben eine ziehende, vibrierende, stechende Kraft, was wir z. B. auch von Nervenschmerzen kennen. Im scharfen I zieht sich alles zusammen. Die Vokale A und U werden zum Blutsystem gerechnet und wir verwenden sie gerne in genießenden, emotionalen Momenten. Der Vokal O gehört zum Drüsen- und Blutsystem. Somit erhalten wir also auch eine Wirkung auf diese wichtigen Systeme in uns.

Krankheit ist eine Verstimmung oder Missstimmung unseres eigenen Instrumentes. Es versagen Zellgruppen und Organe, hervorgerufen durch Überreizung oder Erlahmen ihrer Nerven. Es fließen nicht mehr die richtigen Informationen an diese Orte. Die Energien und später auch die Zellkräfte verdichten sich im Laufe der Zeit so stark, dass keine Vibration mehr hindurchgeht. Wie Bäuerle sagt, wo keine Tonschwingung mehr die Zellen erreicht und auch nicht durchschwingt, da fließt auch kein Nervenstrom mehr. Die Zellstrahlung ist an solchen Stellen nur noch auf das Minimum reduziert. Schwingt und

resoniert ein Körperbereich oder ein Organ nicht mehr, so befinden sich dort zu viele Ablagerungen. Sie sind sozusagen „dicht". Dies ist ein Zeichen, dass die Abbaukräfte die Herrschaft übernommen haben. Unsere Vorfahren nannten dies den „ersten Tod", da auf die Dauer eines solchen Zustandes Krankheit die Folge ist. Voraus geht einem solchen Zustand stets eine entsprechende innere Disposition, eine Verstimmung der Gemütskräfte. Von diesen geht alles Geschehen auf die Körpereinheiten aus. Die Vokale wirken nun besonders auf unsere innere Gestimmtheit und unser Gemüt ein. Sie geben uns eine heilende Grundstimmung. Jeder Vokal tut das seine, um unser Gemüt zu stimmen, wie nachfolgende Auflistung zeigt:

- Ein ängstlicher oder unausgeglichener Mensch braucht I und AU, denn das sind Sonnenlaute.

- Die Überfröhlichen dagegen brauchen verstärkt das U. Der Vokal gibt mehr Ernst.

- Die Tugendhaften bedürfen mehr des Ü oder Ö, denn das verstärkt ihren Humor.

- Die nie so recht auf der Erde Angekommenen brauchen das E. Es stärkt und hilft, dass der Mensch die Erde in sicherem Streben erfasst. Zudem gibt es Trost und Stütze.

Verfolgen wir bei Kindern oder auch bei uns selbst den Einsatz von Vokalen bei Gemütsstimmungen, so wird uns manches zuvor Gesagte klar entgegentreten. Kinder sind ja schrill, bewegen sich oft im I, während zum Ende des Lebens hin unsere Laute dunkler werden. Wir können daraus ableiten, dass jeder Laut eine bestimmte

Energie zur Verfügung stellen kann. Daher wirken die Übungen mit den einzelnen Vokalen unterschiedlich:

A-Übungen: beruhigend, entspannend, entkrampfend.

E-Übungen: innerlich festigend, machen konzentrierter und wacher, transportieren auch Zorngefühle.

I-Übungen: stärken und machen freudig.

O- und U-Übungen: machen uns innerlich bis in die hierbei spürbar mitschwingenden Knochen hinein wach.

Singen bringt Denken und Erleben in Gleichklang, Herz und Verstand kommen zusammen, denn Klänge und Töne gehören beiden Welten an. Wir erzeugen einen Ton und können bewusst erkennen, ob er stimmig ist. Wenn nicht, bemühen wir uns, ihn sofort zu korrigieren. Menschen, die das nicht zuwege bringen, sind durch solches Erleben irritiert an sich selbst. Da es anscheinend ein Grundanliegen des Selbst ist, sich in Abstimmung bringen zu können, ist dieser Effekt auf das Selbst verständlich. Er kann einen Menschen ein Leben lang begleiten und hemmend auf seine Kräfte einwirken. Die Bedeutung der Abstimmung wird noch klarer, wenn wir wissen, dass jeder gesungene Vokal zwischen Herz und Gehirn eine Resonanz auslöst. Vom Herzschlag aus bilden sich die Nervenströme des innenbewussten Lebensnervensystems, während vom Gehirn aus jene des außenbewussten Arbeitsnervensystems strömen. Die Überbrückung beider geschieht über das Rückenmark und über den mit diesem verbundenen Sympathikusstrang (Grenzstrang seitlich der Wirbel).

Im Rückenmarkskanal fließt auch der Liquor, unsere Wassersäule, die über Atem und Klang in Schwingung versetzt wird. Aber nur wenn

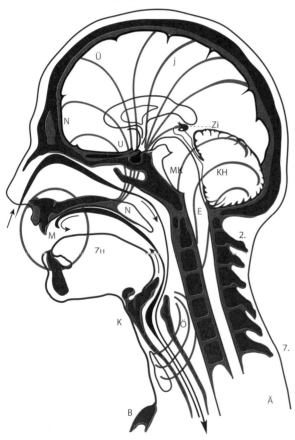

Abb. 74 Resonanzstellen im Kopf nach Bäuerle

Legende zur Abbildung:
Zi = Zirbel
KH = Kleinhirn
MK = Markkopf (Medulla oblongata)
Zu = Zunge
K = Kehlkopf
B = Brustbein
2. und 7. = Halswirbel

die Wirbelsäule, vor allem die Halswirbelsäule als Verbindung zwischen Rumpf und Kopf frei ist, können sich Fühlen (Herz) und Denken (Gehirn) günstig verbinden. Und da können wir oftmals auch eine Ursache für das obige Problem finden, eben in der Wirbelsäule. Wird diese korrigiert, ist oftmals plötzlich eine Abstimmung im Singen oder Lautieren möglich. Deutlich sehen wir die Bedeutung der Wirbelsäule auch an steifnackigen Menschen, die ja zumeist das Problem haben, dass sie zwischen ihrem Fühlen und Denken hin- und hergerissen werden. Daher sind eine richtige Körperhaltung, ein entspannter Nacken und das Tönen oder Lautieren so wichtig. Vor den Übungen ist es daher gut, Kopf- und Nackenübungen (z. B. auch Gähnen) auszuführen, damit dort alles frei wird. Nur so können die Tonschwingungen gut ins Gehirn aufsteigen. Das Gehirn birgt viele Höhlen, weshalb die Resonanz der Vokale dort am eindrücklichsten ist. Die nachfolgende Abbildung zeigt die Resonanzgebiete im Kopf von jenen Vokalen und Summlauten, die auf diese besonders wirken. Die Vokale A und O sind dabei nicht vertreten, da sie vor allem im Brustbereich resonieren. Der Vokalkreis beginnt mit dem A im Herzen und endet dort wieder mit dem O.

Die Vokale beginnen ihre Resonanzschleife in der linken, hinten liegenden Herzkammer. Dort finden wir das A und von dort aus kann die Resonanz aufwärts und abwärts steigen. Formen wir das A

zum Ä, so gleitet dessen Schwingung rück- und aufwärts im Rückenmark im Bereich des Halsansatzes. Verengt sich das Ä zum E, so steigt die Schwingung aufwärts durch das obere Rückenmark bis in die Medulla oblongata hinein, unsere seelische Bewusstseinsbrücke. Mit dem I (in der Abbildung als j bezeichnet) erreicht die Schwingung das Schädeldach und Scheitelhirn. Das I wandelt sich zum Ü und dieses schwingt im oberen Teil der Stirn. Über das U gleitet der Laut wieder zurück zur Hirnbasis, hin zur Hypo-

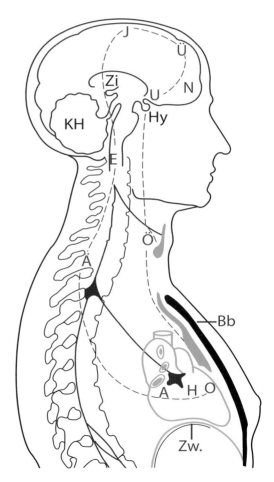

Abb. 75 Resonanzschleife der Vokale vom Herzen bis zum Scheitel

physe, ganz in der Nähe des so vieles regelnden Hypothalamus. Das Ö resoniert im Halsstrang des Sympathikus und über das O kehrt die Schwingung zurück zum Herzen, in die rechte, vorne liegende Herzkammer, wo nach Auffassung vieler Denker der Sitz der Individualität liegt. Auf dieser Resonanzschleife, auf der die Vokale sich bewegen, liegen wichtige Nervenzentren und Reflexpunkte für viele verschiedene Organe unseres Körpers. Die Organe können über diese Nervenverbindungen von den Tonwellen erreicht werden, was zur Belebung und Heilung beiträgt. Je gelöster und leichter wir innerlich sind, desto einfacher findet die Übertragung statt.

Die Vokale bilden also eine Art energetischen Kreislauf, auf dessen Schleife Nervenzentren und Reflexstellen für die verschiedenen Organe sitzen, die somit belebt werden. Daher finden wir auch in der unteren Körperhälfte entsprechende Wirkungsorte der Vokale. Das A klingt bis in die Zehen der Füße hinein, während das Ä zu den Knien gehört. Gerade die Knie sind entscheidend für unser Aufrichten, unsere Eigenkraft. Das E wirkt sich im Bereich der Oberschenkel aus, die für die Schnellkraft zuständig sind während das I ein Laut der Wirbelsäule ist.

Gleichzeitig erleben wir beim Singen dieses Vokalkreislaufes, dass mit dem I das Schädeldach, der Scheitel, also die höchste Stelle unseres Körpers erreicht wird. Und wie beim Punkt der Sommersonnwende im Jahreslauf findet hier ein abrupter, geheimnisvoller Wandel, eine Umkehrung statt. Das Jahr schlägt sozusagen um, aber nicht im Sinne von einem einfachen Rückwärtsgehen, sondern aus der Tiefe dringt plötzlich eine ganz eigene Anziehungs- und Sogkraft. Dieses

kosmologische Ereignis erleben wir beim Vokalisieren nach, wenn das I in das Ü übergeführt wird. Plötzlich entsteht ein Reflex im Unterleib, etwa in der Höhe der Nieren, ohne den das Ü für uns nicht auszuführen wäre. Für alle dunklen Laute brauchen wir die Stütze des Unterleibs, sozusagen unsere Beckenbasis, unseren „Erdboden". Daher erleben wir beim Ü überdeutlich sowohl die Resonanz im Kopfbereich als auch im Unterleib.

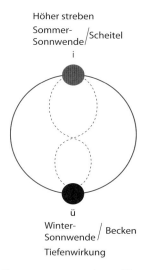

Abb. 76 Sommersonnwende und Lautwende

Im Nachfolgenden erfahren wir die Resonanzorte der Vokale im Körper und ihre Wirkung. Dabei ist zu beachten, dass es sich bei den Vokalen zunächst einmal um unterstützende Maßnahmen handelt, und nicht um therapeutische Allheilmittel. Wir wissen, dass wir die Dinge stets ganzheitlich anschauen müssen. Ein Kettenraucher mit schwerer Arteriossklerose wird kaum erwarten können, dass das alleinige stete Üben mit dem Vokal Ä ihn vor einem Schlaganfall bewahrt. Eine solche Vorstellung wäre mehr als naiv und fahrlässig. Die Vokale unterstützen zunächst auf jeden Fall ein an sich stimmiges System, aber sie können effektiv dabei mithelfen, ein disharmonisches System wieder umzustimmen. Da liegt die eigentliche Aufgabe der Übungen, die eine begleitende ist. Die Harmonieübungen haben in diesem Sinne ein beträchtliches heilerisches Potenzial, wie auch all die anderen Übungen. Nehmen wir als Beispiel die Menschen, die Gewichtsprobleme haben und viele an sich sinnvolle Diäten ausprobieren, aber ohne nachhaltigen Erfolg. Ohne Umstimmung ihres ganzen Systems wird es ihnen auch nur selten gelingen. Das Fühlen und Denken muss sich verändern, denn damit ändert sich das Verlangen, der Geschmack, das Gefühl für die Nahrungsmittel usw. Gerade das macht die Atem-, Drüsen- und Harmonieübungen so überaus hilfreich, da sie uns behilflich sind in der Einstimmung auf unser natürliches Selbst, so wie wir eigentlich sind. Daher haben sie die Fähigkeit, eingefahrene Lebenshaltungen und Gelüste in uns zu verändern. Die Schichten und Ablagerungen aus Erziehung, Ausbildung und Erfahrung, die nicht zu uns gehören, werden nach und nach abgetragen. Wie viele von uns haben doch mit Rauchen oder dem Trinken von Alkohol in der Schule begonnen, einfach um dazuzugehören. Und später, wenn wir nicht mehr in der Schule sind, haben wir uns daran gewöhnt und können es nicht mehr lassen. Aber eigentlich ist es kein Muster, das wirklich zu uns selbst gehört. Wir haben es getan, um zu ... Das ist reines Zweckdenken und gehört daher zur Außenwelt. Mit der Arbeit der Vokale kommen wir wieder in unser eigenes Resonanzsystem hinein. Sie gibt uns den Schlüssel zu uns selbst. Indem wir zu dem- oder derjenigen werden, der oder die wir wirklich sind, können alle übernommenen oder aufgezwungenen Muster losgelassen werden.

Doch nun zu den Vokalen und ihren Wirkorten im Körper.

Vokal A – Herz, Lunge, Brust, Füße

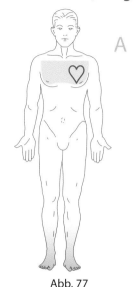

Abb. 77

Gemütszeichen: Unruhe, Nervosität, Verkrampfung, Verspannung.

Wirkung: weitend, lösend, befreiend.

Die Resonanz erfolgt in der linken, hinteren Herzkammer, welche von dem in den Lungen mit neuen Spannkräften geladenen Arterienblut durchströmt wird. Der Klang des A regt das hinter dem Herzen sich seitlich verbreiternde Lungengeflecht der Lebensnerven an und damit die Tiefenatmung und den Kreislauf. Besonders wirksam ist es, wenn vom Grundton aufwärts die Sekund und abwärts die Septim gesungen wird. Der Laut AI fördert die Bewusstheit des Atems, die Regelung des Herzschlags und des Blutumlaufs besonders stark.

Beim A erfahren wir die stärkste Ausatmung, was den Ausstoß von Kohlensäure verstärkt. Also werden Menschen mit einer starken Säurebelastung die A-Übungen als besonders wohltuend erfahren. Der Astralkörper dehnt sich beim Anstimmen des A aus, löst sich heraus aus den unteren Ebenen. Daher können wir über das A den ganzen Körper bis in die kleinste Zehe hinein ergreifen, weshalb auch die Füße damit gut zu erreichen sind.

Dieser Vokal hat sich laut Leser-Lasario (s. Lit.-Verzeichnis) als besonders hilfreich bei Problemen mit der oberen Lunge und auch bei Tuberkulose gezeigt. Weiterhin sei er angezeigt bei Zuständen wie Unruhe, Verkrampfung, Nervosität und Verspannung, da er lösend und befreiend wirke.

Vokal Ä – Oberster Brustteil, Halsansatz, Knie

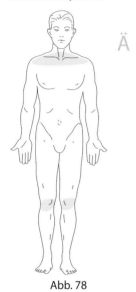

Gemützeichen: Abgespanntheit, Müdigkeit.

Wirkung: elastisch, aufweckend.

Die Resonanz liegt im obersten Brustteil des Rückenmarks und regt die Atmung in den Rückenflügeln der Lungen an. Dieser Vokal wirkt auf den

Abb. 78

Schlund und macht das Keilbein elastisch. Da er anregend ist, unterstützt er die Blutzufuhr zum Gehirn und damit dessen Anregung. Somit hat er seine Wirkung auf den Vagus und die Carotisdrüse. Er hat sich bei Zuständen wie Abgespanntheit und Müdigkeit als hilfreich erwiesen. Nach Bäuerle macht das Ä elastisch und wirkt aufweckend, weshalb es vorbeugend gegen Schlaganfall und Arterienverkalkung im Gehirn einzusetzen sei.

Die Reflexzone des Ä im unteren Bereich liegt in den Knien.

Das Anstimmen des Ä wirkt auf unser Gleichgewicht im Austausch mit der Welt.

Wir stimmen es automatisch an, wenn wir im Moment nicht sicher sind, wie wir auf etwas reagieren sollen. Es bietet also eine gewisse Schutzfunktion, Zeit zum Sortieren, bis wir wissen, ob wir auf etwas zugehen, uns entziehen oder etwas abwehren wollen. Auch dabei ist Elastizität gefordert.

Vokal E – Hals, Oberschenkel

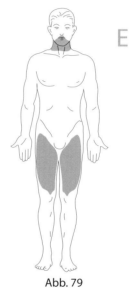

Gemützeichen: Hitzigkeit, Schwäche, mangelnde Gedankenkraft.

Wirkung: konsolidierend, stärkend, anregend.

Die Resonanz des E liegt im Halszungengrund und Kehlkopf. Es wirkt im obersten Teil des Rückenmarks (im Nacken) und im Markkopf (hin-

Abb. 79

tere Schädelbasis, Medulla oblongata). Daher stärkt der Vokal auch die Verbindung zwischen Mittelhirn und den Organgeflechten des vegetativen Nervensystems. Das organische Leben der Zellen wird gefördert und die Intuition angeregt. Das E wirkt anregend. Wohltuend und erleichternd wirkt daher die Schwingung dieses Vokals auf Menschen, die zu fixiert und festgefahren sind in ihrem Erleben. Meist sind es Menschen, die sich zu viel mit sich selbst beschäftigen, die einen Hang zum Grübeln und „Brüten" haben. Im Gegenzug bietet der Klang des E aber auch Halt und Stabilität, weshalb er ebenfalls den labilen, schwachen, unkonzentrierten Menschen hilfreich ist. Es wirkt konsolidierend, die Nerven stärkend und wird daher auch bei Nervosität und innerer Hitze oder Hitzigkeit eingesetzt.

Bei Leiden des Halses und des Kehlkopfes (z. B. auch Kropf) hat sich laut Leser-Lasario dieser Vokal als hilfreich erwiesen. Er regt nämlich besonders die Drüsen und Schleimhäute an, da er die Blutzirkulation aktiviert. Daher wirkt er auf Sänger und Redner stärkend.

Menschen mit Schilddrüsenproblemen – vor allem bei einer Tendenz der Überfunktion – sollten allerdings überaus vorsichtig und sanft das E üben.

Vokal I – Scheitel, Gehirn, Wirbelsäule

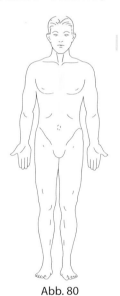

Gemütszeichen: Schmerz, Kongestionen, Druck.

Wirkung: freudig, aufspannend, anregend.

Seine Resonanz reicht vom Gaumen bis zum Schädeldach. Er vibriert stark im oberen Teil des Gehirns, wo unsere Erfahrungen als Erinnerungen in der grau-

Abb. 80

en Rindensubstanz abgelegt sind. Ebenfalls finden wir dort die Zellen für die Bewegung und Beweglichkeit wie auch die Antriebskraft. Dadurch entsteht über die Belebung dieser Gehirnareale jener Frohsinn, der den Kindern zu eigen ist. Kinder lieben ja die hellen I-Laute, wie an ihren Stimmen zu hören ist. Es

ermöglicht ihnen die lebendige, freie, beseelte, schöpferische Bewegung. Aus solcher entsteht auch Frische und Gesundheit. Bewegung, Beseelung, Freude, Höherstreben, Antriebskraft sind Qualitäten dieses Vokals.

Hilfreich soll der Vokal I nach Hanish bei Kopfschmerzen und Migräne sein, da sein Klang die Blutgase von den Adernwänden löst. In diesem Sinne findet er Anwendung zur Ableitung bei Kopfschmerzen, bei Kongestionen, Ohrensausen und Herzbeschwerden. Auch Belastungen von Nase und Rachen durch Katarrhe können günstig beeinflusst werden. Gleichzeitig wirkt seine Energie auf die Wirbelsäule ein. Ist dieser Vokal angezeigt, so können wir zusätzlich Aufrichte- und Beugeübungen empfehlen, wie z. B. die Sonnengrußübung aus Band 2.

Vokal Ü – Stirn, Nieren

Gemütszeichen: Selbstauflösung, Aufopferung, Negativität, Angst vor Versagen.

Wirkung: balancierend.

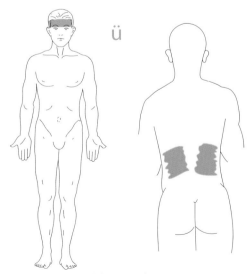

Abb. 81 und 82

Das Ü resoniert im oberen Teil des Frontallappens, wo der Verstand sitzt. Es gleicht das Für und Wider des Denkens aus, balanciert das Hin- und Herschalten. So entsteht eine Integration der Gehirnhälften, woraus ein Gefühl für Gleichgewicht, Schönheit und Einheit erwächst. Das Denken und die Urteilskraft werden angeregt. Gleichzeitig erhöht sich die Schwingung des Denkens, so dass man über den nebensächlichen Dingen des Lebens stehen kann. Das bewirkt das in dem Ü verborgene I, das von der Höhe herab wirkt.

Führen wir dagegen das Ü von unten herauf, also vom U über das I zum Ü, so erfahren wir eine Wirkung auf die Nieren. Die UÜ- und UI-Form massiert mit ihrer Schwingung die Nieren, Nebennieren und den Mastdarm. Daher ist dieser Laut hilfreich auch bei trägem, unregelmäßig arbeitenden Verdauungsapparat. Weiterhin wirkt das UI auch regulierend auf die Sexualorgane.

Vokal U – Gehirnbasis, Unterleib, Becken

Gemütszeichen: Schwäche, Ermüdung, Schlaffheit.

Wirkung: erdend.

Auch hier müssen wir in der Wirkung zwischen oben und unten unterscheiden.

Zunächst resoniert der Vokal mit der Gehirnbasis und regt das Mittelhirn an, ebenfalls die Gehirngruppen über den Augen und Ohren. In Verbindung mit einem H oder CH vibriert es in der oberen Mundhöhle (z. B. bei einem intonierten „Huu") und wirkt so auf die Hypophyse. Die Hypophyse steuert viele Lebensvorgänge und die Keimdrüsen. Singt man vom eigenen Grundton eine Ok-

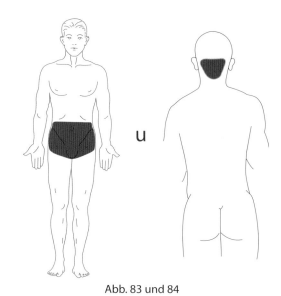

Abb. 83 und 84

tave abwärts, so verbinden sich Hypophyse und Keimdrüsen.

Gleichzeitig hat das U seine Wirkung auf den Unterleib und das Becken. Der durch das Erzeugen des Vokals entstehende Druck wirkt auf die Unterleibsorgane. Damit wird vollständig und schnell die Kohlensäure ausgeschieden und die den Darm belastende Gasbildung reduziert. Der Vokal findet daher seinen Einsatz bei Darmschlaffheit, trägem Stuhlgang, Störungen im Darm und der Peristaltik, Gasbildung und Blähungen.

Er hat zudem eine erdende, festigende Wirkung. Nach Rudolf Steiner ähnelt das U den Knochenprozessen im Körper, also allem, was mit Festigen, Versteifen, Erstarren zu tun hat. Menschen, die nicht gut stehen können, die leicht ermüden im Stehen und Gehen, die schwach auf den Füßen sind, ist dieser Vokal hilfreich. Bei schwacher Erdung und großer Labilität lohnt es sich generell, das U zu üben.

Vokal Ö – Bauchorgane, Schilddrüse

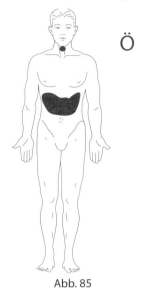

Ö

Abb. 85

Gemützeichen: Hochmut, Ironie, Überspanntheit.

Wirkung: lockernd.

Das Ö resoniert in den Wirbelkörpern des Halsteiles und daran anliegenden Nervengeflechten des sympathischen Grenzstranges. Es regt die Nerven der Schilddrüse an. Eine Quinte nach unten – wobei also unser Grundton der obere Ton sein muss – verbindet Beckengeflecht und Kehlcakra. Vom Grundton eine Terz aufwärts angestimmt, verbindet der Vokal das Beckengeflecht mit dem Scheitel.

Das Ö hat eine weitere, starke Resonanzstelle in der Gegend des Bauchgeflechtes oder Solarplexus. Somit wirkt es auf Zwerchfell, Leber und Magen, die mit diesem Geflecht verbunden sind. Es lockert das Zwerchfell und den Bauch, womit sich das Atmen erleichtert. Wenn wir herzlich in einem „Höhöhö" lachen, vollziehen wir eine lockernde Übung für das Zwerchfell.

Vokal O – Herz

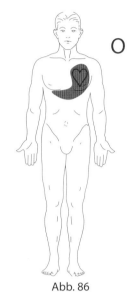

O

Abb. 86

Gemützeichen: Beklemmung, Furcht, Enge.

Wirkung: beruhigend.

Der Vokal resoniert mit der Oberbauchgegend, besonders mit der rechten, vorne gelegenen und von Venenblut durchströmten Herzkammer. Dort befindet sich das Herzgeflecht des Vegetativums, das mit dem Blut in Verbindung steht. Der Vokal beruhigt diesen Bereich, wirkt harmonisierend und kann somit auch Herzbeklemmungen lösen helfen. Herzleidende und Geschwächte sollen diesen Vokal aber vorsichtig (also leise und zart) üben.

Die Vokale nochmals im Überblick:

Vokal	Körper	Kräfte	Heilwirkung
A	Brust, Lunge	öffnen, staunen, durchströmen, frohes Erwachen	Lungenprobleme
Ä	Oberer Brustteil, Rückenflügel der Lungen	festhalten am Eigenen, Wachheit, streben, Selbstständigkeit	Blutzuführend zum Gehirn, Schlund, macht Arterien weich, macht das Keilbein elastisch
E	Hals, Kehlkopf	abwägen, ausgleichen, Beobachtung	Hals / Kehlkopf / aktiviert Blutzirkulation, Schleimhäute, Drüsen

I	Gaumen, Scheitel	Freude, Erkenntnis, Positivität	Kongestionen, Ohrensausen, Herzbeschwerden, stauende Kopfschmerzen, Nasen-Rachen-Katarrh
Ü	Obere Nieren, Nebennieren, Vorderhirn	Schönheit, Güte, Würde	Nieren-Mastdarm-Bereich, träger oder unrhythmischer Verdauungsapparat
U	Unterleib, Becken, Gehirnbasis, Nieren	Tiefe des Geistes, Selbsterkenntnis, Ahnung	Unterleib, Darmschlaffheit, Peristaltik, Blähungen
Ö	Solarplexus, Wirbelkörper des Halses, Sympathikus	Klarheit, Versöhnung, Überzeugung	Zwerchfell, Leber, Magen, lockert den Bauchbereich
O	Oberbauch, Herz	Gemüt, Schutz, Andacht, Einssein	Herz (Herzleidende vorsichtig üben!)

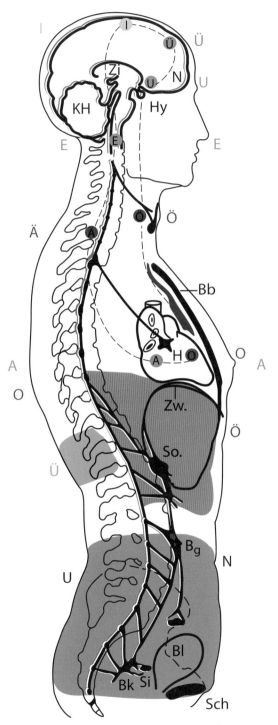

Abb. 87 Farbig dargestellte Resonanzstellen

8. Die Konsonanten

„Der Laut ist erfüllt von der Substanz der schaffenden Götter. Aus diesen Götterkräften, diesen Fixsternkräften ist unser physischer Leib gebildet worden."

Agathe Lorenz-Poschmann,
Therapie durch Sprachgestaltung

„Die einzelnen Planeten, die sich in ihrem Umschwingen, ihrem Himmelsreigen vor die Fixsternbilder stellen, haben ihr Abbild in den Vokalen, und der Tierkreis hat sein Abbild in den Konsonanten."

Agathe Lorenz-Poschmann, ebenda

Die Vokale brauchen viel mehr die Leere, den Atemraum – der Atem gehört zum geistigen Prinzip in uns. Vokale beleben uns und unsere Organe. Sie verströmen sich im Raum, haben eine Flusskraft, was wiederum auf die Ströme des Ätherkörpers verweist. Mit Hilfe der Vokale können wir singen. Ganz anders die Konsonanten, die vor allem beim Sprechen wichtig sind, aber sich allein für das Singen nicht eignen. Sie sind viel mehr den Kräften und der Fülle der Form verpflichtet. Im Gegensatz zu den Vokalen wirken sie sozusagen die Form und die Organe bildend. Konsonanten formen Kräfte, plastizieren, geben Richtung, setzen in Gang, vermindern etc. Über sie können wir die Kräfte der Außenwelt nachahmen. So hat das R etwas Erschütterndes, die Laute P, T, K ahmen das Klopfende nach, das W, Ch das Wehende. Die Schwerkraft wird von Lauten wie M, N, Ng repräsentiert.

Konsonanten sind aktiv gestaltend und greifen in das unbewusste Strömen der Vokale ein. In diesem Sinne machen sie uns über ihre Begrenzung wach und können auch helfen, Widerstände zu überwinden. Sie ermöglichen uns eine Kontrolle über die Energien, die die Vokale in Umlauf setzen. Das geschieht auf der Körperebene, denn um diese Laute zu erzeugen, braucht es die physische Anstrengung des Körpers, die Muskelspannung. Interessant ist die Feststellung, dass es Sprachen gibt, die viel mehr vokalbetont sind, wie auch die meisten der frühen Sprachen. Die modernen Sprachen heute sind viel stärker den Konsonanten verpflichtet. Das weist auf die grundlegende Veränderung des menschlichen Bewusstseins im Laufe der Jahrtausende hin.

Mit den Lauten arbeiten wir Körper und Organe durch, und zwar nach den Prinzipien der Raumenergien. Der Fluss dieser Raumenergien wird geprägt durch Strömen, Begrenzen und Innehalten (Füllen). In gleicher Weise finden wir daher folgenden Bezug zwischen Raumenergie und Konsonanten:

Begrenzungs- und Formlaute

Gutturale Laute – K, G, Ch:

Hart und weich schließend; hinterer Verschluss der Mundhöhle. Was mit dem Gaumen gesprochen wird, geht durch den ganzen Menschen, bis hinunter zu den Zehen.

Dentallaute – T, D, S:

Die Zahn-Lippenlaute schwingen hauptsächlich im Kopf- und Rückenbereich.

Labiallaute – P, B, F:

Vorderer Verschluss der Mundhöhle. Alle Lippenlaute schwingen vor allem mit der Brust und der Vorderseite des Körpers.

Nach Steiner fordert jeder dieser Formlaute auf einer bestimmten Körperebene eine besondere Anstrengung. So arbeitet das B besonders im Astralkörper, das P im Ätherkörper. Den Bezug stellt nachfolgende Tabelle dar:

Laute	Astralkörper	Ätherkörper	Physis	Resonanz
Lippenlaute (Fühlen)	B	P	F	Vorderseite des Körpers von der Unterlippe abwärts
Zungen- und Zahnlaute (Denken)	D	T	S	Kopf bis zur Oberlippe; Rückenbereich
Gaumenlaute (Wollen)	G	K	Ch	Der ganze Mensch

Strömungs-, Bewegungs-, Polarisationslaute

Diese Konsonanten stellen Strömungsrichtungen und Arten der Bewegung dar. Sie wirken spiralig, kreisend, strudelnd, kreuz und quer usw.

H:	hauchend
F:	blasend, geradeaus
Ch:	reibend, strömend, kreuz und quer
L:	fließend
R:	rollend
S, Sch:	strudelnd, kreisend, schneidend
W:	wellend, wogend, umbindend
J:	aneinander gekoppelt

Erfüllungslaute

Das meint Laute, die auf besondere Weise die Energie im Mundraum aufspannen können.

Sie wirken verdichtend und füllend („mit vollem Mund spricht man nicht"). Das M besitzt eine Fülle, die Stärke verleiht und nach einem Mehr ruft. Das N dagegen möchte nicht weiter. Das R steht für die emotionale Steigerung und wird manchmal auch zu dieser Art der Laute gezählt.

M = Erfüllung und Mehrung

N = Erfüllung und Verminderung

R = Erfüllung und richtungsmäßige Steigerung

Ng = Erfüllung und weiche Begrenzung

Mit den Konsonanten können wir also gestaltend und formend auf unsere Energien und Kräfte einwirken. Beim Anstimmen der Vokale sind hauptsächlich der Atem und die Mundöffnung beteiligt. Bei den Konsonanten dagegen braucht es vor allem auch die festen Teile des gesamten Mundes. Wir sprechen daher je nach vorherrschendem Instrumentarium beim Sprechen von entsprechenden Lauten. Wie wir zuvor schon gesehen haben, stehen diese Instrumente mit unserer seelischen und organischen Innenwelt in Verbindung, weshalb sich darüber auch eine energetische, heilsame Wirkung erzielen lässt. Oben haben wir als Raumlaute einige zentrale Konsonanten und ihre Erzeugungsorgane kennen gelernt. Wir wollen nun alle Laute im Verhältnis zu diesen Organen betrachten, die unser Inneres nach außen transportieren. Wir sprechen im Zusammenhang mit unseren Formungsorganen von folgenden Lauten:

1. Lippenlaute: M, B, P

Mit den Lippen übertragen wir das Gefühlvolle, Weiche, das, womit wir in Sympathie sind. Unsere seelischen Qualitäten werden mit ihrer Hilfe aktiviert.

Das Atem- und Zirkulationssystem steht mit den Lippen in Zusammenhang. Jedes Gefühl beeinflusst diese Systeme und über die Lippenbewegung lernen wir unsere Gefühle zu kontrollieren und zu balancieren. Sind die Gefühle nicht in Ordnung, macht sich dies an den Lippenlauten bemerkbar.

2. Lippen-Zahnlaute: F, V, W

Bei diesen Lauten kommen Unterlippe und obere Zahnreihe zusammen. Es treffen sich Stoffwechsel- und Nervensinnessystem, also Fühlen und Denken. Gleichzeitig aber kommen auch Vergangenheit (Zahn) und Zukunft (Lippe) zusammen. Der Laut bildet die verbindende Gegenwart. Aus der Mitte, dem mittleren, rhythmischen System heraus, resultiert jegliche Gesundheit. Das bewusste, geistige Erleben wird durch diese Laute gefördert. Damit wird sowohl weisheitsvolle Einsicht als auch das willentliche Ergreifen der Körperprozesse möglich. Verlieren wir die Kontrolle über Prozesse in unserem Körper, so stärken diese Laute die Kraft unseres Ichs.

3. Zahnlaute: S, C, Z

Hier finden wir die so genannten Zisch- und Wärmelaute. Sie werden dem Element Feuer zugerechnet und drücken unsere Eigenwilligkeit, unser Eigensein aus. Mittels dieser Laute behaupten wir unsere Kraft gegenüber der Umwelt. Die Kraft unserer Gedanken hängt mit den Zähnen zusammen.

4. Zungen-Zahnlaute: L, N, D, T, R

Die Zunge hat mit Geschmack zu tun und ist ein „Seelenorgan". Sie gehört zum Element Wasser, denn sprechen können wir nur mit Hilfe von Speichel. Zunge und Leber (das säftereichste Organ) stehen in engem Zusammenhang. Die Zunge bildet die harmonisierende Mitte zwischen den Zahnlauten, die aus der Höhe unserer Organisation kommen und den Gaumenlauten, die aus der Tiefe heraus entstehen.

5. Gaumenlaute: G, K, Q, R, J, Ch

Diese Laute stehen mit dem Wollen in Verbindung und ergreifen den ganzen Körper. Um sie zu erzeugen, bedarf es großer physischer Kraft. Wer also schwach im Willen, kraftlos, betäubt oder „heruntergedimmt" ist, der übe mit diesen Lauten.

Mit Hilfe dieser Konsonanten können sich unsere unterschiedlichen Ebenen nach außen vermitteln. Kommen von außen bestimmte Energien an uns heran, nutzen wir diese Konsonanten auch, um solche Energien nötigenfalls auszugleichen. Weht uns etwas zu stark an, so blasen wir es mit einem F weg. Kommt etwas zu direkt auf uns zu, so verjagen wir es mit einem SCH oder HUSCH.

Wir haben zuvor gehört, dass sich mit den Konsonanten die äußere, materielle Seite der Welt verbindet. Sie stellen die Vielfalt und Unterschiedlichkeit der Kräfte in der äußeren Welt vor. Der Mensch ahmt die Kräfte der Welt nach, um Nutzen für sich daraus zu ziehen.

In diesem Zusammenhang scheint es auch eine interessante Verbindung zwischen den Konsonanten und den vier Elementen zu geben:

1. Verschluss- und Stoßlaute: G, K, D, T, B, P, M, N Element: ERDE

Hier greift der Mensch aktiv, gestaltend in die Außenwelt ein, verschafft sich Geltung. Er ist sich stärker bewusst und besitzt Selbstbehauptung. Dafür steht sein physischer Körper. Zur Erde gehören die Formkraft, das Festhalten und Bewahren. Diese Laute eignen sich besonders bei entzündlichen Prozessen, die ja Auflöseprozesse sind. Solchen wirken die Erdlaute entgegen. Bei peripheren Entzündungen sind besonders die Laute B, D, G angezeigt, bei Entzündungen von Organen aber die Laute P, T, K.

2. Gleit- und Wellenlaut: L Element: WASSER

Es ist das freie Formen und Fließen, die freie innere Entfaltung, was der Ätherebene zugerechnet wird. Das Wasser ist ein formendes, gestaltendes Element. Es ergreift den Stein, umspült ihn, rundet ihn. Die Zungenbewegungen beim Kauen wie beim Sprechen des L weisen große Ähnlichkeit auf. Die Zunge braucht Feuchtigkeit für ihre Aufgabe. Somit können die Feuchtigkeitsprozesse im Körper über den Laut L angeregt werden, weshalb er bei Austrocknungsprozessen günstig ist. Ebenfalls sprechen die Verdauungs- und Stoffwechselprozesse günstig darauf an, da auch sie das wässrige Element brauchen.

3. Zitter- und Bewegungslaut: R (gebildet über Rachen, Zunge und auch die Lippen) Element: LUFT

Es ist ein aktives Fortbewegen nötig, um Energie zu erzeugen. Dazu bedarf es der inneren Bewegung und diese steht mit dem Astral- oder Emotionalkörper in Beziehung. Die Luft ist ein anregendes, bewegendes Element, und so wirken R-Laute belebend. Eine besondere Wirkung haben sie auf das Atmungssystem und den Kopfbereich.

4. Blas- oder Wärmelaute: H, C, Ch, J, S, Z, Sch, F, W, V Element: FEUER

Hierbei verströmt sich das Innere des Menschen fast passiv nach Außen. Der Atemstrom verflüchtigt sich schnell. Er symbolisiert die Hingabe nach außen, den Ausdruck von Sympathie. Gleichzeitig versuchen wir über solche Laute etwas zum Verschwinden zu bringen („wegblasen"). Diese Laute eignen sich besonders als unterstützende Maßnahme bei allen körperlich sklerotischen Prozessen, also bei Kälte, Krämpfen, Ablagerungen, Verhärtungen. Sie fördern die aufweichenden Stoffwechselvorgänge.

Das Erzeugen der Konsonanten mit Hilfe der Artikulationsorgane steht stets in Wechselwirkung mit dem Gesamtorganismus. Erzeugen die Lippen die Spannung für ein B, die sich in einem aufplatzenden, wölbenden Laut löst, ist das mit einer Weitung der Bauchdecke verbunden. Das gut artikulierte B belebt also den Bauchbereich. Kinder erzeugen mit ihren Lippen gerne ein „Brrrr" (dem Schnauben der Pferde ähnelnd). Dabei entsteht eine Balance zwischen Spannung und Entspannung. Das ist nur möglich, wenn der Muskeltonus auf der Höhe des Zwerchfells und der angrenzenden Atemmuskulatur elastisch und beweglich ist. Ein kurzes, rhythmisches Lippen-R entspannt die Muskeln im Zwerchfellbereich, so dass sie differenzierter arbeiten lernen. Beim Artikulieren eines deutlichen G oder K bedarf es des Einsatzes des ganzen Unterleibs. Sprechen wir ein F, so braucht es vor allem die Muskulatur des Unterleibes in der Blasengegend. Bei einem Ch braucht es eine Spannung in der Zwerchfellgegend und im Bereich des Magenausgangs. Daher sprach Rudolf Steiner zu Recht davon, dass wir unseren Körper durchplastizieren, wenn wir sprechen. Sprechen spiegelt also das wider, was uns als Formungs- und Gestaltungsprozess im Werden eines Körpers entgegentritt. Die Laute bilden eine Entsprechung zum Schöpfungsprozess.

Nachfolgend ist die energetische Bedeutung und Wirkung der Konsonanten aufgeführt. Zum einen erkennen wir dabei ein Verhältnis zwischen einem geistigen Urbild und einer Arbeitsbewegung als Abdruck in der Materie, wobei der Konsonant als Vermittler dient. So finden wir das S als Laut, wenn wir mit der Sense Gras mähen, mit einem schnellen Sägeblatt Holz sägen oder eine Fahne kräftig durch die Luft schwingen. Das Zerteilen, Zertrennen der Luft erzeugt den Laut, weshalb er im geistigen Bereich mit dem Denken und dem bewussten Lenken von Energie zu tun hat. Den Laut T können wir wahrnehmen, wenn ein Schmied das glühende Eisen kräftig mit dem Hammer auf dem Amboss formt. Es ist ein metallischer Laut. Er holt Schwung und muss mit dem Hammer punktgenau treffen. Es handelt sich um einen Akt der Konzentration, die uns die Dinge auf den Punkt bringen lässt. Dann „schlägt die Erkenntnis in uns ein". Das R verbindet sich mit Arbeitsbewegungen, die ein Hin und Her beinhalten. Bei diesem Laut gerät also etwas in Bewegung. Das R finden wir als Hin und Her der Säge, wenn zwei Waldarbeiter mit einer großen Säge per Hand einen Stamm zersägen.

Zum anderen machen die Konsonanten einen Eindruck auch auf unseren Körper, nämlich durch die Lautgebärde, die dieser nachbildet. Gerade das Erzeugen von Konsonanten bedarf der physischen Arbeit und diese reflektiert wieder zurück auf unser Energie- und Organsystem. Die Angaben zu den Konsonanten hier stammen vor allem aus der Erfahrung der bekannten Schauspielerin und Sprachtherapeutin Agathe Lorenz-Poschmann. Sie sollen uns deutlich machen, welche Bedeutung für unser Gesamtsystem die Arbeit mit Konsonanten hat. Es muss auch nochmals darauf hingewiesen werden, dass die therapeutische Arbeit mit den Sprachlauten erst in jüngerer Zeit wieder begonnen hat – in den alten Kulturen war sie üblich und hat sich in den esoterischen Traditionen bis heute gehalten. Diese Übungen sind daher stets als unterstützende, flankierende Maßnahme zu sehen. Die Erfolge von Frau Poschmann sind überaus vielversprechend und machen Mut, die Erforschung und Erprobung der Laute voranzutreiben. Ihre Bücher seien wärmstens empfohlen. Mir als Autor geht es an dieser Stelle vor allem darum, die Bedeutung der Sprachlaute vorzustellen, um den oftmals so „harmlos" und „nett" daherkommenden Harmonieübungen ihren richtigen, ernsthaften Stellenwert zu geben. In den Harmonieübungen werden stets alle Laute geübt, werden keine einzelnen Laute für eine gezielte therapeutische Maßnahme herausgegriffen. Nichtsdestotrotz mag es überaus hilfreich sein, einzelne Laute nach Bedarf und Notwendigkeit herauszugreifen. Damit möchte ich auch zu eigenem Experimentieren und Arbeiten auf diesem Feld auffordern.

Im Nachfolgenden nun die Wirkungen der Konsonanten, die, wie erwähnt, vor allem aus der Erfahrung von Frau Poschmann stammen:

B : Dieser Laut hat eine Wirkung von Hülle, Umhülltsein, Geborgenheit und Schutz. Ein Besorgtsein kann er ausdrücken und einen Rückbezug auf sich selbst. Gleichzeitig aber steht er für das, was sich aus dem Irdischen heraus zeugt. Es geht also um einen schöpferischen, fruchtbaren Akt (s. z. B. Barde, Bache, Balz). Zu dieser Bedeutung passt gut Poschmanns therapeutische Erfahrung mit dem B. Dort, wo der Speisebrei in Lymphe, Chylus und Blut übergeht, wird durch das B die Bewegung angeregt. An dieser Stelle werden die Dinge für uns fruchtbar.

C : Es trägt in sich etwas Leichtes. Wenn etwas Materielles in die Höhe gehoben wird, so erfahren wir etwas von der Kraft des Leichtwerdens dieses Konsonanten. Dem Niesen wird das C ebenfalls zugeordnet und es schafft Erleichterung. Daher galt dieser Laut einst als „Regent für die Gesundheit".

D : Sprechen wir die Laute D und T, so werden wir feststellen, dass sich das im vorderen Teil der Zunge lokalisiert. Die Zunge ist ein Tastorgan und daher haben diese Laute mit dem Ab- und Vortasten zu tun. Das D bedeutet ein sanftes Befühlen, Tasten und bringt uns auf den Boden der Erde. Wir kommen dabei zur Ruhe und wachen auf im Da-Sein. Dasein und Tun hängen wiederum eng zusammen. Der Tag ist die Tat des Lichtes, des göttlichen Daseins. Im D wie T zeigt sich das Walten der göttlichen Kraft. Ist D der einfallende Lichtstrahl, die Form der Harfe, so ist das T der Hammer des Gottes Thor. Die Inkarnation von Energie verbindet sich mit dem D. Indem wir die Dinge um uns entdecken, auf sie deuten, das Verwandte im Da- und Dortsein erkennen, werden wir selbst immer wieder neu geboren. Nach Poschmann wirkt das D auf die Verarbeitung der Speisen, also auf die Verdauung ein.

F : Dieser Laut hat mit der zeugenden Kraft des Feuers zu tun. Es ist das lateinische „facere", was „machen, zeugen" bedeutet. Aber das Feuer bedarf der Luft, um seinen Fortgang zu sichern. Mit dem F-Laut blasen wir in das Feuer, fachen es an und unterhalten seinen Fortgang. Über den Atemstrom lenkt der Flötenspieler die Luft in sein Instrument. Aus der Enge heraus entsteht der weite, befreite Klang.

Die zeugende Kraft finden wir im Becken-bereich und den Keimdrüsen des Men-schen. Zum Formen des F brauchen wir die Hilfe unseres Unterleibes. In der Eu-rythmie wirkt man mit seiner Hilfe daher auf die Wasserausscheidung von Niere und Blase ein.

G: Dieser Laut stellt die gebende Kraft von Mutter Erde (s. Gaia) dar. „Gear" bedeutet Jahr und damit Ernte und Segen des Göttlichen. „Ger" ist der Stab oder Speer. Wer seine Kräfte zu lenken weiß, wird zum Hirten, Lenker und Speerträger. Wer Kennt-nis und Können hat, kann geben und lehren. Der Laut G hilft uns, unsere Kräfte zusam-menzuhalten und zu festigen, denn wenn wir ihn sprechen, schließen sich Gaumensegel und Zungenwurzel, so dass keine Schluck-bewegung möglich ist, kein Atem mehr hin-durch kann. Das Innerliche wird zusammen-gehalten, das Äußere abgewehrt. G bringt das Geistige in unserer materiellen Form zum Ausdruck (wobei das Geistige lenkt und die stoffliche Welt dient). Über solches Tun können wir die Materie verändern. G ist ein gutturaler Laut und Poschmann sieht ihn daher in Verbindung zum Schlucken. Er soll weiterhin die Bewegung des Darmes anregen.

H: Mit dem H ist es uns möglich, Wär-me in etwas hineinzubringen. H ist der Hauch, das Heranwehende. Es ist auch der Ausgang, die Verlängerung unserer Kraft. Beim Sprechen ist es bei fast jedem Laut stumm mit dabei. Das Kreisen, Um-kreisen und Schwingen der Planeten und Sphären soll es ausdrücken.

K: Das harte G wird zum K. „Kappa" nannten ihn die Griechen und mein-ten damit die kräftige Handbewegung oder Faust. Es geht darum, die Materie zu beherr-schen. Um das zu bewerkstelligen, müssen wir in der Werk- und Wirkwelt stehen. Das war die Kunst der Schmiede in den Mytholo-gien, den Könnern, Künstlern und Meistern. Dazu muss man Hand anlegen, in die Tat kommen, und damit verbindet sich das Wort „Karma" (skr. = Handlung). Steiner empfahl, durch das Üben des K den Mut zu schulen.

L: Mit dem L wird das wässrige, schöpfe-rische Element, das Weiche, Nachgiebi-ge sprachlich nachgebildet. Es ist der Geist über den Wassern, der die Materie ergreift und bewegt wie das Wasser den Stein. Es geht um ein Herausgestalten aus dem Seelischen. Die Wellenbewegung des Wassers wirkt im Körper anregend und ist bei Austrocknung wie auch bei Wassersucht angezeigt. Das L bringt in Bewegung und stellt das „in sich Bewegte" dar. Steht es an erster Stelle und folgt dann ein R nach (z. B. Lärm, Lerche), so drückt es eine sich beschleunigende Be-wegung aus. Umgekehrt (z. B. Rollen) bedeu-tet es eine Verlangsamung der Bewegung. In diesem Sinne wirkt das L vor allem auf jene Krankheiten ein, die mit dem wässrigen Element im Körper zu tun haben, wie z. B. Stauungen, Erkrankungen des Lymphgefäß-systems, Nierendegeneration. Das L bringt in Bewegung, weshalb es sich als hilfreich bei Versteifungen im Kniegelenk und zur Anregung der Darmbewegung (Peristaltik) erwiesen hat. Poschmann weist ebenfalls auf gute Erfahrungen im Bereich aller Arten von Erschöpfungszuständen und bei Krebs (Ge-hirn, Wirbelsäule) hin.

M : Dieser Laut wird mit der Verstofflichung verbunden. Das M vibriert alles durch im Körper, geht in alles ein und nimmt dessen Form an. Daher ist es auch ein Laut des „Sich-Einlassens". Es steckt ein Annehmen und Durchdenken in ihm. Mit seiner Hilfe können wir also verständnisvoll auf Dinge eingehen. Und wo wir in das Innere einer Sache eingehen, da werden unsere emotionalen Wogen zur Ruhe gebracht. Seelenruhe stellt sich ein. Wer gut im M ist, dessen Kräfte sind in Harmonie, im Maß, in der Mitte, da das M ausgleichend wirkt zwischen den Kräften der Erstarrung und der Bewegung, zwischen Auf- und Abbau. Daher ist es auch ein „Knochenlaut", denn die Härte der Knochen ist der äußerste Grad der Verfestigung der inneren Kräfte. Nach Steiner kann man einem M anhören, wie gut ein Mensch inkarniert ist.

N : Das N fließt dahin wie ein Band, hat etwas von einer flüchtigen Berührung. Es windet sich hinauf wie eine Schlingpflanze. Durch Umschlingen und Verbinden entsteht Schicksal, woraus sich auch wieder das Lösen als Forderung ergibt. Daher sieht Rudolf Steiner den Tastsinn mit dem N verbunden, das N ergreift, nähert sich an, kontaktiert, löst und zieht sich wieder zurück. Mit den Sinnen tasten wir uns in das Neue, Unbekannte vor. Das N soll den Vokal E harmonisieren, der schnell zu tief und fest in die Dinge eindringt und so zu innerlicher Schwere und Depression führen kann. Das N zieht die Kräfte wieder zurück und macht sie leichter.

Poschmann verwendet das N, um die Darmtätigkeit bei Patienten zu stärken, z. B. bei Diarrhöe. Außerdem rege es die Blutzirkulation bis in die Füße hinein an.

P : Um ein P zu erzeugen, braucht es das Stauen und Abschließen der Energien, das dann nur mit Hilfe einer Sprengung zu durchbrechen ist. Es steckt etwas „Pralles" im P, das zu platzen droht. Daher zeigt sich in diesem Konsonanten etwas von Durchbruch zu einem Neubeginn. Nach Poschmann gibt das P den Muskeln ihre Elastizität zurück.

R : Das R quirlt förmlich und deutet auf eine innere starke Erregung und Bewegung hin. In ihm liegt ein Hinrollen, Strahlen und Ausstrahlen. Aus der Ruhe, aus der Stauung heraus entsteht die Bewegung durch das R. Plato bezeichnet das R als Bewegungslaut schlechthin. Es bedarf der klaren Entscheidung und eines klaren Urteils, wenn wir etwas ins Rollen bringen, damit wir später nicht ins Schleudern geraten. In diesem Sinne fördert das R solche Kräfte.

Poschmann konnte feststellen, dass es Patienten, die an Erschöpfung, Betäubung oder Lungenproblemen litten, Schwierigkeiten bereitete, das R zu sprechen. Auch nach Hirnoperationen sei dies der Fall. Steiner empfahl das Gurgeln von Zuckerwasser, um das Formen des R anzuregen. Bei Darmträgheit und Hartleibigkeit sei das R als unterstützende Maßnahme zu empfehlen.

R und L :Wir haben die unterschiedliche Art der Bewegung beider Konsonanten gesehen. Sie lassen sich in der Heilung gut einsetzen. Ein hitziger, erregter, cholerischer Mensch kann beruhigt werden, indem man ihn ein R mit nachfolgenden Ls sprechen lässt, also z. B. „RrraLalalalala ...". Umgekehrt kann man einen phlegmatischen, trägen Mensch und sein System anregen oder beleben, indem man ihn mit dem Luft- und Zitterlaut aktiviert, was z. B. möglich wird durch ein „LeRrrrrrrr".

S: Dieser Laut ermöglicht uns die Fähigkeit der Form- und Gestaltbildung über die Lenkung von Energie. „Sigma" nannten die Griechen das scharfe S und bezeichneten damit die Fähigkeit, das Krumme in die Gerade, die Schlange in den Stab zu wandeln. Gerade und Kreis, Bewegung und Ruhe kommen so zusammen. Sinnbild dafür wurde der Caduceus, der Äskulap- oder Merkurstab. „Sal" ist im Germanischen das Heil, die Gesundheit. Gute Strahlung entsteht aus Verwandlung von Energien, die immer wieder auch zur Ruhe finden. Was sich gar nicht mehr wandeln kann oder was sich nur noch wandelt, führt zu Krankheit. Verwandlung erfordert Einsicht, Weisheit und geistigen Willen. Das S ist zudem ein Laut der Erkenntnis und des Denkens, da seine Energie eindringt. Nach Poschmann hat das S etwas Beruhigendes. Es wirke der Gasentwicklung in den Verdauungsorganen entgegen und stärke die Beckenbodenmuskeln.

T: Das T bedeutet ein starkes Befühlen mit der Zunge. Es geht dabei um ein Gefühl des Fest- und Richtigstellens, woraus Gewissheit erwächst. Das T bezeichnet den Hammer Gottes, also seine aus der Höhe einschlagende Kraft. Bildlich sehen wir, wie etwas von oben auf die Senkrechte einwirkt. Wir können bildhaft auf diese Weise auch den Hammer darstellen, mit dem wir ein Holz in die Erde treiben. Jeder Schlag erzeugt eine vom Holz ausgehende Druckwelle in der Umgebung. Die Kräfte werden sozusagen vom Mittelpunkt nach außen getrieben, also zur Ausstrahlung gebracht. Damit hat das T etwas von einem harten Sich-Verfestigen einer Kraft. Sie ballt sich zur Entladung zusammen, wie wir das vom Donner (lat. tonare) kennen. Das T hat etwas Endgültiges, Abschließendes, als ob wir mit der Faust auf den Tisch hauen. So schließt das T auch Worte am Ende ab. Der feste Tritt und Schritt sind auf Ziel und Ende orientiert, beinhalten ein „es ist vollbracht". Gleichzeitig zeigt sich darin, dass etwas von oben herab strahlt, was uns in Begeisterung versetzt, wie z. B. der Tau oder die Sternschnuppen im Herbst. Rudolf Steiner sieht eine Verbindung zum Herzen, das in seiner Systole ein Sich-Verfestigen hat und eine Art ausstrahlende Hingabe in der Diastole zeigt. In keinem Organ finden wir den unerbittlichen Gang des Lebens besser ausgedrückt als im Schlag des Herzens. Damit beginnt und endet unser irdisches Dasein. Dieser feste Takt des Lebens erzeugt in uns Ehrfurcht.

W: Friert ein Mensch, dann stimmt er das W an. Die Haut zieht sich zusammen, die Zähne klappern und damit produziert der Körper Wärme. Das W ist aber auch dem Element Wasser zugehörig, steht für das Auf und Ab der Wellen, das rhythmische Element, die Beweglichkeit. Daher soll es das Gefühl der Sicherheit, des Getragenseins verstärken.

9. Heilende Wirkung der Harmonieübungen

„Überblicken wir nochmals rasch unsere Kräfte, so sehen wir, dass sie ermöglicht werden durch unseren Säftehaushalt und erweckt werden durch Bewegungen. Für das ständige Leben bilden Herzschlag und Pulswelle unsere Krafterzeuger (Dynamo); zum bewussten Ausgleich ist ihnen die Atmung beigesellt als ein wunderbar schmiegsames Werkzeug der Seele. Für unsere Arbeit in der Außenwelt stehen die zündenden Ströme des Arbeits-Nervensystems im Vordergrund, für das innere Leben, leiblich wie seelisch, aber sind es die rhythmischen Tonusschwellungen im Lebens-Nervensystem und die freien Wellen. All diese Ströme und Strahlungen werden gehalten von unserem magnetischen Kraftfeld und bilden mit diesem zusammen die Schwingen der Seele. Wie nun die Mächte der Seele dieses Kräftewerk anwenden, wird dem forschenden Verstande ewig ein Geheimnis bleiben. Es scheint am natürlichsten, wenn wir einfach in allem das große ES walten lassen: ES denkt in mir; ES atmet in mir; ES wirkt durch mich."

Emil A. Bäuerle,
Einkehr und Beseelung

„Im gesunden Zustand des Menschen waltet die geistartige, als Dynamis den materiellen Körper (Organism) belebende Lebenskraft (Autocratie) unumschränkt und hält alle seine Teile in bewundernswürdig harmonischem Lebensgange in Gefühlen und Tätigkeiten, so dass unser innewohnende, vernünftige Geist sich dieses lebendigen, gesunden Werkzeugs frei zu dem höhern Zwecke unsers Daseins bedienen kann ..."

Samuel Hahnemann, Organon

„Der materielle Organism, ohne Lebenskraft gedacht, ist keiner Empfindung, keiner Thätigkeit, keiner Selbsterhaltung fähig; nur das immaterielle, den materiellen Organism im gesunden und kranken Zustande belebende Wesen (das Lebensprincip, die Lebenskraft) verleiht ihm alle Empfindung und bewirkt seine Lebensverrichtungen."

Samuel Hahnemann, ebenda

„Du ziehst das an, was du bist, denn Gleiches zieht Gleiches an."

Margaret Pearson,
aus einem Vortrag

„Und nur, indem der Mensch das in ihm angelegte große Gesetz des Lebens auch mit seinem Leibe verwirklicht, kann er seine Bestimmung erfüllen. Es ist die verhängnisvolle Schwäche der westlichen Philosophie, dass sie sich nicht völlig von einem beschaulichen Intellektualismus lösen kann, so dass der von ihr gemeinte Leib nicht eine Charaktergestalt des handelnden Selbstes als Erlebnissubjekt ist, sondern immer nur als ein objektiv Gegebenes angesehen wird."

Sato Tsuji
aus Karlfried Graf Dürckheim, Hara

„Zwei Arten von Leiden gibt es: das Leiden an einer Funktionsuntüchtigkeit für die Welt und das Leiden an dem Nicht-eins-Sein mit dem eigenen Wesen."

Karlfried Graf Dürckheim,
Erlebnis und Wandlung

Das Leben besteht aus einem steten Wechsel und die griechischen Philosophen nannten dies „panta rhei" (alles fließt). Die Atomphysik spricht heute von Schwingungsfeldern oder oszillierenden Feldern. Alles ist also in stetiger Bewegung und doch besteht darin ein solches Gleichgewicht, dass wir den Eindruck einer festen Welt haben. Dem Menschen ergeht es nicht anders. Auch in ihm strömt und schwingt es, alles durchläuft stete Veränderungen und doch erlebt er sich als feste, relativ unveränderliche Form. Die schnelle Veränderung von Formen erlebt der Mensch schon unbewusst als Embryo, denn im vorgeburtlichen Zustand des Wachsens durchläuft er in einem Zeitraffer die Evolution aller Naturreiche und Tierformen. In diesem Sinne wird er daher auch als „Krönung", als Abschluss dieser Entwicklungsformen betrachtet. Er ist in der Natur das unabhängigste Wesen, ist mehrdimensional ausgerichtet und steht in den energetischen Strömungen vieler verschiedener Ebenen und Reiche. Daher ist er in diesem Wechsel der Kräfte auch besonders herausgefordert. Stets muss er zwischen seinem Selbst – das sehr willkürlich und autonom von aktuellen Bedingungen arbeiten kann – und dem äußeren Nicht-Selbst eine harmonische Stimmigkeit erreichen. Die gilt es, immer wieder neu zu finden und auszuloten. Wir Menschen sind in unserer Gesamtverfassung abhängig von dieser Stimmigkeit zwischen Eigenentwicklung und den draußen herrschenden energetischen Bedingungen. Sind wir zu einseitig, verharren wir zu lange bei einer Tätigkeit, bei einem Ablauf, bei einem Gefühl, bei immer dem gleichen Gedanken, so entstehen Stauungen und leere Wiederholungen, die die Harmonie durcheinander und Unstimmigkeit bringen. Leben wir auf der anderen Seite nur ganz willkürlich, ohne auf die äußeren Rahmenbedingungen zu achten, entsteht ebenfalls eine Disharmonie. Es bedarf einer Abstimmung und Harmonisierung zwischen der eigenen, immanenten Lebensenergie und den anderen Energieströmen des Kosmos. Disharmonie bewirkt ungünstige Spannungen, die Folgen haben.

„Einzig die krankhaft gestimmte Lebenskraft bringt die Krankheiten hervor, so dass die unsern Sinnen wahrnehmbare Krankheits-Äußerung zugleich alle innere Veränderung, das ist, die ganze krankhafte Verstimmung der inneren Dynamis ausdrückt und die ganze Krankheit zu Tage legt ..."

Samuel Hahnemann, ebenda

„Wenn der Mensch erkrankt, so ist ursprünglich nur diese geistartige, in seinem Organismus überall anwesende, selbsttätige Lebenskraft durch den dem Leben feindlichen, dynamischen Einfluss eines krankmachenden Agens verstimmt ..."

Samuel Hahnemann, ebenda

Der Begründer der Homöopathie, Samuel Hahnemann, hat diesen Gedanken von der Schwingung und Gestimmtheit als Basis seines Arbeitens genommen. Es geht um die in uns strömende Lebensenergie, für deren guten Fluss wir sorgen müssen, in Abstimmung zu allen Ebenen des Seins.

Wir haben in den Bänden zuvor schon immer wieder von den vier grundlegenden Säulen gehört, die für das Fließen unserer

Lebensenergie, für unsere Gesundheit und Stimmigkeit entscheidend sind. Diese Säulen werden wiederum von einer Dreiheit regiert, wodurch sich folgende Verhältnisse ergeben:

Säule	Ebene	Kräfte	Weg
Ernährung	Körper	Aufbau, Ausscheidung, Erhaltung	Nahrung (Kohlenhydrate, Eiweiß, Fette)
Atem	Geist, Lebensenergie	Binden – lösen, weiten – verengen, Belebung, Durchdringung	Atempflege (enthalten, stauen, rhythmisieren)
Drüsen	Selbst, Emotion, Antriebskraft	Schöpferische Verwandlung, Alchemie	Drüsenpflege (Bewegen, Erleben, Lenken)
Harmonie	Seele	Schwingung, Resonanz, Stimmigkeit	Ton- und Vokalübungen

Jede dieser Säulen setzt auf ihrer Ebene an und wirkt doch auf das Ganze zurück. Aber nichts resultiert so sehr aus der Ganzheit heraus wie die Säule der Harmonie. Harmonie kann nur entstehen, wenn es einen zentralen Punkt gibt, auf den hin sich alles ausrichtet und anordnet. Und dieser Punkt liegt bei jedem Wesen im Feinstofflichen, auf der geistig-seelischen Ebene. Nichts steht mit dieser Ebene mehr in Verbindung als der Atem und der Ton oder Laut. Daher sind die Harmonieübungen so überaus wichtig für uns, auch wenn sie rein äußerlich und funktional gesehen nicht diesen Eindruck machen. Aber gerade die Harmoniekräfte werden uns in dieser heutigen, zerrissenen, hochtourigen Welt immer wichtiger, denn nur mit deren Hilfe können unsere Nerven diese Beanspruchung auch aushalten. Die heutige Zeit mit ihrer Technik und Durchstrukturierung stellt hohe Leistungsanforderungen und ist geprägt von routinierten, festen, einseitigen Abläufen im Beruf, Alltag, Fühlen und Denken. Der Intellektualismus hat uns fest im Griff, so dass das wirkliche Erleben unserer selbst stark zurückgedrängt

ist. Alles wird vom Kopf aus gesteuert, und so verwundert es nicht, dass viele Menschen das unbestimmte Gefühl haben, dass es ihnen an etwas ganz Wesentlichem im Leben mangelt, ohne es klar benennen zu können. Die körperliche, muskuläre Anstrengung, die lange Jahrhunderte das Leben unserer Vorfahren bestimmte, verschiebt sich nun hin zur nervlichen. Unendlich viele Reize und Informationen strömen in jedem Augenblick auf uns ein. Das technische Zeitalter wird vor allem durch den „Nervenmenschen" bestimmt. Die Voraussage vieler weiser Seher geht dahin, dass in Zukunft die Ursachen für Erkrankungen vor allem im nervlichen, psychischen Bereich zu finden sein werden. Psychische Erkrankungen werden in starkem Maße zunehmen. Wie wir gesehen haben, gleicht das Nervensystem einem saitenbespannten Musikinstrument. Und so sind es die Töne und Klänge, über die wir auf dieses Instrument oder System am besten einwirken können. Töne setzen die Nerven in Schwingung, aber bringen gleichzeitig die Möglichkeit der Harmonisierung ins Spiel.

Die Absicht der Harmonieübungen ist es, diese Kraft der Stimmigkeit in uns wieder herzustellen, indem wir uns als „schwingendes System" erleben. Wie ein Kind sein Gleichgewichtsorgan über körperliche Bewegungen im Raum schult, üben wir mittels Klang und Laut unseren Schwingungskörper. Auf diesem Wege können wir mit allen Anteilen in uns in Kontakt kommen und eine Kommunikation herstellen, was für unsere Gesundheit wichtig ist.

Gleichzeitig erweitern und harmonisieren wir durch die Übungen unsere Wahrnehmung von der äußeren Welt. Harmonieübungen wirken also ordnend in uns hinein und auch wieder aus uns heraus. Daher können wir in diesem Zusammenhang auch von Lebensordnungen sprechen. Grundsätzlich nehmen wir von der Welt nur das wahr, was auch in uns angelegt ist. Wir können nichts absolut Fremdes wahrnehmen, nur das, was uns schon zu eigen ist. Daher ging die esoterische Überlieferung stets davon aus, dass potenziell alles im Menschen angelegt ist. Was aber erweckt in ihm ist, das tritt im Äußeren auch auf ihn zu. Das andere schläft noch, kann aber erweckt werden. Paracelsus schreibt in seinem VI. Buch über das Fundament der Weisheit:

> *„Also liegen da auch im Menschen alle Handwerke, alle Künste, aber nicht alle sind offenbar ...*
>
> *Das Lernen vom Menschen ist kein Lernen, es ist vorher im Menschen, es ist nur ein Erwecken und Ermahnen."*
>
> Paracelsus, Sämtliche Werke

Daher beginnt die Arbeit stets innen, nämlich mit den Fragen: „Was ist wach in mir und wie ist es wach? Was möchte wach werden?" Harmonieübungen bedeuten Arbeit an der eigenen Bewusstheit und an der Integration. Die Welt ist uns ein Spiegel, ein Lehrer. An ihr können wir erfahren, was in uns wach und wie stimmig es mit uns dabei ist.

Die Harmonieübungen bedeuten zunächst, die Arbeit an der Vernetzung unserer unterschiedlichen Körpersysteme und Energieebenen voranzutreiben, um eine innere Stimmigkeit zu erlangen. Dafür werden bestimmte Hilfsmittel eingesetzt.

- Die Harmonie der physischen Ebene wird über die Bewegung und Haltung des Körpers mit Hilfe seiner Muskeln erreicht. Das geht über das Sprechen und Singen bei gleichzeitiger Gebärde, Haltung, Mimik und Bewegung.

- Muskelbewegung braucht den Atem und die Bewegung des Blutes, die unser rhythmisches System bilden, was gleichzeitig Nerven und Drüsen aktiviert. Die plastizierenden, formenden Energien gehören zur Ätherebene, die wir über die Bildung der Laute ansprechen.

- Die Musik und die gefühlten Vokale gehören der Astral- oder Emotionalebene an und wirken über Resonanz auf uns ein.

- Indem wir ganz bewusst die Übungen ausführen und erleben, sprechen wir die Mentalebene an.

Wir erfahren durch solches Üben, was in uns schwingt und was sich in uns ausdrücken möchte. Das stärkt die Kräfte unseres Ich und unseres Selbstbewusstseins. Indem wir üben, tun wir etwas für uns ganz persönlich, und gleichzeitig hilft uns das aber auch in unserer Entfaltung und Beziehung im Äußeren. Unser

Selbstbewusstsein, unsere Ausstrahlung und unsere Ausdrucksfähigkeit wachsen. Die Harmonieübungen sollen also unseren Selbstausdruck fördern, uns helfen, das auszudrücken, was sich in uns bewegt, und gleichzeitig helfen sie uns auch, den richtigen, realen Eindruck vom Äußeren zu bekommen. Angemessen und wahrhaftig reagieren können wir ja nur, wenn wir von der Situation einen wahrhaftigen Eindruck bekommen, wenn Resonanz und Abstimmung da sind. Nehmen wir Wirklichkeit verzerrt wahr oder leben in der Illusion, so können weder unser Selbstausdruck noch unsere Wahrnehmung stimmig sein. Ein Erfolg wird ausbleiben. Die Harmonieübungen dienen also zur Selbstfindung, damit die Abstimmung zwischen innen und außen reibungsloser vonstatten gehen kann.

Innenwelt

Seelischer Bereich, Eindruck, Empfindung, Inspiration, Wahrnehmung Reizverarbeitung, subjektive Ebene, Zukunft, das noch nicht objektiv Manifestierte.

Vermittlung

Harmonieübungen (Sprache, Laut, Musik, Bewegung).

Außenwelt

Wirkungsbereich des Ich, Ausdruck, Struktur, Ausstrahlung, Verwirklichung, objektive Ebene, Manifestation, Vergangenheit, das Manifeste.

Indem wir sprechen oder singen, sind wir ganz da in unserer Allgegenwart. Von diesem Punkt aus können wir alle Welten verwandeln. Wir können z. B. in etwas Festes, Manifestiertes, aus der Vergangenheit Re-

sultierendes eine Bewegung und Veränderung hineinbringen. Darauf beruht die große Heilwirkung der Musik. Ein Beispiel zeigt sich darin, dass ein verhärteter Mensch eine spontane Verwandlung erleben kann, wenn jemand oder etwas zufällig die richtige Saite in ihm zum Schwingen bringt. Das ist oftmals ein Klang, der eine ganz ferne Erinnerung weckt, es mag ein Lied oder eine Melodie aus der Kindheit sein. Der wunderschöne Film mit dem Titel „Wie im Himmel" handelt von dieser magischen Verwandlungskraft der Musik. Bei Schriftstellern der Romantik, wie E.T.A. Hoffmann, Eichendorff, Novalis usw., spielt diese Seite von Musik und Sprache eine enorm wichtige Rolle. Beide, Musik und Sprache, sind ihnen Botschafter höherer Welten und auch eine Brücke zu denselben. Von Joseph von Eichendorff ist das folgende herrliche Gedicht „Wünschelrute" überliefert, das immer wieder zitiert wird:

> „Schläft ein Lied in allen Dingen,
> Die da träumen fort und fort,
> Und die Welt hebt an zu singen,
> Triffst du nur das Zauberwort."
>
> Eichendorff, Werke

Der geniale Dichter und Denker Novalis schreibt im gleichen Sinne:

> „Wenn nicht mehr Zahlen und Figuren
> Sind Schlüssel aller Kreaturen,
> wenn die, so singen oder küssen,
> mehr als die Tiefgelehrten wissen ..."
>
> Novalis, Werke

Den Griechen wiederum galt Orpheus als Archetypus der Musik und ihrer harmonisierenden Magie.

„Der Heros ist eine Gestalt, die eine unverrückbare Mitte hat. Die unverrückbare strahlende Mitte des Orpheus ist sein Gesang, vom Leierspiel begleitet. All seine Wirkung kommt aus der Mitte. Durch die Macht des Gesanges gelingt es Orpheus, Polaritäten zu versöhnen, Feindliches zur Harmonie zu bringen, Krankes zu heilen, Totes zu neuem Leben zu erwecken.“

Elisabeth Hämmerling, ebenda

Abb. 89 Singender Orpheus

Gerade Orpheus ist ein sehr gutes Beispiel für das ganzheitlich Heilende. Er schafft eine Harmonisierung zwischen dem Göttlichen und der Natur, also zwischen Geist oder Seele und Körper. Schwingung ist die Kraft, die alle Zellen in uns verbindet. Letztendlich geht es also darum, dass wir unsere Seelenschwingung an jede Zelle vermitteln können. Dann ist jenes Ziel erreicht, dass „der kleine Zeh“ von uns wieder mit den Gehirnintelligenzien kommuniziert. Nur so erhält jede Zelle die klare Botschaft, was wir selbst wirklich wollen und beabsichtigen. Alles Unklare, Undeutliche stiftet nur Verwirrung unter unseren Kräften. Das ordnungsgemäße Wirken der Seelenschwingung durch alle Ebenen hindurch bis auf die physische Ebene hin, ohne dabei anzuhaften, das ist die Aufgabe jeder spirituellen Schulung. Es ist der Klang, über den wir dies erreichen können, denn der Klang lehrt uns, wie sich Schwingung fortpflanzt und wie Wirkung geschieht. Gleichzeitig lernen wir dabei aber, völlig loszulassen, denn im Festhalten ist Klangwirkung nicht möglich.

Es gibt keinen Bereich in uns, in dem die Kräfte der Harmonisierung nicht gebraucht werden. Unser ganzes Wesen ist auf Harmonie angelegt, so wie auch die ganze Natur auf harmonische Prinzipien aufgebaut ist. Die nachfolgende Auflistung zeigt detailliert weitere Bereiche, auf welche sich Harmonieübungen günstig auswirken:

1. Förderung der Zusammenarbeit und Vernetzung

Generell fördern die Übungen unsere Fähigkeit, Harmonie unter allen Teilen unserer Körpers und auch unter den Erlebnissen herzustellen. Alle Zellen, alle Organe sollen untereinander in Kontakt stehen und vernetzt sein. Alles Erleben soll sich harmonisch eingliedern in das Ganze, Bestehende.

Die Vernetzung innerhalb unseres Gehirns ist dabei von besonderer Wichtigkeit, da hiervon die Entwicklung abhängt. Wir haben drei Intelligenzien oder Veranlagungen in uns[13]. Ihnen entsprechen drei korrespondierende Drüsenpaare:

---

13 Intelligenzien siehe Band 1.

Praktisch-verwirklichende Intelligenz	Liebendes, wahrhaftiges Wirken	Thymus, Nebennieren
Intuitiv-kreative Intelligenz	Seelisch-schöpferischer Ausdruck	Schilddrüse, Geschlechtsdrüsen
Analytisch-kognitive Intelligenz	Klare Erkenntnis	Hypophyse, Solarplexus (Pankreas)

Wären diese Gehirnanteile und Drüsen voll funktionsfähig und miteinander vernetzt, was nur unter der Leitung der Zirbeldrüse möglich ist, wären wir in vollkommener Harmonie. Um diese Vernetzung und Harmonisierung voranzutreiben, bedarf es der Schwingungserhöhung. Eine solche wird über Töne, Melodien und Vokale möglich, da diese über Resonanz und Schwingung Verbindungen zwischen Zellen, Organen, Energien etc. aufbauen. Streben wir nicht nach Integration, so arbeitet jedes Drüsensystem, jeder Plexus hauptsächlich für seinen begrenzten Teilbereich. Die Kräfte sind zersplittert. Die Harmonieübungen wirken nicht nur integrativ, harmonisierend, sondern regen auch das cerebrospinale Nervensystem („Sitz der Selbstbeherrschung und Entwicklung") und die Zirbeldrüse an.

Die Entwicklung des menschlichen Bewusstseins ist eine Geschichte von Schwingung und damit von Klang. Zunächst ahmte der Mensch die Laute der Natur nach. Das erweckte Kräfte in ihm und die Schwingung seiner Körpersysteme erhöhte sich. Er wurde unabhängiger, kreativer und entwickelte dann seine eigene Musik („Kunstmusik"). Proportional ging das mit der Erweiterung des Denkens einher. Erst mit dem Gesang konnte der Mensch seinen Körper harmonisieren und sein Denken fördern, denn die Vibrationen der Töne erschaffen neue Überbrückungen und Vernetzungen im Gehirn. Musik und Klang wirken förderlich auf die Gehirnentwicklung; sie sind aneinander gebunden, das hat selbst die moderne Wissenschaft inzwischen nachgewiesen. Entwicklung bedeutet stets Schwingungserhöhung. Die Harmonieübungen sind gerade darauf angelegt.

2. Einstimmen auf die Welt

Über das Einschwingen auf bestimmte Frequenzen lernen wir uns auf Schwingungen des Kosmos einzustellen. Wir sind in gewisser Weise wie ein Radioapparat und seine Antenne gebaut. Je mehr Frequenzen und Bandbreiten wir uns erobert haben, desto erweiterter wird unsere Wahrnehmung und Aufnahmefähigkeit sein. Das gibt uns eine stärkere Verbindung zur Natur und zu unserer Umgebung. Gleichzeitig verbessert es unsere Fähigkeiten der Kommunikation mit ganz unterschiedlichen Ebenen des Kosmos (Stichwort: Medialität).

3. Reinigung

Wie wir aus der Atemlehre wissen, hilft der verlängerte Ausatem zu entgiften, da mehr Kohlensäure ausgeschieden wird. „Entgiftung" war nach Aussage von Dr. Hanish einst die Absicht des Betens und wesentlich wichtiger als die Worte oder der Inhalt selbst. Mit fortschreitendem Intellekt vergaß man diese Seite des Betens und stellte das Wort über alles. Noch viel stärker erfolgt der Ausatem aber im Singen und Klingen. Also haben die Übungen eine tief reinigende Wirkung.

4. Vitalität und Energielenkung

Die Übungen fördern und stärken die Energien, indem sie die Vibration und Schwingung erhöhen. Gleichzeitig harmonisieren sie deren Fluss. Das ist günstig für die Nerven und das Immunsystem. Alles Singen, Lautieren, Bewegen stärkt unsere Lebenskraft. Aber es geht auch um Steuerung. Das geschulte Erzeugen von Lauten, Tönen, Melodien hat mit der Führung unserer Energien zu tun und hilft somit auch, unsere Lebensenergien, unser Leben zu lenken und zu gestalten.

5. Lebensgestaltung und Selbstausdruck

Zunächst lernen wir – rein äußerlich gesehen – uns besser zu artikulieren, da wir alle unsere Sprechorgane bewusst üben. Mit verbesserter Artikulation geht auch ein klareres Denken einher. Mit der Zeit werden wir damit den anderen immer verständlicher, aber auch wir selbst verstehen besser. Wir erkennen uns bewusster und können damit auch besser ausdrücken, was wir möchten oder was sich durch uns gestalten möchte. Die Kraft der Verwirklichung nimmt zu.

6. Erweiterte Wahrnehmung

Unsere Wahrnehmung, d. h. die Fähigkeit zur Einstimmung, vergrößert sich. Immer mehr Teile der Welt erschließen sich uns, immer weniger schließt sich aus. Indem die Wahrnehmung in uns wächst, werden auch wir anders wahrgenommen in der Welt.

7. Wach- und Bewusstheit

Der Ton entsteht nach Steiner aus einer Verdichtung der Astral- und Ätherenergien. Die astrale Ebene ist jene des Fühlens, Träumens und Dämmerns. Alles fließt auf dieser und ist wenig greifbar. Erst wenn diese Energien kanalisiert werden, verdichtet werden, entsteht Wachheit. Das ist der Ton, der Klang. Er weckt uns auf. Gefühle werden uns über Klang bewusst. Daher sind Gefühle und Musik eng verbunden.

Indem wir also den Klang unseres Körpers erwecken, erwecken wir uns selbst.

8. Befreiung von Ängsten

Gefühl und Musik wirken auf unseren eigenen Atem und Puls ein. Das Fühlen wird zum rhythmischen System des Menschen gerechnet, das mit der Zirkulation im Körper zu tun hat. Das Zentrum dieses Systems bildet das Herz, was ja seit Urzeiten für den Menschen der Sitz der Liebe, der Harmonie und des Glückes ist. Störungen im rhythmischen System hängen eng mit den Ängsten zusammen. Angst hat etwas mit „Verlieren" zu tun, mit Enge. Wir verlieren uns oder es wird „eng" für uns. Wenn Kinder Angst haben, singen oder sprechen sie laut vor sich hin. In diesem Sinne können Atmen und Singen befreiend, lösend und beruhigend wirken.

9. Harmonisierung von extremen Gefühlen

Töne und Laute sind eng an unsere Gefühlsströme angekoppelt. Diese Ströme bewegen sich zwischen zwei extremen Polen, nämlich Lust und Schmerz. Wir verfallen immer in Töne, wenn wir Lust oder auch wenn wir Schmerz empfinden. Warum ist das so? Töne wirken harmonisierend, balancierend auf uns. Wenn wir z. B. einem totalen Lustgefühl verfallen, besteht stets die Gefahr, dass wir uns in ihm völlig verlieren. Diese Lust ist aber stets an ein Äußeres, an ein Nicht-Selbst gebunden. Denken wir an einen Zustand der totalen Verliebtheit. Damit besteht die Gefahr, dass wir uns selbst verlieren oder selbst völlig aufgeben. Verliebte seufzen daher so häufig. Es ist das Bemühen, verstärkt bei sich zu bleiben. Gelingt dies nicht, kippt das Lustgefühl in Schmerz, also ins andere Extrem.

Schmerz ist der andere Pol der Gefühlsebene. Schmerz bedeutet ein zu starkes Bei-sich-Sein, Sich-gewahr-Werden. Die Welt ist einem dann egal, denn alles ist auf das eigene Ich-Erleben fixiert. Man empfindet sich zu viel, zu stark, wenn man Schmerzen hat. Alles ist dann zu nahe an einem dran. Der Kranke stöhnt und ächzt dann, um seine Energien zu lösen. Es ist der Versuch, sich von sich selbst etwas mehr zu lösen. Auf diese Weise ist das Selbst bestrebt, eine Erleichterung und Harmonisierung herzustellen. Das harmonische Empfinden des Menschen steht im Verhältnis zum Gleichgewicht zwischen folgenden beiden Polen: dass er sich auf der einen Sei-te verlieren kann und auf der anderen Seite sich zu stark gewahr wird. Töne und Klänge sind uns behilflich, uns selbst in der Mitte zu halten. So können wir uns weder in der Lust ganz verlieren, noch im Schmerz völlig versinken. Drohen wir uns zu verlieren, so versuchen wir unseren Emotional- oder Astralkörper festzuhalten über den Klang, damit er bildlich gesprochen nicht „wegfließt". Haben wir uns im Schmerz zu stark fixiert, versuchen wir über den Klang, uns uns selbst wieder zu entreißen.

Schmerzen und Gelüste haben übrigens viel mit der Skala von Farben und Tönen zu tun. Schmerzen sind schreiend, tief, brütend. Wir schreien je nach Schmerz in unterschiedlichen Tonlagen. Ebenso sind Schmerz und helles Licht gleich, weshalb Steiner beide zusammen sieht. Hinter allen Erscheinungen webt dieses helle, zu grelle Licht und im Schmerz gelangen wir in diesen Bereich hinein. Lust dagegen ist stöhnend und jauchzend.

10. Anregung und Verbindung zwischen der feinstofflichen Ebene und Körperebene

Im Astralkörper finden wir die innerliche Bewegung, das „Fließen", während der Ätherkörper die Formungs- und Bildekräfte der Natur beinhaltet. In diesem Sinne entsteht der Körper aus dem Zusammenspiel dieser Ebenen und wird auch so erhalten. Es gibt Entsprechungen zwischen diesen Ebenen.

Wenn wir von „Begreifen" sprechen, so bedeutet dies, mit den Gedanken etwas zu erfassen, zu ergreifen. Nicht der körperliche Arm tut dies, sondern eben sein ätherisches

Abbild, z. B. aufgrund einer emotionalen Intention. Der Gedanke entspricht dem Arm, der Hand. Die physische Hand kann jeweils nur einen Griff auf einmal ausführen. Der Gedanke kann dagegen etwas gleichzeitig von mehreren Dimensionen aus ergreifen.

Atem, Denken und Sprechen gehören ebenfalls zusammen. Der verdichtete Atem, der das Sprechen ermöglicht, ist eigentlich eine Gebärde, nämlich die „verdichtete Gebärde" des Denkens. Diese macht eine subtile Gedankenform so konkret und schwer, dass sie über Astral- und Ätherebene in das Körperliche hinein absinken kann. Astral- und Ätherebene haben unter dem Gesichtspunkt der spirituellen Schulung ihre vordringliche Aufgabe in der Vermittlung zwischen höherem Denken (Bewusstsein) und Verstand. Beide der Ebenen stehen in Zusammenhang mit Klang und schöpferischen Ausdruckskräften. Indem wir sprechen, klingen, lautieren, uns bewegen oder singen, haben wir die Möglichkeit, die Bewegung auf diesen Ebenen direkt auf den physischen Körper zu übertragen. Das macht diesen auf Dauer viel reaktionsfähiger, empfänglicher für die feineren Schwingungen, und damit verstärkt sich auch die einfließende Lebenskraft. Daher wird ja Singen als so überaus gesund empfunden.

11. Förderung des Lernvermögens

Die Harmonieübungen eröffnen uns neue Horizonte, fördern den Sprach- und Ausdruckssinn. Damit werden wir offen und neugierig für das Leben – wichtige Voraussetzungen für eine gute Lernbereitschaft. Wissenschaftliche Untersuchungen haben gezeigt, dass sich Musikmachen förderlich auf die Gehirnentwicklung und das Lernen auswirkt.

12. Aura-Arbeit

Wir haben im Zusammenhang mit den Sprach- und Hall-Lauten in Kapitel 3 den Bezug zur Aura, dem Lebensenergiefeld des Menschen kennengelernt. Die Harmonieübungen sind daher ein wunderbares Mittel, an der eigenen Aura zu arbeiten, denn das ist nur über Schwingung möglich.

13. Harmonieübungen und Körpergewicht – Sein eigenes Maß finden

Diese Überschrift mag zunächst skurril anmuten, aber die Harmonieübungen können überaus hilfreich sein bei unseren Gelüsten, Lastern und auch Schmerzen. Das haben wir zuvor schon gehört. Am Beispiel der Gewichtsreduzierung lässt sich dies gut aufzeigen.

Wir haben schon in Band 2 erfahren, wie wichtig der Atem für unser ganzes System ist. Über den Atem können wir unseren Säftehaushalt regeln, also auch das Verhältnis zwischen Säuren und Basen. Die vermehrte, bewusste Bewegung des Zwerchfells durch die rhythmischen Atemübungen massiert zudem unsere ganzen Bauch- und Verdauungsorgane. Das bleibt nicht ohne Wirkung auf die inneren Organe, weshalb Atemübungen im Kanon der Maßnahmen unbedingt notwendig sind, wenn es um das Thema Gewichtsreduktion oder auch Gewichtszunahme geht. Die Atemübungen führen uns nach und nach zu unserem ureigenen Rhythmus, wodurch unser Alltag eine andere, stabile Fassung bekommt. Die Gelüste auf Zwischenmahlzeiten und Naschereien lassen nach. Indem wir bewusst einatmen, geben wir unserem Riechsinn verstärkte Aufmerksamkeit, und dieser steht eng in

Verbindung mit den tiefen Gefühlen in uns. Über den Riechsinn hat der Atem Einfluss auf unser gesamtes Sinnessystem. Gerade die Umstimmung der Sinne ist mitentscheidend, wenn wir von etwas lassen wollen oder etwas in uns verändern wollen. Reine Verhaltensmaßregeln reichen meist nicht aus und bergen in sich stets auch latent die Tendenz zum Zwanghaften. Viel besser ist es, dass wir unser System selbst neu stimmen lernen. Das geht über die Atemübungen, vor allem aber auch über die Harmonieübungen. Mit ihrer Hilfe gelingt es, eine neue Schwingung in uns zu etablieren.

Der Vorteil solcher Übungen liegt weiterhin darin, dass der Patient oder Klient selbst in das Tun kommt, Handwerkszeug an die Hand bekommt, das ihn unterstützen kann. Er ist zum einen beschäftigt, was ihn vom Grübeln und Sinnieren abhält, zum anderen bekommt sein gefühlsmäßiges Streben ein übergeordnetes Ziel. Wenn wir stets nur an die Kilowaage und an Normen denken, so sind wir fixiert, was für einen Heilungsweg nicht förderlich ist. Wir sollten wissen, dass es ja meist überaus sensitive Menschen sind, die sich mit dem Thema Über- oder Untergewicht auseinandersetzen müssen. Die einen fühlen zu viel, kommen mit diesem Übermaß an Fühlen nicht in die Ruhe und Ordnung, so dass sie das über Essen und Übergewicht ausgleichen. Ihr Äther- und Astralkörper ist sehr mächtig, weshalb sie zu wenig in ihrem Körper sind. Sie kommen mit der Inkarnationskraft nicht zurecht und das ist ihr Thema, denn die bestimmende Kraft der Erde ist die Schwerkraft. Da sie zu wenig mit ihrem Körper verbunden sind, fehlt ihnen das Maß, das uns eben der Körper vorgibt. Andere wiederum fühlen sich viel zu wenig, obwohl sie sensitiv sind, haben einen überstarken Verstand (s. Leistungsorientierung) und verlieren durch diese Reibung an Gewicht. Sie sind zu stark in der Materie, im Wollen oder im Intellekt. Sie müssen lernen, ihren feinstofflichen Körpern wieder mehr Raum zu geben. Die Harmonieübungen regulieren den Energiefluss zwischen unseren feinstofflichen Körperebenen und unserer physischen Erscheinung. Alle diese Sing-, Vokal-, Summ- und Pfeifübungen sind daher hilfreich, um wieder in sein eigenes Maß hineinzukommen.

14. Die Vernetzung unserer drei Ebenen des Lebens

Die Übungen wirken besonders harmonisierend auf und über das Nervensystem ein. Wie wir bei der Wirbelsäule gesehen haben, bilden die Nerven sinnbildlich die Saiten unseres Instrumentes. Das Nervensystem steht vermittelnd zwischen Herz (Empfinden, Erleben) und Gehirn (Denken). Erst, wo beide zusammenfinden, entsteht das, was wir Bewusstsein nennen. Dazu bedarf es aber der Vermittlung eines „gestimmten" Nervensystems. Damit die Nerven gut arbeiten können, braucht es Klarheit und Rhythmus im Leben. Wir müssen die Nerven also entsprechend bedienen, damit sie ihre Arbeit tun können. Auch das Blut- und Kreislaufsystem bedarf einer Voraussetzung, um eine gute Arbeit tun zu können, nämlich der Gelöstheit und Entspannung. Gleichzeitig wird seine Arbeit durch eine positive Einstellung unterstützt, die aus einem „starken Herzen", dem Lebensmut herrührt. Und auch der Muskel braucht eine Grundbedingung für sein Wirken, nämlich die Bereitschaft zur Spannung, also Spannkraft. Alle drei Systeme sind eng miteinander verzahnt und über sie erfahren und verwirklichen wir Leben. Bestimmte Aspekte der Übungen wirken nun auf die einzelnen Systeme wie auch auf das Gesamte ein, wie nachfolgende Tabelle veranschaulichen möchte:

	Muskelsystem	Blutsystem	Nervensystem
braucht für sein Tun	einen passenden Tonus und Gelöstheit	seelische Gelassenheit und Mut	Klarheit, Rhythmus und geistigen Halt
ist für unseren Körper	Mechanik, Werkzeug	tragende Kraft	Führung, Lenkung
bedarf der	Übung (Spannung – Lösung)	Atempflege	Bewusstheit, Konzentration
hemmende Wirkung hat	Verkrampfung; Unterforderung	Stress, Negativität	Nervenschwäche, Labilität

Sind diese drei Ebenen in guter Abstimmung, so erfahren wir innere Beschwingtheit und schöpferische Lebenskraft. Ist dem nicht so, kommt es auf kurz oder lang zu einem Einbruch an Energie.

15. Schwingung und Resonanz

Alles Leben bedeutet beschwingten Lebensrhythmus. Wo keine Tonschwingungen in unserem Körper mehr hindurchgehen, da fließt auch der Nervenstrom nicht mehr genügend, leidet die Zellstrahlung. Es ist dort ein Hindernis, ein kompakter Stau, und Resonanz wird verhindert. Dadurch kann sich diese Körperstelle abkoppeln und ausklinken aus dem Ganzen. Sie wird zum autonomen Gebiet mit gefährlichen Folgen. Wie wir gehört haben, kann man an den Klängen hören, wo sich im Körper die Energie staut.

16. Spiritualität

Klang und Musik verbinden Himmel und Erde, Seele und Körper, denn die kosmische Schöpfung zeigt sich durch Proportionen und Verhältnisse (s. die Keplersche Weltenharmonik).

Teil II
Die Übungen

„Das Leben ist wie eine Art Experiment. Alles Üben geht über das eigene Selbst-Erleben und Selbst-Erfahren. Nur so kommen wir wahrhaftig zu uns selbst und lassen uns dann nicht mehr von den Reizen und Vorgaben der Umwelt, auch nicht von fremden Wahrheiten willkürlich beeinflussen. Je näher wir an unsere eigene Seelenschwingung und Seelenstimmung herankommen, desto mehr an Sicherheit und Kraft stellt sich in uns ein.“

Harald Knauss, Die sieben Stufen des Heilungsweges

„Heil ist dann nur der Mensch, der als Person durchlässig geworden ist für sein Wesen und in ihm das Sinnzentrum und die unversiegbare Quelle seines Lebens gefunden hat, eine Quelle, die heilsam und verwandelnd gerade auch im Leiden fließt.“

Karlfried Graf Dürckheim, ebenda

„Apollon und Orpheus brachten den Griechen die Erfahrung, dass Musik auf Leib und Seele heilend und harmonisierend wirkt, beide brachten ihnen die Erleuchtung durch Inspiration und ließen sie ein neues Bewusstsein erleben. Durch den Kult des Apollon und seines Geistes entwickelten sich in der griechischen Kultur die Musik und Dichtkunst sowie die Philosophie zu bewundernswerter Größe – angeregt nicht durch Reflektieren und Theoretisieren wohlgemerkt, sondern durch kultische Begehung, die aufmerksame und liebevolle Pflege des Göttlichen.“

Elisabeth Hämmerling, ebenda

*„Viele Boten gehen und gingen
Zwischen Erd` und Himmelslust,
Solchen Gruß kann keiner bringen,
Als ein Lied aus frischer Brust.“*

Joseph v. Eichendorff, ebenda

Alle Übungen zielen auf zwei Qualitäten ab, die im Übenden entstehen sollen: Erleben und Wandlung. Beide sind sie zwei verschiedene Dinge. Ein Erlebnis ist ein Moment, in dem das „Eigentliche" von etwas aufblitzt. Wir machen dabei eine Seinserfahrung, eine Erfahrung von Selbstwirklichkeit. Erlebnis und Erleben bleiben aber lediglich ein vergänglicher Moment, wenn nachfolgend nicht eine Phase der Vertiefung einsetzt. Nur was in die Tiefe unseres Seins hinabsinkt, kann Raum in uns gewinnen und bewahrt werden. Daraus entsteht das, was wir als wirkliche Veränderung von innen heraus begreifen, als tiefgehende Wandlung. Leben beruht auf Wandlung und wir sprechen heute noch vom „Lebenswandel". Und alles, was in unserer Tiefe heranreift, muss sich auch bewähren im Leben. Nur wenn diese Dreiheit von Erleben – Wandlung – Bewährung im Leben und auch im Üben stattfindet, kann es uns auf dem Weg unserer Bestimmung hilfreich sein. Aus der Integration dieser drei Phasen entsteht die innere Verfassung eines Menschen. Üben aus einem spirituellen Verständnis heraus hat in erster Linie unsere transzendente Wesenhaftigkeit im Auge, denn das körperhafte Sein ist davon abhängig, ob und wie sich diese Wesenhaftigkeit durch dieses auszudrücken vermag. In diesem Sinne geht es darum, durch das Üben sich zu öffnen, damit das größere Leben einströmen kann, was stets zum Heil des Seins führt, da sich auch Verstehen und Einsicht damit verbinden. Nicht die Übung an sich ist das Ziel, sondern jede Übung dient dazu, uns dafür vorzubereiten, dass uns das größere Leben voll ergreifen kann.

Wie zum Teil schon in den vorherigen Bänden dargelegt, braucht es bestimmte Voraussetzungen zum Üben. Einige derselben werden den Lesern also schon bekannt sein, aber es werden für die Harmonieübungen auch noch einige neue anklingen. Graf Dürckheim hat einmal für seine Haraübungen vier wesentliche Voraussetzungen benannt, die es für ein erfolgreiches, ganzheitliches Üben braucht und die auch für unsere Harmonieübungen hier wertvoll sind:

1. Innere Notwendigkeit: Der innere Mensch muss in Not sein. Er muss ein Ungenügen in seiner derzeitigen Lebensform und Verfassung fühlen, spüren, dass es einer grundlegenden Verwandlung bedarf.

2. Innere Einstellung: Wer nur übt, „um zu ...", der orientiert sich rein am Äußeren. Es geht aber um den inneren Weg, um den Weg einer fortschreitenden Integration und Reifung.

3. Ein starker Wille: Wir sind meist schnell begeistert von etwas. Alles Neue wirkt anregend. Die Übungen sind meist leicht auszuführen, aber zum Übenden zu werden ist das eigentlich Schwierige.

4. Fähigkeit zu vollem Einsatz: Nur wer sich voll einsetzt im Üben, kommt voran.

Diese Voraussetzungen gelten im besten Sinne gerade auch für die Harmonieübungen, da sie sich am wenigsten funktional ausrichten lassen. Es sind innere Übungen. Es gibt eine besondere Fähigkeit, die durch alle Jahrtausende stets der Musik zugeordnet wurde: die Be-Geisterung, das Ergriffensein.

Der Dichter, Sänger oder Musiker, der in den alten Kulturen immer auch ein spiritueller Mensch und also auch Priester war, spricht als Ergriffener stets aus der Ganzheit seines Erlebens. Er will auf die Seele des Hörers einwirken und dort das Feuer entfachen. Noch heute sprechen wir bei Konzerten davon, dass der „Funke" zwischen Musiker und Publikum überspringt. Dazu bedarf es der Kraft der Sympathie, des Mitschwingens, also unserer Herzenskraft. Der Verstand, der Kritiker dagegen zerlegt ein Musikstück in seine Teile.

Dieses Ergriffensein und die Sympathie braucht es auch für die nachfolgenden Übungen, damit sie ihre Wirkung entfalten können.

Einige weitere Voraussetzungen betreffen die Ausführung der Übungen an sich.

1. Haltung: Die Wirbelsäule ist aufgerichtet, der Brustkorb angehoben, wobei alle Muskeln gelöst sind. Also keinerlei willentliche Anspannung. Eine solche Haltung drückt gestalthaft zum einen die geistige Gehaltenheit, zum anderen seelische Gelassenheit aus.
2. Atem: Die richtige, d. h. innenbewusste Atemführung, wie in Band 2 dargelegt. Die Betonung liegt hier natürlich ganz deutlich auf dem Ausatem. An dieser Stelle sei nochmals erwähnt, dass die Atemlehre des Westens von jeher der Gesang war.
3. Konzentration: Vor allem die Übungen mit den Lauten erfordern eine solche.
4. Tonbildung: Töne und Tonhöhe werden von den Stimmbändern erzeugt, aber deren Stärke erfolgt durch die Resonanzen im Körper. Daher konzentrieren wir uns nie auf die Stimmbänder bei der Tonerzeugung, denn das würde nur zur Verkrampfung führen, sondern auf die Resonanzorte.
5. Resonanz: Stets gilt die Aufmerksamkeit der Resonanz und der Vibration im Inneren. Daher wird der Ton zunächst im Körper zum Vibrieren gebracht, wo er seinen Gehalt empfängt, bevor wir ihn durch den Mund gleich einem Glockenklang entlassen. Nie schieben wir mit einem Druck einfach den Ton durch den Mund in die Außenwelt.
6. Rhythmus: Durch An- und Abschwellen von Atem und Ton, das vom Zwerchfell aus geschieht, erreichen wir eine Rhythmisierung. Wir stellen den Ton nicht einfach in den Raum.

Wichtig ist weiterhin zu bedenken – vor allem für jene Menschen, die davon überzeugt sind, dass sie völlig unmusikalisch sind und nicht singen können –, dass es keine unmusikalischen Menschen gibt. Zuerst war der Klang, der Ton, woraus die Schöpfung hervorging, also besteht jedes Wesen gerade daraus. Der Wissenschaftler Jacques Benveniste formulierte es einmal so:

„Jedes Molekül spielt eine Note, die überall im Universum zu hören ist."

PM-Magazin, März 2010

Musik, Klang und Harmonie finden sich also in jedem Teilchen dieser Welt und damit auch in jedem Menschen angelegt. Aber negative Erfahrungen in der Kindheit und in der Schule können, gerade was das Thema Musik und Stimme angeht, besonders traumatisch sein und prägen das Leben tiefgehend. Für Kinder ist die Stimme das wichtigste Instrument für die Selbstwahrnehmung, den Selbstausdruck und die Entwicklung. Sie arbeitet ähnlich dem Sonarsystem bei den Tieren, wie z. B. den Delphinen oder Fledermäusen.

„Deine Stimme klingt wie eine rostige Gießkanne", „Du singst ja schauderhaft falsch …" usw." sind Sätze, die unser inneres Resonanz- und Selbstwahrnehmungssystem für immer zum Schweigen bringen können. Damit werden wir vom Inspirationsstrom abgeschnitten, verlassen uns später nur noch auf den Verstand. Wer es geschafft hat, dieses Trauma zu überwinden, seine Stimme, seinen Klang wiederzuentdecken, weiß, welch völlig neue, weite Welt der Möglichkeiten sich für ihn damit eröffnet hat. Zu jeder Zeit besteht die Möglichkeit, dass wir die Türen zu unserem inneren Klang wieder öffnen. Nur falsche Glaubenssätze oder Bequemlichkeit mögen uns daran hindern.

Über das Singen und Vokalisieren kommen wir wieder hinein in unser System. Das Entscheidende dabei ist aber, dass wir immer wieder spüren und erleben beim Üben.

Das innere Nachhören, das Nachklingenlassen und Nachsinnen sind deshalb bei den Harmonieübungen außerordentlich wichtig.

Gerade wer bisher noch wenig oder gar keine bewussten Erfahrungen mit seiner Stimme gemacht hat, sollte besonders sanft und vorsichtig üben, da vor allem die Kopfresonanzen überaus stark sein können. Daran müssen wir uns zunächst gewöhnen. Zudem werden durch die Vibration Ablagerungen locker, die nach und nach ausgeschieden werden müssen. Gehen wir zu heftig und forsch vor, so kann das dem Körper

viel Mühe machen. Wie bei allen anderen Übungen gilt also das Gebot der Gelöstheit und Gelassenheit beim Üben. Wir üben nie gewaltsam und forciert, stets entspannt.

Nicht vergessen sollten wir dabei den Atem, denn alles geschieht auf dem Atemstrom und über dessen Lenkung. Es bedarf dabei der Konzentration, denn die Meditation oder Konzentration sammelt Energien ein, der Atem aber verwirklicht sie. Daraus ergibt sich für das spirituelle Üben mit Klang und Laut folgender Ablauf:

Meditation – Atem – Konzentration – Spüren – Klingen – Lenken – Nachspüren

Zunächst meditierte das Göttliche, dann atmete es tief ein. Er konzentrierte seine Gedanken, formte den Ton, den er auf seinen Ausatem anstimmte. So wurde die Schöpfung. Daher rührt auch noch das tiefe Nacherleben dieses Prozesses, wenn am frühen Morgen die Sonne ihren Aufstieg nimmt und die Vögel ihren herrlichen Morgengesang anstimmen. An einem jeden Morgen wird die Welt neu erschaffen. Der Volksmund sagt: „Neuer Tag, neues Glück!" In diesem Sinne haben die Übungen eine ganz ähnliche Absicht und wir sollten beim Üben in der inneren Haltung öfter dieses Beispieles eingedenk sein. In diesem Sinne ist es günstig, vor den Harmonieübungen Entspannungs- und Atemübungen zu machen, wie sie im Band 2 zu finden sind. Besonders schön sind die Harmonieübungen am Abend, wenn wir den Tag loslassen und unserem Inneren näher sind.

1. Vorübungen

Es ist gut, den Körper auf die Harmonie-übungen einzustimmen. Dafür eignen sich Übungen, wie sie nachfolgend darge-stellt werden. Sie können auch als effiziente einzelne, kleine Übungen gepflegt werden. Gerade im Alltag eignen sie sich als kurze Zwischenübungen in den Arbeitspausen.

Seufzeratem

Für die Harmonieübungen verwenden wir vorzugsweise den Seufzer- oder Sängeratem, denn dieser lockert das Zwerchfell. Über dem Zwerchfell sitzt das Herz. Durch das „Er-schüttern" des Zwerchfells wird das Herz in seine richtige Lage gebracht, womit sich ein Gefühl der Sicherheit und Innigkeit einstellt.

Für jegliche Art Tonbildung ist das Zwerch-fell und dessen Elastizität von außerordent-licher Bedeutung. Atmen Sie also seufzend, schluchzend – sozusagen im Staccato – ein und lassen den Atem auf einem „ah" so lan-ge wie möglich ausströmen. Sie können sich beim Ausatmen natürlich auch recken, die Arme strecken und gähnend die Luft aus-strömen lassen, wie wir es des Morgens nach dem Aufstehen tun. Versuchen Sie mit der Zeit, dass beim Seufzen der ganze Körper er-zittert. Dieses „Erzittern" jeder Faser ist nur möglich bei gleichzeitiger völliger Gelöstheit und Entspannung. Der Seufzeratem ist eine allerbeste Einstimmung auf die nachfolgen-den Harmonieübungen. Zudem hat er eine große Wirkung auf das magnetische Feld im Blut. Diese Wirkung können Sie noch weiter verstärken durch folgende Atemübung:

Einatem: Halten Sie am Ende des Einatmens an und „durchzittern" Sie mittels eines Auf-schluchzens den ganzen Körper.

Ausatem: „Erschüttern" Sie Ihren Körper nach erfolgter Ausatmung mittels eines Stöh-nens („Auwauwau…").

Ein- und Ausatem wirken auf diese Weise günstig auf das Blut ein, damit es reiner und beweglicher wird. Das Nervensystem fährt dann seine Leistung hoch, die Sekretion der Drüsen wird angeregt. Die energetische Ab-strahlung der Blutkörperchen nimmt zu und das magnetische Feld im Körper erweitert sich.

Ohrübung

Wir pflegen die Ohren immer wieder in der so genannten Tralala-Übung (s. Band 3). Das ist gut so, denn für die Harmonieübun-gen sind Ohr und Gleichgewichtssinn über-aus wichtig. Wir können noch eine weitere Übung dazutun.

Summen Sie ein Ihnen bekanntes Lied und halten Sie die Ohren dabei mit den Händen verschlossen. Ist das Summen abgeschlossen, nehmen Sie schnell die Hände weg. Nach-spüren! Was kam zum Erleben, was hat sich in Ihnen bewegt?

Loslassen

Um alles loszulassen, den inneren Druck zu nehmen, können Sie die folgende klei-ne Übung jederzeit verwenden, gerade auch wenn Ihnen das Leben schwer wird und Sie die Kraft zum Singen nicht mehr aufbrin-gen. Sie atmen seufzend, schluchzend ein und auf den Ausatem stöhnen Sie in einem „Auwauwauwau……." ab. Machen Sie dies mehrmals hintereinander.

Kopf und Nacken befreien

Kopf- und Halsübungen vor dem Singen sind sehr hilfreich, denn es braucht einen freien Nacken, damit die Vibrationen der Töne leichter zum Gehirn strömen können. Sie können dazu wie in der Übung „Liebesquelle" (s. Band 3) den Kopf sanft rollen, kreisen usw., indem Sie dabei locker vor sich hinsummen. Auch ist es hilfreich, den Nacken immer wieder mit Nervensalbe einzureiben[14].

Stets müssen wir bedenken, dass sich vom Herzschlag aus die Ströme des innenbewussten Lebensnervensystem entfalten. Die Ströme des außenbewussten Arbeitsnervensystems gehen vom Gehirn aus. Die Überbrückung beider Ströme geschieht über die Wirbelsäule und ihre Grenzstränge. Nur wenn diese Brücke frei ist, können Empfinden, Erleben und Nachdenken zu einer Harmonie kommen. Zweifel und Unentschlossenheit entstehen dann, wenn diese Brücke nicht frei ist. Wir erleben dies häufig bei „steifnackigen" Menschen.

Das Herz stärken

Beim Einatmen heben Sie die Arme und Hände seitwärts hoch. Halten Sie diese oben, schnalzen gleichzeitig vernehmlich mit der Zunge, schmatzen und lassen danach beim Ausatmen die Arme fallen. Machen Sie diese Übung mindestens sieben Mal.

Das Anheben der Arme soll Herzstörungen vorbeugen, was Sinn macht, denn nach der chinesischen Medizin verläuft der Herzmeridian im Arm und der zugeordnete Muskel ist der Subscapularis, den wir für die Armbewegung brauchen.

14 Bezugsquelle siehe Anhang

Kiefer entspannen

Manche Menschen pressen gerne Lippen, Zähne und damit auch die Kiefer aufeinander oder knirschen gar damit. Wir gehen dieses Problem mit der Stöhnübung an, denn das Stöhnen löst nicht nur, sondern erweitert nach und nach auch den Rachenraum, was für eine volle Resonanz wichtig ist.

Das kräftige Abstöhnen sollte immer wieder angewandt werden, vor allem auch als Zwischenübung. Welche positive Wirkung das Stöhnen hat, haben wir zuvor gehört.

Sie können das Stöhnen folgendermaßen ausführen, wobei das Sitzen günstig ist:

Sie atmen im Schluchzeratem ein, so dass das Zwerchfell sich lockert. Dann recken und strecken Sie ihre Arme und den Oberkörper, als wären Sie gerade aus dem Schlaf erwacht, und stöhnen und gähnen kräftig ab. Am besten führen Sie dies mehrmals hintereinander aus.

Die Lungen füllen

Für die volle Resonanz beim Singen und Tönen ist der Atem wichtig. Je mehr Luft wir zur Verfügung haben, desto besser gelingt uns das Singen. Daher sind Atemübungen wichtig und vor allem das gleichmäßige Füllen der drei Atemräume: Hoch-, Flanken-, Rückenatemraum (siehe Band 2). Lassen Sie den Atem bewusst einströmen, indem Sie das Brustbein anheben und so die oberen Lungenteile füllen. Dann sollten sich die seitlichen Flanken füllen und der untere Rücken.

Füllen Sie also ihre Lungen über den Hoch-, Flanken- und Rückenatem und stauen zum Schluss etwas den Atem. Das gibt die richtige Spannung, um in die Tiefe zu kommen. Aus der Tiefe beginnen Sie den Ausatem und stimmen mit dessen Anschwellen dabei einen Ton an. Sie stöhnen kräftig auf im Ton, wobei aber der Mund geschlossen bleibt, damit die Resonanzen voll im Innen wirken können. Vor allem werden Sie die Vibration im Brustbein spüren. Das ganze Lungengewebe wird durchmassiert, da es durch die Ausatembewegung unterschiedlich stark gepresst wird. Gleichzeitig wird die Spannung in den Nerven- und Muskelzellen des Herzens reduziert, was ein befreiendes Gefühl macht. Dieses geführte Stöhnen ist anders als das passive Abstöhnen, wenn es uns nicht gut geht. Da sinkt nämlich der Brustkorb schlaff in sich zusammen und beengt damit Lunge und Herz.

Harmonie im Alltag

Der Prüfstein all unserer Absichten ist der Alltag. Wenn wir wirklich etwas für unsere Harmonie und die Harmonie in der Welt tun möchten, so beginnt das bei uns selbst. Wir müssen dazu auf eigenen Füßen stehen und uns zunächst um unsere eigenen Dinge kümmern. Kritisieren fällt uns zumeist leicht, schwer tun wir uns, es besser zu machen. Wir nehmen das vordringlich wahr am anderen, was in uns selbst aktiv ist. Das sollten wir nicht vergessen. Jeder weiß, dass die Umsetzung von Prinzipien im Alltag nicht leicht ist, dass die Arbeit nie endet. Wir denken dabei meist in festen Kategorien von Ergebnissen, stabilen Parametern, die wir erreichen sollen oder müssen. Meist führt das entweder zu Verbissenheit oder Frustration. Und um ein „Leisten" geht es auch nicht wirklich. Es geht vor allem um das eigene, innerliche Bemühen, denn dieses setzt geistige Kräfte frei, die der Entwicklung dienen. Eine unerquickliche Sisyphusarbeit wird der Alltag nur dann, wenn wir in Leistungskategorien denken. Dann leben wir in einem Weltbild, das den Titel trägt: „Der Hamster im ewig sich drehenden Rad". Der große weise Buddha sah es als seine Aufgabe, den Menschen den Weg aus eben diesem Rad zu zeigen.

Schwierigkeiten im Leben sind dazu da, dass sich inspirative Kräfte darüber freisetzen können, die zu Neuem führen. Wir müssen sie daher als Gelegenheiten für Wachstum und Verwandlung hin zu Neuem sehen. Entscheidend ist oftmals die Haltung, die wir zu den Dingen einnehmen, die im Alltag auf uns zukommen. Die großen Philosophen Griechenlands empfahlen daher stets in solchen Situationen, sich die Frage zu stellen: „Wer bin ich?" Diese Frage bringt uns im Nu von außen nach innen, hin zur eigenen Mitte. Um in die richtige Mitte zu kommen, die richtige, harmonische Haltung gegenüber dem Alltag einzunehmen, haben uns weise Menschen zahlreiche Winke und Vorschläge hinterlassen. Ich nenne diese „Harmonieregeln" und möchte nachfolgend sieben anführen:

Regel 1: Bringen Sie sich jeden Morgen in eine freudige, harmonische Stimmung, indem Sie Atem-, Drüsen- und Harmonieübungen anwenden. Tanken Sie dabei die Frische des Lichtes und des Morgens. Kommen Sie in das Staunen über die Schöpfung hinein. Bringen Sie sich ebenfalls vor jeder Mahlzeit in eine harmonische Stimmung, was unverzichtbar ist für eine gute Verdauung. Beginnen Sie nichts, solange Sie in gedrückter oder aufgeregter Stimmung sind. Auf diese Weise stärken Sie Ihre Kräfte und stehen somit sicher auf Ihren eigenen Füßen.

Regel 2: Versuchen Sie in allen Menschen das Potenzial, das Schöne, Erhabene und Gute zu sehen, und das aus einem ganz eigennützigen Sinn. Richten Sie Ihre Gedanken und Ihr Empfinden nämlich auf das Positive, so wird Sie alles Negative fliehen. Fortschritt und Entwicklung erfordern stets Offenheit und Annehmen.

Regel 3: Kleben Sie nicht an Vergangenem, vor allem nicht an alten negativen Erlebnissen, sondern betrachten Sie jeden neuen Tag als unbeschriebenes Blatt, als Chance ungeahnter Möglichkeiten.

Regel 4: Versuchen Sie die Widrigkeiten und negativen Vorkommnisse im Alltag als Hinweise und Boten zu sehen, als Chancen für Lernen und Wachstum. So vermeiden Sie, dass Sie emotional mit ihnen verschmelzen, was zu innerem Anhaften führt. Oftmals sind solche Widrigkeiten ja Mahnungen oder ein Hinweis auf etwas, das wir in der Vergangenheit nicht gesehen haben, das wir unterlassen haben zu tun, nicht geehrt haben usw. Es ist eine Mahnung unserer Seele an die Pflicht uns selbst gegenüber als geistige Wesen.

Regel 5: Achten und ehren Sie sich selbst und Ihr Tun und lassen Sie diese Haltung auch anderen angedeihen.

Regel 6: Prüfen Sie wohl, aber kritisieren Sie nicht. Das sind zwei unterschiedliche Wege. Kritik ist ein negativer Zustand, ebenso wie sein Gegenpol, die Schmeichelei. Sehen Sie stets das Ganze und bejahen Sie das Gute und Schöne. Richten Sie Ihr Augenmerk auf die seelischen und göttlichen Qualitäten. So kann Frieden in Ihnen wachsen.

Regel 7: Kümmern Sie sich vordringlich um sich selbst und nicht um andere. Das hat nichts mit Egoismus zu tun. Wir sollen bei uns bleiben, an uns selbst dranbleiben. So lange wir uns selbst nicht bewusst sind, ergehen wir uns oft in Gefühlen und Denkweisen, die wir unbewusst von außen übernommen oder erlernt haben. Wir kümmern uns dabei also mehr um das, was andere fühlen oder denken. So sind wir aber nicht wirklich bei uns selbst. Erst, indem wir uns nur um uns selbst zu kümmern beginnen, können wir erleben, was sich wirklich in uns bewegt, aus dem eigenen Inneren heraus. Aus wirklicher Selbstbewusstheit heraus können wir dann der Welt auch hilfreich sein. Wie sollen wir denn jemandem hilfreich sein, wenn die Dinge in uns selbst noch nicht in der Ordnung sind, wenn wir noch keinen Frieden und keine Klarheit in uns selbst haben? Und wie viel Negatives ist in dieser Welt schon aus den sogenannten „besten Absichten" heraus entstanden.

Ruhe und Muße

Wir leben heute in einer rastlosen Zeit, der Zeit steter Anforderung. Das muss nicht belastend erlebt werden, denn unsere Zeit bietet heute unendlich viele, tolle Möglichkeiten. Trotzdem dürfen wir nicht vergessen, dass unsere unterschiedlichen Körperebenen ihren eigenen Rhythmus haben. Vor allem der physische und der emotionale Körper brauchen Zeiten der Regeneration. Übergehen wir deren Bedürfnisse, stellt sich im Laufe der Zeit unweigerlich Krankheit ein. Daher sollten wir Folgendes beachten:

- Ausreichend Schlaf zur Erholung unserer Energien und zur gefühlsmäßigen Verarbeitung des Tages.

- Zeiten der Muße, damit sich der Emotionalkörper erholen kann und neue schöpferische Kräfte einströmen.

- Meditations oder Gebetszeiten, um dem Denkkörper Freiraum zu geben.

- Ein Tag des Fastens in der Woche, um dem Stoffwechsel und den Organen eine Pause zu gönnen.

Dr. Hanish hat einmal auf Folgendes hingewiesen, das in diesem Zusammenhang der Überlegung wert ist:

„Fühlt man sich in wachem Zustand arbeitsunlustig, dann schläft man zuviel; fühlt man sich schläfrig, dann ißt man zuviel; fühlt man sich hungrig, selbst nach dem Essen, dann verdauen die Organe die Nahrung nicht. Sie sehnen sich nach Ruhe und wollen dir sagen, dass du fasten sollst, bis alle organischen Funktionen sich erholt haben."

2. Summübungen

Welche starke Massage Übungen mit Summen an unserem Körper vollziehen, haben wir zuvor schon besprochen, aber wir können es noch leichter fühlen beim Tun. Summlaute haben eine rückstrahlende Wirkung auf den Körper. Durch die Vibration der Mitlaute M, N und Ng werden die Knochen- und Nervenzellen stark in Schwingung versetzt. Tun wir das unbewusst und nicht konzentriert, so vibriert meist automatisch jener Gehirnteil, also jene unserer Intelligenzien[15], die am meisten entwickelt ist. Bei einem Menschen, der vor allem über seine schöpferisch-intuitive Intelligenz arbeitet, wird die Scheitelregion als erstes und besonders auffällig vibrieren. So kann die Summübung auch ein Mittel dazu sein, dass Sie diejenige der drei Intelligenzien entdecken, die bei Ihnen eine führende Position hat. Die anderen sind ihr dann nachgeordnet. Um den therapeutischen Einsatz des Summens im Gegensatz zum Vokalisieren nochmals zu verdeutlichen, sollten wir Folgendes beachten:

Wem ist das Summen vor allem förderlich?

Summen sollen die überaus lebhaften, „überelektrischen", nach außen sprühenden Menschen, da sie leicht dazu neigen, ihre Kräfte zu stark zu verausgaben oder gar zu vergeuden. Summen steigert die Konzentration und hält die Kräfte zusammen, weshalb es dem Geistesarbeiter ebenfalls hilfreich ist.

Wer soll häufig vokalisieren?

Vokalübungen sollen vor allem bedrückte, verschlossene, ängstliche, zu stark magnetische Menschen machen, da Vokale Räume eröffnen und weiten.

15 Zu „Intelligenzien" siehe Band 1.

Übung:
Summen auf M: Stärkung der praktisch-verwirklichenden Intelligenz

Halten Sie die Lippen leicht geschlossen, die Zähne sind etwas auseinander. Die Zunge liegt flach auf dem Boden der Mundhöhle. Zunächst summen Sie ganz leise, dann lassen Sie es anschwellen bis „der ganze Kopf brummt". Aber auch da ist zunächst Vorsicht geboten, vor allem für jene, die unter Kopfbeschwerden leiden.

Das M betont das Körperliche, regt also die Körperzellen an. Damit fördert er die praktische, physische Intelligenz. Laut Dr. Hanish soll der Laut M die Tonschwingungen zum Herzen zurücklenken.

Sie können später dann das M summen und es bewusst durch Ihren ganzen Körper lenken. Auf Dauer vermag diese Art der Vibration Spannungen im Körper zu lösen. Sie lernen so das Leben in den Organen zu spüren, anzuregen und zu lenken. Sie kennen sicherlich aus dem Alltag, dass wir das M im tiefen Ton summen nach dem Essen, denn es wirkt förderlich auf die Verdauung ein.

Summen auf N: Stärkung der kognitiv-analytischen Intelligenz

Legen Sie die Zungenspitze an die Rückseite der oberen Schneidezähne. Der Mund bleibt leicht geöffnet. Somit werden die Tonschwingungen mehr nach vorne, in das Stirnhirn gelenkt. Sie können aber auch mittels Konzentration die Tonschwingung an jene Gehirngruppe lenken, die Sie beleben wollen. Das N eignet sich am besten für diesen Zweck, da es ein „Kopfton" ist und somit vor allem die Ausbildung des Gehirns unterstützt. Das M dagegen belebt vor allem die Körperzellen, wie wir zuvor gesehen haben.

Summen auf NG: - Stärkung der schöpferisch-intuitiven Intelligenz

Dieser Laut ist durch das N und den Glottisschlag des G mit Vibration verbunden und klingt wie ein Gong. Er vibriert beim Anstimmen mehr in der Mitte der Hirnschädelbasis und regt das darüber liegende Mittelhirn an. Daher aktiviert er den spirituellen, kreativen Anteil in uns. Summen Sie zunächst auf das N und wechseln dann zum G, wobei sich der Mund leicht öffnet.

Summen des H: - Verbindet Gehirn und Herz

Das H ist der Grundkonsonant, der Baustein aller Vokale. Er ist der Grundlaut, mit dem wir geboren werden. Das Kind hat seinen ersten Laut im „Ha". Daher sprechen wir bei den Übungen alle Laute immer verlängert, weich, eben mit einem H. Wir sagen und singen nicht das kurze A, sondern das A-H. Das H trägt die Kräfte weiter, dehnt sie aus, gleich wie vom Herzen aus sich die magnetischen Wellen ausdehnen. Unser Denken im frontalen Bereich des Gehirns verbindet sich so mit unserer Individualität im Herzen. Das Feingefühl kommt auf diese Weise mit dem abstrakten Denken zusammen, was unsere Originalität zum Vorschein bringt.

Anmerkung: Die Summübungen nie stoßweise oder gleich mit voller Kraft beginnen. Stets bedarf es eines An- und Abschwellens.

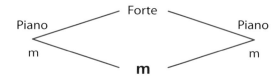

Abb. 90 An- und Abschwellen

Die M- oder N-Welle soll in einem Crescendo (d. h. Anschwellen) angestimmt werden, dem ein Decrescendo (Abschwellen) nachfolgt. Summübungen wirken auf die Hohlräume des Kopfes und lösen dort Ablagerungen, auf die oftmals Erscheinungen wie Schwindel, Ohrensausen, Schwerhörigkeit etc. zurückzuführen sind. Aber es gilt eben, langsam zu Werke zu gehen, um den Organismus nicht zu überfordern.

Binden wir die Summlaute an einen Vokal, so können wir über den Vokal diese Massagewirkung auch an die dem Vokal entsprechende Körperregion senden.

Sie können auch noch ein Übriges tun, indem Sie bei den Summübungen verschiedene Körperhaltungen einnehmen. In kniender Haltung oder bei gebeugtem Rumpf verändert sich jeweils die Innenvibration des gestauten Tones.

3. Vorübungen für die Vokale

Es gilt, zuerst die einzelnen Vokale nach ihrem Charakter und ihrer Kraft zu üben, dann in Verbindung mit ihren entsprechenden Resonanzstellen im Körper. Danach erst können wir singen ohne zu denken, denn dann beherrschen wir unser Instrument. Wir sollten, wenn wir alleine üben, zunächst stets auf unserem eigenen Grundton üben (siehe das spätere Kapitel 6). Die Körperhaltung und innerliche Haltung sollte so sein, wie ich es bei den Atemübungen in Band 2 ausgeführt habe.

3.1 Vokale deutlich sprechen

Zunächst gilt es, die Vokale einzeln ganz deutlich zu sprechen und zu artikulieren. Es ist wichtig, dass wir genau spüren, welche Muskeln beteiligt sind an ihrer Formung. Wir können dabei ruhig überzeichnen, da die meisten von uns heute fast nur ansatzweise die Vokale formen. Das lässt sich daran erkennen, dass sich ihr Mund bei den unterschiedlichen Vokalen kaum verändert. Beim A sollte der Mund wirklich weit offen sein, beim I sollte Spannung in Backen und Kiefer zu spüren sein. Haben die Vokale nach den Sprechübungen einen guten Sitz, dann können wir sie auch gut singen.

3.2 Einstimmen auf die Vokalarbeit

Wir stimmen die einzelnen Vokale auf einen Ton an, der uns gut liegt. Auch hierbei gilt es, ganz deutlich die Vokale zu formen und zu artikulieren. Zum Schluss eines jeden Vokals hängen wir stets ein M an, lassen ihn darauf ausklingen. Also zum Beispiel:

„Aaaaa………..M!" oder „Oooooo….M!". Das nachvibrierende M verstärkt nochmals die Wirkung und führt die Kräfte nach innen.

Wir verwenden in den Übungen vor allem die Anordnung der Vokale, wie sie dem Wechsel der Mundformen und der Wanderung des Klanges im Innenraum entspricht. Diese Anordnung ist folgende:

$$A – Ä – E – I – Ü – U – Ö – O$$

Mit dem A ist der Mund weit offen, während er beim Ä und E in die Breite geht. Die größte Breite in Richtung der Ohren und gleichzeitige Höhe finden wir in der Mundstellung des I. Über das Ü, U erreichen wir eine Tiefen- und Innenführung, die beim O endet.

Haben wir in der Technik des Vokalklingens auf diese Weise Erfahrung gesammelt, geht es jetzt um die innere Intention eines jeden Vokals. Wir erinnern uns an das erste Kapitel dieses Buches, wo vom Nullpunkt-Feld die Rede war. Denken und Intention können Materie beeinflussen und verändern. Darum geht es bei den Übungen. Es gilt jetzt, sich innerlich der Stimmung eines Vokals bewusst zu werden, während wir ihn anstimmen. Bevor wir z. B. das A erklingen lassen, versuchen wir zunächst uns in die Haltung des Staunens zu versetzen. Haben wir diese erreicht, lassen wir den Vokal ertönen. Zu Beginn kann man sich kaum an all die Emotionen und Gemütskräfte erinnern, die zu jedem Vokal gehören. Um daher mir und meinen Patienten die Vokalübungen zu erleichtern, habe ich ein Vokalposter entwickelt, das wir an die Wand heften können. So finden wir die Schlagworte eines jeden Vokals sichtbar vor uns.

Staunen	**A**	Öffnen
Wachheit	**Ä**	Streben
Balance	**E**	Beobachtung
Freude	**I**	Erkenntnis
Schönheit	**Ü**	Güte
Tiefe	**U**	Ahnung
Klarheit	**Ö**	Überzeugung
Andacht	**O**	Einssein

Abb. 91 Vokalposter

Es erleichtert die Einstimmung auf diese Art Arbeit, die doch für viele ungewohnt ist. Wir sprechen ja irgendwie, ohne bewusst darauf zu achten. Diese Sprache trägt aber nicht und hat nur wenige Farben. Schauspieler erhalten in ihrer Ausbildung deshalb „Sprecherziehung".

3.3 Die vier Stadien des Vokale-Übens

1. Richten Sie Ihre Aufmerksamkeit und innere Einstellung auf den Charakter, die Gebärde des zu singenden Vokals. Verinnerlichen Sie nochmals die Energie und Qualität eines Vokals. Benutzen Sie dazu die Worte aus Abb. 72. Sie können auch das von mir entwickelte Vokalposter[16] vor sich an die Wand hängen zum Üben, dann haben Sie die Leitworte zu jedem Vokal sichtbar vor sich.

2. Diese sich dann innerlich vorgestellte seelische Gebärde des Vokals nun seufzend, wie an einer Blume riechend, anschwellend durch die Nase einatmen.

3. Den Einatem stauen, dabei Emotion und Gebärde im Blickpunkt halten. Vorsicht: bei Herz- und Lungenleiden nicht zu stark und zu lange den Atem stauen.

4. Jeden einzelnen Vokal verwirklichen Sie in dieser Haltung von Punkt 3 an auf folgende Weise auf den Ausatem:

- Sie hauchen ihn.
- Sie sprechen ihn kurz und dann gedehnt.
- Sie denken ihn beim Ausatmen.
- Sie singen ihn.

Weitere eigene Variationen sind jederzeit möglich. Wichtig ist, dass Sie die Vokale in ihrer Wirkung jeweils ganz bewusst erleben.

16 Bezug über den Narayana Verlag.

4. Vokalübungen

4.1 Erste Vokalübung – Vokale auf einem Ton

1. Stufe

Wichtig ist als Vorbereitung, dass Sie sich immer wieder vor dem Üben die vier vorher angeführten Stadien klar machen. Die Vorübung ist dafür ideal. Sprechen Sie dann bewusst und langsam die Abfolge der Vokale AÄEIÜUÖO. Artikulieren, plastizieren und formen Sie ganz bewusst und deutlich jeden Vokal. Spüren Sie genau, was jeder Vokal mit Ihren Sprechorganen macht. Verinnerlichen Sie die Abfolge der Vokale.

2. Stufe

Setzen Sie sich auf einen Stuhl in der Haltung, wie Sie das von den Atemübungen kennen. Die Hände sind diesmal im Schoß gefaltet, wobei der linke Daumen über dem rechten liegt, was Empfangsbereitschaft signalisiert (umgekehrt würde es das Geben anzeigen). Zunächst schluchzen und seufzen Sie im Atem, um das Zwerchfell zu lockern. Dann atmen Sie seufzend ein und stimmen den Vokal A auf einem Ton an, der Ihnen stimmlich gut liegt. Später verwenden Sie dafür Ihren Grundton (siehe das spätere Kapitel 6). Lassen Sie den Ton so lange ausklingen wie möglich und lauschen Sie diesem bewusst erlebend nach. Spüren Sie in jeder Zelle Ihres Körpers den Ton und achten Sie auf die gedankliche Wirkung. Achten Sie darauf, dass Sie die Schwingung des Vokals A bis unter Ihren Fußsohlen spüren. Der Vokal sollte nach und nach in allen Körperteilen fühlbar sein. Selbst wenn er schon ganz verklungen ist, sollten Sie mit der Zeit spüren, wie er in der Zirbeldrüse weiterschwingt.

Was verändern der Ton und der Vokal in Ihnen, was kommt zum Erleben?

- Führen Sie das mit allen Vokalen in der vorher genannten Reihenfolge (AÄEIÜUÖO) durch.
- Spüren Sie, welcher Vokal wo in Ihrem Körper resoniert.
- Mit dieser Übung stimmen Sie Ihre Nerven, Muskeln und Ihr Gehirn auf die Kräfte ein. Daher ist es wichtig, dass Sie einen der Grundgedanken zu jedem Vokal beim Singen im Bewusstsein halten. Auch hierzu eignet sich wieder die Vokaltafel an der Wand.

3. Stufe

Führen Sie die Übung der zweiten Stufe nun mit verschiedenen Zahnstellungen durch. Nehmen Sie also mit Kiefer und Zähnen die Haltung von Vorderbiss (Schneidezähne aufeinander), Hinterbiss (Backenzähne aufeinander) und dem seitlichen Biss (Eckzähne aufeinander, dabei wird die untere Zahnreihe vor die obere gestellt) ein. Das bedeutet, dass Sie nun alle Vokale in der Reihenfolge zunächst so anstimmen, dass die Schneidezähne leicht aufeinandergesetzt sind. Danach führen Sie die Übung durch, indem Sie die Backenzähne leicht aufeinandersetzen. Zum Abschluss dann alle Vokale nochmals, indem Sie die Eck- oder Stockzähne leicht aufeinandersetzen. Diese Übung erzeugt unterschiedliche Spannungsverhältnisse im Mund- und Kopfbereich.

4. Stufe

Es lohnt sich, eine Zeit lang nur die ersten drei Stufen zu üben, bis die Vokale verinnerlicht sind. Dann können Sie beginnen, alle Vokale hintereinander auf einem Ton in einem Fluss zu singen; wieder in der Reihenfolge AÄEIÜUÖO. Zunächst vielleicht nur die Folge von A bis O auf einen Ausatem. Dann können Sie das Ganze auf einen Ausatem rückwärts probieren, also von O zurück nach A. Das Rückwärts ergibt also die Reihenfolge OÖUÜIEÄA. Später können Sie dann probieren, die ganze Folge der Vokale, vor- und rückwärts, auf einen Ausatem zu singen, also das AÄEIÜUÖOÖUÜIEÄA auf einen Ausatem.

Wichtiger Hinweis: Diese Stufe des Übens ist überaus bedeutsam, denn indem Sie die Vokale in einem Fluss auf den Atem singen, erwecken Sie die verbindende Kraft, die Harmonisierungskraft in sich. Wichtig ist allerdings, dass Sie zuvor die geistige Bedeutung der Vokale, ihre Gebärde verinnerlicht haben und Ihr Gesicht mimisch diese ausdrückt. Klang und Körpergestik gilt es zusammenzubringen.

5.Stufe

Üben Sie das Singen der einzelnen Vokale, indem Sie die vier Fingerspitzen jeder Hand sanft auf die geschlossenen Augen legen.

6.Stufe

Die Daumen verschließen die Nasenöffnungen und die vier Fingerspitzen beider Hände liegen eng beieinander auf der Nase, wobei die Mittelfinger gegen den Nasenrücken pressen. Nun alle Vokale durchsingen. Diese Übung hilft die Nase zu befreien, auch bei Schnupfen.

Hinweis: Ihr Gesichtsausdruck und Ihre Körperhaltung sollten die Qualität des entsprechenden Vokals widerspiegeln. Beim I sollte alles

an Ihnen z. B. erhabene Freude ausdrücken. Daher ist es gut, sich auch vor dem Spiegel zu kontrollieren oder zu zweit zu üben.

4.2 Zweite Vokalübung – Vokale und Tonleiter

Diese Übung baut auf der vorherigen auf. Statt des einzelnen Tones verwenden wir jetzt die Tonleiter. Damit bauen wir Brücken zwischen den einzelnen Tönen und Vokalen. Töne und Vokale stehen in dieser Übung nicht einzeln oder isoliert nebeneinander, sondern gehen ineinander über. Auf solche Weise bringt das Üben unsere eigene Harmonisierungskraft immer weiter voran.

Übung:

1. Die Übung findet im Stehen statt. Stellen Sie sich also in der richtigen Haltung auf, wie in Band 2 beschrieben. Die Knie sind locker. Üben Sie im Stehen zunächst jeden Vokal einzeln, indem Sie diesen die Tonleiter hinauf und hinab singen. Die Phrase mündet am Schluss wieder mit dem M. Wählen Sie eine Tonleiter, die Ihnen stimmlich gut liegt. Später verwenden Sie dafür Ihren eigenen Grundton (s. nachfolgendes Kapitel 6).

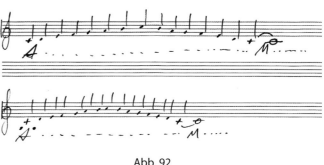

Abb. 92

226

2. Haben Sie die erste Phase der Übung verinnerlicht, so ordnen Sie jedem einzelnen Ton, jeder Stufe der Tonleiter einen Vokal zu; die acht Vokale passen schematisch genau. Singen Sie die Tonleiter also im AÄEIÜUÖO stufenweise aufwärts, auf einen Atem. Das O halten Sie etwas länger und schließen es mit einem M ab (O.....M). Atmen Sie wieder ein. Singen Sie die Ton- und Vokalleiter dann auf einen Atem wieder abwärts, wobei die Vokalfolge nun vom O an rückwärts geht. Halten Sie zum Schluss das A und schließen es mit einem M ab.

Abb. 93

Nach einiger Erfahrung können Sie dann probieren, die Tonleiter auf und ab auf einen Atem zu singen.

Abb. 94

3. Sie können als weitere Variante diese Übung so durchführen, dass Sie bei der Tonleiter aufwärts mit dem rechtem Ohr lauschen und abwärts mit dem linken Ohr. Das soll uns die Kontrolle über die Dinge über und unter uns geben.

Hinweis: Wählen Sie später dann am besten die Tonleiter, die zum eigenen Grundton (s. nachfolgendes Kapitel 6) gehört. Sie können das zunächst in der Dur-Tonleiter ausführen, was den Ausdruckskräften hilfreich ist. Später können Sie auch in der Moll-Tonleiter üben, die für unsere Empfänglichkeit und Empfindsamkeit steht.

4.3 Dritte Vokalübung – Vokale plus Konsonant

Singen Sie zunächst die nun schon gewohnte Abfolge der Vokale von A bis O auf einem Ton vor und wieder zurück, wie bei den vorherigen Übungen. Danach verbinden Sie nun jeden Vokal mit einem Mitlaut. Die in der Brust schwingenden Vokale sind am besten mit dem M zu verbinden, also „Maamaama…; Meemeemee…". Die im Kopf schwingenden am besten mit dem N, also „Niinii…, Nüünüü..". Die unteren Vokale am Besten mit dem H, also „Huuhuu…; Hööhöö…, Hoohoo…". Wir haben diese Konsonanten zuvor als Erfüllungs- und Schwerkraftlaute kennengelernt.

Abb. 95

4.4 Vierte Vokalübung – Vokale und Körper

Wir üben jetzt, indem wir die Resonanzorte der Vokale in unserem Körper in das Üben mit einbeziehen (s. Abb. 87). Dafür nutzen wir die folgenden Körperstellen:

A – Brustmitte

Ä – obere Brust

E – Hals

I – Scheitel

Ü – Oberer Nierenbereich im Rücken

U – Beckentiefpunkt, Unterbauch

Ö – Solarplexus

O – Herzgegend

Es geht darum, mit den Händen die Resonanzorte während des Klingens zu erspüren. Das Tasten und Begreifen der Finger und Hände schafft einen Kontakt zu uns selbst. Wir spüren besser und lassen uns ergreifen.

Übung:

Bereiten Sie sich wie üblich für die Übung vor, indem Sie die richtige Haltung einnehmen und den Atem strömen lassen.

Legen Sie zunächst Ihre Hände auf die Brustmitte und stimmen Sie den Vokal A an. Spüren Sie hinein, was Ihre Hände wahrnehmen. Können Sie die Schwingung spüren? Was bewegt sich, was verändert sich zu vorher?

Dann legen Sie Ihre Hände auf den ganz oberen Brustbereich und stimmen den Vokal Ä an. Was spüren Sie beim Klingen? Können Sie das Ä an dieser Körperstelle spüren?

Weiter geht es zum Vokal E und dabei legen Sie Ihre Hände leicht auf den Halsbereich auf. Spüren Sie wieder hinein.

Legen Sie die Hände leicht auf den Scheitel und stimmen Sie das I an.

Die Handrücken nun leicht im Rücken in Höhe der Nieren auflegen und das Ü anstimmen.

Singen Sie das U und legen die Hände entweder vorne an das Schambein an oder im Rücken an das Ende der Wirbelsäule.

Beim Ö legen Sie die Hände auf den Solarplexus (etwa eine Handbreit über dem Nabel).

Beim Anstimmen des O legen Sie die Hände in der Herzgegend auf.

Auf diese Weise gehen Sie also die gesamten Resonanzstellen im Körper durch.

Eine Variante dieser Übung wäre, dass Sie das Ganze auf der Tonleiter durchführen. Damit verbinden Sie Vokale und Körperbezirke.

4.5 Fünfte Vokalübung – Vokale und Zahnstellungen

Wir haben zuvor schon gehört, welche Kraft und Bedeutung unsere Zähne haben. Die Zähne können wir als Resonanzverstärker benutzen. Alle vorher beschriebenen Vokalübungen lassen sich mit bestimmten Zahn- und Mundstellungen ausführen. Dabei gilt es aber, die jedem Vokal innewohnende Gefühlshaltung nicht zu vergessen, da die Zahnstellungen uns gerne zu einer „verbissenen Haltung" verführen.

Noch ein Hinweis: Bei Zahnübungen müssen wir besonders vorsichtig und sanft zu

Wege gehen, da sie sehr intensiv in ihrer Vibrationsstärke auf den Kopf wirken. Also am Anfang sehr sanft und nur ganz kurze Zeit üben. Es sollte kein Unwohlsein entstehen.

Übung:

1. Setzen Sie Ihre Backenzähne fest aufeinander (Hinterbiss). In dieser Stellung üben Sie die einzelnen Vokale singend.

Die Tonschwingungen resonieren auf diese Weise mit den unteren, hinteren Gehirnanteilen und dem Kleinhirn, also Teilen, die das Physische in uns beeinflussen. Gleichzeitig wirkt diese Übung auf die Zwerchfellnerven ein, so dass sich hier mit der Zeit eine bessere Kontrolle ergibt. Das macht unseren Sprech- und Gesangston schwingender und wirkt zugleich lösend, so dass Stottern, Platzangst und Lampenfieber an Einfluss verlieren. Im Yoga werden solche Übungen, die den Verschluss des Kinns beinhalten, als förderlich für das Kehlcakra betrachtet. Wie schon zuvor bei der Zunge besprochen, wirken diese auf das Kehlcakra und damit die Schilddrüse ein, deren Bedeutung als endokrine Drüse für den Körper hinreichend bekannt ist. Das Beißen und Schlucken sind wichtige Vorgänge. Wir verbeißen uns vieles, schlucken manches hinunter, manches würgt uns und irgendwann kann es in uns explodieren. Die Kraft der Geduld kommt aus einer Klärung der Gedanken, Worte und Gefühle im Kehlcakra. Alles Unklare gärt in uns, lässt uns nicht los, bis wir es irgendwann nicht mehr halten können und es in uns „hochkommt". Alle Zahn- und Zungenübungen unterstützen die Klärung und Reinigung, das Verarbeiten von dem, was wir zu uns nehmen.

2. Setzen Sie die Schneidezähne fest aufeinander (Vorderbiss) und üben Sie in dieser Stellung die Vokale.

Durch den Vorderbiss erreichen die Schwingungen verstärkt das Frontalhirn, was unsere mentalen Fähigkeiten fördert.

3. Setzen Sie die Eckzähne (siehe oben) fest aufeinander und üben Sie die Vokale.

Ein solches Üben wirkt sich förderlich auf unsere emotionalen, kreativen Kräfte im Scheitelhirn aus.

4. Rollen Sie die Zunge nun nach hinten, so dass die Zungenspitze nach hinten in den Rachenraum ragt.

Im Kapitel über die Zunge habe ich erklärt, welche Bedeutung diese Übung – im Yoga „Khechari-Mudra" genannt – hat.

5. Zum Abschluss summen Sie dann die Vokale, wobei die Zunge locker am Mundboden liegt.

Diese Übung dient der Verinnerlichung.

4.6 Sechste Vokalübung – Vokale und Atem

In dieser Übung geht es darum, die drei verschiedenen Atemräume zu nutzen, die wiederum mit unseren drei Gehirnintelligenzien zusammenhängen.

Übung:

Stimmen Sie jeweils jeden einzelnen Vokal dreimal in jeder Körperhaltung an, also z. B. das A in allen drei Haltungen, dann das Ä usw., wie nachfolgend dargestellt. Der Blick ist beim Üben aufwärts gerichtet. Zunächst üben Sie die Vokale auf einen Ton, später können Sie jeden Vokal auch mit der Tonleiter ausprobieren.

1. Gefühlsebene

Legen Sie nun Ihre Fäuste in oder unter die Achselhöhle. Das betont den Flankenatem und damit unsere schöpferische Intelligenz.

Atmen Sie ein, dann stimmen Sie den Vokal an, indem Sie sich zusätzlich noch auf die Zehenspitzen erheben und sich wieder zurücksinken lassen. Das verstärkt die Ausdrucksfähigkeit der Energien.

Abb. 97 Hoch- oder Gehirnatem

Tip: Richten Sie beim Üben die Konzentration auf einen guten, weisen Gedanken oder einen Lehrsatz.

3. Körperebene

Nun legen Sie die Hände wie in Gebetshaltung aneinander, allerdings das Ganze auf dem Rücken. Die Arme gehen nach hinten und dort bilden die Hände die Gebetshaltung. Die Fingerspitzen zeigen dabei zu den Schulterblättern oder zum Nacken.

Abb. 96 Flankenatem

Tip: Stimmen Sie beim Üben Ihr Gemüt auf ein schönes, erhabenes Gefühl ein.

2. Denkebene

Formen Sie mit Ihren Händen eine Faust, wobei der Daumen sich über die Fingerglieder legt. Stemmen Sie die Fäuste an beide Halsseiten auf den Schultern auf. Damit kommen Sie verstärkt in den Hochatem, der mit der kognitiven Intelligenz in Bezug steht. Üben Sie den Vokal wie zuvor.

Abb. 98 Rückenatem

Oder wählen Sie die einfachere Form:

Abb. 99

Damit rutscht der Atem verstärkt nach unten und zur Rückenmuskulatur hin, was seinen Bezug zur praktischen Intelligenz hat. Üben Sie den Vokal in dieser Haltung wie zuvor.

Tip: Richten Sie Ihre Konzentration beim Üben auf eine schöne Landschaft, ein Gemälde, Ihren Körper, ein Organ usw.

Erweiterung der Übung:

Führen Sie diese Übung in folgenden Positionen aus:

a)   im Stehen.

b)   im Knien.

c)   im Sitzen.

4.7 Siebte Vokalübung – Vokale und Lebensfragen

Wir können die Vokale dazu benutzen, uns und unsere wesentlichen Fragen an das Leben besser zu verstehen. Kommunikation entsteht durch Fragen. Nur wer fragt, dem kommt eine Antwort von außen entgegen. Das Echo, das von den Bergen widerhallt, hat bis heute nichts von seiner Wirkung auf uns verloren, denn es ist Grundbestandteil des Seins, so wie das Fragen. Wir nutzen für die Übung des Fragens die Grundvokale. Die Qualitäten der einzelnen Vokale haben wir zuvor ja in Teil I Kapitel 7.4 kennengelernt. Wir schauen nun, was in uns klingt und singt, wenn wir dem Vokal die Fragen zu seiner Qualität vorlegen. Das mag manches offenbaren, was wir bisher nicht richtig greifen und erfassen konnten.

Übung:

Sie achten auf eine gelöste Haltung und stellen sich vor, dass Sie sich in den Bergen befinden. Sie senden einen Vokalklang, in den Sie Ihre Frage einhüllen, hinaus in die Berge und von dort kommt ein Echo als Antwort zurück.

Stimmen Sie das A auf Ihrem Grundton (s. nachfolgendes Kapitel 6) an und spüren Sie hinein, was da in Ihnen schwingt. Was macht Sie staunen im Leben? Wo finden Sie das Wunder des Lebens, wo begegnen Sie ihm? Was an Erstaunlichem, Bewunderswertem liegt in Ihnen? Stellen Sie sich eine dieser Fragen beim Singen und schauen Sie, was für eine Antwort Ihnen mit dem A von innen zuteil wird.

Stimmen Sie das E auf Ihrem Grundton an. Welchen Standpunkt haben Sie im Leben? Treffen Sie Ihre Entscheidungen von dort und welche? Was möchten Sie mit Kraft vorantreiben? Was macht Ihre Selbstsicherheit aus?

Stimmen Sie das I auf Ihrem Grundton an. Wo liegt die Freude in Ihrem Leben? Welche Freude wohnt in Ihnen? Was richtet Sie auf? Welche Ziele streben Sie an?

Stimmen Sie das O an. Wie steht es um Ihre Zufriedenheit und innere Fülle? Sind Sie glücklich und worin zeigt sich dies? Kümmern Sie sich um Ihr Inneres? Was ist Ihre Herzenssache?

Stimmen Sie das U an. Haben Sie genügend Ruhe? Wo finden Sie die Tiefe im Leben? Worauf richtet sich Ihre Konzentration? Wie steht es um Ihr Vertrauen ins Leben?

Tip: Sie können natürlich auch noch die sekundären Vokale ÄÖÜ für sich mit Fragen ausarbeiten.

4.8 Achte Vokalübung – Vokale und Gehirnintegration

Wir können die Vokalübung mit der Abfolge AÄEIÜUÖO auch in einer Weise üben, dass wir dabei die beiden Hemisphären unseres Gehirns integrieren und gedanklich flexibel bleiben. Gleichzeitig schult es das Gedächtnis.

Übung:

Üben Sie zunächst die Abfolge der Vokale wie gewohnt vor- und rückwärts, also auf AÄEIÜUÖO. Machen Sie das zunächst auf einem Ton. Dann wiederholen Sie dieses, lassen aber den ersten Vokal, also das A weg und beginnen mit dem Ä. Das A hängen Sie hinten an. Sie erhalten damit die Reihenfolge ÄEIÜUÖOA. Machen Sie diese Reihenfolge auch rückwärts. Bei der nächsten Folge lassen Sie nun auch das Ä weg und beginnen die Übung mit dem E. A und Ä werden nun hinten angehängt. Die Abfolge wäre dann EIÜUÖOAÄ, vorwärts und rückwärts. Fahren Sie in diesem Sinne fort. Geht das auf einen Ton ganz gut, so können Sie das Ganze nun auf die Tonleiter

übertragen. Das trainiert die Flexibilität des Denkens. Es ist eine wunderbare Übung, um der Vergreisung entgegenzuwirken. Die moderne Gehirnforschung hat inzwischen nachgewiesen, wie entscheidend wichtig Lernfreude, Neugier und Beweglichkeit des Denkens sind, um altersbedingten Krankheiten vorzubeugen.

4.9 Neunte Vokalübung – Vokale im Beugen

Die Übung findet im Stehen statt. Die Hände sind dabei muschelförmig hinter die Ohren gelegt und drücken diese wie beim Lauschen leicht nach vorne, wobei der Daumen die dort liegenden Nerven an der Vertiefung am Kopf (hinter dem unteren Teil des Ohres) drückt. Durch das Vergrößern der Ohrmuscheln hören wir besser. Mit dem leichten Druck des Daumens hinter dem Ohr können wir die Schwingung des Tones deutlicher spüren und das hilft, uns besser zu konzentrieren.

Abb. 100

Mit dieser Übung erhalten wir eine gleichmäßig wiegende, ganz entspannte Schwingung des Oberkörpers. Sie hat eine förderliche Wirkung auf den Gehör- und Gesichtsnerv und auch auf die Gehirnzellen.

Ein weiterer Sinn dieser Übung liegt darin, dass wir über die Vokale mit der Natur und ihren Gesetzen in Einklang kommen können. Damit erkennen wir ihre Regeln und Gesetze besser. Das hilft uns letztendlich, erfolgreicher zu werden und besser voranzukommen.

Übung 1:

Atmen Sie seufzend ein und beugen Sie sich dabei mit einer Rumpfbeugung nach vorne, bis der Rücken wie ein Tischchen gerade ist. Dabei gilt es, darauf zu achten, dass die Beugung nur von der Wirbelsäule ausgeht, Kopf und Hals bleiben gerade. Die Wirbelsäule sollte dabei Wirbel um Wirbel fließend abrollen, also nicht ruckweise sich beugen. Beim langsamen, stufenweise fließenden Aufrichten aus dieser Stellung stimmen Sie dann den Vokal A auf Ihrem Grundton an. In der Senkrechten angekommen den Ton halten, bis die Luft zu Ende geht, und dann das A in ein M („Aaaa……Mmmmmm.") überführen, was den Vorgang beschließt. Hören und spüren Sie nach! Wo in der Wirbelsäule, in welchem Nervenzentrum oder welchem Organ spüren Sie den Vokal? Dieses Nachspüren ist mit der wichtigste Teil der Übung. Dann üben Sie dasselbe mit dem Vokal Ä, dann E usw.

Nachdem Sie die Vokale einzeln geübt haben, stimmen Sie beim Aufrichten alle Vokale in einer Reihenfolge (AÄEIÜUOO) auf einen Atem an. Damit wird die Übung abgeschlossen.

Abb. 101

Abb. 102

Übung 2:

Zunächst üben Sie auf einem Ton oder Ihrem Grundton. Danach können Sie die Übung erweitern und mit der Tonleiter arbeiten, wie nachfolgend ausgeführt:

1. Jeden einzelnen Vokal beim Aufrichten in der Tonleiter aufwärts singen.
2. Jeden Vokal die Tonleiter hinauf- und hinabsingen auf einen Ausatem.
3. Alle Vokale hintereinander in einer Tonleiter aufwärts singen.
4. Alle Vokale aufwärts singen und beim Beugen die Abfolge rückwärts singen (AÄEIÜUÖOOÖUÜIEÄA).
5. Singen Sie die einzelnen Vokale auf einen Ton wie in der Grundübung, be-

nutzen Sie aber jetzt die unterschiedlichen Zahnstellungen. Üben Sie zunächst alle Vokale, indem Sie beim Singen die Backenzähne (Hinterbiss) aufeinanderpressen. Dann üben Sie, indem Sie zunächst die Eck- oder Stockzähne, danach dann die Schneidezähne aufeinanderpressen. Zum Abschluss führen Sie das Singen durch, indem Sie die Zunge nach rückwärts legen. Diese Stellungen massieren die Muskeln im Mund- und Kieferbereich und vermitteln Ihnen unterschiedliche Spannungserfahrungen.

6. Legen Sie die Lippen leicht aufeinander. Die Zunge liegt locker am Mundboden, berührt die vordere Zahnreihe. Summen Sie nun beim Aufrichten und stellen sich innerlich dabei jeweils einen Vokal vor.

Hinweis: Achten Sie darauf, dass das Beugen fließend und nicht ruckartig vonstatten geht und empfindungsgemäß im Strömen des Atems stets aus dem Lendenwirbelbereich heraus erfolgt.

4.10 Zehnte Vokalübung – „Erdenschönheit"

Wir benutzen für diese Übung das Lied „Erdenschönheit" von der CD[17] „Spirituelle Heilkunst".

Die Übung ist im Stehen auszuführen und verbindet Atem, Vokale und Resonanzorte im Körper.

---

17 Die CD ist beim Verlag erhältlich.

Übung:

Erster Teil des Liedes („Erdenschönheit, Himmelsduft ..."):

Abb. 103 Noten des Liedes

Nehmen Sie eine gelöste, entspannte Haltung ein. Beim Einatmen heben Sie langsam Ihre Arme seitlich an bis über den Kopf und strecken sie dem Licht entgegen. Die Augen sind nach oben gerichtet. Innerlich atmen Sie dabei die Qualität des Vokals A förmlich ein, um das Gemüt einzustimmen.

Dieser Vorgang, in dem Einatem und Körperbewegung verbunden sind, bildet die erste Hälfte des Liedes und der Übung. In der zweiten Hälfte wird dann auf dem Ausatem der Vokal gesungen (s. Abb. 104).

Zweiter Teil:

Auf den Ausatem singen Sie jetzt den Vokal A mit entsprechender Emotion und legen dabei die Hände auf die Brust.

Die Abfolge der Haltung und Bewegung bleibt bei allen Vokalen gleich. Im Prinzip entspricht jeder Vokal einer Strophe des Liedes. Also verfahren Sie weiter wie folgt:

Abb. 104 Ablauf der Übung

Wieder der erste Teil des Liedes: Einatem.

Zweiter Teil: Singen des Vokals E, die Hände dabei auf den Hals legen.

Erster Teil des Liedes: Einatem.

Zweiter Teil: Es folgt das I, wobei die Fingerspitzen den Scheitelhochpunkt berühren.

Erster Teil des Liedes: Einatem.

Zweiter Teil: Es folgt der Vokal U, wobei die Hände geöffnet vor dem Schambein liegen, als würden sie etwas tragen. Die Handflächen zeigen nach oben, die Fingerspitzen berühren sich.

Erster Teil des Liedes: Einatem.

Zweiter Teil: Nun folgt der Vokal O, der zum Herzbereich gehört. Die Hände halten sozusagen das Herz, d. h. die rechte Hand befindet sich oberhalb des Herzens, wölbt sich schützend über das Herz, die Handfläche zeigt zum Boden. Die linke Hand befindet sich etwas tiefer als das Herz und hält es, d. h. die Handfläche zeigt nach oben. So stehen sich die Handflächen gegenüber, als würden sie etwas Wertvolles tragen.

4.11 Elfte Vokalübung – Das ABC schreiben

Es gab in manchen esoterischen Traditionen Übungen mit Buchstaben. Eine ganz wichtige Übung, die der Anbindung an die Erdenergie dient, ist die folgende:

Sie können stehen oder sitzen bei dieser Übung. Singen Sie das A auf Ihrem Grundton und zeichnen oder malen Sie in Ihrer Vorstellungskraft das A auf beide Ihrer Fußsohlen während des Tönens. Dann nehmen Sie sich das B vor, nach demselben Verfahren, dann das C usw. Führen Sie diese Übung mit allen Buchstaben aus. Wenn das über eine Zeit lang geübt wurde, können Sie dieselbe Übung machen, indem Sie die Buchstaben in die Fußgelenke malen. So können Sie mit der Zeit aufwärts Ihren ganzen Körper „bemalen". Welch hohe energetische Wirkung auf den Körper aufgemalte Symbole und Schriftzeichen haben, konnten inzwischen zahlreiche Forschungen nachweisen.[18]

---

18 Bassols Rheinfelder, L./Becker, K. J., siehe Literaturverzeichnis.

5. Mantren, Sprüche, Gebete – Wege der Integration

Durch die Einflüsse aus Indien und Tibet gewinnt heute das Rezitieren wieder ein starkes Interesse. Mantren zu sprechen und zu singen ist inzwischen weit verbreitet. Mantra bedeutet so viele wie „Formel, Laut, Silbe". Mit den Silben werden meist keine begrifflichen Bedeutungen verbunden. Sie sind reine Klanglaute oder „klingende Archetypen". Manche nennen sie auch „Bild-Klänge", denn die rezitierenden Adepten imaginieren beim Rezitieren eine innere Gottheit, sehen innere Bilder. Heute werden unter Mantra aber auch Sinnsprüche aus heiligen Büchern verstanden. Mir geht es an dieser Stelle nicht um den spirituellen Aspekt, der in den Mantren wohnt, sondern ich sehe sie als Möglichkeit für eine Harmonieübung. In der Tat fördert es die Harmonie, Stimme und Redekunst, wenn wir Sinnsprüche in klangvollem Ton und klar sprechen. Noch besser ist es, sie zu singen, ähnlich wie wir das vom gregorianischen Choral her kennen. Hören Sie doch einmal eine CD mit gregorianischen Chorälen an und versuchen Sie einen Sinnspruch, ein inhaltsvolles Gedicht oder auch ein indisches Mantra auf diese Weise frei zu improvisieren. Sie werden sehen, dass diese Übung Spaß macht und Auswirkungen hat. Diese Übung ist für uns alle heilsam, besonders aber kommt sie natürlich jenen zugute, die vor anderen sprechen müssen oder die sich der Gebetsheilung widmen.

Noch kurz eine Anmerkung zum Sprechen eines Gebetes oder Spruchs. „Gebet" hat weniger mit Bitten zu tun, denn mit Hingabe, Ergebenheit oder Eingehen in das Göttliche. Je stärker die Seele in das Geistige, Göttliche eingeht, desto mehr Anteil hat sie an ihm. In der indischen Bhagavad Gita steht, dass wir zu dem werden, was wir denken und womit wir uns verbinden. Verbinden wir uns mit dem Göttlichen, werden wir darin aufgehen.

> *„Wer von dieser Welt scheidet und dabei nur an Mich denkt, geht, wenn er seinen Körper verlassen hat, in Mich ein. Wenn er aber am Ende seines Lebens mit einem anderen Wesen durch sein Denken verbunden ist, so geht er in dessen Zustand ein, was er auch sei; denn seine Natur ist gleich der Natur dieses Wesens."*
>
> Bhagavad Gita, aus Hartmann, Mysterien

Das Gebet ist eine Haltung uns klarzumachen, worauf wir unsere Gedanken und Gefühle ausrichten. Der Sinn und Geist der Worte eines Gebetes erschließen sich uns, wenn wir den für uns richtigen Ton und Klang treffen. Dieser erzeugt bestimmte Wellen im Äther, der wiederum ähnlich gestimmte Wellen anzieht. Aus diesem Grunde ziehe ich auch Gebete, Anrufungen oder „Mantras" in deutscher Sprache vor, da diese unserer Schwingung entsprechen, es sei denn, dass jemand in der indischen Sprache und Kultur, vor allem auch der Musik, zu Hause ist. Es ist wichtig, dass wir in die Schwingung der Worte hineinkommen. Einen Spruch, ein Gebet sollte man daher nicht einfach im Kopf aufsagen, sondern vor sich hinmurmeln, denn durch solches Tun kommen wir in den Geschmackssinn hinein. Wir prüfen, schmecken gleichsam den Text, lassen ihn auf der Zunge zergehen. Auf diese Weise schließen wir uns die Heilkraft des Wortes auf, wie wir uns ja auch die Nahrung aufschließen.

Ein kleiner Blick sei an dieser Stelle noch auf das inzwischen weltweit verbreitete heilige Wort geworfen, das AOUM oder OM, was auch noch entfernt im westlichen „Amen" anklingt. Es sind einige interessante, esoterische Ideen zu diesem Wort und seinen Vokalen überliefert, die gerade auch für unser Üben interessant sind.

1. Der Laut AOUM

Der Theosoph Jakob Böhme beschreibt in seinem Werk „Mysterium Magnum" die Vokale AOU als Offenbarung des Göttlichen, als Vater, Sohn und Heiliger Geist. (Zu erwähnen ist dabei, dass das V die frühere eckige Schreibweise des U ist. U und V sind also Wechselformen.)

„Die Geister der Buchstaben im Alphabeth sind die Form des Einigen Geistes in der Natur-Sprache; die 5 Vocales führen die heilige Zunge der 5 heiligen Sprachen aus dem Namen IEhOVAh, daraus der H. Geist redet, denn die 5 Vocales sind der heilige Namen Gottes nach seiner Heiligkeit: Denn der Name JEHOVA hat nichts in sich, als nur die 5 Vocales, A,E,I,O,U, Die anderen Buchstaben deuten an und sprechen aus die Natur, was der Name Gottes im geformten Worte in der Natur, in Liebe und Zorn, in Finsterniß und Licht zugleich sei; Die 5 Vocales aber deuten an einig allein was Er im Lichte der Heiligkeit sey, denn mit den 5 Vocalibus wird die Natur tingiret, dass sie ein Freudenreich seyn mag ..."

Hier finden wir nochmals deutlich den Unterschied zwischen Vokalen und Konsonanten dargestellt. Die Vokale stehen für die geistigen Qualitäten, die alles durchdringen, während die Konsonanten die Offenbarung, Unterschiede und Modifikationen der Erscheinungen darstellen. Weiter schreibt Jakob Böhme:

„... Dass aber die alten Weisen haben den Namen JEOUA ein H eingesetzt, und ihn Jehouah geheißen, das ist aus großem Verstande geschehen, denn das H machet den heiligen Namen mit den 5 Vocalibus in der äußeren Natur offenbar. Es zeiget an, wie sich der heilige Name Gottes in das Geschöpfe aushauche und offenbare; die 5 Vocales sind der verborgene Name Gottes, der allein in sich selber wohnet; aber das H deutet an die Göttliche Luft oder Weisheit, wie sich der Göttliche in der Luft aus sich selbst aushauche.

Der innerliche Verstand in den Vocalibus ist dieser:

I – ist der Name Jesus

E – ist der Name Engel

O – ist die gesamte Weisheit oder Luft des I, als des Jesus, der das Centrum oder Hertze Gottes ist

U,V – ist der Geist

A – ist der Anfang und das Ende, als der Wille der gantzen Fassung und ist der Vater.

Und diese fünf schließen sich ein mit der Fassung in drey, als in ein solches Wort ..."

„... das ist A,O,V, Vater, Sohn, H. Geist: der Dreyangel deutet an die Dreyheit der Eigenschaften der Personen, und das V am Triangel deutet an den Geist

im H, als im Hauchen, da sich der ganze Gott in Geistes-Weise mit seinem aus sich selber Ausgehen offenbaret."

Jakob Böhme, Sämtliche Schriften

Abb. 105

Am Anfang steht das A in seiner Form als Dreieck, als Sinnbild der heiligen Dreifaltigkeit, was in den indischen Lehren für die drei göttlichen Grundeigenschaften oder Gunas (Rajas, Tamas, Sattva) steht. Das A bezeichnet die Unendlichkeit des Lebens. Der Laut O wiederum steht für das Abschließende und die Zeitlichkeit.

Der Geist ist es – dargestellt im Laut U (V) –, der darin webt. Das U bezeichnet den Hauch oder Atem des Geistigen. Es ist das Wort Gottes, das hinausgeht. Hängen wir das A mit dem V zusammen, so ergibt sich als Symbol die Welle, das Wasserideogramm, das Symbol ist für sich ewig erneuerndes Leben. Das Ganze geschieht im abgerundeten O, dem Symbol der Zeitlichkeit. Aus diesem heiligen Dreiklang der Vokale wird der Makrokosmos, das M – unser „Knochenlaut" – geboren. Damit erhalten wir mit diesem Namen die Offenbarung des Geistigen in der Materie, was sich über die heilige Vierheit, die Zahl der Wahrheit ausdrückt.

Aus der Dreiheit wird der Makrokosmos (der Laut M) geboren, wie auch das lebendige, magische Wort durch den Mund (lat. „mundus" = Welt) geboren wird.

Die tibetischen Lehren besagen: Wer unter dem Laut des AOUM lebt, erkennt sich selbst. Das A ist der unsichtbare Atem oder Lebensodem. Er zieht in das Gefäß (das Gehäuse, den Körper), in das U ein, und entfaltet im M seine Lebensschwingung. Und weiter sagt die östliche Philosophie: Der Lebensatem wird zur Todesursache für den, der in einem Gehäuse lebt. Er existiert zwar, ist aber nicht. Deshalb zieht der Atem dann fort und verliert sich spiralförmig im All. In diesem Zustand werden die Krankheiten „in der Schale" (das meint den Körper) erzeugt, sind also sozusagen hausgemacht von jedem selbst. Ursache dafür ist der grundlegende Mangel an dem Zugang zur Kraft der Liebe. Der Lösungsweg wäre, zu einem korrekten Energiekanal zu werden. Das Erlernen das AOUM sei dieser Weg zur Liebe, Weisheit und Wahrheit.

Einige Autoren wiederum verbinden mit den Lauten bestimmte Bewusstseinszustände. So soll das A dem Wachbewusstsein, das U dem Traumbewusstsein und das M dem Tiefschlafbewusstsein entsprechen. Das OM ginge über alles hinaus und entspräche dem kosmischen Bewusstsein, der vierten Dimension. In Band 3 habe ich im Zusammenhang mit den Drüsen über das AUM geschrieben:

„Das heilige Wort AUM hat in dieser Hinsicht eine wichtige Bedeutung. Das A enerviert den Vagus, während das U auf die Hypophyse wirkt. Das M ist ein stofflicher Laut und trägt die Schwingung und Vibration in den

ganzen stofflichen Körper. Das Formen der Worte, ihr emotionaler Inhalt tritt stets mit dem Vagus in Beziehung. Es genügt dabei schon das lautlose innere Sprechen eines Wortes, um den Vagus anzuregen."

Harald Knauss,
Spirituelle Heilkunst, Band 3

2. Der Laut OM

Wer lebt, indem er das OM in sich ertönen lässt, erkennt in allem seinen Bruder, seine Schwester. Er erkennt auch, dass der Atem (Prana, Leben) das Fluidum des Verbundenseins ist. Die Übel des Lebens sind die seinen, da sie das Los der Menschen sind. Man nennt das ein Teilhaben am Übel, da die Erde ein unvollkommener Planet ist. Krankheiten, die hier entstehen können, resultieren aus einem mangelhaften Zugang zum Leben. Der Lösungsweg hier wäre, rechte Beziehungen zu pflegen.

> *„Om! – Enthülle dich, o herrliche Sonne der Weisheit, die wir verehren, die alles erleuchtet und belebt; von der alles kommt und zu der alles zurückkehrt, und die wir anrufen, damit ihr Licht uns ein Führer sei, zu unserem Fortschritte auf dem Weg zu ihr."*

Franz Hartmann,
Mysterien, Symbole

Übung:

Das Rezitieren auf den Ausatem oder das Sprüchesprechen ist eigentlich eine Mischung aus Atemübung und Harmonieübung. Es handelt sich um ein kunstvoll verlängertes Ausatmen. Der Atem wird gestaut, wird auf individuelle Weise zusammenge-

drängt und erhält somit eine bestimmte Spannung. Es werden die Teile eines Gedichtes oder Textes auf einen Atem gesprochen. Als Beispiel mag das nachfolgende Gedicht von Friedrich Rückert dienen. Das „Sei dem so" wurde für das Üben angefügt und gehört nicht zum eigentlichen Gedicht. Der Übersichtlichkeit wegen habe ich die Teile beziffert:

1.

Alles ist im Keim enthalten
alles Wachstum ein Entfalten,
leises Auseinanderrücken,
dass sich einzeln könne schmücken,
was zusammen war geschoben.

2.

Wie am Stengel stets nach oben
Blüt` um Blüte rücket weiter,
sieh` es an und lern` es heiter:
zu entwickeln, zu entfalten,
was im Herzen ist enthalten.

3.

Sei dem so, sei **dem** so, sei dem **so**!
Friedrich Rückert

Bringen Sie sich in die Sitzhaltung, wie wir sie für die erste rhythmische Atemübung (Band 2) verwendet haben. Lassen Sie den Atem strömen. Dann lassen Sie schluchzend den Atem einströmen und sprechen die erste Strophe des Gedichtes (1.) auf einen Ausatem. Stauen Sie wenn möglich am Ende noch etwas den Atem, bevor Sie den Atem wieder einströmen lassen. Jetzt sprechen Sie die zweite Strophe (2.). Am Ende wieder Atem stauen, bevor Sie erneut einatmen. Sprechen Sie nun nochmals die zweite

Strophe und fügen Sie am Ende das „Sei dem so" an, indem Sie die Worte, die fett gedruckt sind, besonders betonen. Dadurch entsteht eine Rhythmisierung.

Geht das gut, dann können Sie probieren, das ganze Gedicht samt dem „Sei dem so" auf einen Ausatem zu sprechen.

Hinweis: Vermeiden Sie Leistung und Druck. Üben Sie nie verspannt. Wenn Ihnen die Atemluft für eine Strophe nicht ausreicht und Sie unter Stress kommen, dann atmen Sie dazwischen oder unterteilen z. B. die erste Strophe nochmals. Bauen Sie langsam Ihre Atemreserven auf und erzwingen Sie nichts. Gelöstheit und Freude beim Üben ist außerordentlich wichtig.

Sie können natürlich jeden Text für ein solches Üben verwenden. Selbst aus dem morgendlichen Zeitungslesen können Sie eine solche Atemübung machen. Wunderbar eignen sich dafür natürlich rhythmisierte Texte wie Gedichte.

6. Tonübungen

In der klassischen indischen Musiklehre wird davon gesprochen, dass alles im Kosmos, jedes Wesen, einen Ton und eine Färbung (skr. „raga") hat, aus dem es hervorgeht. Die Borduninstrumente spielen diesen Grundton, die Grundfärbung, aus der sich dann das Leben der Melodie, also des musikalischen Raga entwickelt. In diesem Sinne ist jeder Mensch eine Melodie, ein „Raga" und hat seinen Ausgangspunkt in einem Ton, einer Farbe. Grundsätzlich gilt, dass jeder Mensch als System auf einen individuellen Ton und Klang eingestimmt ist. Seit alters wird diese Verbindung zwischen Ton und Wesen gesehen. Aber auch schon frühe Forscher, wie der französische Physiker Joseph Sauveur (1653-1716), konstatieren:

> „Die Kenntnis der Eigentöne alles auf der Erde Existierenden und ihrer Veränderungen würde nicht nur die Erkenntnis des Wesens des Menschen und seiner wechselnden Zustände, sondern auch die der Tiere und aller sonstigen irdischen Erscheinungen erleichtern."

Sauveur, aus Fritz Stege,
Musik, Magie, Mystik

Mit der anthroposophischen Bewegung traten wieder vermehrt Wissenschaftler auf, deren Forschung in die gleiche Richtung zielte.

> „Dr. Guenther Wachsmuth hat sich mit dieser Frage befaßt. Er weist darauf hin, dass jeder Körper gleichsam verdichteter Ton ist, dass er übersinnlich in einem ganz bestimmten Ton erklingt, der sich aus seiner inneren Kräftespannung und -struktur ergibt. Das ist der individuelle Grundton oder die individuelle Prim. Nach seiner Meinung

> ist der Mensch auf einen bestimmten Grundton gestimmt, zu dem jeder Ton der Außenwelt ein Intervall bildet. Das Intervallverhältnis des Eigentons zu den Vielklängen der Umwelt entscheidet über unsere Einstellung zu Menschen, Tieren, Pflanzen."

Fritz Stege, ebenda

Alles hat seinen bestimmten Eigenton. So wie der Mensch aber aus verschiedenen Hüllen oder Ebenen besteht, schwingen viele Töne in ihm. Die einzelnen Ebenen des Menschen haben wiederum jeweils ihren eigenen Ton, wie auch jeder Körperort und jedes Organ, so dass wir im Endeffekt als Ich eine Art Harmonie bilden. Die Basis aber bildet der Grund-, Lebens- oder Seelenton, der unser Dasein ins Leben gerufen hat. Aufgabe des meditierenden Schülers in Asien war es, diesen eigenen Lebenston, auf den sein Leben abgestimmt ist, aufzufinden und anzustimmen. Es ist ein Weg des Experimentierens, Fühlens, der Versenkung und des Bewusstseins, der dazu nötig ist. Den Seelengrundton aufzufinden gelingt nach den Berichten der Meister nur in langer Zeit der Stille. Daher gilt unsere Aufmerksamkeit zunächst dem Grundton, den wir als den persönlichen empfinden. Er lenkt unser Körpersystem.

Je feiner wir in die Klangarbeit hineinwachsen, desto näher werden wir nach und nach unserem eigentlichen Grundton kommen.

Die Schamanen der unterschiedlichen Kulturen gehen ebenfalls von einem gleichen Prinzip aus. Jeder Mensch erhält eine ganz persönliche Lebensmelodie mit Eintritt in dieses Leben. Wird ein Mensch krank, stimmt der Schamane diese Melodie an, um Gesundung herbeizuführen. Der romantische Dichter Joseph v. Eichendorff schreibt im gleichen Sinne:

„Und hast du dieses Schauspiel nicht im Grunde täglich?", entgegnete Friedrich. „Gestikulieren, quälen und mühen sich nicht überhaupt alle Menschen ab, die eigentümliche Grundmelodie äußerlich zu gestalten, die jedem in tiefster Seele mitgegeben ist, und die der eine mehr, der andere weniger, und keiner ganz auszudrücken vermag, wie sie ihm vorschwebt?"

Fritz Stege, ebenda

Daher gilt es, sich auf den Weg zu machen, den eigenen Ton, die eigene Lebensmelodie, die eigene Stimmung zu entdecken, da diese die Grundlage unserer Lebensordnung bilden. Um auf diesem Weg voranzukommen, wurden die nachfolgenden Übungen entwickelt. Allerdings sind sie auf Grundlage des klassischen Musiksystems aufgebaut und erfordern somit vom Übenden ein einfaches Basiswissen der Musiklehre, um damit sinnvoll arbeiten zu können. Wer nun gar keine Kenntnisse davon hat, sollte sich jemand mit Musikerfahrung suchen, der ihm die Übung vorführen kann. Die Übungen an sich sind sehr einfach gehalten.

Noch ein Hinweis zum richtigen Singen, was ein Ausnutzen dreier Resonanzräume bedingt. Die hohen Stimmen profitieren von der Kopfresonanz, während der Unterleib mit seiner Druckkraft als Verstärkung beim Forte hinzutritt. Tiefe Stimmen leben vor allem von der Resonanz des Beckenbodens. Das Singen hoher Töne oder Sprechen in ho-

her Stimmlage ohne Stütze des Unterleibs entbehrt der Kraft und aktiviert vor allem nicht die Organe im unteren Rumpfteil. Wird eine Stimme nicht durch den Atem geführt, der seinen Sitz im Körperschwerpunkt („Hara") hat, dann schlägt sie leicht um, wenn die Beckenorgane nicht genügend entwickelt sind.

Daher haben alle Tonübungen die Absicht, Kopf-, Brust- und Lendenresonanz gleichzeitig zu entwickeln. Jeden Ton gilt es, bildlich zunächst in der Stirnmitte, dem Konzentrationspunkt, zu konzentrieren, als wäre er dort mit einem elastischen Band befestigt. Dann müssen wir ihn in die Brustresonanz führen, ihn dort stützen, um ihn dann mit der Kraft der Lendenresonanz zu unterlegen.

6.1 Den eigenen Grundton finden

Ihren Grundton finden Sie am besten morgens (im nüchternen Zustand), denn tagsüber steigt er durch die Geschäftigkeit und Spannung an.

Sie sitzen, wie Sie das aus den Atemübungen in Band 2 kennen, in aufrechter Haltung, die Hände locker auf den Schenkeln, aber in sich gelöst. Führen Sie einige Male den Seufzeratem aus zur Einstimmung. Der Seufzeratem gilt auch als „Sängeratem" und wirkt auf das Zwerchfell. Das Zwerchfell wiederum steht im Zusammenhang mit den Stimmbändern. Wenn möglich, nutzen wir daher vor allem den Seufzeratem bei den Tonübungen.

Pressen Sie dann die Backenzähne aufeinander; die Zunge bleibt locker am Mundboden. Leise und in langsamen Zuge summen Sie nun ein M in sich hinein. Am besten beginnen Sie mit dem Ton D, den Sie sich von einem Instrument geben oder durch eine Stimmgabel anklingen lassen. Danach beginnen Sie vorsichtig mit der Stimme in Halbtönen hinauf und hinunter zu gleiten. Jener Ton, der in der Mitte des Herzens am stärksten klingt, ist der gesuchte Grundton.

Um das noch sicherer zu spüren, können Sie unterstützend Zeige- und Mittelfinger zwischen den Ansatz der 3. und 4. Rippe links vom Brustbein legen.

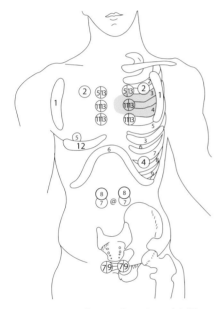

Abb. 106 Bereich zwischen 3. und 4. Rippe

Sie summen den Ton, bis die Fingerspitzen das Mitschwingen spüren. Diesen so gefundenen Ton üben Sie eine Weile, bis Sie Sicherheit spüren.

Sie können nun von dieser Stelle aus alle Töne ausformen, so dass Brust und Rückgrat alle Schwingungen ausbilden und vertiefen. Am besten beginnen Sie stets mit Ihrem eigenen Grundton. Gehen Sie vom Grundton die Tonleiter aufwärts, so erreicht dieses Üben die oberhalb des Herzens sitzenden Drüsen. Führen Sie die Tonleiter vom Grundton abwärts, so wirkt dies auf die unterhalb liegenden Drüsen.

Anmerkung:
Natürlich kann man den Grundton auch z. B. mit Hilfe des kinesiologischen Muskeltestverfahrens oder mit der Rute austesten. Aber das eigene Spüren und Finden ist vorzuziehen. So üben wir auch unser Resonanzinstrument.

Menschen, die ihrer Überzeugung nach nicht singen können, sollten zunächst alle Lieder und Melodien auf ihren persönlichen Grundton transponieren. Sie werden feststellen, dass sie sich mit dem Singen dann viel leichter tun. Von Musikern weiß man, dass jene Musikstücke, die in ihrem eigenen Lebens- oder Grundton stehen, ihnen den größten Erfolg verschaffen, da sie sich in diesen nahezu vollendet auszudrücken vermögen.

6.1.1 Die Vokale auf dem Grundton

Wenn Sie Ihren Grundton gefunden haben, dann können Sie die einzelnen Vokale auf denselben üben. Für den Ansatz des Tones wählen Sie den Laut K oder auch Ch (wie in dem Wort „fauchen"). Mittels dieses Lautes gerät nämlich der Kehlkopf in Vibration. An den Laut binden Sie den jeweiligen Vokal, also z. B. KA oder KÄ. Jeder Vokal verströmt sich am Ende wieder auf einem M, also z. B. „Kaaa…M…". Das M leitet die Tonschwingungen zurück zum Herzen, wo sie ihren Ausgang genommen haben. Bei dieser Übung erfolgt der Einatem stets als Seufzeratem.

6.2 Das Hören mit der Wirbelsäule

Die Wirbelsäule ist ein wichtiges Instrument für das Hören, wie wir zuvor schon gesehen haben. Daher erfährt sie bei allen Übungen große Aufmerksamkeit. Mit der Zeit sollten wir jeden einzelnen Ton in einem bestimmten Abschnitt der Wirbelsäule spüren können.

Übung 1

Machen Sie die Übung zu zweit. Legen Sie sich zum Üben auf den Boden. Eine zweite Person schlägt auf einem Instrument, einer Klangschale oder einer Stimmgabel einzelne Töne an. Spüren Sie, wo in Ihrer Wirbelsäule diese schwingen. Funktioniert das gut und haben Sie Sicherheit in der Wahrnehmung, so können Sie nun dasselbe von Ihrem Grundton aus selbst üben. Vom Grundton aus gehen Sie dabei singend aufwärts oder auch abwärts. Dabei ist es so, dass die hohen Töne die oberen Nervengeflechte aktivieren, die tiefen die unteren. Spüren Sie, wo in der Wirbelsäule, ja vielleicht sogar in welchem einzelnen Wirbel eine Resonanz entsteht.

Übung 2

Nochmals eine Übung zu zweit, die im Sitzen stattfindet. Eine Person sitzt hinter ihnen, also in ihrem Rückenbereich. Diese Person erzählt etwas von sich selbst. Hören Sie mit Ihrem Rücken über Ihre Wirbelsäule hinein in das, was diese Person sagt. Was liegt in der Tiefe des Gesagten, was kommt herüber? Dasselbe geht natürlich auch mit einem Klang, der hinter Ihrem Rücken erzeugt wird. Wer die Möglichkeit hat, kann sich im Rücken auch von einem entsprechend gebauten Monochord bespielen lassen. Klang-Therapeuten nutzen heute solche Instrumente.

6.3 Melodieübung

- Seien Sie ganz entspannt, locker und gelöst. Summen Sie dann eine leichte, Ihnen bekannte Melodie. Folgen sie dem Auf- und Absteigen der Töne und beobachten Sie die Wirkung in Ihnen. Achten Sie darauf, wie sich der Lauf Ihrer Gedanken verändert. Sie können also Ihre Gedanken über Melodien lenken. Sie können die absteigenden Töne vor allem mit dem linken Ohr verfolgen, die aufsteigenden mit dem rechten. Das Erleben wird jeweils ein anderes sein. Das hängt mit der unterschiedlichen polaren Windung in den beiden Ohren zusammen (s. Kapitel Ohr).

- Führen Sie vom Grundton aus die Tonleiter nach oben und lauschen Sie dabei mit dem rechten Ohr, indem Sie es mit der Hand etwas nach vorne wölben. Wenn Sie die Tonleiter wieder abwärts führen, hin zum Grundton, dann lauschen Sie dabei verstärkt mit dem linken Ohr. Durch solches Üben erhalten Sie die Kontrolle über die Dinge über und unter Ihnen.

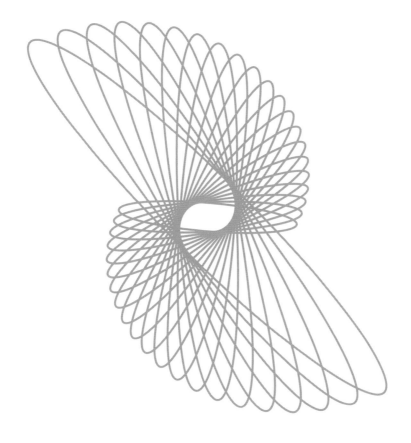

7. Harmonieübungen

Wenn wir in unsere Lebensordnung hineinkommen, entfaltet sich die Harmonie inner- und außerhalb von uns. Das ist ja stets das große Geheimnis an wirklich heiligen Menschen. Auch sie konnten die äußere Welt nicht so verändern, wie sie es gerne gehabt hätten. Das kann und wird nicht möglich sein, denn die äußere Welt geht ihren eigenen Gang. Die Erde hat ihre eigene Entwicklung, die einzelnen Naturreiche, die einzelnen Wesen usw. Jede der Ebenen und Zeiten bietet so den Geschöpfen unterschiedlichen Reifegrades ein Betätigungsfeld. Die Größe des Göttlichen besteht eben darin, dass alles so sinnvoll miteinander verzahnt ist. So lange wir unsere innere Harmonie noch nicht gefunden haben, versuchen wir immer das Äußere zu verändern. Haben wir dagegen das Innere erlangt, so brauchen wir nichts mehr zu ändern an sich, da wir sehen, dass alles so richtig ist, wie es ist. Indem in uns Harmonie ist, wirken wir Harmonie nach außen und sind eins mit uns und dem Göttlichen. Dann müssen wir nichts mehr wollen. Wir wissen doch, dass gerade, wenn wir es besonders gut meinen und nur das Beste für jemanden wollen, die größte Gefahr der Verfehlung des Zieles lauert.

Daher gilt es, die Harmonie auch als Lebenshaltung zu üben. Acht Lebensregeln können wir finden, die uns auf diesem Weg behilflich sind und die zum Teil auch in den Übungen wiederzufinden sind:

1. Gelöstheit (Entspannung): Wir sollen den steten, harmonischen Wechsel von Spannung und Gelöstheit oder auch von Arbeit und Ruhe pflegen. Wichtig ist es, dass wir gleich dem Geist in der Mitte und Tiefe unseres Seins ruhen, egal, was wir gerade leben, denn dann kann uns nichts erschüttern.

2. Bewegung: Die Kräfte des Lebens steigern sich durch beschwingte, rhythmische, gelöste Bewegung, die an den Atem gekoppelt ist.

3. Ergebung, Hingabe: Zufriedenheit stellt sich ein, wenn wir uns dem Fluss unseres Schicksals hingeben oder bewusst ergeben. Das gelingt aber nur, wenn wir alle Prüfungen, Nöte und Schwierigkeiten als Mittel unserer Seele begreifen, um unsere Entwicklung, unser Wachsen und Reifen voranzubringen.

4. Im Atem sein: Der Atem ist an das Strömen und die Bewegung gebunden und mit dem zielbewussten Gedanken der Übung versehen.

5. Nahrung: Wähle stets wertvolle, mit dir harmonisierende Nahrung. Iss sie dankbar, im Bewusstseins des Segens.

6. Leistung: Hierbei geht es nicht um Erfüllung von Vorgaben oder eines Plansolls. Pflege das Richtige zu tun. Das bedeutet: Suche durch dein Wirken dem schöpferischen Plan deiner Seele und dem göttlichen Plan gerecht zu werden. Leistung bedeutet hier, die Arbeit, das Wirken in einen höheren Kontext stellen.

7. Erbauung: Freue dich an der Schöpfung und ihrer Schönheit. Freue dich, begeistere dich – für dich selbst und an allem.

8. Glaube: Gewinne den Glauben an etwas Höheres, Göttliches, und erschaffe dir Gewissheit desselben durch eigene Erfahrung. Der Glaube ist das mächtigste Heilmittel.

7.1 Gelassenheit des Herzens

Wir verwenden für diese Übung das Lied „Ja ganz entspannt gelassen" von der CD.[19] In Band 3 haben wir diese Übung schon als Drüsenübung kennengelernt. Dort finden sich auch Abbildungen zur Ausführung derselben. An dieser Stelle betrachten wir die gleiche Übung also nochmals unter einem anderen Gesichtspunkt, eben jener der Harmonie.

Die Intention dieses Liedes findet seine Entsprechung im Thema der Adventszeit. Es ist jene Zeit, wenn das Jahr in seine Stille kommt. In der dunklen Stille, wenn alles Äußere zur Ruhe kommt, kann das Wunder des Lebens geschehen, kann das Göttliche, die Ganzheit erfahren und geboren werden. Es bedeutet das Anzünden des inneren Lichtes, der schöpferischen Intelligenz, wie wir es symbolisch immer noch im Anzünden der Lichter des Adventskranzes nachvollziehen. Die Übung ist dazu gedacht, in diese Stille hineinzukommen, und zwar auf allen drei Ebenen unseres Ich:

1. Körperebene: physische Gelöstheit (Entspannen) – Einheit in der Vielheit.
2. Gefühlsebene: Gelassenheit (Rhythmus) – einig im Herzen.
3. Denkebene: Ruhe, Stille (Nerven, Sinne) – Konzentration des Gedankens.

Die Verbindung dieser drei Ebenen ist ein zutiefst spiritueller, mystischer Vorgang. Er bereitet das Ich darauf vor, Höheres empfangen zu können, d. h. mehr Ätherenergie, mehr Inspiration, mehr Intuition zu erhalten.

---

19 Die CD kann beim Verlag erworben werden.

Übung:

Diese Übung führen wir im Stehen aus. Zunächst nehmen wir den Text des Liedes, sprechen denselben artikuliert und singen ihn einige Male, bis wir den Text auswendig können. Der ursprüngliche Text von Dr. Hanish lautet:

> *„Ja ganz entspannt gelassen,*
> *Sich ergeben seinem Tun,*
> *Das Herz, Gesinn erfassen,*
> *Uns einführt zum Eigentum."*

Ist der Text klar, dann können wir uns zunächst einige Male den Bewegungsablauf der Übung verinnerlichen, bevor wir dann mit Musik arbeiten.

„Ja ganz entspannt" – Arme und Hände zum Himmel recken.

„Gelas - sen" - Arme in zwei Stufen seitlich bis in die Waagrechte führen, wobei die Handflächen nach oben zeigen.

„Ergeben seinem Tun" – Hände seitwärts, abwärts zum Boden führen, wobei die Handflächen zum Boden zeigen und ihn eventuell berühren.

„Das Herz" – Beide Hände nach oben führen und über das Herz legen.

„Gesinn" – Beide Hände seitlich über den Kopf erheben, wobei sich die Handflächen oberhalb des Scheitels wie zum Gebet berühren.

„Erfassen" – Die Hände in Gebetshaltung auf den Scheitel auflegen.

„Uns einführt zum Eigentum." – Hände seitwärts hinabführen und gekreuzt auf das Bauchgeflecht auflegen.

7.2 Die himmlischen Kräfte bewegen

Wir haben bei der Entstehung der Vokale gesehen, dass Schöpfung und Jahreskreis dabei eine entscheidende Rolle spielten. Aus den kosmischen Gegebenheiten haben sich Abfolgen von Lauten ergeben, die bestimmte göttlich-kosmische Qualitäten oder Energien beschreiben. Wir haben das A-I-U kennengelernt als Symbol für das Ewige, den ewigen Jahreslauf der Sonne. Wir haben das heilige Wort IAU erfahren, das den Abstieg des Göttlichen in die Materie beschreibt, entsprechend den Resonanzorten der Vokale in unserem Körper (Kopf – Brust – Unterleib).

Die heiligen Worte wurden stets aus Vokalen zusammengesetzt, denn Gott selbst ist das Wort – denken wir an den Laut OM, der als AOU-M gesprochen wird und den wir zuvor schon kennen gelernt haben.

Die Seele intoniert diesen Laut als AEIOU-M. Damit erhalten wir die fünf heiligen Laute und ein Pentagramm. Dieser Laut reinigt alle Körperhüllen, hält alles Disharmonische von uns fern. Die groben Atome oder Bausteine unseres Selbst werden abgestoßen und feinere dafür eingebaut. Dieser heilige Laut schwingt auf den drei Ebenen und erzeugt folgende Wirkung:

- Mentale Ebene – Die Kopfzentren werden angeregt, so dass der Verstand schweigt und nur noch Bewusstsein da ist.
- Emotionale Ebene – Das Herzzentrum wird berührt und der Emotionalkörper stabilisiert. Der Wunschkörper wird farbloser, so dass er immer mehr zum Reflektor der Seele werden kann. Der Kanal zwischen Gefühl (Herz) und Intuition (Gehirn) wird gereinigt.
- Physische Ebene – Der Vital- oder Ätherkörper wird energetisch angeregt. Das aktiviert die Aura als Schutzschild.

In den drei folgenden Übungen werden wir drei heilige Laute oder Namen kennen lernen, die eng mit unseren Ebenen und Intelligenzien verbunden sind.

1. IEOUA – Melodie – Mentale Ebene – Weg des Bewusstseins – Kognitive Intelligenz

Zum Üben verwenden wir das Lied IEOUA oder „Jehova" (trad. „Großer Gott wir loben dich") von der CD[20]. Das ist die Vokalfolge und Melodie des Göttlichen.

Wiederum finden wir in den fünf Vokalen eine heilige Reihung, das Pentagramm. Das H wurde später als Hauchlaut eingeschoben, um den Ausgang des göttlichen Atems zu bezeichnen, woraus die Schöpfung wurde. Ebenfalls wurde das U später durch seine Wandlungsform V ersetzt. In dem Wort IE-OUA (Jehova) wird die Summe der in der Natur wirkenden geistigen Kräfte des göttlichen Wortes angesprochen.

Die Übung kann im Stehen oder Sitzen ausgeführt werden, wobei ich zum Singen aber das Stehen bevorzuge.

Übung 1:

Zunächst singen Sie das Lied ganz langsam auf die Vokalfolge IEOUA, wobei Sie deutlich artikulieren sollten. Sie können dabei den Blick der Augen – und nur der Augen –

20 Die CD kann beim Verlag erworben werden.

nach aufwärts richten, Richtung „drittes Auge", das zwischen den Augenbrauen seinen Sitz hat. Achten Sie beim Singen auf die Tonresonanzen, die im Rückenmark auf- und absteigen. Wo spüren Sie welchen Vokal? Das braucht einige Zeit des Übens, bis Sie die Resonanzen gut spüren können. Auf diese Weise entdecken Sie die vielen Nuancen und Farben Ihrer Innenwelt.

Übung 2:

Diese Variante beruht auf der spirituellen Ausdeutung des Wortes „Jehova". J ist der göttliche Laut, der unhörbare, während das EOUA die vier Laute der Schöpfung sind. Sie vertreten das göttliche Gesetz, das in der Natur verborgen liegt. Daher wird mit diesen vier Lauten der „hörbaren" Welt geübt.

Stehen Sie locker, wobei die Füße eine V-Form bilden, ohne dass sich die Fersen berühren. Die Knie sind locker. Legen Sie nun beide Handflächen wie zum Gebet aneinander. Bis auf Daumen (der linke Daumen liegt über dem rechten; empfangende Haltung) und Zeigefinger falten sie nun die Finger ineinander.

Legen Sie die Hände in dieser Haltung auf die Magengrube. Singen Sie nun das nachfolgende Lied in dieser Haltung. Die Vokale werden auf einen Ausatem aneinandergereiht bis zu den Noten, über denen ein Zeichen ist; an der Stelle atmen Sie wieder ein. Später können Sie je nach Atemvolumen auch längere Phrasen auf einen Ausatem singen.

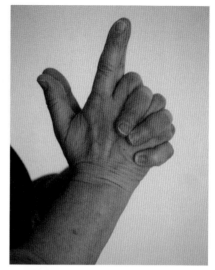

Abb. 107 und 108

2. Cherubim und Seraphim – Rhythmus – Physische Ebene – Weg des Lebens – Praktische Intelligenz

Wir verwenden für diese Übung die Melodie „Lob' den Herren", die wir von den Atemübungen her kennen und die auf der CD enthalten ist. Dazu singen wir einfach die Worte „Cherubim und Seraphim" in ihrer vokalisierten Form, nämlich als EUIM und EAIM. [21]

An dieser Übung sind die Finger beteiligt. Über die Vernetzung von Laut, Ton, Gesichtsmuskeln und Fingern erhalten wir eine Kontrolle auch über den Körper. Eine Harmonie zwischen Geist und Körper kann so auf den Weg kommen. Die Beweglichkeit der Finger steht für einen beweglichen Geist.

Abb. 109

Die Finger haben zum einen die stärkste energetische Abstrahlung vom ganzen Körperfeld und zudem stehen sie mit den Meridianen aus der chinesischen Medizinlehre in Verbindung. In gewisser Weise wirkt diese Übung also auch wie eine Akupressur. In den Traditionen des Himalaya finden wir u.a. folgende Zuordnung zwischen den Fingern, Sinnen und Kräften:

Daumen = Neutral; Wille, Kraft, Gehirn; gehört eigentlich zur Wurzel der Hand.

Zeigefinger = Atmungssystem; Sehsinn.

Mittelfinger = Verdauungssystem; Hörsinn.

Ring- oder Goldfinger = Harnsystem; Riechsinn.

21 Die Kabbalisten bezeichnen die Cherubim als Wächter; ihr Name bedeutet in etwa „Erhabenheit, Meister, Majestät". Die Seraphim stehen mit der Schlange des Lichtes in Verbindung und daher auch mit der heilenden Asklepios-Schlange. Die Kabbala rechnet diese Gruppe engelhafter Kräfte der Strenge zu.

Kleinfinger = Genitalsystem, Unterleibsorgane; Geschmackssinn.

Übung:

Stehen Sie in der richtigen Haltung, etwas mehr auf den Fußballen. Breiten Sie Ihre Arme waagrecht seitwärts aus, die Finger gestreckt. Den Blick richten wir nach vorne auf die Nasenwurzel oder auf den schwarzen Punkt, den wir bei den Atemübungen verwenden. Singen Sie die Worte EOIM und EAIM auf das Lied und drücken Sie nun nacheinander die einzelnen Finger gegen den Daumen, beginnend mit dem Zeigefinger und endend mit dem kleinen Finger. Von dort dann wieder zurück. Nur der betreffende Finger beugt sich, die anderen Finger bleiben gestreckt.

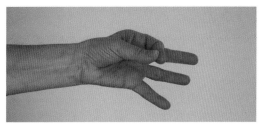

Abb. 110 und 111

Dabei gilt folgender Rhythmus: Auf die erste Note, den ersten Schlag eines Taktes drücken Sie die Finger gegeneinander; auf der dritten Note, dem dritten Schlag des Taktes lösen Sie sie wieder. Also auf Schlag eins des ersten Taktes drücken Sie Daumen und Zeigefinger aufeinander und auf Schlag drei des Taktes lösen sie diese wieder. Auf Schlag eins des zweiten Taktes drücken Sie dann Daumen und Mittelfinger aufeinander und lösen diese wieder auf Schlag drei, usw.

Abb. 112 Notenbeispiel

Erweiterung der Übung:

Haben Sie diese Abfolge verinnerlicht, so können Sie die Übung erweitern. Auf der Eins des Taktes heben Sie dabei jetzt zusätzlich die Arme leicht an und erheben sich etwas auf die Fußspitzen, ganz so, als wollten Sie sich zum Fliegen erheben. Auf der Drei des Taktes senken Sie Arme und Füße wieder ab. Der ganze Körper kommt so in den Schwung des Rhythmus. Versuchen Sie dabei in die leichte, aufschwingende Kraft hineinzukommen, die den geflügelten Wesen zugeschrieben wird.

Der Rhythmus lässt sich natürlich noch weiter variieren. So können Sie später auch die Finger jeweils nur taktweise, also immer auf die Eins, spannen und wieder lösen.

Hinweis: Das Singen sollte in einem Atem- und Tonstrom fließen, wobei der Rhythmus betont ist. Durch dieses Betonen erhält das Zwerchfell stets einen leichten Stoß, der durch das ganze Innere geht.

3. Elohim – Harmonie – Astrale, emotionale Ebene – Weg des Herzens – Schöpferische Intelligenz

Diese Übung soll uns helfen, uns auf uns selbst einzustimmen, uns stimmig zu machen. Vor einem Vortrag hilft eine solche Übung mehr als jedes Rekapitulieren des Stoffes. Indem wir in uns stimmig sind, fließen die Worte aus inspirativer Quelle und in harmonischer Folge.

Für diese Übung verwenden wir das Wort der göttlichen, schöpferischen Wesenheiten oder Devas, der Elohim. Das Wort „Elohim" bedeutet so viel wie „der Eine inmitten aller", meint also unseren wahren, schöpferischen Wesenskern inmitten all der Vielheiten. Die Kabbala bezeichnet Elohim oder Alhim als die siebenfältige Macht der Gottheit. Es ist die ausstrahlende Essenz des Göttlichen, und diese Übung weckt daher in uns ein Gefühl für das Erhabene, Hohe. Die Elohim entsprechen dem Wärmeelement, ohne das kein Leben existieren kann. Aber gleichzeitig erlauben sie die Stabilität der Form in der Wärme, damit sie nicht zerfließt. Daher werden sie auch als die „Geister der Form" bezeichnet. Gleich der Schmiedekunst formen sie die Substanzen. Auch der Atem, mit dem wir die Laute und Töne gestalten, ist von Wärme durchdrungen. Jeder Laut hat seinen eigenen Wärmegrad.

Zum Üben vokalisieren wir das Wort zum EOIM. Das seelische Bewusstsein und

Empfinden, das zum Vokal E gehört, führen wir also zunächst hinab zum Herzen, zum O, um es mit unserem innersten Wesenskern zu vereinigen. Dazu liegen die Hände auf dem Herzen auf. Mit einer Armbewegung und dem Vokal O sammeln wir nun alle Energien unserer Aura ein und führen diese über den Scheitelhochpunkt. Wir heben unsere Kräfte hinauf. Im Vokal I befinden wir uns in der Freude, der Glückseligkeit, vereinigen wir Empfindung und Bewusstsein. Es ist ein spiritueller Akt der Vereinigung, der „Rückbindung" (lat. „religio"). Diese Energien führen wir im I wieder zurück zum Herzen. Wir können diese Übung also als Weg zum Herzen bezeichnen. Diese Übung wird im Stehen ausgeführt. Wir verwenden für diese Übung wie gesagt die Lautfolge EOIM. Als Musik eignet sich sehr gut ein Dreiklang, d. h. ein Akkord.

Übung 1:

Legen Sie als Ausgangshaltung die Hände flach aneinander und auf den Thymusbereich auf. Eine andere Möglichkeit ist, dass Sie die Hände wie zum Gebet flach aneinanderle-

Abb. 113 Handhaltung

gen – Fingerspitzen aufwärts zeigend –, wobei der linke Daumen über dem rechten liegt. Wählen Sie die Art, die Ihnen am nächsten kommt.

Singen Sie nun den Vokal E auf den Grundton und spüren Sie hinein in Ihre Herzkraft. Dabei bewegen sich die Hände langsam vom Thymus zur Magengrube (Solarplexus) und liegen dort auf.

Abb. 114

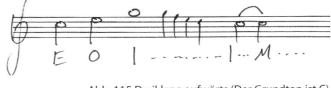

Abb. 115 Dreiklang aufwärts (Der Grundton ist C)

Beim Anstimmen des O führen Sie die Hände von der Magengrube in weitem Bogen abwärts, auswärts und aufwärts, bis sie sich über dem Scheitel treffen. Beim Aufwärtsheben der Arme halten Sie die Handflächen empfangend nach oben. Vor allem beim abendlichen Üben, wenn der Atem der Erde niedersinkt, können Sie die magnetischen Erdkräfte spüren, die Sie auffangen mit Ihren Händen. Den Vokal O stimmen Sie klanglich an, indem Sie die obere Terz singen.

Beim Vokal I öffnen sich die Hände leicht und gleiten abwärts, indem die Handinnenflächen zum Scheitel zeigen, dann zu den Wangen und abwärts, bis sie in der Ausgangshaltung des E wieder ankommen. Dabei werden die magnetischen Energien über Kopf und Antlitz segnend ausgestrahlt, die sich danach im Herzen bewusst sammeln. Das I stimmen Sie an, indem Sie die obere Quinte singen und diese stufenweise abwärts führen, bis Sie wieder Ihren Grundton im Herzen erreichen. Die Hände liegen auf der Herzgrube auf. Beschließen Sie die Übung mit dem Nachklingen im M, denn damit sammeln Sie Ihr ganzes Wesen.

Der Ablauf nochmals zusammengefasst:

E: Den Grundton singen – Hände vom Herzen zur Magengrube bewegen.

O: Die obere Terz singen – Hände dabei abwärts und dann aufwärts im Bogen führen bis über den Scheitel.

Abb. 116 und 116 a-c

Abb. 117, 117 a und 117 b

I: Die obere Quinte singen und von dort zurück zum Grundton – Handflächen nach unten gerichtet und Hände abwärts führen.

M: Hände auf die Magengrube auflegen.

Abb. 118 Dreiklang abwärts (Grundton ist C)

Übung 2:

Üben Sie den Ablauf wie zuvor, doch nun führen Sie den Dreiklang vom Grundton zunächst abwärts und dann wieder aufwärts.

Übung 3:

Diese Übung ist musikalisch etwas anspruchsvoller und orientiert sich an nachfolgendem Beispiel: Der Bewegungsablauf bleibt wieder derselbe, nur die Melodie ändert sich.
Singen Sie nun den Vokal E von der Quinte über Ihrem Grundton eine Terz abwärts und spüren Sie hinein in Ihre Herzkraft. Dabei bewegen sich die Hände vom Thymus zur Magengrube (Solarplexus) und liegen dort auf. Die Terz ermöglicht uns die Verinnerlichung, das Hineinnehmen.

Beim Anstimmen des O führen Sie die Hände von der Magengrube in weitem Bogen abwärts, auswärts und aufwärts, bis sie sich über dem Scheitel treffen. Beim Aufwärtsheben der Arme halten Sie die Handflächen empfangend nach oben. Vor allem beim abendlichen Üben, wenn der Atem der Erde niedersinkt, können Sie die magnetischen Erdkräfte spüren, die Sie auffangen mit Ihren Händen. Den Vokal O stimmen

Sie an, indem Sie von der vorherigen Terz zum Grundton gehen und von dort wieder bis zur Quinte nach oben zurücksingen.

Beim Vokal I öffnen sich die Hände leicht und gleiten abwärts, indem die Handinnenflächen zum Scheitel zeigen, dann zu den Wangen und abwärts, bis sie in der Ausgangshaltung des E wieder ankommen. Dabei werden die magnetischen Energien über Kopf und Antlitz segnend ausgestrahlt, die sich danach im Herzen bewusst sammeln. Das I stimmen Sie an, indem Sie von der Quinte an abwärts singen, bis Sie wieder Ihren Grundton im Herzen erreichen. Die Hände liegen auf der Herzgrube. Beschließen Sie die Übung mit dem Nachklingen im M, denn damit sammeln Sie Ihr ganzes Wesen.

Abb. 119

Der Ablauf nochmals in Kurzfolge:

E: Von der Quinte über dem Grundton eine Terz abwärts singen – Hände vom Thymus zur Magengrube bewegen und dort auflegen.

O: Von der Terz weiter hinab zum Grundton und von dort zurück zur Quinte, also dem Ausgangston – Hände abwärts und dann aufwärts im Bogen führen bis über den Scheitel.

I: Von der Quinte zurück zum Grundton – Handflächen nach unten gerichtet und Hände abwärts führen.

M: Hände wieder auf Magengrube auflegen.

7.3 Wie ein Fels im Strom

Die Vokale in ihrer Folge als IEOUA (s. Jehova) werden als Lebensströme bezeichnet. Denken wir an die Vokale und den Jahres- oder Sonnenkreis, der die vier Himmelsgegenden und Weltenströme beinhaltet. Sind die Vokale die Ströme, so sind die Konsonanten die festen Einschnitte, die eine Vielfalt der unterschiedlichen Formen und damit auch der Individualisierung ermöglichen. Wir können durchaus bildhaft sagen, dass die Vokale der Fließkraft eines Stromes und die Konsonanten den Steinen im Fluss vergleichbar sind.

Vorübung für die Konsonanten:

Sprechen Sie einmal ganz bewusst und deutlich jeden einzelnen Konsonanten. Spüren Sie hinein in seine Entstehung und Energie. Spüren Sie genau, welche Körperpartien daran beteiligt sind. Was kommt dabei in Ihnen zum Erleben? Gibt es Konsonanten, die Ihnen schwerfallen? Vergleichen Sie Ihre gemachten Erfahrungen mit dem im Kapitel über die Konsonanten Gesagten.

Die nachfolgende Übung können wir im Sitzen ausführen. Sie verbinden Vokale und Konsonanten, und damit üben wir die Strömungsveränderungen in unserem Atem- und Energiestrom. Wir erreichen so eine Harmonisierung der Energien, was sich äußerlich schon am Verhältnis zwischen Luftverbrauch und Energetisierung bei den unterschiedlichen Konsonanten widerspiegelt.

Wir verwenden als Melodie wieder das IE-OUA aus der vorherigen Übung, die sich auch auf der Übungs-CD („Großer Gott wir loben dich") befindet. Aus Gründen der Musikalität verwenden wir in der Übung jetzt die verkürzte Vokal-Formel: EOUA.

Übung:

1. Stufe

Verwenden Sie, wie eben erwähnt, für die Übung die leicht verkürzte Vokal-Formel EOUA. Vor die Vokalformel setzen Sie nun einen Konsonanten, in der Abfolge des Alphabets. Hilfreich mag es sein, dass Sie sich die Abfolge der Konsonanten im Alphabet zuvor einmal notieren. Pro Strophe des Liedes wird jeweils ein Konsonant verwendet. Singen Sie jetzt also in folgender Weise und Lautverteilung, mit deutlicher Aussprache:

1. Strophe: Be bo bu baa be boo bu ba ...

2. Strophe: Ce co cu caa ce coo cu ca ...

3. Strophe: De do du daa de doo du da ... usw.

Üben Sie diese erste Stufe eine ganze Zeit lang, bis Sie diese verinnerlicht haben, und gehen Sie dann zur zweiten Stufe weiter.

gen auszuführen. Über die Bedeutung der Zahnstellungen haben wir schon im Kapitel über die Zähne gehört. Verwenden Sie also den Ablauf der ersten Stufe und ergänzen dann dazu die Zahnstellungen in folgender Weise auf die Strophen des Liedes:

1. Strophe: Be bo bu baa ... – Backenzähne beim Singen aufeinander;

2. Strophe: Ce co cu caa ... – Schneidezähne beim Singen aufeinander;

3. Strophe: De do du daa ... – Zunge nach hinten rollen;

4. Strophe: Fe fo fu faa ... – wieder Backenzähne aufeinander;

5. Strophe: Ge go gu gaa ... – wieder Schneidezähne;

6. Strophe: He ho hu haa ... – wieder Zunge nach hinten rollen;

7. Strophe: Je jo ju jaa ... – Backenzähne beim Singen aufeinander;

usw.

Hinweis: Dies ist eine geeignete Übung für abends, da sie entspannt. So können wir den Tag besser loslassen. Dieser Übung wird übrigens große Heilkraft nachgesagt und sie soll z. B. einem Schlaganfall vorbeugen und auch bei Krebs hilfreich sein. Aber solche Angaben sind natürlich mit Vorsicht zu genießen, da Gesundheit und Krankheit ein komplexes Geschehen sind. Sicher ist, dass der tiefe Glaube an etwas aber auch Berge versetzen kann.

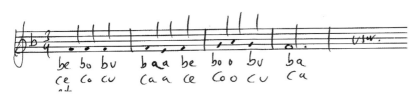

Abb. 120 Notenbeispiel

2. Stufe

Die zweite Stufe dieser Übung bedeutet, das Ganze nun mit verschiedenen Zahnstellun-

3. Stufe

Wir können die vorherigen Übungen noch zusätzlich mit Fingerübungen kombinieren. Die Finger sind mit die größten Abstrahlungspunkte von Energie, die wir an unserem Körper finden können. Zahlreiche wichtige Akupunkturpunkte liegen hier. Die himalayanische Yogalehre ordnet den Fingern folgende Bedeutung zu:

Daumen: neutral, Wille, Kraft, Gehirn;

Zeigefinger: Atmungssystem;

Mittelfinger: Verdauungssystem;

Ringfinger: Harnsystem;

Kleinfinger: Genitalsystem, Unterleibsorgane.

Übung:

Lassen Sie Hände und Finger locker hängen; die Finger sind dabei gestreckt. Beim Singen der Melodie auf die Konsonanten (be-bo ...; ce-co … etc.) geht immer ein Finger mit dem Daumen zusammen, während die übrigen gestreckt bleiben. Beim Singen, also Ausatmen, übt der Daumen einen Druck auf jeden einzelnen Finger aus. Beim Einatmen bleibt alles entspannt. Wir starten mit dem Zeigefinger und enden mit dem kleinen Finger. Dann von dort wieder zurück.

Also folgender Ablauf:

Be bo bu baa be boo bu ba singen (dabei Daumen auf Zeigefinger pressen) –
einatmen (dabei Finger lösen);

Be bo bu baa be boo bu ba singen (dabei Daumen auf Mittelfinger pressen) –
einatmen (dabei Finger lösen);

usw.

Abb. 121a-c

7.4 Die innere Trommel schlagen

In den Fingern verlaufen viele Nerven und Meridiane, die durch Fingerübungen aktiviert werden. Weiterhin werden die Finger auch den Sinnen und inneren Qualitäten zugeordnet. Der Daumen wird zur Handwurzel gerechnet und steht für das Ganze, weshalb wir vier Finger angegeben finden:

Zeigefinger: Sehsinn, Erfolg in geschäftlichen Dingen;

Mittelfinger: Hörsinn, der gute Ruf, Name in der Welt;

Ringfinger: Geruchssinn, Ruhm;

Kleinfinger: Geschmackssinn, Erfolg bei Menschen, Anziehungskraft.

Wir üben im Stehen und brauchen dafür aber noch einen Stuhl mit Lehne, den wir so vor uns stellen, dass die Lehne zu uns weist.

Übung:

Stehen Sie hinter dem Stuhl und legen Sie die Hände auf die Lehne, wobei die Daumen hinten anliegen und halten, während die Finger nach vorne ausgestreckt werden. Sie sind somit frei beweglich.

1. Stufe: Beugen Sie nun jeden Finger im untersten Gelenk einzeln gegen die Lehne, und zwar auf Melodie und Rhythmus von dem vorherigen Lied IEOUA („Großer Gott wir loben dich"), das Sie wieder auf EOUA singen. Es werden die Finger beider Hände gleichzeitig gebeugt, und zwar fortlaufend vom Zeigefinger bis zum kleinen Finger und wieder zurück.

2. Stufe: Wir üben wie zuvor in der ersten Stufe. Dieses Mal beugen wir aber die Finger im mittleren Gelenk und singen dazu auf die Melodie.

7.5 „Die Sphären bewegen"

Es gibt eine interessante Übereinstimmung zwischen den Nervengeflechten und den grundlegenden musikalischen Intervallen, was nicht wundert, da Klang wie Nervenstränge eng mit der Wirbelsäule verbunden sind. Innerhalb der Wirbelsäule steigt das Rückenmark aufwärts, während außerhalb von ihr die sympathischen Grenzstränge verlaufen. In diesen liegen die Nervengeflechte, die mit den Cakras, Drüsen und Organsystemen[22] in Bezug stehen. Jedes Nervengeflecht hat Fasern, die sowohl nach innen zum Rückenmark ziehen als auch nach außen hin zu den Nervengeflechten der Organe. So gehen Fasern von den Halsgeflechten zur Schilddrüse, vom Sterngeflecht (Ganglion stellatum) zum Herzgeflecht, von den Splanchnikusnerven zum Sonnengeflecht, das wiederum die Verdauungsorgane versorgt usw. Die Nervengeflechte sind so angeordnet, dass sie interessanterweise mit den Höhenlagen der Tonresonanzen des Dreiklangs übereinstimmen. Unser Grundton, auf den wir eingestimmt sind, schwingt stets mit dem Herzen. Von dort baut sich unser eigener Dreiklang auf, der mit den entsprechenden Nervengeflechten schwingt. In der Mitte ist also das Herz, wo unser Grundton seinen Sitz hat, und von dort aus baut sich unser Lebensdreiklang in die Höhe und Tiefe. Zur bildlichen Veranschaulichung sei

---

22 Zu Cakras und Drüsen siehe Band 3 dieser Reihe.

nochmals auf Abb. 87 verwiesen. Der Grundton liegt also im Herzen und von dort aus bauen sich die Intervalle in folgender Anordnung auf:

8 = Obere Oktave und Septime in der Höhe des Mittelhirns – Stirnzentrum / Hypophyse.

5 = Obere Quinte und Sexte in der Höhe der Schädelbasis – Alta major Zentrum / Blut- und Atmungskreislauf / Carotisdrüse.

3 = Obere Terz und Quart in der Höhe der Schilddrüse – Kehlzentrum / Halsgeflechte / Schilddrüse.

1 = Grundton und Sekunde in der Höhe des Herzens – Herzzentrum / Herz-Lungen- und Sterngeflecht / Thymusdrüse.

6 = Untere Sekunde und Septime in der Höhe des Zwerchfells – Zwerchfellnervenknoten.

5 = Untere Quint und Quart in der Höhe der Magengrube – Solarplexuszentrum / Bauchgeflechte / Pankreas.

3 = Untere Terz in Höhe des Nabels – Sakralzentrum / Sakralgeflecht / Keimdrüsen.

8 = Untere Oktave in der Nähe des Schambeins – Basiszentrum / Beckengeflecht / Nebennieren.

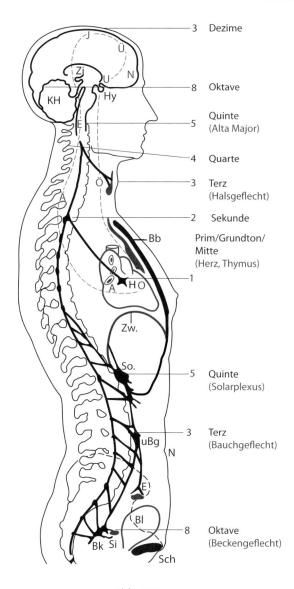

Abb. 122

Übung:

Die folgenden Übungen eignen sich vor allem für musikalisch versierte Menschen.

1. Stufe der Übung – Befreiung der Bahnen

Stimmen Sie Ihren Grundton an und stellen ihn sich so vor, dass er zwar im Herzen klingt, aber seinen Ursprung in der Stirnmitte zwischen den Augenbrauen hat („3. Auge"). Sie können sich das bildlich so vorstellen, als wäre der Ton an der Stirn angeheftet und mit einem Stretchband mit dem Herzen verbunden. Verwenden Sie nun zum Singen die Laute Laut Me, Mi oder Ni, Nü, Si, oder Sü, und singen erst drei, dann fünf, dann acht Töne aufwärts von Ihrem Grundton aus. Wenn Sie den Nacken dabei etwas beugen, so können Sie die Resonanz im Rückenmark besser spüren.

Dann führen Sie auf einem Ma oder Mo den Grundton vom Herzen an abwärts. Nach fünf Tönen erreichen Sie das Sakralgeflecht, das bis in die Sexualorgane ausstrahlt. Gehen Sie tiefer bis auf acht Töne, so können Sie damit über das Becken bis in die Zehen gelangen.

Hinweis: Durch solches Üben legen wir zum einen den Weg frei vom Herzen bis zur Zirbeldrüse. Das Bewusstsein und „Gesinn" im Kopf werden angeregt. All dies wird auch auf das Gehirn zurückwirken und die Bahnen werden frei. Zum anderen wirken wir im Abwärtsgehen stimulierend auf das Organleben ein.

2. Stufe der Übung

Vom Grundton aufsteigend (auf den Laut AM oder IM):

Singen Sie zunächst auf die Silben AM oder IM (diese Vokale streben nach oben) vom eigenen Grundton – der im Herzen sitzt – aufsteigend in folgenden Intervallschritten:

Sekundschritt: Die Wirkung geht vom Sterngeflecht aus, das mit Herz- und Lungengeflecht in Beziehung steht. Das wirkt anregend auf Thymusdrüse, Herz und Lunge.

Terz- und Quartschritt: Das wirkt auf die Halsgeflechte, damit anregend auf die Schilddrüse und unseren Energiehaushalt.

Quint- und Sextschritt: Die Schwingung geht zur Medulla oblongata und zum Kleinhirn. Damit regen wir die Ursprungskerne des Vegetativums an, das für Atmung und Kreislauf zuständig ist.

Septim-, Oktavschritt: Diese Intervalle wirken auf das Mittelhirn mit seinen beiden wichtigen Drüsen – Epiphyse und Hypophyse. Damit wird das ganze Lebensnervensystem angeregt und auch das Gemüt.

Oktave und darüber: Belebt das Großhirn mit seinen Zellen.

Vom Grundton absteigend (auf den Laut OM oder UM):

Singen Sie nun auf die Silben OM oder UM (diese Vokale streben nach unten) in Abwärtsschritten vom eigenen Grundton in Höhe des Herzens aus:

Septime: Zwerchfell-Nervenknoten.

Quint: Solarplexus, Verdauung.

Terz: die unter dem Bauchnabel liegenden Geflechte.

Oktave: Keimdrüsen.

Hinweis: Je leiser man singt oder spricht, desto weiter muss man den Mund öffnen. Durch diese Art von Stimm- und Atemkontrolle teilen wir uns besonders vernehmlich dem Drüsensystem mit.

7.6 Konzentration

Wir üben im Sitzen und wählen für diese Übung die Melodie „Lob' den Herren meine Seele", die wir auch für die rhythmischen Atemübungen in Band 2 verwendet haben.[23] Diese Übung orientiert sich ganz an der zweiten rhythmischen Atemübung.

Übung:

1. Ihre Arme umfassen überkreuz die Schultern, d. h., die rechte Hand ruht auf der linken Schulter und umgekehrt. Mit Beginn der Musik atmen Sie wie in der rhythmischen Atemübung in sieben Sekunden ein, ganz der Melodie folgend, und wenden dabei den Kopf nach rechts. Dann stauen Sie den Atem eine Sekunde in dieser Position und nun, den Kopf dort belassend, singen Sie auf den Ausatem und die Melodie den Satz: „Lob den Herren meine Seele". Wieder eine Sekunde verharren und den Atem stauen und dabei den Kopf wieder in die Mitte, die Ausgangsstellung bringen. Führen Sie die Übung dreimal in Richtung nach rechts aus.

2. Dann üben Sie dasselbe dreimal nach der linken Seite hin.

3. Üben Sie dann dreimal nur mit dem Blick, der zur Stirnmitte sich konzentriert.

4. Üben Sie mit dem Blick zur Nasenspitze.

5. Dann schauen Sie geradeaus auf einen Punkt an der Wand – dazu können Sie auch den schwarzen Punkt aus den Atemübungen wählen – und stellen sich dort im Zentrum des Punktes einen Meister vor, ein Vorbild oder einen guten Freund.

---

23 Die CD ist über den Verlag zu beziehen.

7.7 Weg des Einklangs

Wir haben zu Beginn des Buches von der Integration gesprochen. Im Zendavesta gibt es ein Mantra, das eine Integration unserer Ebenen herzustellen vermag, woraus Glück, Positivität und Freude erwachsen, im Gefolge davon auch Gesundheit. Es geht um die Integration von Denken, Empfinden und Tun. Bringen wir diese Ebenen in eine gute Abstimmung, so sind wir eine integrierte, harmonische Persönlichkeit.

Das Mantra heißt: Gut gedacht – Gut gesagt – Gut getan. Das „gut" ist hierbei nicht als moralisches Maß zu verstehen, sondern meint, „auf richtige, dem wirklichen Ich angemessene Weise" zu denken, zu sprechen und zu handeln. Wir haben beim Kapitel Integration ja gesehen, dass die richtige Entwicklung eines klaren Gedankens ein koordinierter Vorgang von Atem, Herz, Gehirn und Nervensystem ist. Richtig oder gut zu denken ist daher nicht so einfach und muss geübt werden. Dasselbe gilt natürlich auch für das Fühlen und Wollen. Stets geht es um das, was uns zueigen ist, was in uns zum Erleben kommt und mit unserer Seelenabsicht übereinstimmt.

Aus dem Wesen heraus denken wir. (Gute Gedanken!)

Aus dem Empfinden, Wünschen heraus reden wir. (Gute Worte!)

Aus dem Wollen heraus handeln wir. (Gute Taten!)

Sind wir nicht stimmig in uns und uns unserer selbst noch nicht bewusst, so geht mit den Dreien alles durcheinander. Wir glauben dann zu denken, wünschen oder wollen aber nur. Oder wir glauben aus unserem Willen heraus zu handeln, dabei ist es eine Idee oder ein Wunsch oder gar das Wollen von anderen. So zersplittern unsere Kräfte und wir können nichts zustande bringen. Aus der Klarheit des Denkens, aus der rechten Motivation und Intuition erhält der Wille die richtige Anweisung, die zur Umsetzung und Verwirklichung führt.

Gehen wir einmal tiefer hinein in das, was sich in dieser obigen Dreiheit eigentlich verbirgt.

1. Die Absicht unserer Seele (Denken)

Die Seele verfolgt weite, unendliche Ziele, die über das eine irdische Leben hinausgehen. Sie arbeitet dauerhaft und langfristig. In der Musik entspricht sie der Melodie.

2. Unser Organismus (Wünschen)

Unser Organismus in seiner Vielfältigkeit ist das Instrument der Vermittlung zwischen der Ewigkeit der Seele und der steten Veränderlichkeit der Welt. Sein Mittel der Integration ist der Rhythmus. Hast, Verschlackung, Verkrampfung usw. stören diesen Ablauf.

3. Die äußere Umwelt (Tun)

Die Bedingungen der Umwelt verändern sich stetig. Diese enthält aber alle Stoffe, die wir für unseren Weg brauchen. In der Musik entspricht das den Notenwerten.

Betrachten wir die drei Ebenen, so ergeben sich daraus drei wesentliche Fragen in Bezug auf unsere Lebenseinstellung:

1. Was ist mein Lebensziel, welche Richtung und Qualität verfolgt meine Seele?

2. Was brauchen meine inneren Organe an Rücksicht und Hilfe, um die Ausführung voranzubringen?

3. Was erfordern die momentanen äußeren Umstände für mein Werk?

Daraus wiederum ergeben sich drei Leitlinien für unser Leben:

1. Der Grund, weshalb ich etwas tue, darf nur aus meiner Seele kommen.

2. Der Organismus soll hinzufügen können, was es an Kräften braucht.

3. Das Äußere gibt die Notwendigkeit vor, was zu geschehen hat, und hält die Mittel bereit.

Wer sich dieser Dreiheit in der Meditation seiner selbst immer wieder hingibt, der führt nicht nur ein selbstverwirklichtes Leben, sondern tut auch etwas für seine Erscheinungsform im Jenseits, in der geistigen Welt. Stirbt ein Mensch, so geht seine Seele nach Vorstellung der Zarathustrier über eine Brücke. Auf dieser kommt ihm sein geistiges Urbild aus dem Himmel entgegen, um sich mit ihm zu vereinigen. Allerdings ist dies nur möglich, wenn der Mensch im Leben entsprechend der Dreiheit gelebt hat. In diesem Fall wird sein „Gedanke" zum Engel, der aus der Welt der Urbilder hervortritt. Sein „Wort" wird ein Geist, der aus dem Engel hervorgeht. Und seine „Handlung" wird zu einem Körper, der aus dem Geist hervorgeht und seine Daseinsform in der anderen Welt ist. In diesem Sinne baut der Mensch in diesem seinem Leben schon an seiner jenseitigen Daseinsform.

Und letztendlich gilt es, zu bedenken, dass es nur eine Energie gibt, die uns mit allen drei Gebieten (Gedanke – Wort – Handeln) verbindet: den Atem! Daher sind Atem- und Harmonieübungen untrennbar verbunden. Die nachfolgende kleine Harmonieübung soll uns eine Hilfestellung sein, um die Integration der drei vorher genannten Ebenen herzustellen. Wir verwenden dabei die nachfolgend abgebildete Melodie:

Übung:

Diese Übung findet im Stehen statt. Orientieren Sie sich an der zweiten rhythmischen Atemübung aus Band 2. Stehen Sie also locker und lassen Sie die Arme hängen. Beim Singen von „Gut gedacht" gehen Sie bei „gedacht" auf die Zehenspitzen und ballen dabei gleichzeitig die Fäuste. Beim zweiten „gut" senken Sie sich dann wieder ab, entspannen die Fäuste, um bei „gesagt" wieder auf die Zehenspitzen zu gehen, mit Anspannen der Fäuste. Beim nächsten „gut" wieder absinken und bei „getan" sich wieder erheben. Bei „gedacht", „gesagt", „getan" gehen Sie also jeweils auf die Zehenspitzen und spannen dabei die Fäuste an. Machen Sie diese Übung mehrmals und ruhig öfters am Tag zwischendurch.

Sie können später auch als Variante die verschiedenen Armhaltungen für die drei Atemräume anwenden (Fäuste auf den Schultern / in der Achselhöhle / auf dem Rücken), wie dies in Band 2 ausgeführt ist.

Abb. 123

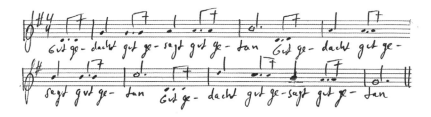

Abb.124 Das Lied: Gut gedacht, gut gesagt, gut getan! Von O. Z. Hanish

HARALD KNAUSS

- Musikstudium; als Solist und Kammermusiker international tätig; zahlreiche CDs; Mitbegründer und künstlerischer Leiter des Festivals Hohenloher Kultursommer

- Ausbildung am Institut für Angewandte Kinesiologie (IAK) in Freiburg in „Touch for health" und „Three in one concepts"

- Entwicklung des eigenen, lizensierten Ausbildungskonzepts Musik-Kinesiologie

- Arbeit in eigener Praxis als Musik-Kinesiologe

- Langjähriger Dozent am IAK, Freiburg. Referent bei den Internationalen Kinesiologie-Kongressen

- Ausbildung in Medialität und Geistheilen am Arthur Findlay College, England. Lehrer sind Margaret Pearson, Mary Duffy, Gordon Higginson, Tom Johanson

- Gründung von „Mediale Welten" und der Modernen Medial- und Heilerschulung

- Kurse und öffentliche Auftritte im Bereich Medialität und Geistiges Heilen

- Gemeinschaftspraxis in Pforzheim zusammen mit Dr. Rosina Sonnenschmidt. Mediale Beratung, Geistiges Heilen, Gesundheitsberatung

- Autor zahlreicher Bücher über Natur, Medialität und Heilkunst

BÜCHER DER „EDITION ELFENOHR"

In diesem eigenen Verlag von Harald Knauss erscheinen Bücher rund um das Thema Medialität, Geistiges Heilen und Spiritualität. Bisher erschienen sind:

Knauss Harald: Leben und Sterben aus medialer Sicht. 2008

Knauss, Harald: Inspirationen von Naturgeistern. 2007

Knauss, Harald und Sonnenschmidt, Rosina: Moderne Medial- und Heilerschulung. 2008

Knauss, Harald: Medialität und Zirkelarbeit – ein moderner Weg zu Beziehungs- und Teamfähigkeit. 2009

- CD „Alphareisen", geführte Meditationen zur Selbstheilungserfahrung von Harald Knauss und Rosina Sonnenschmidt

- CD „Going Far East", New-Age-Kompositionen von Harald Knauss, musiziert mit seinem Ensemble „Nature´s Voice"

Die Bücher können über den Narayana Verlag bezogen werden.

KURSE DER AKADEMIE FÜR MEDIALITÄT UND HEILKUNST

Ltg. Dr. Rosina Sonnenschmidt und Harald Knauss

- Medial- und Heilerschulung: Erweiterte Wahrnehmung, Entfaltung der Potentiale, Geistiges Heilen

- Musik-Kinesiologie: Heilende Kraft der Musik, Musikerprobleme

Infos: www. mediale-welten.com

ABBILDUNGSVERZEICHNIS

Abb. 1, 3-5, 7-9, 11-12, 15-17, 20-25, 27-28, 39, 41-43, 45-49, 51-65, 67-73, 76-87, 90-122: von Harald Knauss

Abb. 2: Robert Fludd 1519

Abb. 6: Paris, Don/Köhne, Peter: Die vorletzten Geheimnisse, Euro Verlag, Nieby 1996

Abb. 10: Livre des figures, hieroglyphiques, Paris 17. Jh.

Abb. 13: Husemann, Armin J.: Der musikalische Bau des Menschen, Verlag Freies Geistesleben, Stuttgart 1989

Abb. 14: A.Lauterwasser, www.wasserklangbilder.de_Klangbild_L 23 30,5 Hz

Abb. 18-19: Zinke, Johanna F.: Luftlautformen, Verlag Freies Geistesleben, Stuttgart 2001

Abb. 26: Kayser, Hans: Grundriss eines Systems der harmonikalen Wertformen, OccidentVerlag, Zürich 1946

Abb. 29: Schwenk, Theodor: Das sensible Chaos, Verlag Freies Geistesleben, Stuttgart 1995

Abb. 30: Francois Lemoine

Abb. 31: Edgar Degas

Abb. 32: © MM - Fotolia.com

Abb. 33-38: Gimbel, Theo: Form, Sound, Colour and Healing, C. W. Daniel Verlag, Saffron Walden 1987

Abb. 40: La Sagesse des anciens, 18. Jh.

Abb. 44: Pan John Duncan, London 1895

Abb. 50: Leadbeater, C. W.: Gedankenformen, H. Bauer Verlag, Freiburg 1981

Abb. 66: © chesterF - Fotolia

Abb. 74-75: Emil Aurelius Bäuerle

Abb. 89: Gerhard Marcks

Schmuckbilder:

Seite 37: © shoot4u - Fotolia

Seite 53: © Michael Shake - Fotolia

Seite 113: © amykaren - Fotolia

Seiten 134-315: © peppi18 - Fotolia

Seite 215: © MasterLu - Fotolia

Seiten 219, 223, 247: © Svetlana Romanova - Fotolia

Seite 241: © styleuneed - Fotolia.com

Seite 267: © JulietPhotography - Fotolia

Aeppli, August: Lebensordnungen, E. Oesch Verlag, Thalwil 1944

Bassols Rheinfelder, Layena/Becker, Klaus J.: Heilen mit Zeichen, Verlag Nymphenburger, München 2009

Bäuerle, Emil A.: Harmonie der Innenwelt, Lebensweiser Verlag, Gettenbach 1937

Bäuerle, Emil A.: Einkehr und Beseelung, Lebensweiser Verlag, Gettenbach 1954

Bailey, Alice A.: Eine Abhandlung über die sieben Strahlen, Lucis Verlag, Genf 1973

Berendt, Joachim-Ernst: Die Welt ist Klang, Auditorium-Netzwerk, Müllheim 2007

Bohm, Werner: Von den Wesenheiten der Laute, Verlag Die Kommenden, Freiburg 1966

Böhme, Jakob: Sämtliche Schriften Bd. 7, F. Frommanns Verlag, Stuttgart 1958

Dürckheim, Karlfried Graf: Hara, O. W. Barth Verlag, München 1999

Dürckheim, Karlfried Graf: Erlebnis und Wandlung, O. W. Barth Verlag, München 1985

Eichendorff, Joseph Freiherr v.: Werke, Stauffacher Verlag, Zürich 1965

Flum, Gertrud: Das Ohr, Turm Verlag, Bietigheim-Bissingen 1998

Fritsche, Herbert: Iatrosophia, H. Bauer Verlag, Freiburg 1962

Furtwängler, Wilhelm: Ton und Wort. Aufsätze u. Vorträge 1918–1954, Brockhaus Verlag, Wiesbaden 1954

Gimbel, Theo: Form, Sound, Colour and Healing, C. W. Daniel Verlag, Saffron Walden 1987

Gimbel, Theo: Healing through Colour, C. W. Daniel Verlag, Saffron Walden 1980

Haase, Rudolf: Johannes Keplers Weltharmonik, E. Diederichs Verlag, München 1998

Hämmerling, Elisabeth: Orpheus' Wiederkehr, Ansata Verlag, Interlaken 1984

Hahnemann, Samuel: Organon der Heilkunst, Hippokrates Verlag, Stuttgart 1982

Hanish, O. Z. A.: Mazdaznan Harmonie-Kunde, Mazdaznan Verlag, Hannover 1961

Hanish, O. Z. A.: Mazdaznan Liederbuch, Mazdaznan Verlag, Leipzig 1917

Hartmann, Franz: Mysterien, Symbole und magisch wirkende Kräfte, Lotus Verlag, Leipzig 1902

Hofstätter, Hans H., Jugendstil, Otus Verlag, St. Gallen 2004

Husemann, Armin J.: Der musikalische Bau des Menschen, Verlag Freies Geistesleben, Stuttgart 1989

Kama (Gustav Meyrink): Kernings Testament, Edition Magus, Büllingen/Belgien 1993

Kaphammel, Günther: Der goldene Schnitt, Kaphammel Verlag, Braunschweig 2000

Kayser, Hans: Akroasis, Schwabe Verlag, Basel 1964

Kayser, Hans: Grundriss eines Systems der harmonikalen Wertformen, OccidentVerlag, Zürich 1946

Kepler, Johannes: Der Dom, Insel Verlag, Frankfurt 1980

Kerning, Johann B.: Das Buchstabenbuch, Edition Magus, Bad Münstereifel 1994

Kluge, Friedrich: Etymologisches Wörterbuch der deutschen Sprache, De Gruyter Verlag, Berlin 2002

Knauss, Harald: Die sieben Stufen des Heilungsweges, Narayana Verlag, Kandern 2009

Knauss, Harald: Klänge für die Seele, VAK Verlag, Freiburg 2000

Knauss, Harald: Die Botschaft der Bäume, Narayana Verlag, Kandern 2010

Knauss, Harald/Sonnenschmidt, Rosina: Musik-Kinesiologie, VAK Verlag, Freiburg 1996

Knauss, Harald/Sonnenschmidt, Rosina: Die moderne Medial- und Heilerschulung, Edition Elfenohr, Offenburg 2008

Kükelhaus, Hugo: Urzahl und Gebärde, Klett und Balmer Verlag, Zug 1984

Kükelhaus, Hugo: Hören und Sehen in Tätigkeit, Klett Verlag, Zug 2000

Künkel, Hans: Das Gesetz deines Lebens, E. Diederichs Verlag, Jena 1933

Leadbeater, Charles W.: Gedankenformen, H. Bauer Verlag, Freiburg 1981

Leser-Lasario, Benno M.: Lehrbuch der Original Vokalgebärden-Atmung, Lebensweiser Verlag, Büdingen 1954

Lorenz-Poschmann, Agathe: Die Sprachwerkzeuge und ihre Laute, Verlag am Goetheanum, Dornach 1983

Lorenz-Poschmann, Agathe: Therapie durch Sprachgestaltung, Verlag am Goetheanum, Dornach 1981

Lü, Buwei: Frühling und Herbst des Lü Bu We, Hrsg. Richard Wilhelm, E. Diederichs Verlag, Düsseldorf 1979

Lutherbibel, Verlag Directmedia Publishing, Berlin 2006

Lutzker, Peter: Der Sprachsinn, Verlag Freies Geistesleben, Stuttgart 1996

Meier, Gert: Und das Wort ward Schrift, P. Haupt Verlag, Stuttgart 1991

Morell, Martha: Tierkreis- und Planetenwirkungen, Verlag am Goetheanum, Dornach 1994

Novalis: Werke, Carl Hanser Verlag, München 1981

Paris, Don/Köhne, Peter: Die vorletzten Geheimnisse, Euro Verlag, Nieby 1996

Paracelsus: Sämtliche Werke, Hrsg. Bernhard Aschner, Verlag Gustav Fischer, Jena, 1926–32

PM-Magazin: Heft März 2010, Gruner + Jahr Verlag, München 2010

Retschlag, Max u. a.: Moderne Alchemisten, H. Frietsch Verlag, Sinzheim 2000

Roob, Alexander: Alchemie & Mystik, Taschen Verlag, Köln 2006

Schmitt, Johannes L.: Atemheilkunst, H. G. Müller Verlag, München 1956

Schultz, Detlef: Mazdaznan – Harmonielehre, Mazdaznan Verlag, Herrliberg 1911

Schwenk, Theodor: Das sensible Chaos, Verlag Freies Geistesleben, Stuttgart 1995

Shakespeare, William: Der Kaufmann von Venedig, Reclam Verlag, Stuttgart 1982

Soesman, Albert: Die zwölf Sinne, Verlag Freies Geistesleben, Stuttgart 1996

Sonnenschmidt, Rosina: Reihe „Organ – Konflikt – Heilung", Narayana Verlag, Kandern

Stege, Fritz: Musik, Magie, Mystik, O. Reichl Verlag, St. Goar 1961

Steiner, Rudolf: Eurhythmie als sichtbarer Gesang, R. Steiner Verlag, Dornach 1984

Vollmer, Dieter: Sonnenspiegel, Widar Verlag, Rotenburg 1983

Wachsmuth, Guenther: Die ätherischen Bildekräfte in Kosmos, Erde und Mensch, Verlag Der Kommende Tag, Stuttgart 1924

Werbeck Svärdström, Valborg: Die Schule der Stimmenthüllung, Verlag am Goetheanum, Dornach 1969

Zinke, Johanna F.: Luftlautformen, Verlag Freies Geistesleben, Stuttgart 2001

Schriftenreihe ‚Spirituelle Heilkunst'

Set der Schriftenreihe „Spirituelle Heilkunst" in 5 Bänden

Das Set kostet statt € 165.- (einzeln) nur € 150.-. Nach Erscheinen aller Bände kostet das Set € 175.- (statt € 190.- beim Einzelkauf).

Die spirituellen Wege vermittelten zu allen Zeiten eine Anleitung, wie der Mensch sich mit seinem höheren, geistigen Aspekt verbinden kann.

Gerade die spirituellen Wege und ihre Übungen stoßen heute wieder verstärkt auf das Interesse der Menschen, weil sie die übende Person stets mit einbeziehen. Immer mehr Menschen begreifen, daß Krankheit auch eine Aufforderung ist, sich mit sich selbst zu beschäftigen und daher möchten die Patienten verstärkt auch das ihre hinzutun. Dafür eignen sich die in den Büchern enthaltenen Übungen, weil sie die spirituelle Wirklichkeit einer Person berücksichtigen. Die Menschen heute möchten wieder in eine harmonische, kosmische Lebensordnung hineinkommen.

Band 1: Grundlagen und Hintergründe der spirituellen Heilkunst

Band 2: Die Atemkunst – Schlüssel zum Lebensrhythmus

Band 3: Drüsen und Cakras – Zentren der Schöpferkraft und Transformation

Band 4: Töne, Klänge, Vokale – Vom Wesen der inneren Lebensordnungen

Band 5: Die drei menschlichen Grundtypen - Erkenne und Heile dich selbst

Spirituelle Heilkunst Musik-CD: Passend zu den Übungen von Band 1 und 2 mit E. S. Spohn (Klavier) und Rosina Sonnenschmidt (Sopran). Musik-CD: € 18.-

Die Botschaft der Bäume - Band 1 und 2

Band 1: Die Welt der Bäume und die Essenzen der Nadelbäume
236 Seiten, geb., € 39.-

Band 2: Die Essenzen der Laubbäume mit Baum-Repertorium
232 Seiten, geb., € 39.-

Die Heckenrose –die Kraft der Liebe, der Holunder – die Kraft der Demut, der Haselstrauch – die Kraft der Resonanz – Harald Knauss beschreibt in diesem Werk die Bäume, so dass sie einem wie nahe bekannte Wesen erscheinen.

Der Autor spürt der tiefen Bedeutung der Bäume in unserer alten Kultur nach und erschließt den Lesern so einen neuen, lebendigen, spirituellen Zugang zu ihnen. Einzelne wichtige Baumarten der mitteleuropäischen Landschaft werden detailliert in ihrer persönlichen Schwingung beschrieben, die Wirkung ihrer Baumessenzen vorgestellt. Ein umfassendes Buch über die Energie der Bäume, ihre Botschaft an uns heute Lebenden für die Zukunft von morgen.

Die sieben Stufen des Heilungsweges und die Tao-Essenzen

200 Seiten, geb., € 34.-

Heilung ist ein Prozess der Verwandlung, der tiefgründigen, rhythmischen Regeln folgt. Harald Knauss erkannte, dass die Heilung den sieben Wandlungsstufen folgt, wie sie bereits in der Alchemie von Paracelsus beschrieben sind. Diese sieben Prozesse sind nicht nur physikalische, chemische Vorgänge, sonst sie stellen auch die Abschnitte der Verfeinerung in der Entwicklung eines Menschen dar.

Aufgrund dieser Erkenntnis hat der bekannte Heilkünstler Harald Knauss die sieben Tao-Essenzen entwickelt, welche jeweils einer Wandlungsstufe entsprechen. Sie erleichtern den Übergang von einer Stufe in die andere. Harald Knauss gibt eine detaillierte Beschreibung für jede einzelne Stufe der Heilungsphasen – von der Alchemie, der Bedeutung der Stufe für den Heilungsprozess, über das Naturell des Patienten, die Aufgabe des Therapeuten, die unterstützenden Kräfte bis zur passenden Tao-Essenz.

„Harald Knauss kommt das große Verdienst zu, die alchemistischen Prozesse sowie die Erkenntnisse des Großmeisters Paracelsus in die heutige Heilkunst übersetzt zu haben".

Rosina Sonnenschmidt

Rosina Sonnenschmidt & Harald Knauss

Autopathie – Das Auto aus heiterer und homöopathischer Sicht

Illustriert mit treffenden Cartoons

192 Seiten, geb., € 34.-

Warum wähle ich ausgerechnet ein rotes Auto? Welche Bedeutung hat eine Automarke? Warum ist bei mir immer der Auspuff kaputt? Warum muss es gerade ein Jeep sein? Welches Auto fährt ein Medorrhinum-Typ?

In witziger und zugleich tiefsinniger Weise geben die zwei beliebten Autoren Rosina Sonnenschmidt und Harald Knauss eine Einführung in die homöopathische Welt des Autos. In der Anamnese kann das Auto – sofern man danach fragt – einen ungeahnt hohen Stellenwert einnehmen.

Es ist ein sehr vergnügliches Werk – für den Homöopathen wie auch für jeden Autofahrer. Viele der Verhaltensweisen rund ums Auto sind im Alltag so selbstverständlich geworden. Die beiden Autoren hinterfragen diese jedoch schonungslos. Sie verstehen es, diese Thematik mit Humor zu würzen und jeden einzuladen, sich in den köstlichen Cartoons und Autotypen wiederzufinden.

Narayana Verlag

Blumenplatz 2, D-79400 Kandern
Tel: +49 7626-974970-0, Fax: +49 7626-974970-9

info@narayana-verlag.de

In unserer Online Buchhandlung
www.narayana-verlag.de
führen wir alle deutschen und englischen Homöopathie-Bücher.
Es gibt zu jedem Titel aussagekräftige Leseproben.

Auf der Webseite gibt es ständig Neuigkeiten zu aktuellen Themen,
Studien und Seminaren mit weltweit führenden Homöopathen, sowie
einen Erfahrungsaustausch bei Krankheiten und Epidemien.